ESTUDOS DE DIREITO DO TRABALHO

MARIA DO ROSÁRIO PALMA RAMALHO
Professora da Faculdade de Direito de Lisboa

ESTUDOS DE DIREITO DO TRABALHO

VOLUME I

ALMEDINA

TÍTULO:	ESTUDO DE DIREITO DO TRABALHO
AUTOR:	MARIA DO ROSÁRIO PALMA RAMALHO
EDITOR:	LIVRARIA ALMEDINA – COIMBRA www.almedina.net
LIVRARIAS:	LIVRARIA ALMEDINA ARCO DE ALMEDINA, 15 TELEF. 239 851900 FAX 239 851901 3004-509 COIMBRA – PORTUGAL livraria@almedina.net
	LIVRARIA ALMEDINA ARRÁBIDA SHOPPING, LOJA 158 PRACETA HENRIQUE MOREIRA AFURADA 4400-475 V. N. GAIA – PORTUGAL arrabida@almedina.net
	LIVRARIA ALMEDINA – PORTO R. DE CEUTA, 79 TELEF. 22 2059773 FAX 22 2039497 4050-191 PORTO – PORTUGAL porto@almedina.net
	EDIÇÕES GLOBO, LDA. R. S. FILIPE NERY, 37-A (AO RATO) TELEF. 21 3857619 FAX 21 3844661 1250-225 LISBOA – PORTUGAL globo@almedina.net
	LIVRARIA ALMEDINA ATRIUM SALDANHA LOJAS 71 A 74 PRAÇA DUQUE DE SALDANHA, 1 TELEF. 213712690 1050-094 LISBOA atrium@almedina.net
	LIVRARIA ALMEDINA – BRAGA CAMPUS DE GUALTAR, UNIVERSIDADE DO MINHO, 4700-320 BRAGA TELEF. 253678822 braga@almedina.net
EXECUÇÃO GRÁFICA:	G.C. – GRÁFICA DE COIMBRA, LDA. PALHEIRA – ASSAFARGE 3001-453 COIMBRA E-mail: producao@graficadecoimbra.pt
	JUNHO, 2003
DEPÓSITO LEGAL:	196660/03

Toda a reprodução desta obra, por fotocópia ou outro qualquer processo, sem prévia autorização escrita do Editor, é ilícita e passível de procedimento judicial contra o infractor.

A meus Pais

NOTA PRÉVIA

A obra que agora se dá à estampa reúne um conjunto de estudos – alguns dos quais inéditos e outros publicados em Portugal e no estrangeiro – que, ao longo dos anos, elaborámos na área do Direito do Trabalho.

Tendo como matriz comum a incidência laboral, os estudos que reunimos versam sobre problemas de índole variada, que numa ou noutra ocasião, nos preocuparam ou motivaram em particular. Por esta razão, o seu agrupamento em quatro grandes áreas – temas gerais, contrato de trabalho, igualdade e conciliação da vida profissional e familiar, e greve – pretende apenas traduzir um mínimo de arrumação e como tal deve ser entendido.

Na rubrica dos temas gerais, escolhemos para integrar esta obra um estudo sobre a Proposta para um Código do Trabalho recentemente apresentada à Assembleia da República, um estudo sobre os pontos de intersecção entre o regime laboral e o regime da função pública e dois estudos sobre a sempre referida crise do Direito do Trabalho e os grandes desafios que ele enfrenta no novo século: um estudo sobre a erosão da relação de trabalho típica; e um estudo sobre o dilema entre a segurança e a diminuição do emprego no regime laboral português.

Na rubrica do contrato de trabalho, apresentamos um estudo sobre a dogmática do contrato de trabalho, um estudo sobre a relação entre contrato de trabalho e direitos fundamentais da pessoa, um estudo sobre novas formas da realidade laboral (no caso, o teletrabalho), e, finalmente, um estudo sobre os limites do poder disciplinar laboral.

Na rubrica relativa à igualdade de tratamento e à conciliação da vida profissional e familiar, apresentamos três estudos sobre a igualdade de género no trabalho e no emprego, em geral, na perspectiva da relação entre o direito nacional e o direito comunitário e especificamente no que tange à igualdade remuneratória, e dois estudos sobre a conciliação entre a vida profissional e familiar.

Por último, na rubrica da greve, apresentamos dois estudos que, apesar de mais antigos, optámos por integrar nesta obra, porque continuam a ser actuais e porque, no caso de um deles é, apesar de publicado, de acesso difícil: um estudo sobre o conceito de greve e algumas modalidades de comportamento grevista – as greves de maior prejuízo; e um estudo sobre acidentes de trabalho em situação de greve.

Por um motivo de rigor histórico, as alterações introduzidas nos textos que agora se publicam são mínimas, correspondendo apenas a objectivos de uniformização formal.

Lisboa, 28 de Março de 2003

PRINCIPAIS ABREVIATURAS UTILIZADAS

Ac .... Acórdão
AD .... Acórdãos Doutrinais do Supremo Tribunal Administrativo
ArbR .... Arbeitsrecht – Zeitschrift für das gesamte Dienstrecht der Arbeiter, Angestellten und Beamten
ArbuR .... Arbeit und Recht. Zs. f. Arbeitsrechtspraxis
ArchPhDr .... Archives de philosophie du droit
BB .... Der Betriebs-Berater. Zs. f. Recht u. Wirtschaft
BGB .... Bürgerliches Gesetzbuch
BMJ .... Boletim do Ministério da Justiça
CC .... Código Civil
CE .... Comunidade Europeia
CEE .... Comunidade Económica Europeia
CEJ .... Centro de Estudos Judiciários
CIDM .... Comissão para a Igualdade e os Direitos das Mulheres
CITE .... Comissão para a Igualdade no Trabalho e no Emprego
Civitas .... Civitas. Revista Española de Derecho del Trabajo
CJ .... Colectânea de Jurisprudência
Col. .... Colecção de Acórdãos do Supremo Tribunal Administrativo
CPC .... Código de Processo Civil
CREF .... Código dos Processos Especiais de Recuperação da Empresa
CRP .... Constituição da República Portuguesa
DAR .... Deutsches Arbeitsrecht
DB .... Der Betrieb. Wochenschrift für Betriebswirtschaft, Steuerrecht, Wirtschaftsrecht, Arbeitsrecht
DG (Ap.) .... Diário do Governo (Apêndice)
Dir. .... Directiva Comunitária
Dir. .... O Direito
DL .... Decreto-Lei
DLav. .... Il Diritto del Lavoro. Rivista di dottrina e di giurisprudenza

DLRI	Rivista di Diritto del Lavoro e delle Relazione Industriale
DR	Diário da República
DR (Ap.)	Diário da República (Apêndice)
DS	Droit Social
Enc.Dir.	Enciclopedia del Diritto
ESC	Estudos Sociais e Corporativos
ETN	Estatuto do Trabalho Nacional
Fest	Festschrift
Hrsg	Herausgeber
IDICT	Instituto do Desenvolvimento e Inspecção das Condições de Trabalho
IRCT	Instrumentos de regulamentação colectiva do trabalho
JCP	Jurisclasseur périodique
JuBl.	Jüristische Blätter
JZ	Juristenzeitung
L	Lei
LAT	Regime Jurídico dos Acidentes de Trabalho
Lav.Dir.	Lavoro e diritto
LCCT	Regime Jurídico da Cessação do Contrato de Trabalho e do Trabalho a Termo
LComT	Regime Jurídico das Comissões de Trabalhadores
LCT	Regime Jurídico do Contrato de Trabalho
LD	Regime Jurídico dos Despedimentos (1975)
LFFF	Regime Jurídico das Férias, Feriados e Faltas
LG	Lei da Greve
LPMP	Lei da Protecção da Maternidade e da Paternidade
LRCT	Lei da Regulamentação Colectiva do Trabalho
LRCT	Regime Jurídico das Relações Colectivas de Trabalho
LS	Regime Jurídico das Associações Sindicais
LSCT	Regime Jurídico da Redução e da Suspensão do Contrato de Trabalho
LTS	Regime Jurídico do Trabalho Suplementar
LTT	Regime Jurídico do Trabalho Temporário
OIT	Organização Internacional do Trabalho
PGR	Procuradoria-Geral da República
QL	Questões Laborais
RC	Tribunal da Relação de Coimbra
RdA	Recht der Arbeit. Zs. f. die Wissenschaft u. Praxis des gesamten Arbeitsrechts
RDES	Revista de Direito e Estudos Sociais
Rel.Lab.	Relaciones Laborales. Revista Critica de Teoria e Pratica

Rev. AAFDL...	Revista Jurídica da Associação Académica da Faculdade de Direito de Lisboa
REv.................	Tribunal da Relação de Évora
RFDUL...........	Revista da Faculdade de Direito da Universidade de Lisboa
RIDL...............	Rivista italiana di diritto del lavoro
Riv.DL............	Rivista di diritto del lavoro
Riv.trim.DPC..	Rivista trimmestriale di diritto e procedura civile
RLx.................	Tribunal da Relação de Lisboa
RMP	Revista do Ministério Público
ROA...............	Revista da Ordem dos Advogados
RP	Tribunal da Relação do Porto
STA................	Supremo Tribunal Administrativo
STJ.................	Supremo Tribunal de Justiça
TC..................	Tribunal Constitucional
TJ...................	Tribunal de Justiça das Comunidades Europeias
ZAS................	Zeitschrift für Arbeitsrecht und Sozialrecht

I
TEMAS GERAIS

O NOVO CÓDIGO DO TRABALHO

REFLEXÕES SOBRE A PROPOSTA DE LEI RELATIVA AO NOVO CÓDIGO DE TRABALHO

> SUMÁRIO: Nota prévia; 1. Sequência; 2. Sobre as motivações e sobre a natureza deste Código...; 3. Sobre as linhas norteadoras deste Código...; 4. Sobre as opções sistemáticas deste Código...; 5. Algumas reflexões de fundo...: a) Observações gerais; b) A falta de abertura do Código à diversificação dos vínculos laborais e das categorias de trabalhadores; c) A conciliação da vida profissional e familiar e a igualdade de género; d) Os vínculos laborais num contexto de colaboração societária ou de grupo e a figura da pluralidade de empregadores; e) A mobilidade espacial e a mobilidade funcional; f) O poder disciplinar; g) Os contratos a termo resolutivo; h) A cessação do contrato de trabalho; i) A negociação colectiva; 6. Em jeito de conclusão...

Nota prévia

I. As reflexões que se seguem pretendem contribuir para a discussão em torno da aprovação do novo Código de Trabalho, aprovado em Anteprojecto no Conselho de Ministros de 18 de Julho de 2002 e agora objecto de Proposta de Lei à Assembleia da República, aprovada no Conselho de Ministros de 12 de Novembro de 2002.

II. Incitou-nos a dar este contributo o apelo público de Sua Excelência o Ministro da Segurança Social e do Trabalho à participação de todos no debate sobre o Anteprojecto, dado o seu carácter aberto, e, em particular, o convite no mesmo sentido endereçado aos académicos por Sua Excelência o Secretário de Estado do Trabalho, aquando da Sessão Pública de Apresentação do Anteprojecto, que teve lugar na Faculdade de Direito da Universidade de Lisboa, no final de Julho de 2002, bem como, mais recentemente e a propósito do alargamento do período de debate público sobre a Proposta de Lei, o idêntico apelo feito por Sua Excelência o Primeiro-Ministro.

É neste contexto que nos propomos trazer à liça no processo de elaboração e aprovação deste Código as primeiras reflexões que a sua leitura nos suscitou.

III. É apanágio da função do jurisconsulto, que resulta reforçado quando alia a essa função as qualidades de académico e investigador, a total independência científica na análise dos problemas. É esta independência que permite o progresso da Ciência, *y compris* da Ciência Jurídica.

As reflexões que vamos fazer assentam neste postulado de independência científica, que sempre tivemos como princípio norteador e que o ambiente de grande liberdade e pluralismo científico da nossa Escola estimula. Elas revestem também um carácter puramente técnico e, naturalmente, traduzem o nosso ponto de vista pessoal sobre as matérias. Devem pois ser entendidas nessa perspectiva.

1. Sequência

I. Tendo iniciado este estudo na fase de discussão pública do Anteprojecto, a tarefa revelou-se particularmente espinhosa pela incerteza que permanecia relativamente a alguns pontos, de importância fundamental para a apreciação completa do Código. Designadamente, o silêncio do Anteprojecto sobre algumas matérias, o número de normas que nele remetiam para legislação especial, sem mais concretizações, e a falta de um projecto de diploma preambular conferiam à apreciação um carácter necessariamente provisório, já que podia sempre vir a ser desmentida pelas soluções que, a final, viessem a ser adoptadas.

No estádio actual do debate sobre a Proposta de Lei algumas destas incertezas desapareceram, uma vez que já é possível contar com o Decreto Preambular e com a Exposição de Motivos sobre o Código. Além disso, muitas alterações foram entretanto introduzidas, limando algumas das arestas que, na especialidade, a primeira versão suscitava, e comprovando,

Temas Gerais 17

uma vez mais, a enorme utilidade da discussão pública destes diplomas e a vitalidade e o dinamismo dos parceiros sociais nessa discussão.

II. Apesar da maior clarificação e segurança quanto aos conteúdos, julgamos que a maior utilidade do nosso contributo poderá decorrer de uma perspectiva de conjunto sobre o diploma do que da apreciação exaustiva de todas e de cada uma das suas normas. Por esta razão, as reflexões que nos permitimos fazer não incidirão tanto nesta ou naquela solução normativa proposta – sem prejuízo de algumas referências na especialidade – como numa apreciação geral do mesmo.

Seguindo esta linha orientadora, as reflexões que se seguem tocarão os seguintes pontos: as motivações do Código e o seu carácter jurídico; as ideias-força que o norteiam; e as opções sistemáticas nele contidas, sendo, entre uma e outra linha reflexiva, comentadas algumas soluções propostas em especial, sem preocupações de exaustividade. Num último ponto, reflectiremos, em separado, sobre algumas questões de fundo que a leitura do Código nos suscitou.

2. Sobre as motivações e sobre a natureza deste Código...

I. Da leitura do Código resulta claro que ele prossegue dois grandes objectivos: um objectivo de unificação e sistematização das normas laborais; e um objectivo de intervenção substancial nos regimes laborais, com vista a diminuir a sua índole garantística e a aumentar a sua agilidade.

Estes objectivos, que se adivinhavam já no Anteprojecto, são, actualmente, confirmados pela Exposição de Motivos que integra o diploma preambular da Proposta de Lei. Como aí se observa, *"O Código do Trabalho procede à revisão e à unificação de múltiplas leis que regulam a prestação do trabalho subordinado"*[1]; e nesta regulamentação pretende-se dar cumprimento à alínea do Programa do Governo que determina a *"...urgente revisão* [da legislação laboral em vigor] *em ordem à sua sistematização e adaptação às novas necessidades da organização do tra-*

---

[1] *Exposição de Motivos da Proposta de Lei que aprova o Código do Trabalho*, 1.

balho e ao reforço da produtividade e da competitividade da economia nacional"[2].

II. Os dois objectivos apontados são de grande importância em geral. A sua prossecução neste momento histórico é também, a nosso ver, particularmente oportuna para Portugal.

O objectivo de reunião, num único diploma, dos principais regimes laborais, actualmente dispersos por uma panóplia de leis separadas no tempo, de âmbito parcelar e destituídas de unidade e coerência, é um objectivo importante em si mesmo, dado que esta unificação permitirá clarificar o sistema normativo no seu conjunto, contribuindo assim para aumentar a sua capacidade de resposta à multiplicidade e complexidade dos problemas e dos fenómenos laborais hodiernos.

Na verdade, a procura de uma unificação normativa no domínio laboral é um objectivo que transcende as legislaturas, como o prova o facto de o Anteprojecto de Código do Trabalho ter partido formalmente do trabalho de compilação e sistematização dos diplomas laborais, levado a cabo, por iniciativa do anterior Governo, pela Comissão de Análise e Sistematização da Legislação Laboral, e da qual resultaram propostas de sistematização das leis laborais, nas áreas do *Direito das Situações Laborais Individuais* e *Direito das Situações Laborais Colectivas*, respectivamente em Setembro de 2001 e em Maio de 2002[3].

No caso português, o objectivo de unificação normativa justifica-se também pelo facto, sabido, de as leis em vigor corresponderem a épocas históricas de características muito diferentes e reflectirem perspectivas diversas sobre os problemas laborais, dada a reconhecida sensibilidade social e a verdadeira porosidade ideológica do Direito do Trabalho ao ambiente envolvente[4]. Ora, este estado de coisas diminui significativa-

---

[2] *Exposição de Motivos... cit.*, 2.

[3] Tivemos oportunidade de nos pronunciarmos sobre a fase dos trabalhos desta Comissão, que culminou na apresentação do Relatório relativo ao Direito das Situações Laborais Individuais, aquando do Colóquio promovido a esse propósito pela Faculdade de Direito da Universidade de Lisboa – cfr., MARIA DO ROSÁRIO PALMA RAMALHO, *Parecer sobre o Relatório da CLL, in* Ministério do Trabalho e da Solidariedade (coord.), *Revisão da Legislação Laboral*, 2002, 156-159.

[4] Como já tivemos ocasião de notar noutra sede, mais do que outras áreas jurídicas, o Direito do Trabalho é poroso ao ambiente ideológico envolvente, uma vez que lida com

mente a clareza do sistema normativo e aumenta, em consequência, a probabilidade de soluções injustas ou inadequadas.

A consolidação e a sistematização dos regimes jurídicos que se obtém com a unificação normativa é assim particularmente necessária no caso português.

III. Por outro lado, a unificação normativa abre a oportunidade para a prossecução de um objectivo de fundo, a que este Projecto pretende também corresponder: a introdução de um conjunto de alterações substanciais nos regimes juslaborais.

Este objectivo, que transcende de longe o trabalho de sistematização levado a cabo na anterior legislatura – embora tenha sido, obviamente, facilitado por esse trabalho[5] –, justifica-se, quanto a nós, por uma razão óbvia: a necessidade de aumentar a capacidade de resposta do Direito do Trabalho às novas formas de organização do trabalho e das empresas, na época da especialização e da globalização da economia e na senda do aumento de produtividade e da competitividade; e também a conveniência de adaptar as regras laborais a novos perfis de trabalhadores e às novas necessidades de conciliação do trabalho com a vida familiar, que se vêm desenhando nos últimos anos. É a conhecida temática da flexibilização do Direito do Trabalho, que – queiramos ou não – parece estar inexoravelmente associada à área jurídica e que irá condicionar a sua evolução no século XXI[6].

Sendo de carácter geral, esta necessidade de adaptação dos regimes laborais à evolução da economia, das empresas, das concepções sobre o trabalho, do perfil do trabalhador e mesmo das estruturas familiares, no dealbar do novo século, reveste uma particular acutilância no caso português.

---

fenómenos de grande delicadeza social e de elevado grau de conflitualidade – sobre o ponto, *vd* M. R. PALMA RAMALHO, *Da Autonomia Dogmática do Direito do Trabalho*, Coimbra, 2001, *maxime* 28 ss.

[5] Efectivamente o trabalho de "desbaste" das normas laborais e respectiva reorganização, levado a cabo pela anterior Comissão constituiu uma operação prévia indispensável à intervenção normativa de fundo agora feita.

[6] Sobre estas tendências de flexibilização, *vd* ainda M. R. PALMA RAMALHO, *Da Autonomia Dogmática... cit.*, 581 ss.

Assim é, efectivamente, porque o sistema laboral de que dispomos tem sido sistematicamente considerado como um dos mais rígidos da Europa, em matérias-chave para os objectivos de produtividade e de competitividade, como a cessação do contrato de trabalho, a contratação a termo, a organização do tempo de trabalho ou a mobilidade funcional e temporal, para além do sistema de negociação colectiva[7]; e também porque o nosso sistema se tem revelado de difícil adaptação aos interesses dos trabalhadores atípicos, às necessidades das famílias e, em especial, da conciliação, pela rigidez dos horários, pela fraca penetração do trabalho a tempo parcial e pelas deficiências na protecção dos valores da maternidade e da paternidade.

Os motivos apontados justificam pois uma intervenção normativa de fundo nesta área em Portugal, aliás, em consonância com o que tem sido feito noutros países.

IV. Para que um objectivo de unificação normativa, com a pretensão de constituir uma codificação – como é o caso em apreço – tenha êxito é, todavia, necessário que estejam reunidas algumas condições técnicas relativamente às matérias a codificar. Sem essas condições, qualquer unificação normativa não passará de uma compilação de normas[8], que, não sendo, de modo nenhum, inútil, tem, no entanto, uma coerência interna fraca e, em consequência, uma vocação de menor estabilidade, para além de uma capacidade reduzida para resolver novos problemas.

Por outras palavras, na ausência das necessárias condições à elaboração de uma codificação corre-se o risco de perpetuar no diploma unifica-

---

[7] Sobre estas várias valências da rigidez do sistema normativo laboral português, *vd* M. R. PALMA RAMALHO, *Da Autonomia Dogmática... cit.*, 630 ss.; e em especial sobre a rigidez do sistema laboral português em matéria de cessação do contrato de trabalho e de contratação laboral a termo, M. R. PALMA RAMALHO, *Insegurança ou diminuição do emprego? A rigidez do sistema jurídico português em matéria de cessação do contrato de trabalho e de trabalho atípico, in* A. MOREIRA (coord.), *X Jornadas Luso-Hispano-Brasileiras de Direito do Trabalho. Anais,* Coimbra, 1999, 91-102; também publicado em espanhol, sob o título *Inestabilidad o disminución del empleo? La rigidez del sistema jurídico portugués en materia de extinción del contrato de trabajo y de trabajo atípico,* Civitas – Revista Española de Derecho del Trabajo, n.° 99, Enero/Febrero 2000, 47-56.

[8] Sobre a distinção entre codificação e compilação de normas, *vd*, J. OLIVEIRA ASCENSÃO, *O Direito. Introdução e Teoria Geral, Uma Perspectiva Luso-Brasileira,* 10ª ed. (*reprint*), Coimbra, 1999, 359 ss.

Temas Gerais

dor a instabilidade e a falta de coerência que se critica na pluralidade de leis que ele vem substituir[9].

Em tese geral, convém lembrar que uma codificação pressupõe não apenas uma afinidade mínima entre as matérias a regular conjuntamente, mas também a definição de linhas de força ou de regras gerais orientadoras de todo o Código, que façam do conjunto normativo um sistema integrado e coerente, relativamente abrangente e capaz de suprir futuras lacunas regulativas. Em termos simples, dir-se-á que uma codificação não é um somatório de normas avulsas ou de leis de menor dimensão, mas uma síntese regulativa, pelo que só é possível após um certo grau de consolidação das matérias a que respeita, a que corresponde uma certa maturidade da área jurídica em que se integram.

Aplicando estas ideias gerais sobre ao domínio laboral, convém ainda referir que as preocupações codificadoras das normas laborais são comuns a muitos países europeus, verificando-se também idênticas dificuldades em levar a tarefa codificadora a bom termo. Efectivamente, tal como sucede entre nós, na maioria dos países os regimes laborais integram um conjunto de textos volumosos e dispersos, observando-se idêntica dificuldade de tratar em termos unificados os regimes laborais e, sobretudo, em lidar com a volatilidade desses mesmos textos[10].

---

[9] É um pouco o que sucede com o *Code du Travail* em França: apesar de formalmente unificadas, as suas normas são objecto de alteração constante, porque a compilação não corresponde a uma codificação no sentido rigoroso do termo.

[10] Como exemplos paradigmáticos das dificuldades de unificação normativa dos regimes laborais, são de apontar a Alemanha e a Áustria, onde a necessidade se faz sentir particularmente pelo facto de a matéria da relação individual de trabalho constar ainda dos respectivos Códigos Civis – sobre o ponto, entre muitos outros, D. NEUMANN, *Der sächsische Entwurf eines Arbeitsvertragsgesetz*, in FARTHMANN/HANAU/ISENHARDT/PREIS (Hrsg.), *Rückblick in Arbeitsgesetzgebung und Arbeitsrechtsprechung, Fest. E. Stahlhacker*, Berlin, 1995, 349-361, PREIS, *Perspektiven der Arbeitsrechtswissenschaft* RdA, 1955, 6, 333-343 referindo as propostas germânicas codificação do direito laboral de 1923, 1938, 1942, 1977 e 1992, S. HEITMANN, *Arbeitsrecht im Systemwandel, in Die Arbeitsgerichtsbarkeit, Fest. zum 100 jährigen Bestehen des Deutschen Arbeitsgerichtsverbandes*, Berlin, 1994, 31-37, e GRAFE, *Arbeitsvertragsgesetzentwurf – Forsetzung einer Tradition*, AuA, 1997, 1, 3-5; e relativamente ao direito austríaco, H. FLORETTA, *Zentrale Probleme der Kodifikation des Österrechichen Arbeitsrechtes, in* T. MAYER-MALY/A. NOWAK/T. TOMANDL (Hrsg.), *Fest. für Hans Schmitz*, I, Wien-München, 1967, 43-54, ou T. MAYER-MALY, *Probleme der Kodifikation des Arbeitsrechts in Österreich*, JZ, 1961, 18, 553-564,

Por esta razão, embora a maioria da doutrina reconheça as vantagens de uma codificação dos regimes laborais, os autores têm-se dividido quanto às possibilidades de a levar a cabo. Entre nós, por exemplo, a incipiência e a falta de sedimentação da área jurídica foram argumentos apontados tradicionalmente por alguns autores como justificativos da remissão da matéria laboral para legislação especial (foi o caso de VAZ SERRA e de GALVÃO TELLES, por ocasião da elaboração do Código Civil[11]), e por outros como justificativos da falta de uma codificação laboral geral até hoje (neste sentido, se pronunciou, por exemplo, ROMANO MARTINEZ[12]).

Reportando-nos ao momento presente e ao caso português, importa pois verificar se o nosso Direito do Trabalho já atingiu o grau de maturidade suficiente para que possa ser codificado.

V. A nosso ver, no caso do Direito do Trabalho português, a unificação das normas num conjunto coerente e lógico, que constitua uma codificação em sentido próprio, é efectivamente possível, porque este ramo jurídico já atingiu um grau de maturidade e de independência dogmáticas, que torna viável a sua tradução num quadro normativo de âmbito global, dotado de coerência interna e informado por princípios orientadores gerais.

Efectivamente, apesar da sua juventude – sobretudo quando comparado com outras áreas jurídicas privadas – o Direito do Trabalho afirmou-se de forma inequívoca no universo jurídico, através do desenvolvimento dos seus próprios institutos (alguns deles sem paralelo noutras áreas, como foi o caso das convenções colectivas, ou da greve, mas também o caso do poder disciplinar e mesmo do contrato de trabalho, com a configuração singular que possui), e através do apuramento de técnicas específicas de resolução dos seus problemas e de tutela dos seus

---

e *Arbeitsrechtskodifikation festgefahren?*, JuBl, 1963, 19/20, 501-507, W. HERSCHEL, *Der erste Teilentwurf einer Österreichischen Kodifikation des Arbeitsrecht*, RdA, 1962, 6, 208-217.

[11] A. PAES DA SILVA VAZ SERRA, *A revisão geral do Código Civil – Alguns factos e comentários*, BMJ, 1947, 2, 24-76 (35 e 58 s.), e I. GALVÃO TELLES, *Contratos Civis (Projecto completo de um título de futuro Código Civil Português e respectiva Exposição de Motivos)*, BMJ, 1959 (83), 113-282 (164).

[12] P. ROMANO MARTINEZ, *Direito do Trabalho. Relatório*, Lisboa, 1998, 49 s., e ainda *Direito do Trabalho*, Coimbra, 2002, 51.

interesses, como as normas convencionais colectivas, o princípio do tratamento mais favorável ao trabalhador, e os mecanismos da greve e do poder disciplinar.

A esta maturidade e autonomia como área jurídica – que demonstrámos amplamente noutra sede[13] – correspondem, além disso, princípios orientadores claros, revelados pelas normas laborais.

Assim, como tivemos ocasião de comprovar[14], o Direito do Trabalho português apresenta-se hoje como um *direito de natureza compromissória*, que, a cada momento e segundo uma lógica muito particular do ponto de vista negocial, faz prevalecer ora os interesses dos trabalhadores ora os interesses de gestão dos empresários no contrato de trabalho (é o princípio fundamental do Direito do Trabalho a que chamámos de *princípio da compensação*). Além disso, caracteriza-se como uma área jurídica no seio da qual se sobrepõem constantemente as lógicas de actuação individual e de funcionamento em grupos (o que se evidencia no *princípio do colectivo*). E, por último, é um ramo jurídico dotado de uma certa auto-suficiência, na medida em que soube dotar-se de mecanismos altamente eficazes de tutela dos interesses laborais, tanto em favor dos trabalhadores (*maxime*, através do direito de greve), como em favor dos empregadores (através do poder disciplinar) – é o *princípio da auto-tutela*.

Em suma, pode dizer-se que, tendo alcançado o seu lugar no universo jurídico, em termos de autonomia científica e de estabilidade dos valores inspiradores, o Direito do Trabalho português está, por isso mesmo, nas melhores condições científicas para ser objecto de um trabalho de codificação como o que se pretendeu fazer.

Merece pois aplauso a iniciativa do Governo ao estabelecer este objectivo de unificação normativa, não só pela necessidade de uma intervenção simultaneamente sistematizadora e de fundo nesta área, mas também porque estão reunidas as condições técnicas para que essa intervenção possa ter sucesso.

VI. Na unificação das normas laborais, o Código não soube, todavia, na nossa opinião, corresponder ao grau de amadurecimento da área jurídica, e não traduz, designadamente, o seu carácter unitário.

---

[13] M. R. PALMA RAMALHO, *Da Autonomia Dogmática... cit.*, 701 ss. e 961 ss.

[14] M. R. PALMA RAMALHO, *Da Autonomia Dogmática... cit.*, 970 ss.

Elaborado como é sabido, em escassos dois meses – o que não pode deixar de se considerar um tempo *record*, se tivermos em conta os 687 artigos que o compunham, na versão constante do Anteprojecto, e os 671 da versão actual – faltou a este Código a ponderação prévia indispensável à sua coerência interna global.

Acresce, na especialidade, que, ao aproveitar para propor novas soluções de fundo em muitos regimes laborais, algumas das soluções propostas não tiveram também o tempo de amadurecimento necessário à ponderação de todas as suas implicações, embora, quanto a este ponto, seja de aplaudir vivamente o facto de a versão actual se apresentar já expurgada de alguns dos problemas mais delicados que eram suscitados pela versão inicial. Assim, e a título meramente exemplificativo, a figura dos acordos gerais de empresa, que podia suscitar uma questão de inconstitucionalidade, por colidir com a regra constitucional do monopólio do direito à negociação colectiva e à contratação colectiva, atribuída às associações sindicais pelo art. 56.º da CRP, não consta da versão aprovada; a previsão da comunicabilidade da licença parental entre o pai e a mãe, que constava do Anteprojecto contrariando directamente a Directiva Comunitária sobre licença parental (Dir. 96/34/CE, Anexo, cláusula 2ª n.º 2), não consta da versão aprovada (cfr. art. 42.º n.º 2), embora, a nosso ver, a redacção da norma não seja ainda de molde a garantir a total conformidade com o direito comunitário; a figura da excepção de não cumprimento do contrato, prevista no Anteprojecto em moldes cuja aplicabilidade se nos afigurava impraticável, não consta da versão actual; etc… Na mesma linha, algumas omissões do Anteprojecto, na versão inicial, foram colmatadas na versão final, aprovada pelo Governo – é o caso da figura dos contratos equiparados, actualmente prevista no art. 2.º da LCT e que não era contemplada na versão inicial, que retrocedia assim fortemente na tutela dos trabalhadores em situação de dependência económica, sendo certo que o regime jurídico do trabalho no domicílio não é, também ele, contemplado; é o caso do regime de protecção da maternidade e da paternidade, que foi agora completado com a introdução de diversas normas constantes da LPMP e que não tinham sido consideradas na versão inicial, ainda que continuem a observar-se algumas omissões graves; é o caso das matérias da segurança e higiene no trabalho e da formação profissional, que são agora contempladas, ainda que apenas em princípios gerais.

Temas Gerais 25

Finalmente, a falta de uma reflexão preliminar que ponderasse conjugadamente os objectivos prioritários do diploma e as linhas a percorrer para os atingir com os valores dominantes da área jurídica e com os desafios que ela tem que enfrentar no século XXI, fez com que o Código continue a não "atacar" algumas matérias vitais para o progresso do sistema laboral e para aumentar a sua capacidade de resolver novos problemas.

Desta forma, tememos que o Código, caso a venha a ser aprovado nestes moldes, não se revele como um edifício normativo sólido e estável, capaz de responder cabalmente aos novos desafios do mundo do trabalho moderno – ou seja, uma codificação no sentido próprio e moderno do termo[15] – reconduzindo-se antes a uma simples consolidação das leis laborais, ao contrário do que é referido na *Exposição de Motivos*[16].

É que, longe de corresponder, nos termos da *Exposição de Motivos*[17], a "...*uma sistematização integrada, justificada por valorações específicas do Direito do Trabalho – e, portanto, diferente da que se encontra no Código Civil ou no Código Penal...*" – este Código corresponde, do ponto de vista dogmático ou científico, a uma visão do Direito do Trabalho e dos problemas laborais que não evidencia a sua unidade interna e que dilui os seus principais traços caracterizadores.

Não significa esta qualificação que o Código não venha a constituir um instrumento técnico útil, no desejável caminho da unificação das normas laborais, que nunca está completa e a cujo aperfeiçoamento o próprio Código se mostra expressamente aberto, ao prever, em norma que nos merece inteiro aplauso, a sua revisão no prazo de 4 anos a contar da data da sua entrada em vigor (no art. 20.° do diploma preambular).

Como já tivemos ocasião de esclarecer em reflexão que fizemos a propósito do problema da codificação laboral[18], a sistematização normativa é sempre desejável, por razões de segurança jurídica, e é, em termos cien-

---

[15] Evidentemente, não está em causa uma codificação dos regimes laborais à maneira das grandes codificações civis ou penais do séc. XIX, como a *Exposição de Motivos* muito bem observa a pp. 10. Mas qualquer codificação pressupõe uma reflexão prévia profunda e alargada sobre os valores dominantes na área jurídica a que se reporta e uma cuidada avaliação dos instrumentos técnico-jurídicos mais adequados aos objectivos que se pretenderam atingir. Neste caso, salvo melhor opinião, tal reflexão teria exigido mais tempo.

[16] P. 10.

[17] P. 10.

[18] M. R. PALMA RAMALHO, *Da Autonomia Dogmática... cit.*, 199 ss. e 208 ss.

tíficos, uma questão independente do problema da maturidade dogmática da área jurídica a que se reportam os regimes jurídicos consolidados.

Todavia, uma vez que no caso em apreço a área jurídica é já detentora de princípios próprios e desenvolveu instrumentos técnicos específicos para a resolução dos seus problemas, que se mostraram, aliás, muito adaptáveis à evolução desses mesmos problemas, não podemos deixar de lamentar que tais princípios e instrumentos não tenham sido devidamente ponderados no trabalho sistematizador[19].

VII. As dúvidas de acabamos de suscitar decorrem de uma reflexão a dois níveis sobre este Código: uma reflexão sobre as linhas norteadoras que por ele perpassam e respectiva conjugação com aquilo que é hoje a área jurídica e com os princípios que já sedimentou; e uma reflexão sobre as opções sistemáticas feitas. São estas reflexões que nos ocuparão de seguida.

3. Sobre as linhas norteadoras deste Código...

I. A impressão que deixa a leitura do Código, quanto às grandes motivações do legislador, para além, evidentemente, da motivação sistematizadora das próprias normas laborais, é a de uma dupla preocupação, respectivamente quanto à disciplina do contrato de trabalho e dos fenómenos laborais colectivos:

a) Quanto à *disciplina do contrato de trabalho*, é patente a preocupação de regular os vínculos de trabalho de um modo que favoreça a adequação dos recursos laborais aos objectivos de gestão das empresas e, designadamente, aos desafios da produtividade e da competitividade (atente-se nos regimes propostos em matéria de mobilidade funcional e geográfica, por exemplo) e que não contemporize com situações de incumprimento e de abuso dos seus direitos

---

[19] Por outras palavras, se é certo que os ramos jurídicos não carecem de ser diferentes, quanto aos valores fundamentais que os inspiram, para serem objecto de uma sistematização autónoma e integrada (i.e., aquilo a que os juristas chamam de *autonomia sistemática*), certo é também que a procura da consolidação sistemática dos ramos jurídicos que têm valores próprios e características específicas (ou seja, que dispõem de *autonomia dogmática ou científica*) deve ter em conta esses valores.

por parte dos trabalhadores (veja-se o regime mais severo da fiscalização das faltas por doença ou o relevo dos atrasos para efeitos de configuração de justa causa para despedimento). Exprimindo-nos em termos simples, diríamos que esta preocupação corresponde ao objectivo de flexibilização dos regimes laborais que procura a sua melhor adaptação às necessidades das empresas e aos desafios económicos da competitividade e da produtividade, formalmente assumidos no Programa do Governo e agora indicados expressamente na Exposição de Motivos;

b) Quanto à *disciplina das situações laborais colectivas*, a preocupação fundamental parece ser a do relançamento da negociação colectiva em novos moldes, que impeçam, a prazo, a paralisação do sistema (em especial através das novas regras quanto à vigência dos instrumentos de regulamentação colectiva e quanto à arbitragem obrigatória) e que assegurem uma maior elasticidade quanto aos conteúdos (em especial, com a erradicação da regra da irreversibilidade dos direitos adquiridos na sucessão de convenções). Neste ponto, estamos pois também perante um objectivo de flexibilização, aqui reportado à dinâmica das próprias fontes laborais, que resulta reforçada com o incremento da negociação colectiva[20].

II. Desta forma, pode concluir-se que este Código teve presente os desafios da flexibilização, nas duas valências apontadas.

Nele não se descortina já, com clareza, uma idêntica preocupação com *outras dimensões do fenómeno da flexibilização*, que são também da maior importância para o futuro das relações laborais e mesmo, para a organização social geral. São estas dimensões as seguintes:

– por um lado, a preocupação de *melhorar a capacidade de adaptação dos regimes laborais às categorias atípicas de trabalhadores*, designadamente através da abertura a contratos de trabalho especiais ou a regimes laborais especiais para certo tipo de situações;

– por outro lado, a preocupação de *desenvolver soluções normativas que favoreçam a conciliação da vida profissional com a vida*

---

[20] É a vertente procedimental da flexibilização, que alguns autores designam de desregulamentação ou re-regulamentação (por via convencional). Sobre o ponto, M. R. PALMA RAMALHO, *Da Autonomia Dogmática... cit.*, 581 ss.

familiar, tendo em conta os novos modelos de organização familiar, que se têm vindo a desenvolver nas últimas décadas, em resultado do acesso em massa das mulheres ao trabalho, da assunção mais efectiva, pelos trabalhadores homens, dos direitos e deveres inerentes à paternidade e à assistência à família e do princípio da igualdade de género, entendido em termos substanciais.

III. Do nosso ponto de vista, estas omissões não se coadunam com o estádio actual de desenvolvimento do Direito do Trabalho, nem com os desafios que ele que tem que enfrentar no novo século. Sendo este, todavia, um dos pontos substanciais que gostaríamos de destacar nas nossas reflexões finais, remetemos a sua apreciação para esse momento ulterior, fixando-nos agora na apreciação das valências da flexibilização que o Código privilegiou.

Quanto a estas, não podemos deixar de partilhar as preocupações do legislador, que têm, quanto a nós, uma fundada razão de ser.

Efectivamente, há muito que vimos dizendo que o excesso de rigidez dos regimes laborais, em matérias como a mobilidade funcional e geográfica, a contratação a termo ou a cessação do contrato de trabalho tem um efeito perverso sobre o próprio sistema laboral, proporcionando a "fuga ao Direito do Trabalho"[21], tanto em moldes lícitos, através do recurso ao regime da prestação de serviços, como pela generalização de situações de fraude e de outras práticas ilícitas. E também vimos dizendo que uma das pedras de toque para uma evolução mais flexível do Direito do Trabalho é a negociação colectiva, que deve, por isso, ser dinamizada em novos moldes.

A justeza destas preocupações é, aliás, confirmada pelo seu carácter geral. Com efeito, no plano internacional e do direito comunitário, bem como ao nível dos sistemas jurídicos da maioria dos Estados europeus a tendência sido exactamente neste sentido de aumentar a agilidade e a flexibilidade dos regimes laborais, entendida como necessária para responder aos novos desafios económicos e da organização das empresas e das famílias[22].

---

[21] A expressão é de M. RODRIGUEZ-PIÑERO, *La huida del Derecho del Trabajo*, Rel.Lab., 1992, I, 85-92.

[22] Para uma apreciação comparada destas tendências, *vd* ainda o nosso *Da Autonomia Dogmática... cit.*, 590 ss.

Todavia, se partilhamos em absoluto as preocupações do legislador, já a metodologia adoptada pelo Código, na resposta a estes problemas nos merece as maiores reservas técnicas, pelas duas ideias-força em que assenta e que são as seguintes:

– por um lado, é reforçada a ideia da igualdade das partes no contrato de trabalho e a componente patrimonial do próprio contrato, em detrimento do seus elementos de pessoalidade e do seu contexto organizacional;

– por outro lado, o legislador opta pela colocação do contrato de trabalho no centro do Direito do Trabalho e secundariza a esse contrato toda a disciplina dos fenómenos laborais colectivos.

Vejamos um pouco mais em pormenor...

IV. A *preocupação de assegurar a posição igualitária das partes no contrato de trabalho* transparece ao longo do Código, a diversas instâncias, introduzindo a ideia da necessidade de tutela dos interesses dos empregadores, em moldes paritários aos dos trabalhadores. O objectivo parece ser, afinal, ultrapassar a visão tradicional do Direito do Trabalho como um direito de pendor unilateral, cuja vocação era apenas a da protecção dos trabalhadores.

Neste sentido e a título exemplificativo, atente-se nos seguintes regimes e normas do Código[23]:

– o princípio do tratamento mais favorável ao trabalhador aparece de forma mais diluída (art. 4.º), embora, na versão da Proposta de Lei, a introdução de um segundo número nesta norma tenha diminuído um pouco o impacto da versão inicial, no que se refere à relação entre a lei e o contrato de trabalho;

– a regulação dos direitos de personalidade do trabalhador (arts. 14.º e ss.), que constitui matéria de grande novidade e inequívoco interesse, é cuidadosamente acompanhada do reconhecimento dos direitos de personalidade do empregador e das empresas, como se o envolvimento da personalidade do trabalhador no vínculo, por força da natureza da sua própria prestação, pudesse ser comparável ao envolvimento do empregador e os direitos de personalidade em jogo fossem equiparáveis;

---

[23] As referências aos artigos devem entender-se reportadas à versão do Código anexa à Proposta de Lei aprovada pelo Governo.

– ao dever do empregador de prestação de informações sobre os principais aspectos do contrato de trabalho, imposto e regulado nos arts. 95.° e ss. (em cumprimento da Dir. n.° 91/533/CEE do Conselho, de 14 de Outubro) foi adicionado um dever de informação do trabalhador (art. 95.° n.° 2), formulado em termos exactamente equivalentes, mas cuja lógica não se descortina;

– e, em termos mais amplos, é diminuído o vigor das garantias do trabalhador em matéria de invariabilidade da prestação e de inamovibilidade, pela afirmação clara da supletividade das normas sobre mobilidade funcional e mobilidade geográfica, não só relativamente aos instrumentos colectivos como relativamente ao contrato de trabalho (arts. 305.° n.° 2, 306 n.° 2 e 307.° n.° 2).

Por seu turno, *o reforço da essência eminentemente patrimonial do contrato de trabalho*, em detrimento da sua componente de pessoalidade e do enfoque da sua dimensão organizacional, é também patente em diversos pontos.

Assim, e a título de exemplo, vejam-se os seguintes regimes:

– desaparece da noção de contrato de trabalho (art. 10.°) a referência ao carácter "manual ou intelectual" da actividade laboral, que evoca imediatamente a personalidade do trabalhador;

– ainda no recorte da posição jurídica do trabalhador, embora lhe sejam reconhecidos, em particular, os direitos de personalidade – o que permitiu, aliás, formalmente ao legislador qualificar a sua abordagem das matérias laborais de "personalista"[24] –, o facto é que considerar o reconhecimento *a pari* de idênticos direitos aos empregadores e às empresas (art. 14.°) dilui a especificidade do seu envolvimento pessoal no vínculo.

– por outro lado, no recorte da posição jurídica do empregador, também os elementos de pessoalidade se vêm constrangidos, com destaque para o poder disciplinar, de cunho eminentemente pessoal, agora relegado para o capítulo do incumprimento do contrato de trabalho (arts. 355.° ss.).

– noutra linha, é enfatizada a aplicação ao contrato de trabalho das regras gerais dos contratos obrigacionais, pensadas, como

---

[24] *Exposição de Motivos... cit.*, 12.

é sabido, para situações de escopo marcadamente patrimonial, em alguns casos em moldes que, na versão do Anteprojecto, causavam perplexidade (era o caso da aplicação do regime da excepção de não cumprimento do contrato ao contrato de trabalho, previsto no art. 294.° do Anteprojecto, mas que não consta da versão actual)[25]. Aliás, o empolamento dado pelo Código à matéria do incumprimento da prestação de trabalho (seguindo a técnica do Código Civil, na disciplina dos contratos obrigacionais) é, na nossa opinião, um pouco excessivo e pode, inclusivamente, ser contraproducente, porque não tem em conta a complexidade da posição debitória do trabalhador e do empregador no contrato de trabalho[26], e a inerente possibilidade de quebra, por cada um deles, de qualquer um dos seus deveres acessórios, quebra essa que pode revestir a maior gravidade, mesmo que cumpram escrupulosamente os deveres principais de prestar a actividade de trabalho e de pagar a retribuição.

Apesar de tudo, quanto a estes pontos, é de salientar o caminho já percorrido entre a versão do Código constante do Anteprojecto e a versão actual, registando-se um aumento da preocupação do legislador com aspectos que decorrem da especificidade do contrato, justamente pelo grau de envolvimento pessoal do trabalhador e pela componente organizacional – nesta linha aplaude-se a integração na última versão do Código, de matérias como as relativas à higiene e segurança no local de trabalho e à formação profissional, cuja ausência do Anteprojecto só se podia compreender numa lógica de empolamento dos aspectos patrimoniais do vínculo de trabalho, que não corresponde, efectivamente, à natureza das coisas.

---

[25] Diga-se, aliás, que a admissibilidade da figura da excepção do não cumprimento no contrato de trabalho é difícil de aceitar, de per si, uma vez que as prestações principais das partes não são de execução simultânea nem têm uma natureza jurídica idêntica. No caso, acresce que, embora a figura parecesse consagrada em termos aparentemente igualitários, a introdução de uma limitação temporal apenas no que se refere ao trabalhador, no n.° 2 do art. 294.°, suscitava mesmo a dúvida de saber se, pelo contrário, em caso de incumprimento deste, o empregador poderia, de imediato, considerar-se isento do seu dever retributivo...

[26] Especificamente sobre a complexidade da posição debitória do empregador e do trabalhador no contrato de trabalho, *vd* A. MENEZES CORDEIRO, *Manual de Direito do Trabalho*, Coimbra, 1991, 115 e 127 ss., e M. R. PALMA RAMALHO, *Do Fundamento do Poder Disciplinar Laboral*, Coimbra, 1993, 211 e nota (153).

Finalmente, sobressai deste texto, como opção de fundo, a preocupação de colocar o contrato de trabalho e a respectiva disciplina jurídica no centro do universo laboral, com a inerente secundarização dos fenómenos laborais colectivos e dos próprios entes jurídicos colectivos.

Esta opção adivinha-se logo no art. 1.º do Código, que, incluindo-se no Titulo intitulado "Fontes e Aplicação do Direito do Trabalho", se refere apenas às fontes do contrato de trabalho; e é patente na divisão geral do Código, com a repartição dos seus títulos entre "Contrato de Trabalho" (Título II) e "Direito Colectivo do Trabalho" (Título III), locuções que não são, aliás, tecnicamente contraponíveis nos termos enunciados. Por outro lado, esta perspectiva evidencia-se no tratamento de matérias de carácter geral a propósito do contrato de trabalho (por exemplo, a matéria da igualdade e não discriminação ou a matéria da maternidade e da paternidade), e persiste na disciplina dos entes laborais colectivos e da matéria dos direitos de participação na elaboração da legislação laboral apenas em sede do Direito "Colectivo" do Trabalho.

Longe de se tratar de uma opção meramente técnica, esta centragem do diploma no contrato de trabalho tem profundas implicações sistemáticas, de que nos ocuparemos mais à frente. Neste momento, chamamos a atenção para ela pelo facto de revelar também um determinado modo de pensar a área jurídica, que nos pareceu determinante *ab initio* para todo o Código.

V. Apresentadas as ideias da igualização e da patrimonialização do vínculo, bem como da centragem de todo o normativo na figura do contrato de trabalho, que nos parecem ter inspirado o legislador, cabe apreciar.

Na nossa opinião, estas ideias-força assentam numa perspectiva axiológica e técnica estreita sobre o Direito do Trabalho (vendo-o, sobretudo, como o direito do contrato de trabalho), ao mesmo tempo que revelam uma perspectiva civilista do próprio contrato de trabalho. Ora, a nosso ver, uma e outra perspectivas não têm correspondência na realidade. Vejamos:

– No que se refere ao Direito do Trabalho, o Código não tem em conta a sua evolução num sentido compromissório, nem o carácter unitário e a maturidade dogmática que hoje lhe assiste e que se revela no facto de os denominados Direito Individual do Trabalho e Direito Colectivo do Trabalho se interpenetrarem continuamente, numa dialéctica permanente e de contornos particulares entre actuações colectivas e individuais e de tensão saudável entre os interesses dos trabalhadores, individualmente considerados e em grupo, e os interesses dos empregadores, das empresas e dos respectivos entes colectivos (bem ao contrário do ambiente de comunhão de interesses que é referido na *Exposição de Motivos*[27] e cuja aplicação ao domínio laboral já foi recusada pela maioria da doutrina, porque é directamente contrariada pela elevada conflitualidade dos fenómenos laborais[28]);

– No que se refere ao contrato de trabalho, a perspectiva igualitária e patrimonial (e, nesse sentido, civilista) do Código oblitera o facto de o contrato de trabalho ter uma componente organizacional, que explica os poderes laborais e uma boa parte do seu regime, mas, ao mesmo tempo, implicar profundamente a pessoa do trabalhador, o que exige uma protecção acrescida dos direitos inerentes à sua personalidade e à sua vida familiar do que aquela que se justifica para outras formas de trabalho e para outras categorias de trabalhadores, e que é, por isso mesmo também, necessariamente diferente de qualquer tutela a que (legitimamente) o empregador possa aspirar.

Ou seja, dito de uma forma simples, e ao contrário do que resulta deste Código, nem o Direito do Trabalho se reconduz a uma espécie de "direito do contrato de trabalho" – embora o regime do contrato de trabalho nele ocupe um importante lugar! –, nem o contrato de trabalho pode ser tratado como um contrato civil de serviços, essencialmente patrimonial e igualitário, dada a inequívoca dimensão pessoal e organizacional (ainda que não comunitária), que lhe assiste. Por outro lado, não corresponde à realidade do Direito do Trabalho hodierno a sua visão monista como direito que apenas tutela os trabalhadores, assim como não se justifica o enfoque da ideia de comunhão de interesses, acima referida.

---

[27] P. 12.

[28] Não queremos com isto dizer que não haja interesses comuns aos trabalhadores e aos empregadores no vínculo laboral. Já chamámos, aliás, a atenção para esses interesses, noutra sede – M. R. PALMA RAMALHO, *Da Autonomia Dogmática... cit*, 716 ss. O que queremos dizer é que, quando existam, esses interesses comuns têm um carácter secundário, porque os interesses essenciais das partes são, sem dúvida, opostos.

VI. Poderia argumentar-se que o ponto que acabamos de expor carece de relevância para a apreciação do diploma, porque tem, sobretudo, a ver com a construção científica da própria área jurídica e não com as normas que, em concreto, se propõem resolver os seus problemas.

Não é essa a nossa opinião. Bem ao contrário, entendemos que estes pressupostos de fundo têm de ser tidos em conta, pela influência que, no caso, mostram ter sobre o Código. É que estas ideias-força acabam por ter um efeito contraproducente sobre as preocupações legítimas enunciadas pelo próprio legislador, na *Exposição de Motivos*, e, por outro lado, fundamentam opções normativas concretas que podem ser inadequadas para a prossecução dos interesses em jogo.

Assim, exemplificando….

a. Por um lado, a visão patrimonial do contrato de trabalho obnubila a especificidade da prestação do trabalhador, enquanto conduta humana, que reside exactamente na dificuldade de a separar da pessoa do trabalhador, e que justifica a tutela especial mas necessariamente diferenciada dos seus direitos de personalidade[29]. A perspectiva personalista assumida formalmente pelo legislador na *Exposição de Motivos* acaba por ser contrariada ao longo do diploma, em soluções como a que estabelece um dever de informação do trabalhador em termos idênticos ao do empregador (art. 95.º n.º 2), já que pode ser considerado um "aspecto relevante para a sua prestação" o trabalhador informar o empregador de que sofre de uma doença incurável que o levará a faltar ao trabalho, por exemplo, quando é certo que tal informação contende com o direito à intimidade da vida privada…); ou quando não se considera discriminatória a recusa de contratar trabalhadores de um sexo, com fundamento num factor relativo ao "contexto da execução do contrato" (art. 22.º n.º 2), que pode, pelo carácter vago da fórmula, cobrir, por exemplo, o facto de o empregador não dispor de fardas para senhoras ou de instalações sanitárias diferenciadas…; ou quando se retrocede na tutela das trabalhadoras grávidas, puérperas e lactantes no despedimento (art. 50.º).

---

[29] É esta componente pessoal da actividade do trabalhador que torna a tutela dos seus direitos de personalidade particularmente importante no contrato mas também, pela natureza das coisas, qualitativamente diferente da tutela que merecem os direitos do empregador. É que, ao contrário do trabalhador, o empregador não envolve a sua pessoa no contrato.

b. Ainda na perspectiva do trabalhador, a visão igualitária das partes no contrato de trabalho traduz-se em opções normativas de reposição da plena liberdade negocial das partes ao nível do contrato de trabalho, em matérias vitais como a mobilidade funcional e geográfica ou a duração do trabalho, e em moldes que deixam de assegurar a tutela do trabalhador, ao nível em que ela ainda é necessária – i.e., como todos sabem, o momento da celebração do contrato, cujas cláusulas o trabalhador não está, muitas vezes, em condições de discutir.

c. Por outro lado, o enfoque patrimonial e igualitário do contrato contraria os interesses dos empregadores, porque esquece que é a componente pessoal inerente à prestação do trabalhador que lhe impõe, ao lado do dever de trabalho, um particular dever de adequação aos interesses de gestão do empregador, obrigando-o a suportar, em execução normal do contrato e dentro de certos limites, diversas alterações ao que fora convencionado, para atender àqueles interesses de gestão[30]. O objectivo de aumentar a adaptabilidade dos regimes laborais aos interesses das empresas, prosseguido pelo diploma, não tem pois uma correspondência completa no regime que estabelece.

d. Por último, esta visão civilista do contrato de trabalho obscurece os poderes do empregador, indispensáveis à sua execução normal (e que são poderes pessoais), quando é certo que são estes poderes que a lei quis aumentar, justamente para conseguir uma maior adaptabilidade do vínculo às exigências organizacionais e da economia – neste sentido, é criticável a remissão do poder disciplinar para o capítulo do incumprimento, de que já demos conta, que não se compadece com a importância deste poder.

e. Por seu turno, a secundarização dos fenómenos laborais colectivos ao contrato de trabalho contende directamente com o objectivo de relançamento da negociação colectiva que o legislador estabeleceu como fundamental, porque associa à negociação colectiva e aos instrumentos de regulamentação colectiva uma lógica negocial pura, que é empobrecedora destes instrumentos e pode criar

---

[30] É o princípio fundamental do Direito do Trabalho que denominámos de *princípio da salvaguarda dos interesses de gestão do empregador – Da Autonomia Dogmática...* cit., 970.

diversos problemas na sua aplicação prática, para além das incoerências sistemáticas que cria no próprio Código, de que daremos conta no ponto seguinte.

Assim, a visão puramente negocial dos instrumentos colectivos convencionais (patente até na sua designação expressa como *negociais*) para além de poder vir a suscitar problemas práticos (como o das regras de interpretação aplicáveis ou o dos limites da representação relativamente aos membros das associações celebrantes), tem subjacente uma concepção da autonomia colectiva como (mais) uma modalidade de autonomia privada, que não permite retirar destes instrumentos todas as potencialidades que eles oferecem para prosseguir os objectivos de flexibilização. É exactamente com este desígnio que, noutros países, se tem posto, pelo contrário, a tónica na função disciplinadora e verdadeiramente "legiferante" das convenções colectivas, aumentando-se o número de normas que podem ser alteradas por via convencional colectiva mas não pelo contrato de trabalho (as chamadas normas convénio-dispositivas). Pelo contrário, não foi esta a orientação deste Código, de acordo com a lógica puramente negocial que segue[31].

VII. Chegados a este ponto, compreende-se a pergunta que nos permitimos deixar para reflexão nesta fase, que é ainda de discussão sobre o Código: serve a metodologia adoptada de descaracterização do contrato de trabalho dos traços que lhe conferem o seu cunho verdadeiramente laboral (i.e., a especificidade da prestação do trabalhador e a titularidade dos poderes de direcção e de disciplina do empregador) e de secundarização das matérias de incidência colectiva os propósitos enunciados pelo legislador?

E será que esta metodologia é a que melhor corresponde quer aos interesses dos empresários, quer aos dos representantes dos trabalhadores, quer às necessidades de protecção dos trabalhadores que ainda subsistem,

---

[31] O ponto não é difícil de explicar: numa lógica negocial pura, a liberdade das partes apenas é limitada por normas imperativas, quando a natureza pública ou geral dos interesses em jogo o impõe. Nos outros casos, as normas são supletivas, podendo ser livremente afastadas pelas partes. Numa lógica negocial mitigada, há vários níveis de imperatividade consoante os destinatários. No caso laboral, esta lógica mitigada tem sido justamente prosseguida através das normas convénio-dispositivas, que são supletivas para a negociação colectiva mas se mantêm imperativas ao nível do contrato de trabalho.

Temas Gerais 37

designadamente ao nível do contrato de trabalho e da discussão individual do seu conteúdo?

Do nosso ponto de vista, embora as motivações flexibilizantes do legislador estejam correctas, a metodologia seguida não foi, pelos motivos indicados, a melhor para atingir os objectivos pretendidos.

4. Sobre as opções sistemáticas deste Código...

I. Na sua versão mais actualizada, o Código apresenta-se dividido em dois Livros, intitulados, respectivamente "Parte Geral", que compreende as normas dos artigos 1.º a 592.º, e "Responsabilidade penal e contra-ordenacional", que compreende as normas constantes dos arts. 593.º a 671.º.

O Livro I está dividido em três títulos, denominados, respectivamente, "Fontes e Aplicação do Direito do Trabalho" (arts. 1.º a 9.º), "Contrato de Trabalho" (arts. 10.º a 439.º) e "Direito Colectivo" (art. 440.º a art. a 592.º).

O Título II, dedicado ao contrato de trabalho compreende nove capítulos, divididos em secções e, em alguns casos, em subsecções, e em divisões:

– No Capítulo I, intitulado "Disposições Gerais" são reguladas sucessivamente as matérias relativas à "Noção e âmbito do contrato de trabalho" (Secção I), aos "Sujeitos" (Secção II, que compreende, em subsecções, as matérias da capacidade, dos direitos de personalidade, da igualdade e não discriminação, da protecção da maternidade e da paternidade, do trabalho de menores, de trabalhadores com capacidade de trabalho reduzida, com deficiência ou com doença crónica, e ainda as matérias relativas ao trabalhador-estudante, ao trabalhador estrangeiro, e às empresas), à "Formação do contrato" (Secção III, que compreende, em subsecções, as matérias relativas à negociação, ao contrato-promessa, ao contrato de adesão, à informação, e à forma do contrato de trabalho), ao "Período experimental" (Secção IV), ao "Objecto" (Secção V), à "Invalidade do contrato de trabalho" (Secção VI), aos "Direitos, deveres e garantias das partes" (Secção VII, que compreende subsecções relativas a disposições gerais e a formação profissional), e às "Cláusulas acessórias (Secção VIII, que compreende subsecções relativas à condição e ao termo, ao termo resolutivo em especial e à limitação da liberdade de trabalho);

– No Capítulo II, intitulado "Prestação do trabalho" são estabelecidas "Disposições gerais" (Secção I), e reguladas as matérias do "Local de trabalho (Secção II), da "Duração e organização do tempo de trabalho" (Secção III, que compreende onze subsecções relativas a princípios gerais, à duração do trabalho, ao horário de trabalho, ao trabalho a tempo parcial, por turnos, nocturno e suplementar, e ainda ao descanso semanal, às férias e às faltas), do "Teletrabalho" (Secção IV), e da "Comissão de serviço" (Secção V);

– No Capítulo III, intitulado "Retribuição e outras prestações patrimoniais", encontramos secções destinadas a questões gerais (Secção I), à determinação do valor da retribuição (Secção II), à retribuição mínima (Secção III), ao cumprimento (Secção IV) e às garantias (Secção V);

– O Capítulo IV estabelece os princípios gerais em matéria de segurança, higiene e saúde no trabalho;

– O Capítulo V é destinado ao regime jurídico dos acidentes de trabalho, explanado ao longo de nove secções;

– O Capítulo VI estabelece os princípios gerais em matéria de doenças profissionais;

– O Capítulo VII refere-se às "Modificações contratuais", contendo a regulação das matérias relativas à mobilidade (Secção I), à transmissão da empresa ou estabelecimento (Secção II), à cedência ocasional (Secção III), à redução da actividade à suspensão do contrato (Secção IV, que compreende várias subsecções e divisões);

– O Capítulo VIII, intitulado "Incumprimento do contrato", inclui disposições gerais (Secção I), a regulação do poder disciplinar (Secção II), das garantias dos créditos (Secção III) e regras sobre a prescrição (Secção IV);

– O Capítulo IX, intitulado "Cessação do contrato", comporta cinco secções, relativas, respectivamente, a disposições gerais (Secção I), à caducidade do contrato de trabalho (Secção II), à revogação (Secção III), à cessação do contrato por iniciativa do empregador (Secção IV, que comporta três subsecções e múltiplas divisões), e à cessação do contrato por iniciativa do trabalhador (Secção V, que comporta 3 subsecções).

O Título II, denominado "Direito Colectivo", adopta já a divisão em subtítulos (em número de três), divididos em capítulos, secções e subsecções, e inicia-se no art. 440.°, estendendo-se até ao art. 592.°:

– O Subtítulo I, denominado "Sujeitos", compreende um capítulo denominado "Estruturas de representação colectiva dos trabalhadores", onde são estabelecidos princípios gerais (Secção I), e regulados as comissões de trabalhadores (Secção II), os conselhos de empresa europeus (Secção III), e as associações sindicais (Secção IV); um capítulo II, onde são reguladas as associações de empregadores; um capítulo III relativo à participação na elaboração da legislação do trabalho;

– O Subtítulo II, denominado "Instrumentos de Regulamentação Colectiva de Trabalho", compreende um capítulo I, com princípios gerais, um capítulo II, relativo à convenção colectiva (com seis secções), um capítulo III, que prevê os acordos de adesão, um capítulo IV, relativo à arbitragem, um capítulo V, relativo ao regulamento de extensão, um capítulo VI, referente ao denominado "regulamento de condições mínimas", e um capítulo VII, destinado à publicação e entrada em vigor dos instrumentos de regulamentação colectiva;

– No subtítulo III, denominado "Conflitos colectivos", encontramos dois capítulos, o primeiro dos quais referido à resolução pacífica destes conflitos e o segundo relativo à greve.

O Livro II do Código, compreende dois capítulos:

– O Capítulo I denomina-se "Responsabilidade Penal" e compreende duas secções;

– O Capítulo II denominado "Responsabilidade contra-ordenacional", está dividido em duas secções, que compreendem ainda subsecções.

II. Procedendo a uma primeira apreciação desta sistematização, destacaremos três observações de carácter geral: uma observação relativa à divisão dos Livros do Código; uma observação relativa ao desequilíbrio métrico do diploma e à falta de critérios uniformes na sua divisão interna; e, por último, uma observação relativa às remissões.

Em primeiro lugar, não podemos deixar de estranhar a divisão dos livros do Código em "Parte Geral" e "Tutela Penal e Contra-Ordenacional", pelos seguintes motivos:

– por um lado, não se nos afigura oponível, uma "Parte geral" de um Código, que se propõe ser o diploma geral de um ramo jurídico de direito privado – como é, sem dúvida, o caso do Direito do Trabalho – a uma outra parte, que é de natureza penal e contra-ordenacional, regendo-se, naturalmente, por estritas regras e princípios de direito público. Seria admissível e lógico a divisão magna do Código, numa parte geral e numa parte especial, que poderia ter diversos conteúdos, ainda relativos à moldura privada dos fenómenos laborais, mas não é este o caso, porque as disposições do Livro II não revestem natureza especial em relação às da denominada "parte geral";

– por outro lado, do ponto de vista substancial, não colhe o argumento de esta divisão confere mais visibilidade à tutela conferida pela ordem jurídica, nestes termos vigorosos, às matérias laborais, porque o mesmo efeito se obteria seguindo o sistema de, sempre que necessário, indicar em texto a gravidade da infracção em questão e a estabelecer uma norma remissiva;

– acresce que a metodologia seguida de indicação do valor das coimas nas normas do Código não contribui para a desejada estabilidade do próprio Código, porque, com toda a probabilidade, os respectivos valores terão que ser periodicamente ajustados – o que exigirá a alteração do Código. Também por esta razão prática, nos merece a maior crítica a inclusão desta matéria no Código;

– finalmente, não podemos a este propósito, deixar de chamar a atenção para os problemas de ordem prática que a inclusão destas matérias no Código pode acarretar, designadamente no que se refere à interpretação das normas e à integração das lacunas, uma vez que, revestindo estas matérias natureza penal e contra-ordenacional, as regras interpretativas terão que ser diversas das que regem as outras matérias.

A segunda observação é de carácter formal e tem a ver com a métrica do Código. Como decorre da leitura, o Código apresenta-se algo desequilibrado na divisão em capítulos (no Título II) e em subtítulos e capítulos (no título III, não obstante ser mais pequeno); e também na divisão em secções e subsecções (em alguns casos descortinando-se subsecções muito mais extensas do que secções e até do que capítulos).

Atrevemo-nos a sugerir que esta seria, porventura, uma matéria a rever, porque a boa organização interna dos textos normativos muito contribui para a sua inteligibilidade e clareza.

A última observação geral é de índole substancial e tem a ver com as normas de remissão para diploma especial que, apesar dos quase setecentos artigos que compõem o Código, ainda subsistem – como se vai vendo ao longo de todo o texto e se comprova no diploma preambular.

A nosso ver, este ponto mereceria também uma cuidada reflexão, desde logo pelo número elevado de remissões, tendo em conta que um dos objectivos do Código foi exactamente pôr fim à pulverização legislativa reinante. E se conjugarmos este número elevado de normas remissivas com as matérias laborais que não foram integradas no Código, não podemos deixar de concluir que ainda se manterá um amplo leque de leis avulsas, com os inconvenientes sistemáticos daí decorrentes e as dificuldades práticas de interpretação e aplicação inerentes.

Mas, mais do que a existência de remissões no Código (elas são, em alguns casos, inevitáveis, e, noutros, desejáveis e correctas, pela natureza das matérias), o ponto parece-nos preocupante, sobretudo, pela dificuldade de descortinar os critérios que presidiram a esta técnica remissiva em alguns casos….

Efectivamente, se em alguns casos são remetidas para legislação especial matérias de carácter regulamentar ou que exigem uma revisão periódica, noutros casos as remissões reportam-se a matérias fundamentais, que, por isso mesmo, deviam constar do diploma geral que o Código pretende ser.

III. Passando agora a apreciar a *sistematização do Livro I do Código* – que, em face do que acima referimos sobre o Livro II, será o único a merecer a nossa atenção – faremos observações na generalidade e na especialidade.

Na generalidade, diremos que esta sistematização, assenta, naturalmente, nas ideias-chave inspiradoras do Código, que acima identificámos, com destaque para a centragem de toda a disciplina laboral no contrato de trabalho e inerente secundarização das matérias colectivas. Estas ideias traduziram-se em duas opções técnicas, que são fundamentais para compreender a ordenação das matérias no diploma:

– em primeiro lugar, a opção da manutenção da divisão do Direito do Trabalho nas zonas do Direito Individual e do Direito Colectivo (dividindo a respectiva regulamentação pelos títulos II e III do Livro I), mas com o maior destaque para a regulamentação do Contrato de Trabalho, no título II, como se pode comprovar pelo peso relativo das normas do Código, numa e noutras áreas;

– em segundo lugar, a explanação dos regimes laborais a partir da figura técnica da relação jurídica, tanto no que se refere ao contrato de trabalho como no que se reporta às matérias de índole colectiva.

Do nosso ponto de vista, as duas opções técnicas referidas trazem grandes desvantagens ao desenvolvimento sistemático do Código. São essas desvantagens que passamos a referir brevemente.

IV. No que se refere à manutenção no Código da divisão clássica entre Direito Individual e Direito Colectivo do Trabalho, ela apresenta as seguintes *desvantagens*:

– em primeiro lugar, esta divisão colide com o carácter unitário do Direito do Trabalho, com o acréscimo inerente das dificuldades de interpretação e de conjugação das normas de uma e de outra área;

– em segundo lugar, esta divisão é responsável pelo relativo esvaziamento da Parte Geral do Código, constante do título I do seu Livro I, que não contém todas as matérias que revestem carácter geral. Neste sentido, veja-se a remissão das matérias da igualdade e da protecção da maternidade para o título do contrato de trabalho, e a remissão do regime da participação dos empregadores e dos trabalhadores na elaboração das leis laborais (matéria típica de fontes, e nessa medida, de alcance geral) para o título do Direito Colectivo. Aliás, ainda com reporte a esta parte geral, não se compreende

Temas Gerais 43

porque é que ela está inserida num dos livros do Código e não de um livro autónomo, de acordo com a técnica habitual;

– em terceiro lugar, esta divisão adoptada é responsável por diversas incongruências sistemáticas do Código. Assim, por exemplo, a referência recorrente a actuações dos entes laborais colectivos em muitos aspectos da disciplina do contrato de trabalho, o que é correcto do ponto de vista substancial, mas resulta incongruente, de acordo com a sistemática do Código, porque é feito antes mesmo a lei ter apresentado os entes laborais colectivos e ter definido as respectivas competências (o que só faz no título III).

Por seu turno, o recurso ao conceito de relação jurídica, como conceito operatório geral (em lugar do conceito, mais amplo, de situações jurídicas laborais), tem uma desvantagem técnica e um inconveniente axiológico, que não podemos deixar de apontar:

– do ponto de vista técnico, é um conceito muito limitativo porque, sendo, obviamente, de aplicação fácil ao contrato de trabalho (uma vez que este contrato corresponde a uma situação jurídica relativa), não é adequado para explicar a maioria dos outros fenómenos e das outras situações laborais[32];

– do ponto de vista axiológico ou valorativo, este conceito tem o inconveniente de reduzir os entes juslaborais (trabalhador, empregador e empresas, e entes laborais colectivos) à condição de *sujeitos* de relações jurídicas, quando é certo que relevam independentemente desse facto.

No caso em apreço, estes inconvenientes vão-se evidenciando ao longo do Código, como veremos já de seguida, na apreciação sistemática

---

[32] Deve dizer-se, aliás, que, em termos estritamente técnicos, o recurso à ideia da relação jurídica como conceito operativo é hoje discutível em qualquer área jurídica, perante a comprovação da sua inaptidão explicativa geral, que foi demonstrada em termos definitivos por juscivilistas eminentes como OLIVEIRA ASCENSÃO e MENEZES CORDEIRO. No que se refere ao Direito Laboral, esta inaptidão foi já também comprovada, tendo sido propostos conceitos operatórios alternativos e de maior abrangência (nesta matéria, *vd*, por todos, M. R. PALMA RAMALHO, *Da Autonomia Dogmática... cit.*, 119 ss.). Neste contexto, apenas podemos compreender esta opção do Código justamente em consequência da centragem de toda a disciplina laboral na figura do contrato de trabalho, relativamente ao qual a figura da relação jurídica mantém a sua aptidão explicativa.

na especialidade. Não podemos, no entanto, deixar de observar, que estes inconvenientes poderiam ter sido evitados, *a priori,* se o legislador tivesse optado por um conceito alternativo mais amplo e adequado, como o conceito de *situações jurídicas laborais,* amplamente trabalhado pela doutrina[33].

V. Passando agora à *apreciação das opções sistemáticas do Código na especialidade, na matéria do contrato de trabalho,* percorrendo brevemente os vários capítulos do Título II, chamamos a atenção para os seguintes pontos:

1. Na secção II do Capítulo I, dedicada aos *"Sujeitos"* observam-se as limitações do conceito de relação jurídica na sua aplicação laboral, uma vez que os entes aqui tratados, em sucessivas subsecções, podem não ser os sujeitos de um vínculo laboral, ou não são referidos nessa qualidade.

Reveste particular interesse a abertura do Código à figura do empregador plural, como via para melhorar a adequação do vínculo laboral às relações societárias de grupo e sem prejuízo de outras alternativas. Todavia, como teremos ocasião de referir um pouco mais à frente[34], a figura causa diversos problemas, que não parecem ter sido equacionados em termos globais.

Já relativamente às subsecções VI e VII da Secção II do Capítulo I, referentes aos trabalhadores com capacidade de trabalho reduzida (art. 69.° s) e aos trabalhadores com deficiência ou com doença crónica (arts. 71.° ss.), não fica claramente delimitado o âmbito de incidência das normas em relação a cada uma das situações referidas.

Por último, remetemos para o ponto seguinte as observações sobre o tratamento da matéria da igualdade e da protecção da maternidade e da paternidade, por envolverem uma opção de fundo do Código, que reputamos de grande importância.

2. A secção intitulada *"Objecto do Contrato"* (Secção V do Capítulo I), de novo em típica aplicação da técnica da relação jurídica, trata, apenas da actividade do trabalhador (art. 109.° ss.). Ora,

---

[33] Por exemplo, A. MENEZES CORDEIRO, *Manual de Direito do Trabalho cit., passim,* e M. R. PALMA RAMALHO, *Da Autonomia Dogmática... cit.,* 119 ss.

[34] *Infra,* 5.

é certo que o objecto do contrato abrange, pelo menos também a prestação principal do empregador, que é a retribuição... É mais uma consequência da falibilidade do conceito de relação jurídica, na sua aplicação laboral.

3. A secção relativa ao *local de trabalho* (Secção II, do Capítulo II) tem um único artigo (art. 150.°), sendo remetidas para o capítulo das vicissitudes contratuais as matérias da mobilidade geográfica e da transferência de local de trabalho e do estabelecimento – arts. 306.° a 308.°. Ora, esta opção deixa, pelo menos, uma dúvida: se se pretendeu apenas estabelecer um princípio geral em matéria de local de trabalho, a secção é despicienda, porque nada acrescenta à garantia geral de inamovibilidade anteriormente estabelecida; já se se pretendeu algo mais, teria sido, porventura, uma melhor opção, integrar aqui a matéria da mobilidade espacial, que não corresponde – nem se pretende que corresponda, dados os objectivos flexibilizadores do Código, – a uma vicissitude da relação de trabalho, em termos rigorosos, mas a uma alteração normal do mesmo, em prossecução de interesses de gestão.

4. Na secção relativa à *duração e organização do tempo de trabalho* (Secção III do Capítulo II), não se compreende a integração da matéria relativa ao trabalho a tempo parcial, que corresponde a um verdadeiro contrato de trabalho especial, ou então a uma modificação estável do contrato de trabalho; não se compreende a integração de matérias relativas ao descanso semanal e aos feriados, que são, por definição, tempos de não trabalho, e, muito menos, a matéria das faltas, que, por definição, correspondem a uma ausência do local de trabalho durante o tempo de trabalho. Esta secção evidencia, além disso, o desequilíbrio patente noutras partes do diploma, pela sua enorme extensão (vai do art. 151.° ao art. 227.°), e repartição por onze subsecções.

5. A colocação sistemática do *regime do trabalho em comissão de serviço e do teletrabalho* em duas secções, no meio do regime jurídico do contrato de trabalho (Secções IV e V do Capítulo II), causa perplexidade, não só pelo carácter desgarrado que estas secções apresentam, como também pela incongruência que significa merecerem estas figuras uma secção específica quando, por exemplo, o contrato de trabalho a termo é tratado a propósito das cláusulas acessórias do contrato de trabalho. Teria sido, porventura, preferível a autonomização de um capítulo sobre contratos de trabalho especiais, que integrasse estas e outras figuras.

6. Especificamente em relação ao *regime proposto para o contrato a termo* (Capítulo I, Secção VIII, Subsecção II, Divisões I e II), não podemos deixar de apontar como negativo o facto de ter passado a ser tratado como uma cláusula acessória – entre outras possíveis – do contrato de trabalho, e de ter visto o essencial do seu regime objecto de uma subsecção, com duas divisões internas (num total de 16 artigos), a que acrescem outras normas, dispersas pelo Código. Não devendo a lei alhear-se dos valores dominantes que subjazem às matérias que regula, não compreendemos como é que um detalhe de carácter técnico (no caso, o facto de o termo corresponder a uma cláusula acessória do contrato de trabalho) foi considerado o critério determinante para a inserção sistemática do regime do contrato a termo, e não tenha sido tomada em conta nessa opção o enorme significado jurídico e social desta figura, com as inevitáveis consequências de menor visibilidade e controlo do regime jurídico respectivo, que, no caso, podem ser particularmente gravosas para os trabalhadores. A sugestão que acima deixámos de inclusão de um capítulo sobre contratos de trabalho especiais teria resolvido também este problema.

Ainda relativamente ao regime jurídico do contrato de trabalho a termo, saudamos a manutenção da designação legal de "contrato a termo certo", mas chamamos a atenção para as sucessivas referências aos contratos por tempo indeterminado, como "contratos sem termo", o que constitui um lapso técnico.

7. No capítulo VII, relativo às "modificações contratuais", a nova redacção das normas relativas à mobilidade geográfica (arts. 306.º e 307.º) dissipa alguns problemas suscitados pela versão do Anteprojecto (designadamente o problema do critério do tempo de deslocação), mas não é ainda completamente clara, para além de as epígrafes dos artigos induzirem em erro.

8. A previsão e a regulação da matéria do *poder disciplinar* apenas a propósito do "Incumprimento do contrato" (Capítulo VIII, Secção II), coarcta este poder de uma forma que não é compatível com a importância que ele reveste no contrato, como manifestação magna da posição do empregador[35]. Acresce que esta opção determina a incongruência sistemática de serem feitas referências a infracções disciplinares em pontos anteriores do Código (ou seja, antes da apresentação do próprio poder disciplinar) – neste sentido, veja-se, por exemplo, a qualificação das faltas injustificadas como infracções disciplinares.

9. O Capítulo IX, sobre a *"Cessação do contrato"*, com as suas cinco secções e múltiplas subsecções e divisões resulta num regime tecnicamente confuso e pouco económico em termos normativos, por repetitivo, obrigando constantemente à consulta *per saltum* – por exemplo, a matéria do processo disciplinar é referida por quatro vezes, quando teria sido, porventura, preferível explanar o regime uma vez e apontar apenas as suas especificidades quando aplicado a outra causa de despedimento. Ainda relativamente a este capítulo, não resultam também claras as alterações introduzidas à terminologia tradicional, pouco perceptíveis para os destinatários do Código, apesar da sua correcção formal.

VI. Passando, finalmente, à *apreciação das opções sistemáticas do Código na especialidade, no que concerne ao denominado "Direito Colectivo"* (Título III do Livro I), faremos as seguintes observações:

1. Não se compreende, desde logo, a *designação deste título como "Direito Colectivo".* Esta designação não só é, em si mesma, incorrecta, porque, quando visto em sentido objectivo – como é o caso, porque está em causa um conjunto de normas – um *direito* não pode ser qualificado como "colectivo" nem como "individual", mas é também incorrecta porque, nos termos em que é formulada, não se opõe à designação do título anterior como "Contrato de Trabalho".

A nosso ver, esta dificuldade de designação é uma consequência das limitações do conceito operatório básico de relação jurídica

---

[35] *Vd.*, quanto a este ponto, *infra* 5.

que o legislador escolheu, uma vez que este conceito não quadra bem à parcela regulativa colectiva do Direito do Trabalho. A adopção de um conceito mais abrangente – como o de situação jurídica laboral – teria, porventura, facilitado a titulação.

2. Também *a titulação do primeiro subtítulo desta parte como "Sujeitos"*, de novo em obediência aos limites operativos do conceito de relação jurídica, se nos afigura redutora da realidade, porque as associações representativas dos trabalhadores e dos empregadores relevam como entes jurídicos independentemente de estarem em concreto investidos em relações jurídicas na qualidade de sujeitos. Diferentemente, uma visão unitária do Direito do Trabalho teria permitido tratar todos os entes laborais em sede de regimes gerais, num ponto anterior do Código, ultrapassando esta dificuldade.

3. Especificamente em relação ao *regime das comissões de trabalhadores* (Subtítulo I, Capítulo I, Secção II), não se compreende a opção do Código em remeter para legislação especial não apenas as matérias relativas à sua constituição e eleição (art. 452.°) – de cunho mais processual – mas também as matérias relativas às atribuições e competências (art. 455.°). A nosso ver, a importância e a índole substantiva destas matérias – que constam até da Constituição! – compadece-se mal com a sua ausência daquele que pretende ser o diploma geral do trabalho subordinado.

4. A *regulamentação da matéria dos instrumentos de regulamentação colectiva e da matéria dos conflitos colectivos* merecem, genericamente, aplauso – embora o regime devesse ser completado –, podendo, designadamente, algumas normas contribuir para o desbloqueamento da negociação colectiva, como é o caso das normas que se referem à arbitragem e da norma que limita o princípio do tratamento mais favorável ao trabalhador na sua aplicação à questão da sucessão das convenções colectivas. No que se refere à greve, é de aplaudir a reposição, com adaptações, da disciplina relativa à organização dos serviços mínimos, estabelecida pela L. 30/92, de 20 de Outubro[36].

---

[36] Sobre este regime jurídico e respectiva apreciação, *vd* M. R. PALMA RAMALHO, *Lei da Greve Anotada*, Lisboa, 1994, 57 ss.

5. Algumas reflexões de fundo...

a) *Observações gerais*

I. As reflexões que fizemos até ao momento condensam o essencial do que poderíamos dizer, em termos de apreciação técnica global de um texto normativo. O nosso trabalho poderia considerar-se terminado neste momento.

No entanto, na fase actual de discussão do Código – que ainda consente alterações e aperfeiçoamentos – pensamos que poderá ser útil ir um pouco mais além, na *apreciação substancial dos objectivos estabelecidos pelo diploma e das soluções propostas para os prosseguir*. Nesta linha, cabe responder a duas questões de ordem substancial:

– por um lado, verificar até que ponto os objectivos delineados pelo legislador correspondem cabalmente aos problemas mais candentes do mundo do trabalho e do Direito Laboral em particular ou se haveria vantagem em tê-los perspectivado de uma forma diferente;

– por outro lado, testar a eficácia das soluções propostas para prosseguir esses objectivos.

As últimas reflexões que vamos fazer situam-se neste contexto. Devemos, no entanto, advertir que elas não pretendem evidenciar nada mais do que as dúvidas de operacionalidade que algumas das soluções propostas pelo Código nos suscitam e, ainda, partilhar outras perspectivas possíveis sobre os objectivos delineados pelo legislador. Mais do que afirmações assertivas, elas deverão ser entendidas como pistas e revestem um carácter interrogativo ou problemático.

Deve ainda ter-se em conta que, não sendo compatível com a exiguidade do tempo e a síntese exigível a um estudo como este uma apreciação substancial do diploma em termos globais, apenas nos debruçaremos sobre os pontos e soluções que a leitura do Código nos revelou como mais importantes ou como mais problemáticos, ou porque não nos pareceu adequada a perspectiva adoptada, ou porque discordámos da solução proposta ou ainda porque nos parece possível completar ou aperfeiçoar essa solução.

II. Entre outros, e numa escolha que se reconhece como subjectiva, destacamos como pontos sobre os quais vale a pena proceder a uma reflexão de fundo, os seguintes:

– a perspectiva do legislador sobre a flexibilização dos regimes laborais, que é, na nossa opinião, relativamente estreita, uma vez que não considerou duas outras valências do fenómeno da flexibilização que têm grande importância: a necessidade de abertura do sistema à diferenciação dos trabalhadores e às situações laborais atípicas; e a valência da conciliação entre a vida familiar e a vida profissional;

– a desadequação, a falta de coordenação, ou o carácter incompleto de algumas das soluções propostas para prosseguir esse mesmo objectivo da flexibilização dos regimes laborais, mas agora nas valências desenvolvidas pelo Código, i.e., a da adaptação do regime do contrato de trabalho às necessidades das empresas e da produtividade e a do relançamento da negociação colectiva;

– quanto ao contrato de trabalho, designadamente no que toca às relações laborais no âmbito de relações societárias de grupo (*verbi gratia*, a figura do empregador plural), bem como no que respeita à configuração do poder disciplinar, à mobilidade espacial e funcional, à contratação a termo e à cessação do contrato;

– quanto à negociação colectiva, no que respeita ao seu âmbito e à relação com os instrumentos de regulamentação colectiva administrativos.

III. Recordando os principais objectivos flexibilizadores do Código, que isolámos oportunamente[37], a primeira observação que se impõe é a da *estreiteza da perspectiva do legislador sobre o fenómeno da flexibilização.*

Efectivamente, não se descortina, com clareza, no Código uma idêntica preocupação com outras dimensões do fenómeno da flexibilização que são também da maior importância para o futuro das relações laborais e mesmo para a organização social geral. São estas dimensões as seguintes:

– a flexibilização conseguida através da adaptação dos regimes laborais às categorias atípicas de trabalhadores, designada-

---

[37] *Supra*, 3.I.

Temas Gerais   51

mente através da abertura a contratos de trabalho especiais ou a regimes laborais especiais para certo tipo de situações;

– a flexibilização conseguida através de soluções normativas que favoreçam a conciliação da vida profissional com a vida familiar, tendo em conta os novos modelos de organização familiar, que se têm vindo a desenvolver nas últimas décadas, em resultado do acesso em massa das mulheres ao trabalho, da assunção mais efectiva, pelos trabalhadores homens, dos direitos e deveres inerentes à paternidade e à assistência à família e do princípio da igualdade de género, entendido em termos substanciais.

b) *A falta de abertura do Código à diversificação dos vínculos laborais e das categorias de trabalhadores*

I. Quanto à *diversificação dos vínculos laborais*, a verdade é que, apesar de ser expressamente referida na *Exposição de Motivos* como um dos objectivos do diploma[38], o Código não manifestou grande interesse nesta matéria. Esta falta de interesse evidencia-se nos seguintes aspectos:

– dos denominados contratos de trabalho atípicos ainda não regulados no nosso sistema, o Código quedou-se pela regulação da figura do teletrabalho, e ainda assim, em termos restritivos quanto ao âmbito de incidência, já que o regime jurídico estabelecido deixa de fora as situações de teletrabalho parasubordinado e ainda alguns casos de teletrabalho subordinado; permanece pois a dúvida sobre o regime jurídico aplicável a casos como o do *job sharing* e do *job splitting, do* trabalho intermitente ou por chamada, ou do trabalho em equipa…;

– dos contratos de trabalho atípicos já regulados em lei avulsa apenas foram integrados no Código o contrato de trabalho a tempo parcial e o contrato de trabalho em regime de comissão de serviço, bem como o contrato de trabalho a termo; ficou pois de fora, sem que se descortine a razão, o trabalho temporário;

– por outro lado, a integração dos regimes jurídicos dos contratos de trabalho a tempo parcial e do contrato de trabalho a termo é

---

[38] *Exposição de Motivos… cit.*, 10.

feita em moldes que procuram diluir a sua atipicidade, por razões que não se descortinam;

– finalmente, o Código não integrou o regime do trabalho no domicílio com dependência económica, que, embora corresponda a uma situação de parasubordinação, carece de uma revisão urgente; e, nem sequer tratou o regime do trabalho subordinado no domicílio (a não ser para o caso, muito restrito, do teletrabalho), deixando, designadamente, a dúvida sobre a aplicabilidade das disposições de tutela da vida privada do trabalhador, que estabeleceu para a situação do teletrabalho, a outras situações de trabalho no domicílio.

II. Ora, é sabido que a maioria dos sistemas jurídicos tem vindo a regular os denominados contratos de trabalho atípicos e enquadrado os vínculos de parasubordinação[39], justamente para ir ao encontro das necessidades de certas categorias de trabalhadores e também das conveniências das empresas e, em alguns casos, até para prosseguir interesses públicos: assim, o trabalho a tempo parcial tem sido incentivado em diversos países como forma de responder a necessidades limitadas de mão de obra, de fomentar a oferta de emprego através da partilha de postos de trabalho e de corresponder a necessidades dos trabalhadores que pretendem conciliar a vida profissional com a vida familiar ou com o estudo, por exemplo; e, na mesma linha, o trabalho no domicílio pode corresponder a necessidades dos trabalhadores (que tenham dificuldades de deslocação, por exemplo), mas pode também contribuir para diminuir os custos das empresas com as instalações e até para fins públicos, de natureza ambiental (como a diminuição dos níveis de poluição automóvel e o descongestionamento viário) e ainda prosseguir fins de natureza social e económica (como a distribuição territorial mais equilibrada do emprego e o combate à desertificação)...

Em suma, um conjunto de objectivos podem ser atingidos pela abertura da lei às relações laborais típicas – y compris, objectivos de flexibilização – que teriam justificado que o Código tivesse ido muito mais longe nesta matéria.

---

[39] Neste contexto, poderia ter sido útil, designadamente, a apreciação do sistema jurídico germânico, que enquadrou a maioria dos vínculos laborais atípicos na *Beschäftigungsforderungsgesetez*, de 19 de Abril de 1985, alterada pela Lei de 26 de Julho de 1994.

III. Por outro lado, *o legislador também não se mostrou aberto* à *diferenciação de categorias de trabalhadores*, através da previsão de regimes laborais especiais para certas categorias, como os trabalhadores dirigentes e de chefia, os altos quadros, ou os trabalhadores de confiança.

Efectivamente, à excepção de uma ligeira abertura do regime do trabalho em comissão de serviço e de uma diminuição da tutela dos trabalhadores dirigentes na reintegração, em caso de despedimento sem justa causa, o Código continua genericamente a tratar os trabalhadores subordinados como uma categoria uniforme e os respectivos vínculos laborais como vínculos uniformes. Ora, é sabido que as necessidades de tutela dos trabalhadores subordinados, que justificaram, no passado, a uniformidade do seu estatuto laboral, não revestem hoje a mesma intensidade, pelo poder negocial efectivo de que dispõem em alguns casos. Não repugnaria, pois – e seria um importante instrumento de flexibilidade – considerar a hipótese de diferenciação do estatuto de algumas categorias de trabalhadores, aligeirando a sua tutela em matérias como a cessação do contrato, a mobilidade geográfica e funcional, a cedência ocasional no contexto de um grupo de empresas, etc…

IV. Não podemos pois deixar de concluir, quanto ao este ponto, que a dificuldade do Código em se abrir a formas atípicas de trabalho e em admitir a diferenciação dos trabalhadores não se compagina com as necessidades de flexibilização das formas de contratação laboral e paralaboral a que a lei tem que responder, nem corresponde aos novos desafios que se colocam actualmente ao Direito Laboral. Como observam alguns autores, perante a diversidade de vínculos laborais e de trabalhadores, é ao desafio da diferença e ao não ao estigma da uniformidade que o Direito do Trabalho terá que dar resposta no novo século…

c) *A conciliação da vida profissional e familiar e a igualdade de género*

I. Igualmente inadequado se nos afigura o tratamento da valência da flexibilidade que favorece a conciliação da vida profissional com a vida familiar e, em especial, o tratamento da temática da maternidade, da paternidade e da assistência à família, bem como do princípio da igualdade de género, entendido em termos substanciais, por não se descortinar qualquer linha estratégica subjacente ao tratamento destas matérias no Código.

II. No que se refere à matéria da *igualdade de género*, assinala-se desde logo a manutenção, na norma geral sobre a discriminação (art. 21.º, n.º 2), da concepção redutora tradicional da igualdade de género como (mais) *uma* discriminação, numa visão que se encontra totalmente ultrapassada ao nível do direito comunitário e na nossa própria Constituição, desde que a promoção da igualdade entre homens e mulheres foi considerada uma tarefa fundamental do Estado (art. 9.º, h) da CRP). Já, como positivo, se assinala, ao nível do regime, a diferenciação clara da igualdade do género relativamente ao regime geral.

A forma como o regime desta matéria é estabelecido deixa-nos, no entanto, as maiores dúvidas. Assim:

– Não ficam claros os critérios que presidiram à inclusão de algumas normas no Código e à remissão de outras para diploma especial, sendo que, pela sua própria natureza, um Código deve incluir as matérias de índole geral, o que é, evidentemente, o caso, e que regras fundamentais nesta matéria não foram integradas no diploma – basta atentarmos em que a lei não trata conceitos básicos para este efeito, como o de discriminação directa e indirecta, remuneração, trabalho igual e de valor igual, etc...

– Não é observado o princípio fundamental de mainstreaming imposto pelo direito comunitário (art. 3.º n.º 2 do Tratado de Amesterdão), que exige a ponderação das implicações de género a todos os níveis, e que o art. 9.º da CRP também acolheu. Efectivamente, não há, fora da secção que se dedica a esta temática, outras referências à temática da igualdade de género, quando é certo que deveria ter sido referida, na disciplina do contrato de trabalho, a propósito da formação do contrato, da categoria, da retribuição[40], e da cessação do contrato, para além de dever ainda ser ponderada a propósito dos

---

[40] Neste ponto, não podemos deixar de criticar o facto de a lei reafirmar o princípio do "trabalho igual, salário igual", sem uma referência à valência de género, e de não referir o conceito de remuneração para efeitos da verificação da discriminação remuneratória em razão do género, sendo certo que este conceito não é idêntico ao conceito de retribuição que a lei explicita e para o qual o princípio do "trabalho igual salário igual" remete nos outros casos.

instrumentos de regulamentação colectiva e da negociação colectiva em especial. Não vai pois o Código ao encontro dos imperativos comunitários e constitucionais nesta matéria;

– Por último, não é estabelecido qualquer nexo entre esta temática e a temática da protecção da maternidade, ao arrepio de todas as tendências do direito comunitário e do direito interno mais recente, na sequência da verificação de que muitas discriminações em razão do género resultam, directa ou indirectamente, de questões ligadas à maternidade e à assistência à família.

III. Por seu turno, no que se refere à *protecção da maternidade e da paternidade e à conciliação da vida profissional e familiar*, são de saudar diversas medidas, como a proibição de testes de gravidez, alterando a norma correspondente do Anteprojecto (que poderia, na nossa opinião, suscitar um problema de constitucionalidade, por ameaça aos direitos fundamentais atinentes à maternidade e à constituição de família, e ao direito de reserva da vida privada), o aumento da licença de paternidade em certos casos ou a previsão de faltas para acompanhamento escolar (embora quanto as estas tenhamos dúvidas sobre os respectivos benefícios[41]) e, evidentemente, a nova redacção da norma sobre a licença em razão de interrupção da gravidez (que, no Anteprojecto, era de grande infelicidade).

IV. Todavia, também nesta matéria se observa a falta de uma estratégia regulativa, a perpetuação do estigma de que o acompanhamento dos filhos pequenos é uma tarefa tipicamente feminina, e, em certos aspectos, assiste-se mesmo a um retrocesso na tutela. Assim:

– Do ponto de vista sistemático, de novo não ficam claros os critérios que presidiram à inclusão de algumas normas no Código e de remissão de outras para diploma especial, algumas das quais fundamentais. Acresce que a índole geral da matéria sempre aconselharia a sua inclusão no Código, pela sua natureza de diploma geral;

---

[41] Quanto a esta falta, deve, desde logo observar-se que a formulação da norma não é a melhor porque usualmente apenas um dos progenitores assume perante a Escola a função de encarregado de educação, o que fará necessariamente recair sempre sobre ele – e, em consequência, sobre o respectivo empregador, de uma forma injusta – essa falta. Tal como está formulada, esta regra pode, efectivamente, jogar contra a conciliação equilibrada das responsabilidades familiares e não em seu favor.

56   *Estudos de Direito do Trabalho*

– Por outro lado, verifica-se um claro retrocesso de tutela não só em relação à lei vigente como relativamente ao próprio Anteprojecto, no regime de protecção das grávidas, puérperas e lactantes no despedimento, quer por força da diminuição do vigor da presunção de ausência de justa causa, quer no que toca à eficácia do despedimento, na falta de parecer favorável da entidade administrativa competente, quer ainda no que se reporta ao *quantum* da indemnização a arbitrar em alternativa à reintegração, que foi reduzido (art. 50.°);

– Por último, revelando a subsistência do estigma tradicional da atribuição das tarefas de assistência aos filhos às mulheres, mantém-se o tratamento discriminatório dos pais trabalhadores, em aspectos como a protecção contra o despedimento quando em gozo de licença de paternidade, a dispensa de trabalho suplementar para apoio a filhos bebés ou a redução do tempo de trabalho para efeitos de aleitação (casos em que a tutela continua a ser deferida apenas às mães).

V. Do exposto, pode pois concluir-se que as matérias da igualdade de género e da conciliação entre a vida profissional e familiar não constituíram uma preocupação estratégica para este Código e que, neste capítulo, as normas aprovadas não acompanham, de novo, as grandes tendências comunitárias.

Mas, mesmo que não por motivações comunitárias, a conclusão não pode deixar de causar estranheza, designadamente quando é publicamente reconhecida a importância dos casos de discriminação sexual com fundamento na gravidez, no puerpério e na assistência à família, e tendo em conta que o princípio da igualdade de género é um direito fundamental, e que é a própria CRP que considera como tarefa fundamental do Estado a sua promoção activa. Aliás, perante o vigor da norma constitucional para com o próprio Estado, mal se compreende que uma lei do Estado não preveja quaisquer medidas positivas nesta área. A hipótese de inconstitucionalidade por omissão não pode ser afastada...

Por outro lado, numa outra linha argumentativa, não podemos deixar de nos interrogar até que ponto o legislador ponderou os efeitos colaterais da diminuição da tutela legal das trabalhadoras grávidas e jovens mães e da falta de uma estratégia clara de promoção da conciliação equilibrada entre a vida profissional e familiar, numa fase da História portuguesa em

Temas Gerais 57

que – segundo os dados constantes dos Censos[42] – o nosso país apresenta taxas de natalidade tão baixas. Bem como nos parece de reflectir até que ponto corresponde aos interesses dos empregadores não ser promovida a conciliação equilibrada entre a vida familiar (designadamente, através do aumento da protecção dos trabalhadores homens, no exercício dos seus direitos de paternidade) num universo laboral onde a preparação escolar das mulheres tenderá a facilitar-lhes cada vez mais o acesso a lugares de chefia, em que carecem de maior disponibilidade.

São pontos que deixamos à reflexão…

d) *Os vínculos laborais num contexto de colaboração societária ou de grupo e a figura da pluralidade de empregadores*

I. No que refere às soluções propostas pelo Código para prosseguir o objectivo de adaptação do regime do contrato de trabalho às necessidades das empresas e da produtividade, destacaremos, para reflexão de fundo, três ou quatro pontos, que escolhemos por se prenderem com realidades laborais novas ou com problemas mais candentes do nosso ordenamento laboral: as relações laborais no âmbito de relações societárias de grupo (*verbi gratia*, a figura do empregador plural); a mobilidade espacial e funcional; a configuração do poder disciplinar; a contratação a termo e a cessação do contrato.

II. No que se refere aos *vínculos laborais num contexto de colaboração societária ou de grupo*, é de louvar a sensibilidade do Código a esta matéria, tratada a propósito da cedência ocasional e através da introdução da figura da pluralidade de empregadores. Efectivamente, é sabido que o contexto empresarial de muitos vínculos laborais é hoje de grande complexidade e que a rigidez da relação laboral comum (nomeadamente, no que para este ponto interessa, no que se refere aos princípios da invariabilidade da prestação e da inamovibilidade) não se adequa facilmente a estes novos modelos de organização das empresas. Com a introdução da

---

[42] Vejam-se, neste sentido, os dados do *Censos 2001*, que dão conta de um persistente decréscimo da natalidade e da consequente tendência para o envelhecimento da população, que se vêm verificando de forma ininterrupta, desde a década de 80.

figura do *empregador plural* (art. 90.°), o Código procurou responder aos problemas colocados por estes modelos.

III. Partilhando as preocupações do legislador e saudando o carácter imaginativo da solução, não podemos, no entanto, deixar de alertar para as *dificuldades de operacionalização prática deste regime*, em alguns aspectos. Assim, e exemplificando: em caso de pluralidade de instrumentos de regulamentação colectiva vigentes nas várias empresas, qual será o aplicável aos trabalhadores de cada uma delas? Ou pressupõe esta figura a unificação do regime convencional colectivo e, nesse caso, como é que essa unificação se processa? Em caso de coexistência de vários regimes de segurança social, pode o trabalhador escolher o que mais lhe interessar ou cabe essa escolha a um dos empregadores e, nesse caso, qual e com que critérios? O princípio da igualdade de tratamento, *verbi gratia*, ao nível remuneratório e de inserção na categoria, funciona entre as várias empresas do grupo? O facto de um dos empregadores "representar" os restantes significa que o dever de obediência do trabalhador se circunscreve a esse "representante", ou estende-se a ordens emanadas das outras empresas? E, nesta linha, pode o trabalhador ser disciplinarmente sancionado (e como) por não cumprimento de uma instrução dada pela outra empresa? Noutra linha, se uma das empresas desaparecer, têm os respectivos trabalhadores direito a ser absorvidos pelas outras, ou veem cessar os respectivos contratos? Se o contrato de um trabalhador a termo cessar, tem ele direito de preferência na admissão por tempo indeterminado noutra das empresas do grupo? E como é que se processa o despedimento colectivo? E como se conjuga esta figura com o regime da transmissão do estabelecimento, se uma das empresas (que é o empregador) for alienada? E com o regime da cedência ocasional?

Enfim, não obstante o atractivo da solução, parece-nos que não foram equacionadas todas as suas implicações e, por esse motivo, não podemos deixar de temer as dificuldades de aplicação prática do regime, permitindo-nos sugerir, como alternativa para reflexão, a solução mais simples da diminuição dos requisitos da cedência ocasional, quando estejam em causa empresas do mesmo grupo, pelo menos para algumas categorias de trabalhadores.

e) *A mobilidade espacial e a mobilidade funcional*

I. No que se refere às soluções propostas pelo diploma em matéria de mobilidade funcional e espacial (arts. 305.° n.° 2, 306.° n.° 2, e 307.° n.° 2), partilhamos, de novo, as preocupações expressas pelo legislador, mas não podemos deixar de colocar reservas à metodologia seguida de consagrar a supletividade geral dos princípios dominantes nesta matéria – o princípio da invariabilidade da prestação e o princípio da inamovibilidade.

Como observámos oportunamente, esta opção normativa resulta da visão igualitária das partes no contrato de trabalho perfilhada pelo Código, que leva à reposição sistemática da plena liberdade negocial das partes ao nível do contrato de trabalho. No casos em apreço, não podemos, no entanto, subscrever estas soluções, porque, constituindo a prestação acordada e o local de trabalho aspectos vitais para o trabalhador (desde logo na decisão de contratar, mas depois na organização global da sua vida e da vida da sua família), deve ser assegurada a respectiva tutela, ao nível em que ela é necessária – i.e., como é sabido, o momento da celebração do contrato, cujas cláusulas o trabalhador continua, hoje como antes, a não estar, muitas vezes, em condições de discutir.

Tememos que o efeito das soluções agora consagradas venha a ser o da generalização, em sede do contrato de trabalho e no momento da sua celebração, de cláusulas em que o trabalhador se obrigue a desempenhar um conjunto amplíssimo de actividades, ou em que renuncie antecipadamente aos seus direitos em matéria de local de trabalho. É o esvaziamento sistemático das garantias da invariabilidade e da inamovibilidade, que o Código consagra, e trata-se de um esvaziamento sem qualquer controlo, justamente porque se processa ao nível do contrato de trabalho.

II. Ora, na nossa óptica e seguindo uma lógica diferente, teriam sido possíveis alternativas que assegurassem os mesmos objectivos de adequação dos vínculos laborais às necessidades de flexibilização funcional e espacial das empresas, sem implicar um descontrolo da redução dos níveis protectivos, ou pelo menos limitando a liberdade negocial aos vínculos laborais envolvendo trabalhadores com uma efectiva capacidade negocial. Para tanto bastaria remeter a matéria para negociação colectiva, que poderia mesmo definir as categorias de trabalhadores que estariam isentos da protecção legal. Por outras palavras, o recurso a uma norma convénio-dispositiva teria resolvido este problema.

f) *O poder disciplinar*

I. Também nos merece uma reflexão crítica de fundo a secundarização do poder disciplinar no elenco dos poderes do empregador, decorrente da sua remissão para o capítulo relativo ao incumprimento, que já assinalámos noutro ponto do estudo.

Do ponto de vista substancial, esta secundarização tem desvantagens que não podemos deixar de referir:

– por um lado, trata-se de uma solução artificial, porque oblitera o facto, bem conhecido de todos os actores laborais, de o poder disciplinar constituir a expressão magna da posição dominante do empregador no contrato e de actuar em termos de normalidade ao longo da execução do vínculo, seja através do estabelecimento das regras de disciplina na empresa, seja na fiscalização do desempenho dos trabalhadores e, portanto, independentemente da prática de infracções disciplinares e da aplicação de sanções disciplinares[43]. Nesta perspectiva, a solução proposta não serve os interesses dos empregadores;

– por outro lado, esta solução obscurece a importância do poder disciplinar como elemento distintivo fundamental do contrato de trabalho em situações de dúvida. Como é sabido, com frequência o poder directivo não é exercido, seja por opção do empregador, seja porque o contrato está suspenso, seja porque cabe por lei a outra pessoa (como sucede com o trabalho temporário, por exemplo). Ora, nestes casos, a qualificação laboral do vínculo é obtida através da verificação da sujeição do trabalhador às regras de disciplina da empresa, i.e., ao poder disciplinar. Não se compreende pois a lógica de remeter para o capítulo do incumprimento um poder de importância tão grande na própria qualificação do contrato;

---

[43] M. R. PALMA RAMALHO, *Do Fundamento do Poder Disciplinar Laboral cit., passim.*

– por último, não podemos deixar de referir os possíveis inconvenientes desta solução na garantia dos direitos dos trabalhadores em matéria disciplinar, situação que pode ser particularmente gravosa pela essência punitiva deste poder, na sua faceta sancionatória. Efectivamente, a lateralização do poder disciplinar diminui a sua visibilidade e esse facto pode facilitar o desrespeito pelas garantias de defesa dos trabalhadores, no processo disciplinar (que a lei preferiu eufemisticamente designar como "procedimento" disciplinar, apesar de a acção disciplinar corresponder a um processo em sentido próprio – art. 361.º e art. 400.º quanto ao processo disciplinar para despedimento).

O desvanecimento destas garantias de defesa fica, aliás, patente na redacção lapidar e de pendor "administrativizante" do art. 361.º, que exige a "audiência prévia" do trabalhador no processo. Não tendo o termo tradição laboral, deveria ser melhor clarificado que o que está aqui em causa é, efectivamente, a garantia do direito de defesa dos trabalhadores no processo disciplinar.

– na especialidade, suscita-nos ainda dúvidas a previsão, como sanção disciplinar, da perda de dias de férias (art. 356.º d)), por contrariar directamente a função primordial do direito a férias (reconhecida constitucionalmente), que é a de propiciar aos trabalhadores o tempo necessário de recuperação física ao fim de um ano de trabalho. A questão da constitucionalidade poderá vir a ser suscitada...[44]

Por outro lado, não podemos deixar de observar a facilidade de aproveitamento da norma para atingir outros objectivos, por um empregador menos escrupuloso – sempre haverá a tentação de aplicar esta sanção a um trabalhador que faça falta à empresa no período das férias... Ora, justamente porque está em causa um poder muito gravoso para o trabalhador, este tipo de normas oferece particulares perigos.

---

[44] Do nosso ponto de vista, o problema não fica resolvido com a salvaguarda dos vinte dias de férias, prevista no art. 358.º n.º 2. Sendo este um direito do trabalhador, com fundamento em razões de interesse do trabalhador mas também de interesse público, não deve poder ser retirado por um terceiro, ainda que se admita a limitação (e, de novo, apenas em termos estritos, pelo seu titular).

II. Concluindo, diremos que as opções do Código na matéria disciplinar não vão ao encontro nem dos interesses do empregadores, nem da preservação das garantias dos trabalhadores, nomeadamente em sede do processo disciplinar. O facto de, na concepção civilista do contrato de trabalho adoptada pela lei, o poder disciplinar se tornar mais difícil de explicar, não justifica, por si só, a sua secundarização. Na regulação das questões da vida, é o Direito que se tem que adaptar a essas situações e não o contrário…

g) *Os contratos a termo resolutivo*

I. Outra matéria que nos suscita uma reflexão de fundo é a matéria dos contratos a termo resolutivo, dada a posição charneira que esta figura ocupa no nosso sistema laboral, pelo menos desde a restrição do regime jurídico dos despedimentos em 1975.

Apontados os inconvenientes sistemáticos do tratamento desta figura em sede de cláusulas acessórias do contrato, as questões de substância que não podemos deixar de colocar têm a ver com a *eficácia das soluções agora propostas* (designadamente, o alargamento do período máximo de vigência para os seis anos, como regra geral, e o aumento do número máximo de renovações para três – art. 135.º n.º 1 e 2), para prosseguir dois objectivos que são, neste momento, essenciais para todo o sistema laboral:
 – em primeiro lugar, moralizar o actual sistema de contratação a termo, diminuindo o número de fraudes existentes;
 – em segundo lugar, contribuir para diminuir as consequências perversas e, em alguns casos, ilícitas, que resultam da conjugação do regime actual com o regime da cessação do contrato de trabalho (pensamos no problema dos falsos independentes e na proliferação do trabalho clandestino, mas também na fuga lícita para a prestação de serviços, para enquadrar funções tradicionalmente laborais).

II. Do nosso ponto de vista, quanto ao primeiro objectivo, cremos que as alterações introduzidas ao regime do contrato a termo (designadamente a regra geral dos seis anos, e a previsão das três renovações) poderão, pelo menos, diminuir o número de situações de ilicitude nestes contratos – que mais não seja, por efeito do seu adiamento.

III. Resta o segundo objectivo, que é, a nosso ver, fundamental, não só pelo alcance das consequências apontadas acima, como também porque, num sistema em que a cessação do contrato tem um regime tão restritivo como o nosso e em que a diminuição da tutela a este nível corre sempre o risco da inconstitucionalidade, o contrato a termo constitui a principal válvula de escape para o incremento da contratação laboral[45].

Ora, no que se refere a este objectivo, tememos que as alterações introduzidas não produzam efeitos, porque ele só poderia ser atingido se tivesse sido retirada ou reduzida a excepcionalidade da figura do contrato a termo, que decorre das suas estritas motivações objectivas – regime que, lembramos, era o que constava do DL n.° 781/76, de 28 de Outubro, que, como é sabido, constituiu a primeira regulamentação autónoma dos então denominados contratos a prazo.

IV. Do nosso ponto de vista, a abertura do debate sobre a possibilidade de aligeiramento das motivações objectivas do contrato a termo, de um modo mais ou menos amplo, com diferenciação de regimes para necessidades efectivamente transitórias de mão-de-obra e para situações de gestão corrente ou para desenvolvimento de novos projectos, e até, eventualmente, com a previsão de indemnizações de caducidade do contrato muito mais elevadas, nestes casos de necessidades "mais estáveis" de contratação, teria sido o melhor caminho para prosseguir este objectivo de fundo de incentivo da contratação laboral, contribuindo ao mesmo tempo para diminuir o grau de incumprimento que o actual regime potencia.

Estando cientes das dificuldades políticas de trilhar este caminho, pensamos que, a prazo, ele será uma inevitabilidade, a menos que se opte pela flexibilização dos despedimentos, o que nos parece muito mais difícil e gravoso. Deixamos o ponto para reflexão.

h) *A cessação do contrato de trabalho*

I. A última matéria da disciplina do contrato de trabalho, cujo regime nos sugeriu uma reflexão de fundo, foi a da cessação do contrato de trabalho.

---

[45] Sobre este ponto, *vd* M. R. PALMA RAMALHO, *Insegurança ou diminuição do emprego? A rigidez do sistema jurídico português em matéria de cessação do contrato de trabalho e de trabalho atípico cit.*, e *passim*.

64   *Estudos de Direito do Trabalho*

Já nos tendo pronunciado sobre os inconvenientes sistemáticos deste regime, e, no ponto anterior, concluído pelas dificuldades constitucionais que uma abertura muito profunda deste regime traria, não podemos deixar de chamar a atenção para alguns pontos, dentro das muitas observações que esta matéria poderia suscitar.

II. Relativamente à *cessação do contrato por acordo entre as partes e por denúncia* do trabalhador com aviso prévio, não se compreende a manutenção da solução da possibilidade de revogação do acordo ou da denúncia, agora no prazo de sete dias (arts. 384.° n.° 1 e art. 438.° n.° 1). É sabido que este "direito ao arrependimento" foi instituído para pôr cobro à prática dos denominados acordos revogatórios e das declarações de rescisão em branco. Todavia, outras soluções permitiriam atingir os mesmos objectivos sem o inconveniente desta, que é, como sabemos a do destino a dar pelo empregador ao trabalhador que, entretanto, tenha contratado para o lugar. Elas poderiam ter sido equacionadas...

III. Relativamente às várias formas de *cessação do contrato por iniciativa do empregador*, chamamos a atenção para a designação de todas elas como *"despedimento"*, concomitantemente com a não aplicação dessa designação à resolução do contrato por iniciativa do trabalhador (que é também fundada em justa causa) – não se compreende a dualidade de critérios. Note-se que este ponto não é apenas de índole formal, porque no que se refere ao denominado "despedimento por facto imputável ao trabalhador" (o despedimento com justa causa), a designação induz em erro, já que não é evidentemente qualquer facto imputável ao trabalhador que motiva o despedimento, mas apenas aquele facto que consubstancie uma situação de justa causa, envolvendo pois a prática de uma infracção disciplinar grave. Aliás, especificamente neste caso e do ponto de vista substancial, a proibição constitucional dos despedimentos com justa causa (art. 53.° da CRP) poderia aconselhar a manutenção da designação tradicional.

Ainda nesta matéria, não podemos subscrever a regra que estabelece o *direito do trabalhador à reintegração, em caso de despedimento ilícito* (art. 427.°), na sua formulação actual, i.e., de forma oposta à da lei vigente, porque essa formulação faz cair a natureza automática do direito a reintegração. Ora, sendo o despedimento nulo, ele não deverá ter qualquer efeito, o que se compadece mal com esta solução...

E também com referência à *reintegração*, tememos que a sua *exclusão no caso das micro-empresas* (art. 427.° n.° 2) possa suscitar uma questão de inconstitucionalidade; e ainda com referência a esta regra, estranhamos a não referência à motivação do despedimento em razões ligadas ao género ou à gravidez ou maternidade no n.° 4 do mesmo artigo – a provar, uma vez mais, a falta de preocupação do diploma com esta matéria.

IV. Também se compreende mal o *novo regime em matéria de quantum da indemnização a arbitrar*, pelo maior poder discricionário agora atribuído ao tribunal nesta matéria (art. 428.° n.° 1). Por um lado, não se compreende a diferença do *quantum* indemnizatório neste caso e, por exemplo, no caso do despedimento colectivo (em que parece manter-se a regra de um mês por cada ano): se falece a justa causa, não pode deixar de se estranhar que um empregador que despediu violando a lei pague menos ao trabalhador despedido do que aquele que despediu por motivos económicos... Por outro lado, não se compreende a referência ao "grau de ilicitude", reportada por esta norma ao art. 418.°, no qual a ilicitude não é graduada.

Aplaude-se, por corresponder a uma necessidade há longo tempo sentida, *a possibilidade de instauração de novo processo disciplinar, se a ilicitude for decretada por vício formal do processo*, bem como a extensão desta regra à rescisão com justa causa pelo trabalhador.

Por último, lamenta-se a *pouca relevância dada à figura do denominado despedimento modificativo*, que, noutros países, é de recurso frequente, como medida alternativa à cessação do contrato por motivos económicos.

i) *A negociação colectiva*

I. Gostaríamos de terminar as nossas reflexões de fundo, com uma referência à matéria da negociação colectiva, dado o objectivo de relançamento da negociação colectiva enunciado pelo legislador.

Do nosso ponto de vista, o reforço da negociação colectiva e, designadamente, a devolução para o âmbito da negociação colectiva da competência regulativa em maior número de matérias, sobretudo se for menos condicionada do que é actualmente, é um instrumento importantíssimo de redinamização do sistema laboral e, nesse sentido, assegura a sua flexibilização.

É por esta razão que aplaudimos genericamente o esforço de revitalização desta matéria levado a cabo pelo legislador, e designadamente a regra em matéria de vigência dos IRCT que assegura o fim da sua eternização, e as regras sobre a arbitragem obrigatória, bem como, na perspectiva da revitalização dos conteúdos, o fim do dogma da irreversibilidade das vantagens adquiridas na sucessão de convenções. Como já referimos noutra sede, era já tempo de reconhecer a "maioridade" às convenções colectivas e aos parceiros sociais que as negoceiam, deixando-lhes, em plena autonomia, a responsabilidade de prosseguirem como entenderem – e se a ocasião o justificar, mesmo com sacrifícios pontuais – os seus interesses.

II. Não podemos, no entanto, deixar de considerar que, sem mais, estas regras talvez sejam insuficientes, se não forem acompanhadas de outras medidas. Neste contexto, deixaríamos dois pontos à reflexão:

– em primeiro lugar, parece-nos importante reflectir sobre o papel que as portarias de extensão (ou regulamentos de extensão) desempenham neste processo, ponderando designadamente o facto de saber em que medida é que, ao igualizarem as condições de trabalho dos trabalhadores e empregadores, independentemente de qualquer actuação (ou sequer vontade de actuação) colectiva destes, elas estão de facto a contribuir para promover a negociação colectiva ou antes a subvertê-la subrepticiamente... Não podendo este problema ser equacionado nas actuais condições de quase paralisação da negociação colectiva, cremos que mais tarde ou mais cedo ele terá que ser ponderado;

– por outro lado, entendemos que a redinamização da negociação colectiva e, designadamente, o contributo que ela pode dar para a flexibilização dos regimes laborais (na perspectiva ampla que sustentámos para esta flexibilização) passa por um aumento muito significativo daquela categoria de normas, a que chamámos de convénio-dispositivas, e que o Código prevê no artigo 5.º, mas da qual faz um uso relativamente moderado.

É que, numa lógica diversa da do legislador (que opta, sobretudo, pela devolução das matérias para o domínio do contrato de trabalho, em solução que continuamos a achar desaconselhável em muitos casos), que pressupõe a unidade do Direito do Trabalho e a constante interpenetração das suas áreas regulativas individual e colectiva, entendemos que são os entes laborais colectivos que podem encontrar as soluções mais adequadas para os seus problemas.

Este teria sido um caminho um pouco diferente a trilhar, mas, cremos, com compensações relevantes não só do ponto de vista do progresso geral do sistema como também da pacificação social.

6. Em jeito de conclusão...

I. Chegados a este ponto, resta concluir.

Do nosso ponto de vista, a consolidação sistemática das leis laborais e a sua reformulação substancial em diversos aspectos é necessária e urgente no nosso país, para responder aos desafios que o Direito do Trabalho terá que enfrentar no século XXI, tanto no que respeita à melhoria da produtividade e da competitividade das empresas, como no que se reporta às novas necessidades dos trabalhadores e das suas famílias.

E a codificação das normas laborais é uma via possível na consecução desses objectivos, tanto mais que se encontram reunidas as condições técnicas necessárias para que possa ter sucesso.

É pois de aplaudir a iniciativa do Governo em prossecução deste objectivo, independentemente dos resultados alcançados, assim como é de realçar o caminho já percorrido entre a versão do Código em Anteprojecto e na Proposta de Lei – que veio, afinal, comprovar o carácter compromissório do Direito do trabalho, que por diversas vezes, salientámos.

Apresentado o Código, sob a forma de Proposta de Lei, ele volta a abrir-se à discussão, desta vez no *forum* legislativo máximo, sendo, por conseguinte ainda possível – e, não podemos deixar de o dizer, desejável – reponderar algumas questões e introduzir melhoramentos.

Foi neste contexto que elaborámos estas reflexões, conscientes, é certo, de que a tarefa de apreciação de qualquer obra é infinitamente mais fácil do que a tarefa da sua realização, mas julgando que, apesar de tudo, o nosso contributo poderia ser útil para este processo.

INTERSECÇÃO ENTRE O REGIME DA FUNÇÃO PÚBLICA E O REGIME LABORAL – BREVES NOTAS*

> Sumário: 1. Considerações gerais; 2. Os vectores de publicização do direito laboral português; 3. Os vectores de privatização do direito da função pública; 4. Observações finais.

1. Considerações gerais

I. O tema da intersecção entre o regime jurídico da função pública e o regime laboral é um tema muito aliciante, mas também particularmente difícil, porque aos evidentes traços de aproximação entre as situações do emprego público e do trabalho subordinado privado se opõem as lógicas diversas de construção jurídica que inerem à inserção de cada uma destas situações nas duas grandes áreas da *summa divisio* do sistema jurídico – o direito privado e o direito público.

À partida, são evidentes as afinidades entre as situações jurídicas dos trabalhadores privados e dos funcionários públicos, tanto de um ponto de vista objectivo como de um ponto de vista subjectivo: nas duas situações, o objecto do vínculo envolve a prestação de um serviço ou de um trabalho; e, também nos dois casos, o prestador desse serviço ou trabalho se encontra numa posição de subordinação perante o destinatário do mesmo, já que é este que, em cada momento, determina o conteúdo da prestação e vai direccionando a actividade do trabalhador à satisfação das suas próprias necessidades.

Todavia, a tradicional separação entre os domínios público e privado do sistema jurídico alicerçou uma construção dogmática diferenciada das

---

* Texto que serviu de base à comunicação apresentada no *Curso de Verão sobre Direito da Função Pública*, realizado na Faculdade de Direito de Lisboa, entre 9 e 13 de Julho de 2001. Publicado originariamente na ROA, 2002, 2, 439-466.

70 — Estudos de Direito do Trabalho

duas situações jurídicas, e, nessa medida, contribuiu para perpetuar a visão das suas afinidades como desvios pontuais num regime globalmente diverso, prosseguindo metas próprias e inspirado em valores opostos.

Assim, por aplicação dos critérios tradicionais de delimitação entre o direito público e o direito privado[1], a situação jurídica laboral privada e a situação jurídica de emprego público foram distinguidas classicamente pela diferente posição relativa dos sujeitos intervenientes e pela natureza dos interesses subjacentes às normas que as regulam: enquanto no vínculo laboral as partes estão numa posição de igualdade, já que ambas têm natureza jurídica privada ou se comportam como tal, no vínculo de funcionalismo público é evidente a sua assimetria, dada a posição de autoridade da entidade credora do serviço; e enquanto no contrato de trabalho sobressaem interesses particulares (o interesse do trabalhador na remuneração e o interesse do empregador no aproveitamento da energia laborativa do trabalhador para prover à satisfação das suas necessidades ou ao lucro), subjacente ao vínculo de emprego público e norteador do seu regime está a ideia de interesse público[2].

II. A construção dogmática que decorre da integração destas situações na esfera do direito público e do direito privado traduziu, naturalmente, os valores dominantes nessas áreas.

Assim, os princípios da liberdade contratual e da igualdade dos sujeitos nos vínculos de direito privado justificaram a construção da relação de trabalho sobre a ideia de negócio jurídico – o contrato de trabalho; ao passo que a sujeição da Administração Pública ao princípio da legalidade e o seu *ius imperii* privilegiaram uma construção unilateral do vínculo de

---

[1] Trata-se, como é sabido, dos consagrados critérios da posição relativa dos sujeitos no vínculo jurídico e da natureza dos interesses em jogo – sobre estes critérios, entre muitos outros, L. CABRAL DE MONCADA, *Lições de Direito Civil (Parte Geral),* 4.ª ed., Coimbra, 1995, 42 ss., I. GALVÃO TELLES, *Introdução ao Estudo do Direito,* I, 11.ª ed., Lisboa, 1999, 165 ss., J. OLIVEIRA ASCENSÃO, *O Direito. Introdução e Teoria Geral. Uma Perspectiva Luso-Brasileira,* 10.ª ed. (*reprint*), Coimbra, 1999, 329 ss., J. BAPTISTA MACHADO, *Introdução ao Direito e ao Discurso Legitimador* (*reprint*), Coimbra, 1993, 61 ss., M. REBELO DE SOUSA/S. GALVÃO, *Introdução ao Estudo do Direito,* 4.ª ed., Mem Martins, 1998, 257 ss.

[2] Para mais desenvolvimentos quanto à aplicação tradicional destes critérios de distinção entre o direito público e o direito privado à delimitação entre o trabalho subordinado privado e o trabalho no sector público, *vd* M. R. PALMA RAMALHO, *Da Autonomia Dogmática do Direito do Trabalho,* Coimbra, 2001, *maxime* 106 ss.

funcionalismo público, o que, por inerência, justificou a ausência de liberdade de estipulação do prestador neste último vínculo[3].

Por seu turno, a ideia-força do interesse público foi apontada classicamente como justificação para aspectos tão diferentes do regime da função pública como a determinação unilateral do conteúdo do vínculo pelo Estado (vista como a forma mais eficaz de prosseguir aquele interesse); o maior relevo de elementos de pessoalidade nesse vínculo (com o inerente empolamento dos deveres de lealdade do funcionário), por contraposição ao predomínio de elementos patrimoniais no vínculo laboral; e o não reconhecimento da oposição de interesses entre os funcionários e a Administração, o que justifica a sistemática prevalência dos interesses desta sobre as pretensões daqueles, mas, no limite, legitimou também restrições importantes aos direitos e mecanismos de actuação em que, nos vínculos laborais privados, se traduziu essa oposição de interesses – os direitos colectivos, como o direito à contratação colectiva e o direito à greve.

III. Embora fossem compreensíveis ao tempo do seu desenvolvimento[4], estas grandes linhas de orientação da construção dogmática e do regime do vínculo de funcionalismo público e do contrato de trabalho não quadram, todavia, à realidade do trabalho moderno, nem no sector público

---

[3] De notar que, mesmo quando é admitida a origem negocial do vínculo de funcionalismo público – o que, no caso português, se verifica a partir da introdução da figura do contrato administrativo de provimento – é realçado o facto de, neste contrato, o funcionário ou o agente se limitarem a dar a sua aquiescência às condições contratuais previamente definidas pela Administração, por não ser admissível uma discussão do conteúdo do vínculo nos termos do vínculo. A este propósito, com referências doutrinais ANA FERNANDA NEVES, Relação *Jurídica de Emprego Público*, Coimbra, 1999, 98 ss., e, sobretudo, SÉRVULO CORREIA, *Legalidade e Autonomia Contratual nos Contratos Administrativos*, Coimbra, 1987, 343 ss.

[4] Não podemos esquecer que as bases da construção dogmática do vínculo de trabalho se encontram no liberalismo, que privilegiou sobre todas as outras, no domínio do direito privado, a categoria jurídica do contrato. Por este motivo, a relação laboral é explicada a partir de figuras contratuais de tradição românica, *maxime*, da *locatio conductio* numa das suas projecções modernas: o contrato de prestação de serviço ou o contrato de locação, segundo, respectivamente, a tradição do BGB e do *Code de Napoléon* – sobre este ponto, com desenvolvimentos, *vd* o nosso *Da Autonomia Dogmática... cit.*, 232 ss. Ora, como é sabido, os fundamentos axiológicos da figura do contrato nos valores da igualdade e da liberdade dos sujeitos privados constituíram um óbice à sua penetração no direito público, onde apenas é admitida com relutância e sempre acompanhada do reconhecimento de inúmeras especificidades.

nem no sector privado. O que se vem verificando é que, apesar de formalmente colocados nos dois pólos da *summa divisio* da ordem jurídica, os vínculos de trabalho subordinado privado e de funcionalismo público evidenciam tantas semelhanças e pontos de contacto que faz cada vez mais sentido falar em tendências recíprocas de intersecção.

IV. A semelhança entre as duas situações jurídicas evidencia-se, desde logo, no recorte dos deveres das partes, *verbi gratia* no que se refere ao prestador do trabalho ou do serviço: embora os deveres do trabalhador subordinado tenham merecido uma menor atenção do legislador do que os deveres dos funcionários e agentes públicos[5], há uma vincada similitude entre uns e outros, dominando, nos dois casos, as ideias-força da obediência e da lealdade; e também nos dois casos se evidencia uma idêntica preocupação com o contexto organizacional (ou, poderíamos dizer, de serviço) do vínculo[6].

Por outro lado, o regime jurídico dos dois vínculos revela a tutela de valores idênticos.

Assim, nos dois casos encontramos diversas normas de tutela da categoria, através do estabelecimento de regras de irreversibilidade e de progressão na carreira – arts. 21.º n.º 1 c) e 23.º da LCT, e DL 353-A/89, de 16 de Outubro, que estabelece as regras de progressão na carreira dos funcionários públicos. Também nos dois casos, é protegida a retribuição através de princípios de intangibilidade e de outras regras de salvaguarda – art. 21.º n.º 1 c) da LCT, e, quanto à função pública, art. 40.º do DL n.º 184/89, de 2 de Junho, e, em especial, DL n.º 353-A/89, de 16 de Outubro. Em matéria de faltas e outras ausências do prestador do trabalho não só se verifica uma vincada semelhança entre o regime aplicável aos trabalhadores privados e aos funcionários e agentes do Estado (para o sector público, o DL n.º 100/99, de 31 de Março, com as alterações introduzidas pela L. n.º 117/99, de 11 de Agosto, pelo DL n.º 503/99, de 20 de Novem-

---

[5] Enquanto o art. 20.º da LCT se limita a enunciar os deveres do trabalhador, o art. 3.º do Estatuto Disciplinar dos Funcionários e Agentes do Estado e outras Entidades Públicas, aprovado pelo DL n.º 28/84, de 16 de Janeiro, procede a uma descrição minuciosa dos deveres dos funcionários e agentes.

[6] Para uma apreciação comparada da situação jurídica dos trabalhadores do sector privado e do sector público, no caso português, *vd* JOÃO CAUPERS, *Situação jurídica comparada dos trabalhadores da Administração Pública e dos trabalhadores abrangidos pela legislação reguladora do contrato de individual de trabalho*, RDES, 1989, 1/2, 243-254.

bro, e pelo DL n.º 70-A/2000, de 5 de Maio; e, para os trabalhadores subordinados, a LFFF, arts. 22.º e ss.), como, em algumas situações, a lei optou mesmo por uma regulamentação conjunta, ou seja, *ab initio* pensada para ser aplicável às duas categorias de trabalhadores – é o que se verifica com o Estatuto do Trabalhador Estudante (L. n.º 116/97, de 4 de Novembro) e com a Lei da Protecção da Maternidade e da Paternidade (L. n.º 4/84, de 5 de Abril, alterada pela L. 17/95 de 9 de Junho, pela L. 102/ /97, de 13 de Setembro, pela L. n.º 118/99, de 11 de Agosto, pela L. n.º 142/99, de 31 de Agosto, e pelo DL 70/2000, de 4 de Maio). Finalmente, em matéria de cessação do vínculo, evidencia-se o mesmo princípio fundamental comum – o princípio da estabilidade no emprego, que condiciona as formas possíveis de cessação do vínculo – e sobressaem idênticas preocupações de assegurar a defesa dos trabalhadores, que se manifestam nas exigências processuais.

V. Mas, para além destes pontos comuns, a intersecção entre os regimes da função pública e do contrato de trabalho evidencia-se de uma outra forma, que será, porventura, mais interessante de observar pelo seu carácter dinâmico e historicamente oscilante: a inspiração recíproca de regimes e de institutos de uma e de outra área.

Este fenómeno tem dois vectores: do lado da relação de trabalho (na verdade, do lado do direito do trabalho no seu todo), diversas normas e institutos resultam de influências do direito público – é aquilo que podemos designar como o vector de publicização do direito laboral; do lado do emprego público, tem-se vindo a assistir, mais recentemente mas sempre em crescendo, a uma tendência para a importação de regimes, figuras e institutos tipicamente laborais ou para soluções diversas de combinação – é o vector que podemos designar, em sentido amplo, como de privatização ou de laboralização do regime do emprego público.

Este processo de interpenetração das duas áreas regulativas é o produto de uma evolução de décadas e foi influenciado por oscilações históricas diversas. No caso português, a tendência começou por ser no sentido da publicização do direito do trabalho – tendência esta que o corporativismo susteve durante largos anos, mas que ultrapassou este período histórico; e a tendência de privatização do regime da função pública acentuou-se mais modernamente, não apenas pelo apoio que a Constituição de 1976 inequivocamente lhe forneceu, mas também mercê da crescente sensibilidade da Administração Pública a novas necessidades de diversifi-

74 Estudos de Direito do Trabalho

cação e de gestão dos recursos humanos, para cuja prossecução os mecanismos e instrumentos do direito laboral parecem, à partida, ser mais aptos. De qualquer forma, esta intersecção de regimes parece hoje irreversível e, por isso, a ciência jurídica terá, mais tarde ou mais cedo, que proceder à sua redução dogmática.

2. Os vectores de publicização do direito laboral português

I. Apesar do recorte privado e contratual da relação laboral – reconhecido desde os primórdios do desenvolvimento sistemático do direito do trabalho, no final do século XIX, e mantido até hoje[7] – o direito laboral português foi, desde cedo, influenciado pelo direito público.

Como já referimos, no caso português, esta influência foi particularmente favorecida pelo corporativismo, já que a ideologia do Estado Novo viabilizou a expansão, para o domínio privado da ordem jurídica, das ideias de interesse público e da superioridade dos interesses nacionais sobre os interesses privados e permitiu a aplicação à relação de trabalho do princípio da colaboração interclassista, traduzido na ideia da mútua colaboração entre o trabalhador e o empregador (art. 18.º da LCT); por outro lado, foi também esta ideologia que justificou a erradicação dos fenómenos laborais colectivos de conflito, como a greve e o *lock-out* pela Constituição de 1933 (art. 39.º) e pelo Estatuto do Trabalho Nacional (art. 9.º).

Com a alteração da ordem jurídico-constitucional operada no 25 de Abril, estas influências terminaram, correspondendo hoje a uma curiosidade histórica. Todavia, o facto é que alguns dos regimes laborais desenvolvidos à sombra da ideologia corporativa resistiram à alteração da

---

[7] Com efeito, houve sempre um relativo consenso quanto ao fundamento negocial da relação de trabalho, primeiro concebida a partir da figura romana da *locatio conductio* como acima referimos – *supra*, nota 4 – e, mais tarde, construída sobre o contrato de trabalho. Apenas durante um curto período, entre as décadas de trinta e quarenta do século XX, teve algum peso a concepção que negava o fundamento negocial do vínculo laboral, substituindo-o pelo acto de material de incorporação (*Eingliederung*) do trabalhador na empresa. Esta concepção, difundida a partir da dogmática germânica, não teve, todavia, uma expressão significativa noutros sistemas jurídicos, que continuaram a ancorar o vínculo laboral na ideia de contrato. Foi o caso português. Para mais desenvolvimentos sobre este ponto, por exemplo, A. MENEZES CORDEIRO, *Da situação jurídica laboral: perspectivas dogmáticas do direito do trabalho*, ROA, 1982, 89-149, e M. R. PALMA RAMALHO, *Da Autonomia Dogmática...cit.*, 291 ss.

ordem jurídico-constitucional, constituindo hoje um *acquis* do direito do trabalho, ao qual deve ser dado o devido relevo dogmático. Alguns exemplos ilustram facilmente esta penetração publicista no direito laboral português e a vitalidade que ela ainda hoje evidencia. Eles encontram-se nas fontes laborais, na organização da empresa laboral e em diversos institutos típicos do direito do trabalho, como o poder directivo e o poder disciplinar.

II. Ao nível das fontes, é particularmente reveladora da influência publicista no direito laboral a configuração actual da figura da convenção colectiva de trabalho. Apesar da sua estrutura privada e negocial – trata-se de um acordo de vontades, outorgado por entidades privadas (as associações sindicais e as associações ou as entidades patronais – art. 3.º da LRCT), em prossecução de interesses da categoria profissional que representam e que resulta de um processo negocial conduzido com autonomia (arts. 16 ss. da LRCT) – a convenção colectiva de trabalho é reconhecida pela lei como uma fonte específica do direito laboral (art. 12.º n.º 1 da LCT) e apresenta diversas características que favorecem a sua assimilação a um acto normativo: a sujeição a um controlo administrativo prévio, embora apenas de índole formal, que se efectiva através do depósito administrativo da convenção – art. 24.º da LRCT; o processo de entrada em vigor, semelhante ao das leis – art. 26.º da LRCT; e a generalidade e a abstracção características das normas jurídicas, que se manifesta na aplicabilidade da convenção a todos os trabalhadores e empregadores membros das associações outorgantes, ou que venham a sê-lo durante a respectiva vigência – arts. 7.º e 8.º da LRCT –, e mesmo, em algumas situações, na sua aplicabilidade a sujeitos que não têm qualquer nexo de representação com as entidades celebrantes – ainda art. 8.º da LRCT, mas também art. 9.º do mesmo diploma.

Ao tempo em que estas características foram introduzidas, a ideologia dominante facilitava a assimilação da figura da convenção colectiva a um acto normativo puro, pela natureza jurídica pública então reconhecida aos sindicatos e aos grémios[8]; e esta assimilação justificava, *per se*, o controlo administrativo[9], o processo de entrada em vigor e a eficácia geral

---

[8] Por todos, quanto à natureza pública destas associações à época, MARCELLO CAETANO, *O Sistema Corporativo*, Lisboa, 1938, 70 s., e *Manual de Direito Administrativo*, I, 10.ª ed. (*reprint*), Coimbra, 1980, 387 ss.

[9] Ao tempo, tratava-se, como é sabido, de um verdadeiro controlo de mérito, que

deste instrumento[10]. Todavia, o facto é que, com a reposição plena da autonomia colectiva e a reprivatização das associações representativas dos trabalhadores e dos empregadores após o 25 de Abril[11], as convenções colectivas de trabalho mantiveram, no essencial[12], aqueles traços regimentais que tinham facilitado a sua recondução à categoria de fontes laborais. A marca do direito público na configuração destes instrumentos mantém-se, pois, até hoje.

Ainda no domínio das fontes, outra figura reveladora da penetração publicista no direito laboral é a figura da portaria de extensão – art. 12.º n.º 1 da LCT e art. 29.º da LRCT.

Como é sabido, esta figura, que a doutrina qualifica como um regulamento administrativo ou como um acto administrativo[13], permite estender o âmbito de aplicação das convenções colectivas de trabalho aos trabalhadores e empregadores do mesmo sector profissional ou económico que não estavam à partida abrangidos pelo instrumento colectivo convencional por não serem membros das associações sindicais ou patronais outorgantes. Ora, se originariamente este regime não suscitava dificuldades porque à própria convenção colectiva objecto da extensão era reconhecida natureza pública, actualmente a figura da portaria de extensão não pode deixar de ser considerada como um instrumento jurídico muito peculiar, porque, sendo um acto regulativo público, o seu conteúdo normativo consiste no aproveitamento de um acto negocial privado celebrado

---

implicava a sujeição do conteúdo dos contratos colectivos de trabalho a homologação governamental. Este ponto não é, todavia, relevante para o problema que aqui nos ocupa.

[10] Por este motivo, a maioria da doutrina inclinava-se, aliás, para a recondução destes instrumentos à categoria de regulamentos administrativos – neste sentido, por todos, Marcello Caetano, *O Sistema Corporativo...cit.*, 59 s., e *Manual...cit.*, I, 389 s. e 570. Para mais desenvolvimentos sobre esta construção normativista das convenções colectivas de trabalho, *vd* M. R. Palma Ramalho, Da *Autonomia Dogmática...cit.*, 808 ss. e 819 ss.

[11] Sobre a natureza jurídica privada das associações patronais e sindicais no nosso actual sistema jurídico, ainda M. R. Palma Ramalho, *Da Autonomia Dogmática...cit.*, 821 s.

[12] Como referimos acima, em texto, o controlo de mérito e o sistema da homologação desapareceram para darem lugar a um controlo meramente formal, em consequência da reposição do princípio da autonomia colectiva na plenitude dos seus efeitos.

[13] Sobre o problema da natureza jurídica das portarias de extensão, *vd*, por exemplo, A. Menezes Cordeiro, *Manual de Direito do Trabalho*, Coimbra, 1991, 347, P. Romano Martinez, *Direito do Trabalho*, II (*Relações Colectivas de Trabalho*), Lisboa, 1994/95, 130 ss., e A. Monteiro Fernandes, *Direito do Trabalho*, 11.ª ed., Coimbra, 1999, 770.

em prossecução de interesses próprios de certa categoria profissional, o qual passa a ser dotado de força pública para vir a ser aplicado a outros sujeitos privados[14].

Também aqui a influência da origem pública se manteve até hoje, em prossecução de interesses especificamente laborais – no caso vertente, os interesses da uniformização do estatuto dos trabalhadores subordinados e da igualdade de tratamento que subjazem à eficácia geral dos instrumentos de regulamentação colectiva de trabalho.

III. No que se refere ao contrato de trabalho, onde se nota uma maior influência do direito público é no modelo que constitui o paradigma do regime jurídico do vínculo laboral no sistema jurídico português: o modelo empresarial[15]. Este modelo foi também, em certa medida, tributário do modelo de organização típico dos serviços públicos, e isso reflecte-se em diversos aspectos.

Tal como é típico de um serviço público, a organização da empresa laboral é concebida em termos hierárquicos e os poderes de direcção e de disciplina têm uma estrutura hierárquica. Neste sentido se compreendem as referências legais aos superiores hierárquicos do trabalhador, ao dever de obediência do trabalhador em relação aos seus superiores hierárquicos (art. 20.º n.º 2 da LCT), à delegação de competências directivas e disciplinares pelo empregador (art. 26.º da LCT), ao direito de reclamação do trabalhador para o "escalão hierarquicamente superior" (art. 31.º n.º 4 da LCT). Também as referências à carreira e o regime legal de tutela da categoria do trabalhador (art. 21.º n.º 1 d) e art. 23.º da LCT) apontam para um modelo empresarial vertical, semelhante ao dos serviços públicos[16].

---

[14] Tivemos já oportunidade de chamar a atenção para a originalidade substancial deste instrumento normativo, e daí retirar as competentes ilações dogmáticas – M. R. PALMA RAMALHO, *Da Autonomia Dogmática...cit., maxime* 922 ss.

[15] Não oferece dúvidas que, embora o legislador português não tenha optado por uma regulamentação separada do trabalho na empresa e fora dela – como fez, por exemplo, o legislador italiano (respectivamente, arts. 2082.º ss. e 2239.º ss. do *Codice Civile*) – assumiu a empresa como o contexto normal da relação de trabalho e foi para esse contexto que dispôs o respectivo regime jurídico, o que chega a tornar difícil a aplicação de algumas normas laborais a contratos de trabalho não empresariais. No sistema jurídico português, como na maioria dos sistemas europeus, a denominada "relação de trabalho típica" é a relação de trabalho na empresa – sobre o ponto, com desenvolvimentos, o nosso *Da Autonomia Dogmática...cit.*, 545 s.

[16] Em geral e por todos sobre a organização hierárquica dos serviços públicos, PAULO OTERO, *Conceito e Fundamento da Hierarquia Administrativa*, Coimbra, 1992.

78   *Estudos de Direito do Trabalho*

E, finalmente, a forma de conceber e regular o poder disciplinar laboral – na verdade até a sua admissibilidade, uma vez que se trata de um poder privado de punir[17] – têm claramente como modelo o poder disciplinar administrativo, dele transportando o enunciado das sanções disciplinares, a exigência de um processo disciplinar e o direito de reclamação e de impugnação judicial da sanção aplicada – arts. 27.° e 31.° da LCT e também art. 10.° e ss. da LCCT. As influências da organização hierárquica típica dos serviços públicos são, nesta matéria, particularmente evidentes.

Uma vez mais, poderá dizer-se que a construção vertical da empresa laboral e a estruturação hierárquica dos poderes laborais foram facilitadas pelo ambiente corporativista envolvente. A organização da empresa à imagem dos serviços públicos quadrava bem à sua visão como célula social produtiva por excelência e ao princípio da colaboração interclassista, e a estruturação hierárquica dos poderes laborais coadunava-se facilmente com os princípios de chefia que acompanham aquela ideologia[18]. Mas o facto é que os regimes descritos sobreviveram até hoje, ainda que complementados por outras regras que procuram adequar a organização do trabalho a modelos de maior flexibilidade e horizontalidade – como os regimes da adaptabilidade de horários ou da polivalência funcional, por exemplo. A "reprivatização" da relação de trabalho, na sequência da alteração da ordem jurídico-constitucional, não contendeu pois com esta concepção essencialmente vertical da empresa e dos poderes laborais.

IV. Como decorre do exposto, apesar de uma boa parte das influências do direito público no direito do trabalho ter resultado de um determinado contexto ideológico, elas sobreviveram ao declínio da ideologia envolvente e mantêm-se até hoje: nuns casos, a alteração constitucional não teve efeitos nos institutos e regimes laborais desenvolvidos por influência do regime anterior (assim, institutos como o poder directivo e o poder disciplinar mantiveram-se relativamente intocados); noutros casos, as alterações foram profundas, mas os traços de influência publicista que tinham servido objectivos laborais foram meramente adaptados ao novo

---

[17] Sobre a essência punitiva do poder disciplinar laboral, apesar da sua natureza privada, *vd* M. R. PALMA RAMALHO, *Do Fundamento do Poder Disciplinar Laboral*, Coimbra, 1993, *maxime* 196 ss., e *Limites do poder disciplinar laboral*, *in* A. MOREIRA (coord.), *I Congresso Nacional do Direito do Trabalho. Memórias*, Coimbra, 1998, 181-198.

[18] Para mais desenvolvimentos sobre a aplicação laboral destes princípios, *vd* o nosso *Da Autonomia Dogmática...cit.*, 275 s, 284 ss, 331 s., 338 ss, 350 ss., e *passim*.

contexto jurídico-constitucional – o exemplo mais paradigmático deste segundo caso é o das convenções colectivas, cuja reprivatização não obstou à sua qualificação como fonte laboral e à manutenção da sua eficácia geral, assegurada através das portarias de extensão.

V. Além disso, não se pode dizer que a alteração do quadro ideológico originário tenha ditado o fim das influências do direito público no direito laboral, não só pela similitude entre diversos traços do regime do contrato de trabalho e da função pública, para a qual chamámos a atenção acima e que se mantém até hoje, como pelo renovado recurso a instrumentos e regimes administrativos para prosseguir novas necessidades no domínio laboral.

Por um lado, a similitude de regimes referida pode levar à respectiva ponderação para efeitos de integração de lacunas – é uma possibilidade aventada por alguns autores em matéria de poder disciplinar, por exemplo[19]. A intersecção entre as duas áreas regulativas pode pois processar-se por esta via.

Por outro lado, o direito do trabalho inspirou-se directamente em institutos desenvolvidos na função pública para prosseguir novas metas e objectivos. O exemplo paradigmático é o do regime do trabalho em comissão de serviço, (aprovado pelo DL n.° 404/91, de 16 de Outubro), que tomou por modelo a figura administrativa da comissão de serviço, para prosseguir, ainda que timidamente, objectivos de flexibilização do regime da contratação laboral e da mobilidade funcional dos trabalhadores subordinados, ao tempo (como, porventura, ainda agora) extremamente rígido.

VI. Quanto a este vector da publicização do regime laboral privado podemos assim concluir que, embora reprivatizado pela nova ordem jurídico-constitucional subsequente ao 25 de Abril, o direito do trabalho conservou algumas heranças do direito público – expurgando-as, quando necessário, dos seus contornos ideológicos primitivos – e serviu-se mesmo de figuras típicas do regime da função pública para se adaptar a novas necessidades e prosseguir novos valores.

---

[19] É uma hipótese sustentada, por exemplo, por A. MENEZES CORDEIRO, *Manual...* *cit.*, 753 s. Nota-se, aliás, nas convenções colectivas, uma tendência para reforçar esta aproximação do regime disciplinar laboral ao regime disciplinar administrativo, tanto na delimitação das infracções disciplinares como nas exigências processuais – sobre este ponto, com indicações, *vd* M. R. PALMA RAMALHO, *Do Fundamento....cit.*, 74 ss., e 209.

3. Os vectores de privatização do direito da função pública

I. O primeiro aspecto a relevar quanto a este segundo vector do fenómeno da intersecção entre os regimes da função pública e do trabalho subordinado é o da multiplicidade de referências à privatização do emprego público nos vários níveis da produção jurídica. Embora seja ainda relativamente recente, a denominada tendência para a privatização do emprego público parece ser um fenómeno em constante expansão, e, por isso mesmo, tem merecido uma atenção crescente da doutrina[20].

Na verdade, sob o termo "privatização do emprego público" escondem-se tendências e fenómenos diversos de miscigenação do regime do funcionalismo público com elementos conformadores típicos dos contratos de trabalho e com institutos laborais típicos, tanto da área regulativa individual como da área regulativa colectiva do direito do trabalho.

Assim, pode falar-se em privatização do emprego público para designar a tendência, sempre crescente, para alargar as entidades públicas que podem admitir pessoal através da celebração de contratos de trabalho. Embora, em bom rigor, a designação de "privatização" seja imprópria quando aplicada a esta situação, porque o que está em causa é a celebração *ab initio* de um negócio de direito privado, em que a entidade pública se comporta como um empregador comum, o facto é que a proliferação destas situações aproxima o trabalho subordinado no sector público e no sector privado.

---

[20] Entre muitos outros, referem-se à tendência para a privatização do regime jurídico do emprego público, autores como M. COLOMBO, *Equilibrio tra garantismo legislativo e autonomia contrattuale, in Prospetive del diritto del lavoro per gli anni '80 – Atti del VII Congresso di Diritto del lavoro, Bari, 23-25 Aprile 1982*, Milano, 1983, 79-88 (84), F. CARINCI, *Contratto e rapporto individuale di lavoro, in La riforma del rapporto di lavoro pubblico*, DLRI, 1993, 3/4, 653-789 (653), Y. MOREAU, *Transformation de la relation de travail dans les entreprises de service public*, e N. MAGGI-GERMAIN, *L'emploi public en voie de disparition? L'exemple des entreprises de service public, in A. SUPIOT (dir.), Le travail en perspectives*, Paris, 1998, respectivamente, 427-442 e 413-426. Na doutrina nacional, realça a penetração do direito laboral nos vínculos de trabalho público, J. J. ABRANTES, *Direito do Trabalho – Ensaios*, Lisboa, 1995, 20. Quanto a nós, esta penetração publicista é uma das manifestações da característica do direito do trabalho que, noutra sede, designámos como a sua *tendência expansionista*, evidenciada no aproveitamento de muitos dos institutos e técnicas laborais noutros contextos relacionais e noutras áreas jurídicas – *Da Autonomia Dogmática... cit.*, 437 ss.

Noutra acepção, o conceito de privatização do emprego público designa o recurso a formas laborais típicas de recrutamento no seio da Administração Pública, em paralelo com os instrumentos tradicionais da nomeação e dos contratos administrativos de provimento, com destaque para o contrato de trabalho a termo. Nesta segunda dimensão, o fenómeno tem, aliás, um tal significado, que alguns autores falam no surgimento de uma verdadeira função pública paralela[21].

Finalmente, em paralelo com esta tendência de recurso a esquemas contratuais privados para o exercício de funções no sector público verifica-se a expansão de direitos fundamentais tradicionalmente reconhecidos aos trabalhadores privados para o sector público, que é particularmente significativa no que se refere aos denominados direitos laborais colectivos – a liberdade sindical, o direito de negociação e de contratação colectiva e o direito de greve. Embora, também neste caso só se possa falar em "privatização" do regime da função pública em sentido impróprio, porque estes direitos colectivos são reconhecidos originariamente aos agentes e funcionários públicos, esta dimensão do fenómeno evidencia uma ampla penetração do direito laboral no sector público no sentido em que, efectivamente, os direitos colectivos começaram por ser privativos dos trabalhadores do sector privado, porque têm uma base conflitual, que foi durante décadas negada nos vínculos públicos[22].

Se tivermos em atenção cada uma das projecções indicadas, não podemos deixar de concluir que este fenómeno de privatização do emprego público tem um significado amplíssimo e, pelo menos em alguns aspectos, apresenta um cunho de irreversibilidade. Não admira pois que a doutrina lhe dedique cada vez mais atenção, nele reconhecendo aquilo a que alguns autores chamam de "desassossegos" do regime da função pública"[23],

---

[21] Neste sentido, por todos, A. F. NEVES, *Relação Jurídica... cit.*, 118.

[22] Não ilude este argumento o facto de, no caso português e por vicissitudes históricas conhecidas, os direitos colectivos dos trabalhadores privados terem sido reconhecidos, com a configuração que actualmente lhes assiste, pela CRP de 1976, que também os reconheceu aos trabalhadores públicos. O que queremos realçar é o facto de estes direitos não serem tradicionalmente reconhecidos aos trabalhadores do sector público, porque a ideia de conflito de interesses, que lhes é inerente, colide com a concepção típica do vínculo de serviço público que faz decorrer da integração do trabalhador na Administração a sua comunhão com o interesse público por esta prosseguido.

[23] Neste sentido, expressamente, ANA FERNANDA NEVES, *Os "desassossegos" do regime da função pública*, RFDUL, vol. XLI – n.º 1, 2000, 49-69.

82 *Estudos de Direito do Trabalho*

ou mesmo concluindo pela existência de um processo de "osmose" entre os regimes da relação de trabalho e da relação de emprego público conducente a uma "ruptura do modelo clássico do emprego público"[24].

II. Antes de apreciarmos as diversas projecções desde fenómeno cabe, contudo, dizer alguma coisa sobre a sua razão de ser e a sua fundamentação.

No nosso entender, independentemente de outras justificações, no caso português o fenómeno da privatização do regime jurídico do emprego público tem um fundamento directo na Constituição de 1976 e, designadamente, na consagração dos direitos fundamentais dos trabalhadores em termos gerais – ou seja, sem distinguir entre a sua inserção no sector privado ou no sector público. O facto de não ser feita esta distinção na parte da CRP destinada a esta matéria (Parte I, Título II, Capítulo III, arts 53.º e ss., e Título III, Capítulo I, arts. 58.º ss.), logo desde a redacção originária da Lei Fundamental, conjugado com a designação expressa dos funcionários e agentes do Estado e de outras entidades públicas como "trabalhadores da Administração Pública" no art. 269.º n.º 1 da CRP[25], a partir da I Revisão Constitucional, constitui um argumento importante no sentido da equiparação de princípio das duas categorias de prestadores de trabalho, pelo menos para efeitos do reconhecimento aos trabalhadores públicos dos direitos que a própria Constituição enuncia como direitos fundamentais dos trabalhadores[26].

É certo que esta equiparação de princípio não impede o reconhecimento das especificidades no regime do emprego público, que não só justificam o seu regime diferenciado, como podem determinar restrições no

---

[24] É a opinião de F. LIBERAL FERNANDES, *Autonomia Colectiva dos Trabalhadores da Administração. Crise do Modelo Clássico de Emprego Público*, Coimbra, 1995, 12 e 19.

[25] E não, como era usual no Estado Novo, como funcionários e agentes do Estado – por todos, quanto a esta designação MARCELLO CAETANO, *Manual de Direito Administrativo*, II, Coimbra, 1991, 641 ss. e 654 ss. Embora este facto não signifique que tenha deixado de fazer sentido a designação anterior, até porque a própria CRP a manteve noutras normas (arts. 22.º e 271.º), ele tem, a nosso ver, um significado substancial.

[26] Nesta linha, alguns autores reconhecem existir uma intenção constitucional de diluição das fronteiras entre o contrato de trabalho e o regime do emprego público – neste sentido, se pronunciou, por exemplo, LIBERAL FERNANDES, *Autonomia...cit.*, 11, fazendo, aliás, um paralelismo entre a Constituição Portuguesa de 1976 e a Constituição Espanhola de 1978, que entende inclinar-se no mesmo sentido.

Temas Gerais 83

exercício de alguns dos direitos fundamentais constitucionalmente consagrados, quando exercidos por trabalhadores públicos – aliás, a Constituição admite expressamente essas especificidades ao prescrever a sujeição dos trabalhadores da Administração Pública ao interesse público (art. 269.º n.º 1) e admite adicionalmente a restrição dos direitos colectivos de algumas categorias específicas de trabalhadores públicos, como os militares e agentes militarizados e os agentes dos serviços e forças de segurança, embora na estrita medida das exigências das suas funções próprias (art. 270.º).

No entanto, parece-nos que esta exigência de sujeição ao interesse público não desvirtua a referência constitucional aos funcionários e agentes como "trabalhadores", com as implicações acima referidas: perante as dúvidas suscitadas sobre o âmbito de aplicação das normas constitucionais referentes aos direitos fundamentais dos trabalhadores, à luz do primitivo texto constitucional, a opção do legislador constituinte pela redacção do art. 269 n.º 1 na Revisão Constitucional de 1982 não correspondeu certamente a uma simples operação semântica, mas sim a uma intenção de equiparação das duas categorias de trabalhadores para efeitos da tutela constitucional[27].

Independentemente desta intenção "equiparante" da Lei Fundamental, são todavia, reconhecidas as dificuldades de a pôr em prática. Por este motivo, as observações seguintes serão dedicadas a um brevíssimo levantamento dessas dificuldades, nas projecções do fenómeno de privatização acima enunciadas.

III. Relativamente às entidades públicas que podem recorrer à celebração de contratos de trabalho para recrutamento de pessoal (tradicionalmente reservados ao sector empresarial do Estado), é sabido que há um número cada vez maior de institutos públicos cujo pessoal é abrangido pelo regime do contrato de trabalho ou directamente ou por remissão do regime das empresas públicas[28].

---

[27] Reconhecendo que o art. 269.º n.º 1 da CRP evidencia a intenção de equiparar as categorias dos trabalhadores privados e públicos, para efeitos do reconhecimento às duas categorias dos direitos fundamentais dos trabalhadores, por exemplo, GOMES CANOTILHO/VITAL MOREIRA, *Constituição da República Portuguesa Anotada*, 3.ª ed., Coimbra, 1993, 945 s.

[28] Sobre o regime do pessoal das empresas públicas, *vd* o DL n.º 558/99, de 17 de Dezembro, art. 16.º. Por seu turno, o art. 44.º n.º 1 do DL n.º 427/89 ressalva este regime.

Do nosso ponto vista, esta tendência vem, paulatina mas seguramente, pondo em causa a ideia tradicional da excepcionalidade da contratação laboral no sector público e da incompatibilidade entre a prossecução do interesse público e o reconhecimento da oposição de interesses das partes que é inerente ao contrato de trabalho[29]. Como é evidente, as entidades públicas que possam recorrer à contratação laboral não deixam, por esse facto, de ter que se nortear pelo interesse público, e os trabalhadores estão sujeitos a este interesse da mesma forma que os trabalhadores subordinados de qualquer empresa têm que respeitar os interesses da mesma no cumprimento dos seus contratos, apesar da reconhecida oposição entre os seus objectivos essenciais enquanto partes do negócio jurídico[30]. Se ponderarmos conjugadamente o nexo creditício que liga as partes no vínculo jurídico, no qual avultam os interesses opostos de cada uma delas, e a envolvente organizacional do próprio vínculo – isto é, o facto de esse vínculo se desenvolver no seio de uma organização, cujos interesses o condicionam quotidianamente[31] –, a prossecução do interesse público entra facilmente nesta segunda dimensão e mostra-se compatível com a oposição de interesses que caracteriza a primeira dimensão apontada.

Dos vários fenómenos de "privatização" que acima referimos, este é, apesar de tudo, o que menos dificuldades suscita, porque a entidade pública se comporta como um empregador privado e não há grandes dúvidas sobre o regime jurídico a que se sujeitam os trabalhadores.

A única observação que nos parece útil de fazer, a este propósito, tem a ver com alguns equívocos quanto ao grau de flexibilidade obtido com o recurso à contratação em regime laboral no sector público. É que, com frequência, anda associada a este recurso à contratação laboral a ideia de que

---

[29] Cremos que a ideia clássica da incompatibilidade entre o serviço público e a existência de interesses opostos entre o Estado e os funcionários e agentes públicos tem vindo a perder terreno em face de concepções do vínculo de emprego público que valorizam a complexidade da posição jurídica dos intervenientes, *verbi gratia*, no que se refere aos agentes e funcionários. Nesta linha, reconhece-se que, pelo menos em paralelo com o interesse público, os trabalhadores públicos prosseguem interesses particulares, de natureza patrimonial e de realização pessoal e profissional, que são dignos de tutela.

[30] Sobre o relevo dos interesses da empresa no regime laboral comum, *vd* M. R. PALMA RAMALHO, *Da Autonomia Dogmática...cit.*, 726 ss., e *passim*.

[31] Sobre estas duas dimensões do vinculo laboral, *vd*, com desenvolvimentos, o nosso *Da Autonomia Dogmática...cit.*, 716 ss.

Temas Gerais

as soluções do direito do trabalho são mais flexíveis e até "mais baratas" do que as que resultam dos regimes administrativos[32] e, consequentemente, que a difusão dos contratos de trabalho no sector público contribuirá para o tornar mais ágil na prossecução das metas da eficácia na gestão dos recursos humanos, da produtividade e da qualidade. Ora, a nosso ver, se exceptuarmos a evidente vantagem da dispensa dos concursos no recrutamento, esta convicção de facilidade é errónea perante o sistema juslaboral português, que se conta entre os mais rígidos da Europa[33], e procura, também ele, soluções de maior flexibilidade na contratação e na gestão dos recursos humanos, de contenção dos custos, etc... Desta forma, a opção pelo contrato de trabalho poderá, na prática, não ser sempre o melhor caminho para obter os resultados pretendidos pela Administração.

IV. Mais delicados são os problemas colocados pelo recurso a figuras laborais típicas de contratação precária na função pública, *verbi gratia*, ao contrato de trabalho a termo certo, que o actual Regime Jurídico do Emprego Público (aprovado pelo DL n.º 427/89, de 7 de Dezembro, com as alterações introduzidas pelo DL 407/91, de 17 de Outubro e pelo DL n.º 218/98, de 17 de Julho) prevê, como uma das formas de recrutamento administrativo de base contratual, ao lado do clássico contrato administrativo de provimento – art. 14.º n.º 1 e arts. 18.º e ss. Neste caso, estamos perante um fenómeno de privatização do emprego público no sentido próprio, porque o regime jurídico desta figura é o resultado de uma combinação entre elementos típicos do contrato a termo do sector privado (arts. 41.º ss. da LCCT) e elementos específicos. Ora, é exactamente desta conjugação que resultam as maiores dificuldades na aplicação prática deste regime.

Por um lado, observa-se que, tal como sucedeu em relação ao contrato de trabalho a termo no sector privado, o legislador concebeu esta figura para fazer face a necessidades pontuais ou transitórias de serviço na

---

[32] Neste sentido, sobre as motivações das entidades públicas no recurso à figura do contrato de trabalho, A. FERNANDA NEVES, *Relação Jurídica...cit.*, 38 e 116 s.

[33] Já tivemos ocasião de chamar a atenção para a rigidez do sistema laboral português, nomeadamente em comparação com outros sistemas europeus, noutros escritos – M. R. PALMA RAMALHO, *Insegurança ou diminuição do emprego? A rigidez do sistema jurídico português em matéria de cessação do contrato de trabalho e de trabalho atípico*, in A. MOREIRA (coord.), *X Jornadas Luso-Hispano-Brasileiras de Direito do Trabalho – Anais*, Coimbra, 1999, 91-102, e *Da Autonomia Dogmática... cit.*, 630 ss.

86   *Estudos de Direito do Trabalho*

Administração Pública – neste sentido apontam os motivos justificativos da celebração destes contratos, muito semelhantes aos do sector privado (art. 18.º n.º 1 e 2 do Regime Jurídico do Emprego Público, na redacção introduzida pelo DL n.º 218/98, de 17 de Julho, e art. 41.º n.º 1 da LCCT, respectivamente), mas apontam também a referência legal à motivação por urgente conveniência de serviço, estabelecida pelo art. 21.º n.º 5 do mesmo diploma, e ainda os prazos, relativamente curtos, de duração destes contratos, bem como os limites apertados à sua renovação, que constam do art. 20.º n.ᵒˢ 1 e 2 do mesmo diploma.

Todavia, ao contrário do que sucedeu no direito privado, a lei não rodeou o regime do trabalho a termo no sector público das cautelas necessárias à garantia prática dos objectivos a que se propôs com a introdução da figura. Com efeito, as especificidades que introduziu em relação ao regime do contrato a termo no direito privado não só redundam numa menor tutela da posição jurídica dos trabalhadores, como não impedem a eternização deste tipo de recrutamento, mesmo fora das motivações que, nos termos da lei, lhe devem assistir. Aponta neste sentido a norma que impede a conversão do contrato a termo num contrato por tempo indeterminado, em caso de vícios graves, como a ausência de motivo justificativo ou a manutenção do trabalhador em funções após o decurso do prazo (art. 18.º n.º 4 do DL 427/89, na redacção introduzida pelo DL n.º 218/98)[34]; e aponta também neste sentido a norma que impede a recontratação do mesmo trabalhador findo o prazo máximo de duração do contrato e pelo período de seis meses (art. 20.º n.º 6), mas que não impede a contratação de outro trabalhador para o mesmo posto de trabalho no dia imediato.

Poderá sempre justificar-se a menor protecção dos trabalhadores públicos a termo em relação aos seus congéneres privados no interesse público – alegando, designadamente, a necessidade de contenção das despesas de pessoal na Administração Pública, o exaurimento dos quadros de pessoal, etc… No entanto, o mínimo que se poderá dizer é que, com este regime, o Estado fornece o pior exemplo possível de empregador, porque ao mesmo tempo que admite a figura do contrato a termo na Administração para a satisfação de necessidades pontuais e transitórias de serviço,

---

[34] Para estas situações a lei comina a nulidade do contrato a termo e estabelece mecanismos de responsabilização dos dirigentes que tenham procedido à contratação – art. 18.º n.º 5 do DL n.º 427/89, de 7 de Dezembro, na redacção introduzida pelo DL n.º 218/ /98, de 17 de Julho. Todavia, o facto é que, sem a sanção de conversão, os efeitos da declaração de nulidade acabam, sobretudo, por recair sobre o trabalhador.

dota o seu regime jurídico dos instrumentos necessários para que ela possa servir a prossecução de necessidades permanentes, com uma alta rotatividade dos agentes... Ora, em face de um regime tão restritivo como o que é previsto para o contrato a termo no sector privado e perante o princípio constitucional da equiparação entre os trabalhadores públicos e privados, cremos que, pelo menos nos casos de eternização destas contratações, a justificação deste regime pelo interesse público não será suficiente.

Por outro lado, verifica-se uma incerteza significativa quanto a diversos aspectos do regime aplicável aos trabalhadores contratados a termo na Administração Pública, dado o carácter não abrangente das disposições legais sobre este contrato no Regime Jurídico do Emprego Público. Sendo este um contrato de trabalho a termo, a lei subsidiária deveria ser, em primeiro lugar, a LCCT (que encerra as disposições aplicáveis ao contrato de trabalho a termo comum); e sendo, como a própria lei indica, o contrato a termo um contrato de trabalho especial, as lacunas deveriam, na falta de norma laboral específica, ser integradas por recurso ao regime laboral comum – orientação que foi, aliás, acolhida por alguma jurisprudência[35]. Todavia, o recurso sistemático aos regimes laborais para a integração de lacunas pode colocar problemas de igualdade de tratamento destes trabalhadores em relação a outros trabalhadores públicos, que se vêm somar ao tratamento menos favorável que para eles já decorre da menor estabilidade do seu vínculo. O problema não é pois fácil de equacionar, sobretudo nos casos em que a eternização do recurso a esta forma de contratação evidencie a natureza permanente da necessidade da Administração que lhe está na base, retirando assim consistência para a justificação da diversidade dos regimes jurídicos.

V. No que se refere aos direitos colectivos dos trabalhadores públicos, são conhecidas as dificuldades que a sua actuação prática tem sus-

---

[35] Neste sentido, embora antes da alteração do Regime Jurídico do Emprego Público que proibiu a conversão dos contratos a termo na Administração Pública em contratos de trabalho por tempo indeterminado, se pronunciou o Ac. RLx. de 5/11/1997, CJ, 1997, V, 159, e o Ac. REv. de 21/10/1997, CJ, 1997, IV, 299. Mas contra a admissibilidade da conversão se pronunciaram, também antes da alteração legislativa, o STJ e o TC – Ac. STJ de 06/03/1995, CJ (STJ), 1996, I, 264, e Ac. TC n.° 396/96, DR, II S., n.° 226, de 25/09/1996. Já perante o novo quadro legal, o TC reiterou este entendimento num Ac. de 11/10/2000. Na doutrina, sobre este problema, A. F. NEVES, I *Contrato de trabalho a termo certo e contrato de prestação de serviços na administração pública – situações irregulares – "reintegração"*, QL, 1995, 6, 166-181.

citado, tanto no que se refere à liberdade sindical, como no que se reporta à negociação colectiva e ao direito de greve.

Embora seja genericamente reconhecida aos trabalhadores públicos, a liberdade sindical tem encontrado escolhos em relação a algumas categorias específicas de trabalhadores – os militares e agentes militarizados e as forças de segurança –, pelas dificuldades de conjugação entre o art. 270.º da CRP e a Lei de Defesa Nacional[36]. Sendo este um problema que exigiria uma análise muito mais detalhada do que a que aqui podemos fazer, sempre diremos que, sendo admissíveis restrições aos direitos sindicais desta categoria de trabalhadores, em razão da função que exercem (logo, nos termos do art. 270.º *in fine*), sempre deverão essas restrições pautar-se pelo critério do mínimo, por imperativo do art. 18.º da CRP.

VI. No que se refere ao direito à negociação colectiva e à contratação colectiva, os principais problemas de aplicação prática das normas constitucionais aos trabalhadores públicos decorrem da limitação positiva do conteúdo das convenções pela lei e da própria natureza do acto regulativo, uma vez que o acordo colectivo final não tem, de per si, valor como norma reguladora dos vínculos dos trabalhadores públicos. Deve, todavia, dizer-se que, tanto num aspecto como no outro, o actual regime jurídico da negociação colectiva na Administração Pública, introduzido pela L. n.º 23/98, de 26 de Maio, constitui um progresso significativo em relação ao regime anterior (constante do DL n.º 45-A/84, de 3 de Fevereiro), no sentido conferir maior efectividade ao direito à negociação colectiva dos trabalhadores públicos[37].

No que se refere às matérias que podem ser objecto da negociação colectiva, a lei enumera-as de uma forma positiva, ao contrário do que sucede no sector privado – como é sabido, neste último caso, a lei limita-se a estabelecer algumas regras de delimitação negativa do conteúdo das convenções no art. 6.º da LRCT. Poderão assim suscitar-se problemas de menor abrangência do direito à negociação colectiva para os trabalhadores públicos em relação aos seus congéneres privados. Ainda assim, deve dizer-se que o elenco das matérias sobre as quais a negociação colectiva

---

[36] Sobre a questão da liberdade sindical nas Forças Armadas, *vd* F. LIBERAL FERNANDES, *Liberdade sindical nas Forças Armadas*, QL, 1995, 4, 1-13.

[37] Incompreensível é a técnica seguida neste diploma, que optou por revogar todas as disposições do DL 45-A/84, à excepção do art. 10.º, em vez de incluir este na nova lei.

pode agora incidir, nos termos do art. 6.° da L. n.° 23/98, de 26 de Maio, conjugado com o art. 12.° da mesma lei, é mais alargado do que o previsto no regime anterior.

Por outro lado, também se fizeram significativos progressos em relação à efectividade da própria negociação, uma vez que o acordo final deixou de ter natureza recomendatória para passar a ser vinculativo para o Estado. Embora se mantenha formalmente como um acto prévio no processo de estabelecimento da regulamentação das condições laborais, que continua a depender de um acto normativo posterior do Estado – razão pela qual um sector da doutrina continua a considerar este regime inconstitucional por denegação do princípio da autonomia colectiva[38] –, o acordo final que resulte da negociação colectiva tem hoje uma força jurídica superior à que lhe era reconhecida ao abrigo do regime anterior, uma vez que o Estado se obriga a respeitar o seu conteúdo – art. 5.° n.° 3 da L. n.° 23/ /98. Em todo o caso, esta garantia poderá ser insuficiente, porque a lei não prevê as consequências para o caso de o Estado desrespeitar o acordo.

Alguns autores justificam estas limitações acrescidas à negociação colectiva na Administração Pública no facto de as bases do regime jurídico da função pública constituírem reserva de lei, nos termos do art. 165.° t) da CRP[39]. A nosso ver, este argumento não é determinante por dois motivos: por um lado, porque sendo a reserva de lei limitada às bases do regime jurídico da função pública, só deverá abranger as grandes linhas de orientação do regime – aliás, cremos que uma interpretação restritiva do conceito de bases, para este efeito, decorre da natureza fundamental do direito à contratação colectiva, por força do regime do art. 18.° da CRP[40]; por outro lado, porque uma negociação colectiva em termos de plena autonomia, em moldes idênticos ao sector privado, também não significaria, em qualquer caso, nem a ilimitação de conteúdos nem a ausência total de controlo – como decorre do sistema da LRCT (art. 6.°), conjugado com as regras de precedência das fontes laborais (art. 12.° da LCT), e, naturalmente, com os limites legais à autonomia privada (art. 405.° do CC),

---

[38] Neste sentido se pronunciou F. LIBERAL FERNANDES, *O direito à negociação colectiva na Administração Pública*, QL, 1998, 12, 221-225 (221).

[39] A este propósito, refere-se ANA FERNANDA NEVES, *Relação Jurídica...cit.*, 232 s., à existência de duas linhas aparentemente inconciliáveis num mesmo "espaço de normatividade".

[40] Neste sentido F. LIBERAL FERNANDES, *Autonomia...cit.*, 132 ss., e 155 ss.

90 Estudos de Direito do Trabalho

todas as convenções colectivas estão sujeitas à Constituição e à lei, o que determina a nulidade das cláusulas que contrariem normas constitucionais ou normas legais imperativas, nos termos gerais. O encaminhamento da negociação colectiva no sector público para uma maior autonomia não significaria pois, do nosso ponto de vista, uma situação de menor controlo nem, por si só, o desrespeito por uma norma constitucional.

VII. No que se reporta ao direito de greve dos trabalhadores públicos, embora a sua admissibilidade não tenha sido contestada (excepto para as categorias específicas do art. 13.° da LG), também a sua actuação prática tem suscitado problemas de vária ordem. Pelo seu carácter abrangente, referiremos dois: a questão do significado da referência do art. 12.° da LG à regulamentação especial do direito de greve dos trabalhadores públicos, e a forma de integração da lacuna regulativa até ao surgimento desse regime especial; o problema de saber até que ponto a sujeição destes trabalhadores ao interesse público, nos termos constitucionais, justifica limitações ao seu direito de greve.

No que se refere à integração da lacuna regulativa criada pelo art. 12.° da LG e que se mantém até hoje, cremos que se justifica – como, aliás, tem sucedido – a aplicação analógica do regime jurídico contido na LG à greve dos trabalhadores públicos. O facto de a Constituição reconhecer o direito de greve a estes trabalhadores, por um lado, e a similitude entre a sua situação jurídica e a dos trabalhadores privados, apesar da saliência que tem no vínculo dos primeiros a ideia de interesse público, apontam nesse sentido[41]. Na verdade, a dúvida que hoje se coloca, em face do tempo já decorrido desde a entrada em vigor da LG, em 1977, é a de saber se é efectivamente necessária uma regulamentação específica da greve destes trabalhadores ou se o regime da LG é, afinal, o instrumento jurídico adequado para a regular. Esta poderá muito bem ser uma das matérias em que se justifica uma regulamentação abrangente, como já sucede noutros casos...

---

[41] Já anteriormente nos tínhamos pronunciado neste sentido – M. R. PALMA RAMALHO, *Lei da Greve Anotada*, Lisboa, 1994, 81. No mesmo sentido se pronunciou o Conselho Consultivo da PGR, no Parecer n.° 91/82, de 9 de Junho, e no Parecer n.° 100/89, de 17 de Outubro de 1990, bem como JOÃO ALFAIA, *Conceitos Fundamentais da Administração Pública*, I, 708.

Temas Gerais 91

Problema mais difícil de equacionar é o das eventuais limitações acrescidas ao direito de greve na função pública, em razão da necessária conformação da actuação dos trabalhadores públicos pelo interesse público.

Como regra geral, cremos que o nosso sistema constitucional veda a imposição de restrições ao direito de greve dos trabalhadores públicos com base no interesse da continuidade dos serviços públicos, ou com fundamento no carácter não profissional dos objectivos prosseguidos pelos trabalhadores – a nosso ver, o art. 57.º n.º 2 da CRP opõe-se a este tipo de restrições.

Este entendimento de princípio não significa que o direito de greve prevaleça sobre o interesse público, mas apenas que a simples invocação deste não constitui um motivo de limitação daquele, sob pena de esvaziamento do conteúdo do direito. Dito de outra forma, por si só, o interesse público não constitui um interesse em colisão com o direito de greve dos trabalhadores públicos; apenas entrará em colisão quando, no caso concreto, corresponda a uma necessidade social vital, devendo então o direito de greve ser coarctado na medida do que seja julgado indispensável para acorrer à satisfação dessa necessidade social vital em termos mínimos.

Por este motivo, entendemos que é plenamente aplicável à greve dos trabalhadores públicos o regime estabelecido pelos arts. 7.º e 8.º da LG. Assim, os trabalhadores públicos que aderem à greve vêm o seu vínculo suspenso, mas, tal como sucede com os trabalhadores privados em greve, esta suspensão apenas se repercute nos deveres principais (a prestação de trabalho e a retribuição) e nos deveres acessórios ligados a estes, deixando incólumes todos aqueles deveres que não pressupõem a prestação efectiva do trabalho[42] – o que inclui o dever de respeito pelo interesse público nos aspectos em que este dever não esteja ligado à prestação de trabalho (por exemplo, o dever de lealdade, nas suas projecções de sigilo e de não concorrência, o dever de respeito para com os superiores hierárquicos,

---

[42] Sobre esta distinção entre deveres principais e deveres acessórios do trabalhador, distinguindo, dentro da última categoria, entre aqueles deveres que são inerentes ao cumprimento da prestação principal e aqueles que se mantêm mesmo quando a prestação principal não é exigível, *vd*, entre outros, A. MENEZES CORDEIRO, *Concorrência laboral e justa causa de despedimento*, ROA, 1986, 487-526 (497 ss.), e M. R. PALMA RAMALHO, *Do Fundamento...cit.*, 211. Trata-se de uma classificação de origem germânica – por todos, neste contexto doutrinal, W. HERSCHEL, *Haupt – und Nebenpflichten im Arbeitsverhältnis*, BB, 1978, 12, 569-572.

etc...)[43]. Por outro lado, se o serviço público em greve se situar numa área social vital, as associações sindicais e os trabalhadores grevistas deverão assegurar os serviços que correspondem a essas necessidades nos termos mínimos previstos pelo art. n.º 8 da LG; e, naturalmente que, na execução destes serviços mínimos, esses trabalhadores continuarão sujeitos aos critérios de interesse público que normalmente norteiam a sua actuação.

O actual regime jurídico da greve parece pois capaz de responder aos problemas colocados pela greve da função pública.

4. Observações finais

I. Em jeito de conclusão desta brevíssima passagem pelos fenómenos de intersecção entre o regime jurídico da função pública e o regime laboral privado, permitimo-nos uma prognose, que decorre da verificação de que, pelo menos *prima facie*, o direito do trabalho e o direito da função pública se debatem hoje com problemas semelhantes.

É sabido que o direito do trabalho sofre actualmente com os efeitos perversos do excesso de proteccionismo e de rigidez das suas normas – são comuns as referências à situação de crise que esta área jurídica atravessa[44], mas os vários aspectos dessa crise denotam sempre os efeitos perversos da rigidez dos modelos de contratação laboral e de imobilismo na regulação do desenvolvimento do vínculo laboral. É como reflexo desta crise que assistimos hoje ao recrudescimento do trabalho autónomo em detrimento do trabalho subordinado, ao proliferar de situações de fraude na qualificação dos contratos, para obviar à sujeição ao regime laboral, e à explosão do trabalho clandestino.

De uma forma mais precoce ou mais tardia, mais tímida ou mais arrojada, os vários sistemas jurídicos, designadamente na Europa, têm procurado contornar estes efeitos perversos através da adopção de medidas

---

[43] O que preconizamos é pois a aplicação à greve dos trabalhadores públicos da doutrina da suspensão limitada, que advogámos em interpretação do art. 7.º da LG. Para mais desenvolvimentos, sobre este entendimento, M. R. PALMA RAMALHO, *Sobre os acidentes de trabalho em situação de greve*, ROA, 1993, III, 521-574 (537 ss.), e ainda *Lei da Greve Anotada cit.*, 50 s.

[44] Sobre este tema, M. R. PALMA RAMALHO, *Da Autonomia Dogmática... cit.*, 453 ss.

diversas, incidentes quer ao nível dos modelos contratuais quer ao nível da configuração interna do vínculo laboral e que são genericamente apelidadas de medidas de flexibilização[45].

Ora, sem querermos aventurar-nos demasiado nos meandros de outra área jurídica, atrevemo-nos a dizer que o mesmo tipo de necessidades se observa hoje no direito da função pública, porque também aqui os esquemas de selecção e de recrutamento e o regime jurídico dos vínculos de emprego público se mostram particularmente rígidos; e também aqui se começam a observar algumas das consequências nefastas a que a esta mesma rigidez deu lugar no domínio laboral – os antigos tarefeiros e a proliferação e eternização das contratações a termo são disso um exemplo. Desta forma, uma certa flexibilização dos regimes aplicáveis aos trabalhadores públicos, com o alcance que fosse julgado apropriado e compatível com o interesse público, poderia talvez contribuir para que a Administração Pública correspondesse melhor às exigências de eficiência e de qualidade que hoje crescentemente lhe vão sendo feitas.

Assim como no passado (e, como vimos, até hoje) o direito do trabalho beneficiou da influência do direito público, para desenvolver novos instrumentos e técnicas de intervenção jurídica, poderá hoje o direito da função pública beneficiar da lição do direito do trabalho, na procura das adaptações necessárias ao seu constante aperfeiçoamento na prossecução do interesse público.

---

[45] Sobre este ponto, ainda o nosso *Da Autonomia Dogmática...cit.*, 581 ss.

INSEGURANÇA OU DIMINUIÇÃO DO EMPREGO? O CASO PORTUGUÊS*

SUMÁRIO: 1. Considerações gerais; 2. Tendências dos sistemas europeus em matéria de trabalho atípico e de cessação do vínculo laboral – breve esquiço; 3. O sistema português no dilema entre a insegurança e a diminuição do emprego.

1. Considerações gerais

I. Tocar no problema da segurança ou da insegurança do emprego é tocar num dos pontos do direito do trabalho que, no estádio actual desta área jurídica, ganha uma especial acuidade mas também uma superior complexidade, uma vez que evidencia, porventura mais do que outras temáticas laborais, a situação de crise profunda que o direito laboral atravessa, neste limiar do século XXI. Se há, de facto, uma crise dos valores tradicionais do direito do trabalho, a segurança ou a insegurança do emprego é, sem dúvida, uma das manifestações mais evidentes dessa crise, porque a estabilidade do vínculo de trabalho foi também um dos pilares sobre o qual o sistema normativo laboral se foi erguendo, desde há cem anos a esta parte.

A complexidade deste tema decorre, desde logo, da dificuldade da sua delimitação, até pelo carácter equívoco da expressão "emprego" – por este motivo, embora a expressão se aplique também correntemente (e correctamente) aos vínculos jurídicos de emprego público, dada a inserção natural deste debate, restringiremos as nossas observações ao domínio do trabalho subordinado privado. Por outro lado, as dificuldades de apreciação deste problema decorrem da grande sensibilidade social e económica desta

---

* Texto que serviu de base à comunicação apresentada por ocasião das *X Jornadas Luso-Hispano-Brasileiras de Direito de Trabalho*, realizadas no Porto em Maio de 1999. Publicado originariamente *in* A. MOREIRA (coord.), *X Jornadas Luso-Hispano-Brasileiras de Direito de Trabalho – Anais*, Coimbra, 1999, 91-102.

matéria – a evolução da taxa de emprego é uma preocupação constante dos Governos e um índice nunca esquecido nas análises da situação económica dos países, o reforço da tutela laboral em matéria de despedimento é uma reivindicação tradicional dos trabalhadores enquanto, pelo contrário, o aligeiramento do regime laboral protectivo e a admissibilidade de novas modalidades de contrato de trabalho mais maleáveis deste ponto de vista é, desde há alguns anos a esta parte, uma exigência recorrente dos empresários – e esta irrequietude social da matéria convida a soluções normativas de recurso, com objectivos contingentes e, algumas vezes, destituídas de uma visão estratégica. Finalmente, o problema da segurança no emprego é especialmente complexo em termos jurídicos porque a regulamentação desta matéria tem inúmeros efeitos colaterais e é também directamente influenciada pela forma como o direito vai disciplinando outras matérias – ora, no caso português, nem sempre esta interdependência tem sido, na nossa opinião, objecto da adequada ponderação pelo legislador.

II. É reconhecido que o tema da segurança no emprego comporta duas dimensões, que correspondem também a duas perspectivas de análise – uma perspectiva clássica, tradicional; e uma perspectiva moderna, imposta pela evolução do direito do trabalho e pelo processo de erosão a que o modelo típico de relação laboral tem sido sujeito nas últimas décadas[1].

Classicamente, o tema da segurança no emprego era reconduzido ao problema da protecção dos trabalhadores em matéria de cessação do contrato de trabalho: correspondendo a uma reivindicação tradicional dos trabalhadores e dos sindicatos, a maioria dos sistemas laborais foi desenvolvendo um sistema de tutela que limitou a liberdade do empregador em matéria de cessação do vínculo laboral, fazendo-a depender de uma série,

---

[1] Identificando este processo de erosão da relação laboral típica, entre muitos outros, ULRICH MÜCKENBERGER, *Regolamentazione statale e autoregolamentazione nel sistema dei rapporti di lavoro, in Il Futuro della società e del lavoro*, Milano, 1992, 11-40 (11), KLAUS FIRLEI, *Hat das Arbeitsrecht überhaupt ein Zukunft?, in* F. BYDLINSKI/T. MAYER-MALY (Hrsg.), *Die Arbeit: ihre Ordnung – ihre Zukunft – ihr Sinn*, Wien, 1995, 69-109 (75), ULRICH ZACHERT, *Die Zerstörung des Normalarbeitsverhältnisses*, ArbuR, 1988, 5, 129-137 (132), WOLFGANG DÄUBLER, *Das deutsche Arbeitsrecht – ein Standortnachteil?*, DB, 1993, 15, 781--788 (785), MARÍA EMILÍA CASAS BAAMONDE/FERNANDO VALDÉS DAL-RÉ, *Diversidad y precariedad de la contratación laboral en España*, Rel. Lab., 1989, I, 240-258 (240), ou JORGE LEITE, *Direito do trabalho na crise (relatório geral), in Temas de Direito do Trabalho. Direito do Trabalho na Crise. Poder Empresarial. Greves Atípicas – IV Jornadas Luso-Hispano--Brasileiras de Direito do Trabalho*, Coimbra, 1990, 21-49 (30).

mais ou menos extensa e mais ou menos exigente, de requisitos substanciais e processuais; uma manifestação do vigor e da eficácia do sistema de tutela laboral – porventura a mais importante – é dada exactamente pelo grau de estabilidade dos contratos de trabalho.

Contudo, a evolução do direito do trabalho num sentido compressivo, que, desde a década de setenta, tem vindo, na maioria dos países, a substituir, de uma forma lenta mas aparentemente inexorável, a sua tradicional tendência expansiva ou universalista (que prosseguia o objectivo de estender a protecção laboral a todas as categorias de trabalhadores subordinados), obriga a equacionar o problema da segurança do emprego de uma outra perspectiva. Como sabemos, esta tendência compressiva do direito do trabalho tem-se manifestado, em termos gerais, não só na admissibilidade de um certo recuo no nível da tutela laboral atingido em épocas anteriores (é a temática da flexibilização do direito do trabalho e que, no caso que nos ocupa, se traduziu numa certa liberalização das formas de cessação do contrato, em alguns países), mas também na proliferação, ao lado das chamadas relações laborais típicas, de vínculos laborais atípicos (como os contratos de trabalho a termo e a tempo parcial, o trabalho temporário, o *job sharing*, o trabalho no domicílio, o teletrabalho ou o trabalho intermitente ou sob chamada), a que correspondem com frequência níveis de protecção mais baixos (e, designadamente, empregos mais precários); por outro lado, verifica-se ainda o fenómeno a que RODRIGUEZ-PIÑERO chamou de "fuga ao direito do trabalho"[2] e que se prende com o recrudescimento do trabalho autónomo, uma parte do qual, todos sabemos, é apenas formalmente independente. Ora, o desenvolvimento destas situações é também, por si só, uma fonte de insegurança, porque mesmo que o sistema jurídico disponha de um forte regime de tutela em matéria de estabilidade do vínculo e mesmo que, por hipótese, não admita sequer o seu aligeiramento, haverá sempre o perigo de esta tutela vir a abranger um universo cada vez menor de trabalhadores subordinados, porque os titulares de situações jurídicas laborais precárias se lhe subtraem à partida e tendem a crescer. Por outro lado, se for julgado excessivamente restritivo, o próprio sistema protectivo em matéria de cessação do contrato terá efeitos perversos no mercado de emprego, na medida em que pode conduzir os empresários a procurar, cada vez mais, soluções alternativas ao trabalho subor-

---

[2] MIGUEL RODRIGUEZ-PIÑERO, *La huida del Derecho del Trabajo*, Rel.Lab., 1992, I, 85-92.

98   *Estudos de Direito do Trabalho*

dinado típico – aliás, como sabemos, é comum entre os empresários e entre os analistas económicos responsabilizarem a rigidez do sistema jurídico de protecção do trabalhador contra o despedimento pela asfixia do mercado de trabalho.

III. Em face desta interpenetração de planos, a apreciação da temática proposta terá que cobrir estas duas dimensões do problema. É nesta perspectiva que vamos desenvolver as observações subsequentes, com referência ao caso português. Contudo, porque nos parece que o nosso sistema apresenta algumas particularidades em relação à tendência mais comum na Europa nesta matéria, começaremos por fazer algumas observações de ordem geral, para melhor situar esses desvios e procurar avaliar a sua importância.

2. Tendências dos sistemas europeus em matéria de trabalho atípico e de cessação do vínculo laboral – breve esquiço

I. Como referimos acima, a tendência do direito laboral na matéria que nos ocupa, nas últimas décadas e na maioria dos países da Europa, tem sido no sentido de, por um lado, admitir, ainda que timidamente, algum recuo no nível de protecção dos trabalhadores, nomeadamente por via do reenvio de diversas matérias para a negociação colectiva; e, por outro lado, no sentido de admitir e de regular, embora também com uma extensão diferente e um pendor mais restritivo ou mais flexibilizante consoante os países, algumas formas atípicas de trabalho subordinado, que são, por natureza, mais precárias ou instáveis, ao mesmo tempo que incentiva (ou pelo menos não contraria, a não ser nos casos de fraude) o recrudescimento do trabalho independente.

Como é geralmente reconhecido pelos analistas, a proliferação das situações laborais atípicas e o recrudescimento do trabalho autónomo nos últimos anos é o resultado do facto de a chamada "relação de trabalho típica" (ou seja, a relação de trabalho empresarial e industrial, duradoura, com uma integração plena do trabalhador na empresa e à qual está associada um certo nível de tutela)[3] ser grandemente tributária de uma determinada estrutura

---

[3] Sobre o conceito de relação laboral típica, por todos, na doutrina germânica, WOLFGANG DÄUBLER, *Deregolazione e flessibilizzazione nel diritto del lavoro*, in M. PEDRAZZOLLI (dir.), *Lavoro subordinato e dintorni – Comparazioni e prospettive*, Bologna, 1989, 171-182 (173 s.), na doutrina italiana, ROBERTO PESSI, *I rapporti di lavoro c.d. atipici tra autonomia e subordinazione nella prospettiva dell'integrazione europea*, RIDL, 1992,

produtiva (a economia de base industrial), de uma situação económica favorável, tendente ao pleno emprego, e de um certo modelo empresarial, a que corresponde, por sua vez, um modelo típico de trabalhador – a empresa laboral-tipo é a grande unidade industrial, dotada de uma organização estratificada complexa e relativamente auto-suficiente, porque tem capacidade para, por si só, prover à satisfação do conjunto das suas necessidades; e o trabalhador subordinado típico é o trabalhador homem, pai de família, que se integra a tempo inteiro e com exclusividade na empresa, da qual depende economicamente, e aí desenvolve a sua carreira profissional, por vezes mantendo-se por toda a sua vida activa na mesma organização.

Ora, a partir da década de setenta, esta situação é afectada por um conjunto de factores de ordem económica, tecnológica e sociológica, em face dos quais este modelo de relação laboral e o próprio perfil típico do trabalhador subordinado se revelaram profundamente desadequados. Por um lado, a crise económica da década de setenta obrigou os empregadores a procurarem diminuir os seus custos e, para isso, a reduzirem os postos de trabalho ou a procurarem alternativas de trabalho subordinado mais maleáveis e mais baratas – ora, a verdade é que, apesar de ultrapassada esta crise, essa tendência não mostrou até agora sinais de inversão. Por outro lado, o desenvolvimento do sector económico dos serviços – e, agora, do sector da informática e das comunicações, que é já designado como o sector quaternário[4], acompanhado do desenvolvimento tecnológico e da mundialização da economia, propiciou o surgimento, ao lado das grandes empresas-ilha, de empresas muito mais pequenas, altamente especializadas, competindo internacionalmente e com novas formas de organização interna do trabalho, que tornam desnecessárias certas tarefas e viabilizam amplas reduções de pessoal (algumas encaminhando-se até, no limite, para a "empresa sem pessoal", a que alude G. LYON-CAEN[5]), em favor do re-

---

I, 133-151 (137), na doutrina francesa, JEAN PÉLISSIER, *La relation de travail atypique*, DS, 1985, 7, 531-539 (531), na doutrina espanhola, EFRÉN CORDOVA, *Las relaciones de trabajo atípicas (I y II)*, Rel. Lab., 1986, I, 239-283 (241), e, na doutrina nacional, BERNARDO XAVIER, *O direito do trabalho na crise (Portugal), in Temas de Direito do Trabalho. Direito do Trabalho na Crise. Poder Empresarial. Greves Atípicas – IV Jornadas Luso-Hispano-Brasileiras de Direito do Trabalho*, Coimbra, 1990, 101-138 (103), e *A crise e alguns institutos de direito do trabalho*, RDES, 1986, 4, 517-569 (521).

[4] Neste sentido, JEAN-EMMANUEL RAY, *Du Germinal à Internet. Une nécessaire évolution du critère du contrat de travail*, DS, 1995, 7/8, 634-637 (634).

[5] GÉRARD LYON-CAEN, *La crise du droit du travail, in In Memoriam Sir Otto Kahn-Freund*, München, 1980, 517-523 (523).

100   *Estudos de Direito do Trabalho*

curso a serviços externos, menos onerosos para os empresários – ora, esta evolução não só envolve formas de organização do trabalho que nada têm a ver com a relação de trabalho clássica, como também provoca o desemprego e fomenta o trabalho autónomo. Finalmente, a facilidade de circulação dos trabalhadores além fronteiras e o acesso ao mercado de categorias de trabalhadores que tinham um significado marginal anteriormente (as mulheres, os jovens ou os imigrantes) contribuem para a alteração do perfil sociológico típico do trabalhador subordinado.

II. Em face desta situação, era quase inevitável o desenvolvimento de modelos de trabalho subordinado alternativos à relação laboral clássica e o recrudescimento do trabalho autónomo; a única questão residia em saber como é que os sistemas jurídicos reagiriam a esta evolução. Ora, como sabemos, o espectro da crise económica e do desemprego, que até hoje se mantém – mesmo passada a crise de setenta e as seguintes e mesmo em países que têm um nível de desemprego baixo – conduziu, de uma forma geral, a uma atitude pragmática na generalidade dos países, com o incentivo de políticas legislativas que aumentassem a oferta de emprego, independentemente do grau de segurança deste. É este objectivo pragmático que está na base da maleabilização de alguns aspectos do regime juslaboral de tutela em diversos países (é a temática da flexibilização), bem como da admissibilidade e regulamentação de diversas modalidades de trabalho atípico, ao lado do trabalho típico – em alguns casos mais amplamente (é o caso germânico, com a *Beschäftigungsförderungsgesetz* de 1985, que contempla a maioria dos casos de trabalho atípico e que, apesar das críticas a que foi sujeita[6], continua ainda hoje a ser uma referência nesta matéria), noutros casos de forma mais parcelar e/ou restritiva (como em França ou em Itália, com a regulamentação de apenas algumas situações). Apesar de a admissibilidade destas situações laborais atípicas instituir no sistema normativo um novo ponto de fractura, como refere GIUGNI[7] – uma vez que passam a coexistir no universo laboral diversos estatutos laborais, e assim à oposição clássica entre os trabalhadores e os empregadores vem juntar-se a separação entre os trabalhadores típicos, abrangidos pela globalidade dos aspectos da tutela laboral e os trabalhadores atí-

---

     6 Por exemplo, por WOLFGANG DÄUBLER, *Una riforma del diritto del lavoro tedesco? – prime osservazioni sul Beschäftigungsforderungsgesetz, 26 Aprile 1985*, RIDL, 1985, 528-546.

     7 GINO GIUGNI, *Il diritto del lavoro negli anni '80*, DLRI, 1982, 373-409 (403).

Temas Gerais 101

picos, menos protegidos ou, de todo, não protegidos (e, designadamente, para o ponto que nos interessa, desprotegidos em termos de estabilidade do vínculo jurídico) –, a verdade é que elas permitem criar mais empregos e, pragmaticamente, o problema da existência de empregos, mesmo que precários, tende a ser considerado mais importante do que a questão do grau de estabilidade dos empregos existentes.

3. O sistema português no dilema entre a insegurança e a diminuição do emprego

I. Feita esta apreciação geral, como situar o caso português? Na nossa opinião, o sistema jurídico português não tem seguido esta tendência e este facto carece de uma cuidadosa avaliação.

Relativamente ao problema do grau de tutela do trabalhador em matéria de cessação do vínculo laboral ou, dito de outra forma, relativamente à maior ou menor facilidade de operar a cessação do vínculo jurídico laboral por iniciativa do empregador, é reconhecido que o sistema português se encontra entre aqueles sistemas jurídicos que mais fortemente tutelam a posição dos trabalhadores, desde que há quase vinte cinco anos consagrou na Constituição o denominado "princípio da segurança do emprego" (art. 53.º da CRP) – recebendo a regra já estabelecida na primeira Lei dos Despedimentos posterior a 25 de Abril de 1974 (o DL n.º 372-A/75, de 16 de Julho) –, sobre o qual se veio a desenvolver toda a regulamentação legal desta matéria[8]. Proibindo os despedimentos sem justa causa e por motivos político-ideológicos, esta norma constitucional constituiu o pilar de um regime legal, que alguns autores consideraram mesmo assente num verdadeira "propriedade social sobre os postos de trabalho", não disponível mas apenas gerível pelo empregador[9], e que tem um conteúdo altamente restritivo, tanto do ponto de vista substantivo como do ponto de vista processual. Como é sabido, trata-se de um sistema em que as causas de cessação do contrato de trabalho são taxativas (art. 3.º da LCCT), no qual, ao contrário do que sucede na maioria dos outros sistemas europeus, não se

---

[8] Constante, como é sabido da LCCT (DL n.º 64-A/89, de 27 de Fevereiro), complementada pela L. n.º 38/96, de 31 de Agosto, e pelo DL n.º 400/91, de 16 de Outubro, relativo ao despedimento por inadaptação do trabalhador.

[9] Neste sentido, por todos, GOMES CANOTILHO/VITAL MOREIRA, *Constituição Portuguesa Anotada*, 286 s. e nota [IV].

contempla a possibilidade de despedimento por iniciativa do empregador com aviso prévio e cuja actuação prática pelo empregador está rodeada de fortíssimas exigências processuais (com processos específicos para operar a cessação, prevendo diversas formalidades processuais essenciais, cuja falta determina a ilicitude do despedimento, e contemplando a intervenção dos representantes dos trabalhadores e, em alguns casos, das entidades administrativas) e cujo vigor e eficácia é ainda assegurado pela natureza absolutamente imperativa das normas legais, expressamente afirmada pela lei (art. 2.° da LCCT[10]) – limitações estas que eram ainda, na origem, aumentadas pela duração muito reduzida do período experimental, que correspondia ao único período de execução do contrato de trabalho em que qualquer das partes podia livremente rescindi-lo.

É certo que este quadro legal foi relativamente aligeirado em favor do empregador, com a substituição da Lei dos Despedimentos de 1975 pelo actual regime, constante da LCCT de 1989 (que aumentou o período expe-rimental, aligeirou as formalidades do processo para despedimento com justa causa nas pequenas empresas, diminuiu a intervenção administrativa no processo para despedimento colectivo, e admitiu a cessação do contrato por extinção do posto de trabalho – arts. 55.°, 15.°, 19.° e 26.° ss.) e, dois anos mais tarde, com a regulamentação do despedimento por inadaptação no DL n.° 400/91, de 16 de Outubro. Contudo, como foi então notado por alguns autores[11] e a escassez de jurisprudência dez anos passados sobre esta reforma veio comprovar[12], este aligeiramento não surtiu grandes efeitos práticos. Por outro lado, como sabemos, a esta tendência de aligeiramento acaba de suceder uma nova tendência restritiva, manifestada nas alterações do regime jurídico da cessação do contrato em caso de mútuo acordo e de rescisão por iniciativa do trabalhador – introduzidas pela L. n.° 38/96, de 31 de Agosto – que voltaram a reforçar a tutela do trabalhador com referência a esta matéria.

---

[10] Como sabemos, esta imperatividade apenas é temperada pela possibilidade de regulamentação convencional colectiva sobre as matérias elencadas no art. 59.° da LCCT, que, aliás, tem sido amplamente aproveitada.

[11] Neste sentido, por exemplo, ABÍLIO NETO, *Despedimentos e Contratação a Termo – Notas e Comentários*, Lisboa, 1989, 159, nota [1] considerou que a figura da extinção do posto de trabalho era uma "armadilha" para os empregadores.

[12] Como é sabido, a jurisprudência nesta matéria é muito escassa, provando a falta de aplicação prática das figuras do despedimento por inadaptação e da cessação do contrato por extinção do posto de trabalho.

Temas Gerais 103

Desta forma, quanto a esta dimensão do problema da segurança do emprego, e em comparação, designadamente, com os seus congéneres europeus, pode dizer-se que o sistema jurídico português se perfila ainda hoje, de forma inequívoca, como um dos mais protectivos da posição jurídica dos trabalhadores em matéria de estabilidade do vínculo de trabalho. Deste ponto de vista, não nos parece sequer que, no caso português se possa, com rigor, falar em insegurança no emprego; pelo contrário, recorrendo à expressão difundida pela doutrina italiana, o sistema laboral português apresenta-se nesta matéria, como um sistema garantístico[13], porque alia o carácter fortemente tutelar do regime jurídico à natureza imperativa das suas normas.

II. Por outro lado, com referência às situações laborais atípicas e às situações paralaborais, é reconhecido o carácter restritivo do nosso regime jurídico, designadamente em comparação com outros sistemas europeus, bem como a persistência da vocação aglutinante ou universalista tradicional no direito do trabalho.

Por um lado, algumas modalidades atípicas de trabalho subordinado ainda não são objecto de um enquadramento legal específico, como o trabalho intelectual no domicílio – que inclui designadamente, a maioria das situações de teletrabalho – ou o *job sharing*, ou ainda o trabalho a tempo parcial, embora quanto a este último o processo esteja em curso. Por outro lado, mesmo naquelas formas de trabalho atípico que foram já reguladas, ou *ex nuovo* ou em remodelação de regimes anteriores, o regime legal manifesta uma orientação altamente restritiva ou denuncia ainda a tendência aglutinante do direito do trabalho tradicional: assim, o regime jurídico do trabalho a termo foi reformulado na LCCT de 1989 no sentido da excepcionalidade – situação que, curiosamente, foi justificada no preâmbulo da lei como contrapartida do aligeiramento do regime geral da cessação do contrato, que não foi afinal tão significativo, e pela necessidade de pôr cobro à utilização da figura muito para lá das efectivas necessidades ocasionais de mão-de-obra, comum ao abrigo do regime jurídico anterior (DL n.° 781/76, de 28 de Outubro), que não tipificava as causas de recurso a esta modalidade de contrato como faz agora o art. 41.° da LCCT –, e a sanção para as irregularidades no recurso a esta modalidade de contrato é

---

[13] Neste sentido, por todos, ALDO CESSARI/LUCA TAMAJO, *Dal garantismo al controllo*, 2.ª ed., Milano, 1987.

a conversão legal automática do contrato em contrato por tempo indeterminado, manifestando-se assim o domínio formal da relação de trabalho típica; em sentido idêntico, o trabalho temporário é também uma figura excepcional, uma vez que só se admite o recurso a esta modalidade de contrato nas situações previstas para o contrato a termo (art. 9.º do DL n.º 358/89, de 17 de Outubro) e a inobservância das normas legais tem também como consequência a conversão do contrato em contrato por tempo indeterminado entre o trabalhador e a empresa utilizadora. Manifestando ainda a tendência expansiva tradicional do direito do trabalho, o regime jurídico do trabalho com dependência económica no domicílio (estabelecido pelo DL n.º 440/91, de 14 de Novembro) tende para a aproximação da situação destes trabalhadores à situação dos trabalhadores subordinados; e, finalmente, em relação ao problema dos falsos independentes, tem havido diversas tentativas que manifestam ainda a mesma tendência, prevendo a solução dos casos pendentes através da sua qualificação laboral, baseada numa espécie de presunção de laboralidade – ao contrário do que se passou, por exemplo, em países como a França que, para situações deste tipo, previu antes aquilo a que alguns autores chamam de presunção de autonomia do prestador do trabalho[14].

III. Perante o quadro descrito, é forçosa a conclusão de que o sistema juslaboral português mantém bem vivos os valores tradicionais da estabilidade do emprego e a tendência expansiva ou aglutinante do direito do trabalho, contrariamente à tendência dominante noutros sistemas. Por outro lado, em termos formais, Portugal parece comprovar a eficácia de uma regulamentação restritiva em matéria de despedimentos e aglutinante em matéria de qualificação com uma taxa de desemprego muito baixa na média europeia e, evidentemente, com o número muito reduzido de contratos a termo que apresenta[15] e que resultam directamente da excepcionalidade do regime.

---

[14] Em resultado da presunção de autonomia associada ao trabalho no domicílio, introduzida pela *Loi Madelin (loi du 11 février 1994)* em alteração ao *Code du travail* – sobre este ponto, por exemplo, JEAN EMMANUEL RAY, *Le droit du travail à l'épreuve du télétravail: le statut du télétravailleur*, DS, 1996, 2, 121-127.

[15] Com referência a dados constantes do Boletim Estatístico do Ministério do Trabalho e Solidariedade (Novembro de 1998), com referência ao terceiro trimestre de 1998, a taxa de desemprego era de 4,7 % e o número de contratos de trabalho a termo no segundo trimestre de 1998 correspondia a 16,7 % do número total de vínculos de trabalho.

No nosso entender, a análise não pode, todavia, ficar-se por aqui. Não se pondo em questão a bondade, do ponto de vista das garantias dos trabalhadores, do sistema protectivo em matéria de cessação do contrato (a importância do princípio constitucional da segurança no emprego foi inegável em termos históricos e é ainda hoje indesmentível) e da força aglutinante da relação de trabalho típica (porque é a ela que está associado o regime de tutela laboral na plenitude dos seus aspectos) deve pôr-se o problema da sua viabilidade prática e económica no futuro.

Na nossa opinião, as dificuldades do tema da segurança do emprego no caso português decorrem exactamente dos eventuais efeitos perversos do regime de tutela em matéria de estabilidade do vínculo laboral e da regulamentação restritiva das situações laborais atípicas por dois motivos: em primeiro lugar, porque este regime restritivo tem conduzido ao longo dos últimos anos a diversas tentativas de subtracção à tutela laboral nesta matéria, algumas das quais lícitas (como o recurso sistemático à contratação a termo quando não era excepcional, como válvula de escape contra a restrição dos despedimentos feita pela LD de 1975) e outras ilícitas (como o recurso ao trabalho falsamente independente e a prática dos acordos revogatórios e das rescisões do contrato por iniciativa do trabalhador não datadas, difundidas sobretudo desde a LCCT de 1989) – ora, estas condutas põem o sistema de tutela da estabilidade do emprego à prova; em segundo lugar, porque o excesso de tutela do trabalho subordinado pode, também já hoje, ser responsável pela opção sistemática dos empresários por outras formas lícitas mas não laborais de obtenção de recursos humanos – o que faz surgir, ao lado do problema da segurança no emprego, um problema ainda mais grave que é o da diminuição da oferta de emprego.

Do nosso ponto de vista, o legislador laboral não tem ponderado suficientemente estes efeitos perversos e tem revelado uma certa rigidez nesta matéria: uma vez definido um modelo de protecção em matéria de cessação do vínculo laboral, a lei tem-se limitado a resolver, de forma contingente e com um objectivo repressivo, os problemas colocados pelo sistema (excepcionalizando o contrato a termo em resposta à sua excessiva utilização, repondo o direito ao arrependimento em resposta aos acordos revogatórios e às rescisões do contrato em branco, ou procurando impor a qualificação laboral do vínculo jurídico dos falsos independentes). Ora, independentemente da necessidade de reprimir estas condutas, porque são ilícitas e, como tal, juridicamente inadmissíveis, o facto é que tem faltado uma reflexão profunda sobre o porquê destes estratagemas, que se analisa, afinal, numa reflexão sobre a própria viabilidade de um sistema tão restritivo no futuro. Por outro lado, a regulamentação restritiva do trabalho atípico assenta no pressuposto do carácter marginal destas formas de trabalho subordinado, que é hoje duvidoso.

Cabe assim fazer uma reflexão de fundo, porque se, na verdade, mais do que o problema da segurança no emprego, estiver em causa o problema da diminuição da oferta de emprego, então, apesar da sua aparente saúde, o sistema laboral português também está ou virá a estar confrontado com aquela alternativa terrível entre constituir um sistema de elevado nível protectivo, mas com o risco de diminuir cada vez mais o universo de beneficiários da sua tutela, e aceitar a diminuição do seu *standard* de protecção, para chegar a mais trabalhadores subordinados.

Este dilema ultrapassa, evidentemente, o domínio jurídico, pelas suas implicações económicas, sociológicas e até políticas. Ao jurista compete, contudo, chamar a atenção para ele e por isso terminamos estas reflexões recordando a frase de PIETRA e ANDREA ICHINO: *"A chi serve il diritto del– lavoro?"*[16]. Cremos que é esta a pergunta que teremos, mais tarde ou mais cedo, que responder, também com referência a esta matéria no direito português.

---

[16] ANDREA ICHINO/PIETRA ICHINO, *A chi serve il diritto del lavoro?*, RIDL, 1994, I, 469-503.

AINDA A CRISE DO DIREITO LABORAL: A EROSÃO DA RELAÇÃO DE TRABALHO "TÍPICA" E O FUTURO DO DIREITO DO TRABALHO*

SUMÁRIO: 1. As valências da "crise" do direito laboral; 2. A erosão da relação de trabalho típica; 2.1. As razões da erosão: a alteração dos pressupostos económicos, organizacionais e sociológicos que viabilizaram a relação de trabalho típica; 2.2. Os efeitos da erosão: a diversificação dos vínculos laborais e a flexibilização do regime do contrato de trabalho; 3. O caso português.

1. As valências da "crise" do direito laboral

I. Reflectir "...ainda sobre a crise do direito laboral...", não pode dizer-se que constitua um tema novo – já que, desde há alguns anos a esta parte, ele tem sido uma preocupação recorrente dos juslaboralistas –, mas não constitui certamente um tema esgotado, uma vez que, como é reconhecido, a referida crise do direito do trabalho está longe de poder considerar-se ultrapassada.

O tema da crise do direito laboral é, todavia, como se sabe, um tema imenso e, por isso mesmo, difícil de balizar – aliás, o próprio termo "crise" é tão expressivo do ponto de vista linguístico como impreciso do ponto de vista técnico. A leitura dos inúmeros escritos que encontramos sobre este tema revela as diversas valências e manifestações desta crise, que parece afectar globalmente a área jurídica, incidindo nos actores laborais, nos institutos laborais e nas actuações laborais.

---

* Texto que serviu de base à comunicação apresentada por ocasião do III Congresso Nacional de Direito do Trabalho, que teve lugar em Lisboa, nos dias 17 e 18 de Fevereiro de 2000. Publicado originariamente *in* A. MOREIRA (dir.), *III Congresso Nacional de Direito do Trabalho. Memórias*, Coimbra, 2001, 253-266.

108   *Estudos de Direito do Trabalho*

II. Assim, encontramos referências à crise do direito laboral a propósito das suas fontes, quando se fala na actual tendência de "desregulamentação" da matéria laboral e na necessidade de recuperação da liberdade de estipulação das partes no contrato de trabalho. Prosseguido através da diminuição do número de normas legais imperativas, pelo reenvio de algumas matérias laborais tradicionalmente disciplinadas pela lei para a esfera da negociação colectiva, e ainda pela admissibilidade de redefinição das regras tradicionais de coordenação das fontes laborais (designadamente a regra da inderrogabilidade *in pejus*), quando aplicadas às convenções colectivas, este processo de desregulamentação contraria a tendência de intervenção normativa estadual em termos imperativos e de forte limitação da autonomia privada, que era tradicional nesta área jurídica.

Por outro lado, também se fala na crise do direito do trabalho a propósito dos entes laborais colectivos, *maxime* dos sindicatos, mas também das comissões de trabalhadores. Quanto aos sindicatos, refere-se a existência de uma crise no associativismo sindical, que é imputada a diversos factores: a diminuição do número de associados e a inerente quebra de força das associações sindicais; a diversificação dos trabalhadores, a que parece corresponder alguma incapacidade dos sindicatos para penetrarem em determinadas categorias; e os entraves acrescidos à actuação sindical nas empresas, que resultam das novas formas de organização empresarial, mais dispersas geograficamente. Quanto às comissões de trabalhadores, também vão sendo abaladas pelo ambiente de crise do direito laboral, uma vez que vai ganhando força em alguns países a tendência para tolerar menos bem as suas intervenções na empresa, nomeadamente ao nível da gestão[1]. Nos dois casos, os vínculos laborais tendem, de certa forma, a recuperar uma dimensão singular ou individual, o que contraria a tendência, que dominou o direito do trabalho desde o seu surgimento e ao longo de todo o seu desenvolvimento sistemático, para a reunião dos trabalhadores em grupos, ao nível da em-

---

[1] Esta tendência é particularmente evidente no sistema jurídico germânico, o que se explica por ter sido tradicionalmente neste país que a intervenção das comissões de trabalhadores nas empresas foi levada mais longe – assim, talvez em reacção a esta tradição, é hoje crescente o número de autores que defendem algum retrocesso neste processo, designadamente no que toca à intervenção ao nível da gestão das empresas, invocando o direito de livre iniciativa económica do empresário – neste sentido, por exemplo, ZÖLLNER, *Arbeitsrecht und Marktwirtschaft, in* F. BYDLINSKI/T. MAYER-MALY (Hrsg.), *Die Arbeit: ihre Ordnung – ihre Zukunft – ihr Sinn*, Wien, 1995, 51-67 (59 s.).

Temas Gerais 109

presa, da categoria ou da profissão e para o desenvolvimento das suas relações com os empregadores neste plano colectivo.

Ainda noutra perspectiva, fala-se em crise das actuações laborais colectivas e, designadamente, neste aspecto, na crise da negociação colectiva, que decorre, evidentemente, da crise do associativismo sindical, mas também da dificuldade de chegar a consensos colectivos em épocas de menor pujança económica e sem admitir retrocessos em algumas garantias e direitos já adquiridos pelos trabalhadores. A este propósito, são apontados como sintomas da crise a diminuição do número de convenções colectivas e a alteração dos níveis preferenciais da negociação colectiva, bem como a necessidade da intervenção mediadora do Estado, ao nível da concertação social, para se obterem alguns consensos. Ora, de certa forma, esta tendência contribui para alterar, na sua substância, o princípio da autonomia colectiva, valor tradicional do direito do trabalho.

Finalmente, fala-se em crise ao nível da relação de trabalho, referindo-se a alteração do modelo de vínculo laboral sociologicamente prevalecente durante décadas e que foi, por isso mesmo, designado como "relação de trabalho típica"[2].

III. Para o ponto que nos interessa, é, evidentemente, esta última valência da crise do direito do trabalho que tem maior relevo – as "próximas relações de trabalho" ou, dito de outra forma, o futuro da relação de trabalho, será naturalmente o fruto da evolução deste modelo típico de vínculo de trabalho, que inspirou o legislador laboral e que parece estar, também ele, em crise. Vale pois a pena determo-nos um pouco mais sobre a relação laboral típica e sobre o processo de erosão a que tem sido sujeita nos últimos anos[3], para podermos reflectir sobre a sua evolução futura, embora

---

[2] Sobre a designação de relação laboral típica ou "normal", como também é designada no seio da doutrina germânica, por todos, JEAN PÉLISSIER, *La relation de travail atypique*, DS, 1985, 7, 531-539, e ULRICH ZACHERT, *Die Zerstörung des Normalarbeitsverhältnisses*, ArbuR, 1988, 5, 129-137.

[3] Reconhecendo o processo de erosão a que tem sido sujeita a relação laboral típica, entre nós, JORGE LEITE, *Direito do trabalho na crise (relatório geral), in Temas de Direito do Trabalho. Direito do Trabalho na Crise. Poder Empresarial. Greves Atípicas – IV Jornadas Luso-Hispano-Brasileiras de Direito do Trabalho*, Coimbra, 1990, 21-49 (30); e, na doutrina estrangeira, entre outros, ULRICH ZACHERT, *Die Zerstörung...cit.*, 132, MARÍA EMILÍA CASAS BAAMONDE/FERNANDO VALDÉS DAL-RÉ, *Diversidad y precariedad de la contratación laboral en España*, Rel. Lab., 1989, I, 240-258 (240), ULRICH MÜCKENBERGER, *Regolamentazione statale e autoregolamentazione nel sistema dei rapporti di*

110 Estudos de Direito do Trabalho

sem esquecermos as outras dimensões da crise referidas, pelos efeitos que exercem naquela que nos ocupa.

2. A erosão da relação de trabalho típica

2.1. *As razões da erosão: a alteração dos pressupostos económicos, organizacionais e sociológicos que viabilizaram a relação de trabalho típica*

I. A denominada relação de trabalho típica é usualmente identificada com a relação de trabalho empresarial e industrial, duradoura ou por tempo indeterminado, com uma integração plena do trabalhador na empresa e à qual está associado um certo nível de tutela do trabalhador[4]. Esta tutela tem uma extensão e uma intensidade variáveis consoante os sistemas, mas toca usualmente os seguintes aspectos: a matéria das condições de trabalho (com diversos direitos associados à prestação de trabalho, ao tempo e ao local de trabalho, e que são mais ou menos desenvolvidos nos diversos países); a matéria da cessação do vínculo laboral (prosseguindo-se o valor da estabilidade do vínculo laboral através de limitações ao despedimento e, indirectamente, com a imposição de limites à celebração de contratos de trabalho precários); e os problemas relativos às situações de risco social ligadas ao trabalho (como a doença ou os acidentes), cuja resolução

---

lavoro, in Il Futuro della società e del lavoro, Milano, 1992, 11-40 (11), WOLFGANG DÄUBLER, *Das deutsche Arbeitsrecht – ein Standortnachteil?*, DB, 1993, 15, 781-788 (785), ou KLAUS FIRLEI, *Hat das Arbeitsrecht überhaupt ein Zukunft?, in* F. BYDLINSKI/T. MAYER-MALY (Hrsg.), *Die Arbeit: ihre Ordnung – ihre Zukunft – ihr Sinn*, Wien, 1995, 69-109 (75).

[4] Sobre o conceito de relação laboral típica, por todos, entre nós, BERNARDO XAVIER, *O direito do trabalho na crise (Portugal), in Temas de Direito do Trabalho. Direito do Trabalho na Crise. Poder Empresarial. Greves Atípicas – IV Jornadas Luso-Hispano-Brasileiras de Direito do Trabalho*, Coimbra, 1990, 101-138 (103), e *A crise e alguns institutos de direito do trabalho*, RDES, 1986, 4, 517-569 (521); na doutrina germânica, WOLFGANG DÄUBLER, *Deregolazione e flessibilizzazione nel diritto del lavoro, in* M. PEDRAZZOLLI (dir.), *Lavoro subordinato e dintorni – Comparazioni e prospettive*, Bologna, 1989, 171-182 (173 s.); na doutrina italiana, ROBERTO PESSI, *I rapporti di lavoro c.d. atipici tra autonomia e subordinazione nella prospettiva dell'integrazione europea*, RIDL, 1992, I, 133-151 (137); na doutrina francesa, JEAN PÉLISSIER, *La relation de travail atypique cit.*, 531; e na doutrina espanhola, EFRÉN CORDOVA, *Las relaciones de trabajo atípicas (I y II)*, Rel. Lab., 1986, I, 239-283 (241).

passa pela comparticipação directa ou indirecta do empregador, uma vez que ele assume directamente o dever de pagar ao trabalhador em algumas situações de suspensão da prestação de trabalho e, por outro lado, contribui para o financiamento do sistema de segurança social e suporta os encargos do seguro de acidentes e doenças profissionais.

II. Como decorre da sua própria definição e é reconhecido pelos analistas, este modelo típico de relação laboral assenta em determinados pressupostos económicos e empresariais, e num certo perfil de trabalhador subordinado; esses pressupostos são da maior importância tanto para compreender o processo de erosão que tem vindo a afectá-lo como para reflectir sobre a sua possível evolução no futuro.

Assim, do ponto de vista económico, a relação laboral típica pressupõe uma economia de base industrial, em desenvolvimento e tendente para o pleno emprego – são as condições mais favoráveis para que o empregador possa suportar, sem dificuldades de maior, os custos do recurso ao trabalho subordinado, bem como as restrições impostas à cessação do contrato de trabalho.

Por outro lado, do ponto de vista empresarial, a relação laboral típica assenta num certo modelo de empresa: a empresa laboral típica é quase sempre identificada com a grande unidade industrial, com uma organização piramidal mais ou menos estratificada e uma repartição de tarefas relativamente rígida, e com um relativo grau de auto-suficiência, porque é capaz, por si só, de satisfazer o conjunto das suas necessidades – é a empresa de modelo fordista.

Finalmente, associado a este modelo de relação laboral está também um modelo típico de trabalhador subordinado – é o trabalhador homem, pai de família, que trabalha a tempo inteiro e em exclusivo para uma única empresa, onde desenvolve a sua carreira profissional por vezes durante toda a sua vida activa. Tradicional e sociologicamente, este trabalhador não tem grandes habilitações e é ainda um trabalhador economicamente dependente da empresa – apesar de, em termos jurídicos, o factor da dependência económica não integrar o conceito de subordinação – sendo, na verdade, esta dependência económica que justifica historicamente uma boa parte do regime de tutela laboral.

III. Como é sabido, foi sobre estes pressupostos económicos e organizacionais que o direito português – como, aliás, os restantes sistemas europeus – concebeu o regime jurídico do contrato de trabalho com a ampla vocação tutelar que hoje o caracteriza.

E, neste aspecto, cabe reconhecer que o nosso sistema é um dos sistemas europeus que mais longe levou a tutela do trabalhador na relação de trabalho típica, tanto no que se refere ao desenvolvimento do vínculo jurídico, como no que se reporta à sua estabilidade. Nos aspectos atinentes ao seu desenvolvimento, o regime jurídico da relação de trabalho é um regime de vocação tutelar, como se prova pelos direitos do trabalhador que todos conhecemos e que protegem o seu estatuto remuneratório, a sua categoria, a sua função ou o seu local de trabalho – são as tradicionais garantias da irredutibilidade da retribuição, da irreversibilidade da categoria, da invariabilidade da prestação ou da inamovibilidade (arts. 21.º n.º 1 c), d) e e), e 22.º n.º 1 da LCT). No aspecto da estabilidade do vínculo, ela é garantida pelo princípio constitucional da segurança no emprego (art. 53.º da CRP), que limitou substancialmente as possibilidades de cessação do vínculo laboral por iniciativa do empregador (com a erradicação da figura do despedimento com aviso prévio, que se mantém ainda na maioria dos países, e com a exigência de justa causa para o despedimento, a que acrescem os apertados requisitos substanciais e formais do processo para despedimento, que conhecemos). Por outro lado, o valor da estabilidade do vínculo laboral é ainda prosseguido, de uma forma indirecta mas igualmente eficaz, através da excepcionalidade dos contratos de trabalho precários (designadamente os contratos de trabalho a termo e o trabalho temporário), que não se observa também noutros sistemas, e observa-se também na tendência para solucionar os casos de dúvida sobre a qualificação jurídica dos vínculos pela via da sua qualificação laboral e para reconduzir ainda ao modelo típico de relação laboral as situações laborais especiais que padeçam de um vício relevante.

Desta forma – e independentemente de quaisquer juízos valorativos – cremos que o sistema português se pode classificar como um dos sistemas laborais mais tutelares no panorama europeu – ou seja, para usar o expressivo qualificativo difundido pela doutrina italiana[5], um sistema fortemente "garantístico", que coloca no seu centro um modelo de relação laboral em que o trabalhador beneficia de um considerável grau de protecção, e que se mantém por tempo indeterminado, tendo ainda uma

---

[5] Neste sentido, por todos, ALDO CESSARI/LUCA TAMAJO, *Dal garantismo al controllo*, 2.ª ed., Milano, 1987.

vocação aglutinante. Além disso, como todos sabemos, o vigor deste regime tutelar é reforçado pela origem legal e pela natureza injuntiva da maioria das normas que o desenvolvem.

IV. Ora, o que se vem passando, desde a década de setenta e até hoje, é que os pressupostos económicos, o modelo empresarial e mesmo o perfil típico de trabalhador subordinado, subjacentes à instituição deste regime protectivo, têm sofrido alterações profundas, que põem em causa o modelo típico de relação laboral até então dominante e que constituíra o paradigma do regime protectivo.

Por um lado, em termos económicos, têm vindo a suceder-se, desde os anos setenta, diversas épocas menos favoráveis, que obrigaram os empregadores a reflectir sobre os custos do trabalho subordinado e a procurar reduzi-los – ora, como sabemos, apesar de a economia ter reentrado numa fase de grande desenvolvimento, estas tentativas de redução de custos não pararam até hoje. Ao mesmo tempo, o sector económico dos serviços ou sector terciário – e, agora, o sector da informática e das comunicações, já designado como sector quaternário[6] – cresceram a grande velocidade e com eles cresceu também a tecnologia, que, por seu turno, permitiu o desenvolvimento de formas de organização do trabalho muito diferentes das tradicionais e tornou excedentários muitos trabalhadores. Finalmente, a economia globalizou-se, o que facilitou a circulação de trabalhadores, mas impôs novas exigências de concorrência e competitividade às empresas – que, de novo, obrigaram os empresários a reflectir sobre os custos do trabalho subordinado e sobre os modelos de organização.

Evidentemente que esta evolução económica se reflectiu nas empresas e nos seus modelos organizacionais. Em lugar de crescerem, as empresas tenderam a especializar-se e a miniaturizar-se[7], o que conduziu, evidentemente, à redução de pessoal, compensada pelo aumento do recurso a serviços externos, mas também a maiores exigências relativamente às habilitações dos trabalhadores, bem como ao desenvolvimento de modelos de organização e repartição do trabalho mais flexíveis e intermutáveis, mas não menos eficazes – é o desenvolvimento do trabalho em estruturas

---

[6] Neste sentido, JEAN-EMMANUEL RAY, *Du Germinal à Internet. Une nécessaire évolution du critère du contrat de travail*, DS, 1995, 7/8, 634-637 (634).

[7] Algumas encaminhando-se até, no limite, para a "empresa sem pessoal", como observa G. LYON-CAEN, *La crise du droit du travail, in In Memoriam Sir Otto Kahn--Freund*, München, 1980, 517-523 (523).

horizontais e não verticais ou em grupos, acompanhado do apuramento de novos mecanismos de avaliação do desempenho, que atendem mais à produtividade e aos resultados, mas é também o convite ao maior interessamento dos trabalhadores na gestão e nos resultados, que vai alterando subtilmente o modo como se relacionam com o empregador.

Finalmente, o acesso maciço ao mercado de trabalho de algumas categorias de trabalhadores, como as mulheres, os jovens ou os imigrantes, que antes tinham uma importância secundária, retirou dominância ao perfil do trabalhador subordinado típico, alterou o mercado de emprego e veio intensificar algumas necessidades dos trabalhadores (com as quais as empresas passam a ter que contemporizar), como a de maior flexibilização no tempo de trabalho e a da conciliação do papel de trabalhador com outros papéis sociais, como o do estudante ou o de pai ou mãe, por exemplo.

2.2. Os efeitos da erosão: a diversificação dos vínculos laborais e a flexibilização do regime do contrato de trabalho

I. Em face da evolução descrita, cremos que o processo de erosão do modelo típico de relação de trabalho era, na verdade, inevitável. Ele tem vindo a desenvolver-se a partir de dentro, mas também a partir de fora do vínculo laboral – em termos externos, a erosão da relação de trabalho típica decorre da sua progressiva "perda de peso" no conjunto das relações laborais, pelo surgimento de um número cada vez maior de contratos de trabalho especiais ou desviantes deste modelo típico, bem como da proliferação de situações de parasubordinação; ao nível interno, a erosão da relação laboral típica manifesta-se nas dúvidas colocadas em relação a alguns dos aspectos garantísticos do seu regime, que são considerados incompatíveis com as novas exigências de concorrência e competitividade impostas às empresas. Vamos apreciar sucessivamente cada um destes aspectos.

II. Do ponto de vista externo, a erosão do vínculo de trabalho típico decorre do aumento das chamadas relações laborais "atípicas", bem como do recrudescimento do trabalho autónomo e das situações intermédias ou de parasubordinação, que parecem corresponder melhor a exigências específicas de certas actividades económicas ou, pura e simplesmente, se adaptam mais facilmente aos objectivos de contenção dos custos, de miniaturização e de especialização que hoje preocupam as empresas.

No que se refere às relações laborais atípicas, algumas já existiam mas tinham, até então, um significado marginal, ao passo que outras são novas, decorrendo directamente dos novos modelos de organização produtiva: como sabemos, a atipicidade pode residir na precariedade do vínculo (são os contratos de trabalho a termo), no facto de o trabalhador não se integrar na estrutura de pessoal da empresa para a qual trabalha (é o que sucede com os trabalhadores temporários), no facto de o trabalhador não dedicar todo o seu dia de trabalho à empresa (como sucede no caso do trabalho a tempo parcial), ou de desenvolver a prestação laboral fora das instalações empresariais (como sucede nos casos de trabalho com local diluído e no caso do trabalho no domicílio e do teletrabalho), ou pode decorrer ainda de factores diversos atinentes à organização e divisão do trabalho na empresa (como se verifica nas situações de partilha do posto de trabalho, no emprego plural ou no trabalho em grupo). Em todo o caso, estas situações tendem a aumentar.

Ao mesmo tempo, verifica-se um acréscimo das situações de para-subordinação (em que à autonomia jurídica do trabalhador corresponde a dependência económica) e um aumento do recurso ao trabalho independente (obviamente menos caro para os empresários), de uma forma lícita, mas também, sobretudo nos países como o nosso, em que o regime de cessação do contrato de trabalho é muito restritivo, também de uma forma ilícita, que pretende apenas evitar que o trabalhador venha a beneficiar da tutela laboral em matéria de despedimentos e que, consequentemente, o empregador tenha que o manter quando já não necessite dos seus serviços – é o fenómeno da "fuga ao direito do trabalho"[8], mas que, deve acentuar-se, só é ilícito neste último caso.

Perante o quadro descrito, parece pois que à tendência tradicional de recondução dos vínculos laborais a um único modelo se vai sucedendo paulatinamente uma tendência para a diversificação dos vínculos laborais, o que torna pertinente a questão de saber até que ponto é que a relação de trabalho típica, sobre a qual assentou o desenvolvimento do sistema laboral, se mantém ainda dominante nesse sistema.

---

[8] MIGUEL RODRIGUEZ-PIÑERO, *La huida del Derecho del Trabajo*, Rel.Lab., 1992, I, 85-92.

III. Do ponto de vista interno, o processo de erosão da relação laboral típica não é menos importante e evidencia-se nos apelos à denominada "flexibilização" do regime jurídico do contrato de trabalho, considerado demasiado rígido e, por isso mesmo, incapaz de se adaptar às novas exigências económicas e de organização empresarial.

Seria aqui fastidioso recordar os apelos recorrentes dos empresários à flexibilização da relação de trabalho em termos funcionais (são as exigências da polivalência), em termos de tempo de trabalho (são as exigências de adaptabilidade de horários), bem como os inúmeros efeitos perversos que são assacados às tradicionais garantias dos trabalhadores em matéria de retribuição, de categoria e, evidentemente, de cessação do vínculo. O que nos parece importante ter em conta, independentemente do grau de legitimidade de cada uma destas exigências – às quais alguns sistemas jurídicos têm sido mais sensíveis do que outros –, é o facto de elas lançarem a dúvida sobre a adequação do modelo típico de relação de trabalho aos novos desafios económicos, de concorrência e de competitividade, hoje colocados às empresas.

3. O caso português

I. Desenvolvido nos dois vectores indicados, o processo de erosão do modelo típico de relação de trabalho apresenta assim um cunho de inevitabilidade. E, desta forma, a questão que ele coloca é apenas a de saber até que ponto é que os diversos sistemas jurídicos estão preparados para equacionar os novos problemas que ele coloca ao direito do trabalho, e, designadamente, como é que o sistema jurídico português tem reagido a ele.

Como se sabe, tanto os apelos à flexibilização do regime jurídico da relação de trabalho nos aspectos de maior rigidez, como os apelos à diversificação dos vínculos laborais têm tido eco, de uma forma mais ou menos extensa, nos diversos sistemas europeus, sendo prosseguidos por via legal ou através dos processos de desregulamentação que acima referimos.

Já no caso português, talvez devido às tradições garantísticas do sistema laboral, e certamente pelo facto de algumas das maiores importantes projecções do regime de tutela dos trabalhadores subordinados se terem consolidado muito mais tarde entre nós do que noutros países (designadamente no que toca à tutela em matéria de despedimento), por razões históricas conhecidas, o processo de erosão da relação de trabalho típica demorou mais tempo a ser identificado, o sistema jurídico tem vindo a reagir a esse processo mais tardiamente do que outros países da Europa e, sobretudo, tem pautado a sua intervenção neste domínio muito mais pela necessidade de resolver problemas pontuais e de reparar os efeitos perversos do sistema protectivo, do que por objectivos estratégicos, que seriam indispensáveis para uma abordagem global e integrada deste problema. Ou seja, do nosso ponto de vista, o nosso sistema jurídico continua ainda a considerar formalmente a relação de trabalho típica (que, no caso português, é a relação de trabalho por tempo indeterminado) como a relação laboral paradigmática e continua a apostar na vocação aglutinante deste modelo de vínculo laboral e, em geral, da própria área jurídica, sem fazer uma reflexão profunda, não sobre a bondade deste sistema – que não está em causa, uma vez que é à relação laboral típica que está associada a tutela laboral na globalidade dos seus aspectos –, mas sobre a sua viabilidade no futuro.

A afirmação que acabamos de fazer pode ser comprovada com algumas observações sobre as intervenções legais que se vêm fazendo nos últimos anos, tanto a propósito da flexibilização da estrutura do vínculo laboral, como no que se refere às relações laborais atípicas.

II. No que se refere às relações laborais atípicas e à forma como tem sido encarado o recrudescimento do trabalho autónomo, o carácter ainda fortemente garantístico do nosso sistema e a persistência da sua aposta na vocação aglutinante da relação de trabalho típica são comprovados por diversos factores. Referiremos apenas cinco: em primeiro lugar, a falta de regulamentação específica de algumas modalidades atípicas de trabalho subordinado (é o caso do trabalho intelectual no domicílio, que inclui, designadamente, a maioria das situações de teletrabalho), embora algum caminho tenha já sido percorrido nesta matéria; em segundo lugar, o carácter restritivo do regime jurídico dos contratos de trabalho especiais, designadamente no que se refere ao trabalho a termo e ao trabalho temporário, dada a natureza excepcional destas figuras (art. 41.º da LCCT e art. 9.º do DL n.º 358/89, de 17 de Outubro, respectivamente) – no caso do trabalho a termo, é, aliás, curioso verificar que a tendência seguida pelo legislador português foi exactamente oposta à tendência de outros sistemas jurídicos, uma vez que o transformou numa figura excepcional exactamente na época em que outros países tendiam para o normalizar; em terceiro lugar, a previsão das sanções de conversão legal automática destes contratos em contratos por tempo indeterminado em caso de irregularidades graves – que evidencia a força aglutinante da relação de trabalho típica; em quarto lugar, a tendência que se observa no regime jurídico de algumas situações de parasubordinação, como o trabalho com dependência económica no domicílio (DL n.º 440/91, de 14 de Novembro), para aproximar, tanto quanto possível, a situação destes trabalhadores e a dos trabalhadores subordinados – o que volta a evidenciar a bondade que o nosso legislador reconhece ainda ao regime laboral comum; em quinto e último lugar, as sucessivas tentativas de resolução do problema dos falsos independentes pela via da qualificação laboral dos seus vínculos, baseada numa espécie de presunção de laboralidade – o que revela a mesma tendência expansiva do direito laboral, mas contraria a tendência de outros sistemas para, em situações deste tipo, estabelecerem presunções de autonomia do prestador do trabalho[9].

Desta forma, no que se refere às relações laborais atípicas e ao recrudescimento do trabalho independente, parece que o sistema jurídico português não se desprendeu ainda formalmente do preconceito tradicional da marginalidade destas situações e mantém a crença no papel fundamental da relação laboral comum ou típica no sistema.

III. Já no que se refere à flexibilização do regime jurídico da relação de trabalho, se nota um objectivo de flexibilização, como é comprovado pelo regime da polivalência funcional e da adaptabilidade dos horários, instituído pela L. n.º 21/96, de 23 de Julho – independentemente das dificuldades suscitadas por este diploma na sua aplicação prática e da menor felicidade ou apuro técnico de algumas soluções que ele consagra e que são de todos conhecidas, parece assumido neste diploma um objectivo de desbloqueamento de alguns dos aspectos de maior rigidez no regime jurídico da relação de trabalho, o que tem, aliás, um particular significado pelo facto de o diploma ter tido origem na concertação social.

Todavia, mantém-se no regime jurídico da relação laboral uma matéria de grande rigidez, que não pode deixar de ser referida pelos efeitos multiplicadores que tem noutros aspectos do sistema e, designadamente, pelo efeito corrosivo que tem sobre a própria relação de trabalho típica, na

---

[9] É a solução francesa, que optou pela presunção de autonomia no caso do trabalho no domicílio, introduzida pela *Loi Madelin* (*loi du 11 février 1994*) em alteração ao *Code du travail* – sobre este ponto, por exemplo, JEAN EMMANUEL RAY, *Le droit du travail à l'épreuve du télétravail: le statut du télétravailleur*, DS, 1996, 2, 121-127.

Temas Gerais 119

nossa opinião – é, obviamente, a matéria da cessação do contrato de trabalho. Nesta matéria, é reconhecido que o sistema português se encontra entre aqueles sistemas jurídicos que melhor protegem os trabalhadores através do regime restritivo introduzido em 1975 pela LD, e embora este regime tenha sido um pouco aligeirado em favor do empregador pela LCCT de 1989[10] e, dois anos mais tarde, pela previsão legal da figura despedimento por inadaptação (DL n.° 400/91, de 16 de Outubro), é sabido que este aligeiramento não teve grandes efeitos práticos (assim o prova a escassez de jurisprudência nos dez anos que já leva este regime), e que ultimamente lhe voltou a suceder uma tendência restritiva, como se prova com a reintrodução do direito ao arrependimento no caso da cessação do contrato por mútuo acordo e da rescisão por iniciativa do trabalhador (L n.° 38/96, de 31 de Agosto).

IV. Não questionamos aqui as motivações axiológicas nem a bondade destas tendências do legislador português: quanto ao regime de tutela do trabalhador em matéria de cessação do vínculo laboral, trata-se do desenvolvimento de um valor constitucional eminente do direito do trabalho português, que é o da segurança do emprego; e, no que se refere às restrições ao trabalho atípico, trata-se de assegurar ao trabalhador o acesso ao sistema de protecção laboral na plenitude dos seus aspectos. Contudo, não podemos deixar de reflectir, de uma forma pragmática, sobre os seus efeitos na própria relação de trabalho típica e, indirectamente, nas implicações que podem ter na evolução futura do direito do trabalho. E é com estas reflexões que vamos terminar.

Do nosso ponto de vista, a perspectiva restritiva que o legislador português tem adoptado em relação aos vínculos laborais especiais (*verbi gratia*, em relação ao contrato de trabalho a termo), conjugada com o regime restritivo em matéria de cessação do contrato, pode ser fatal para a relação laboral típica porque esta relação de trabalho (e o inerente regime protectivo) tenderá a abranger um número cada vez menor de trabalhadores. Sendo certo que a persistência de um regime da cessação do contrato de trabalho muito restritivo e a tutela legal dos mais importantes

---

[10] Que não só admitiu a figura da extinção do posto de trabalho como aumentou o período experimental, aligeirou as formalidades do processo para despedimento com justa causa nas pequenas empresas, diminuiu a intervenção administrativa no processo para despedimento colectivo, e admitiu a cessação do contrato por extinção do posto de trabalho – arts. 55.°, 15.°, 19.° e 26.° ss. da LCCT.

direitos e garantias do trabalhador, têm, até ao momento, evitado que a relação de trabalho típica se descaracterize no caso português, cremos que a conjugação desse regime com as restrições impostas aos contratos de trabalho especiais tornará inevitável que ela venha a abranger progressivamente um número cada vez menor de trabalhadores – se não corremos, pois, um risco de descaracterização, há, a nosso ver, o risco, ainda pior, da desertificação da relação de trabalho típica. E este risco não é só grave pelo facto de esta evolução se cifrar na aplicação das normas laborais de tutela a um número cada vez mais reduzido de trabalhadores, como também, pelo facto, que decorre da excepcionalidade do trabalho a termo, de esta evolução tender a fazer-se através de um maior recurso ao trabalho autónomo e ao trabalho apenas formalmente autónomo – ou seja, com recurso a situações de fraude. Aliás, alguns problemas com que já agora se debate o nosso legislador decorrem, a nosso ver, da falta de ponderação das relações de causa e efeito entre um regime restritivo em matéria de despedimentos e um regime restritivo em matéria de contratos a termo: afinal, foi depois da restrição dos despedimentos, operada pela LD em 1975, que se verificou um recurso maciço aos contratos de trabalho a termo, que passaram a constituir a "saída" do sistema para muitos empregadores; e foi depois da excepcionalização da figura do trabalho a termo (justificada, aliás, expressamente pela LCCT, na utilização indiscriminada destes contratos) que se agravou o problema dos falsos independentes e se difundiu a prática dos acordos revogatórios e das declarações de rescisão em branco.

Naturalmente que a ilicitude destas práticas obriga o legislador a reprimi-las, e isso justifica, em parte, as recentes orientações legais nesta matéria. Mas, para além desta actuação repressiva, cremos que não pode deixar de se colocar uma questão de fundo: a questão da viabilidade da subsistência de um regime tão rígido e protectivo do trabalhador, que, em si mesmo, condena a relação jurídica laboral ao triste destino de ser protagonizada por um número cada vez menor de trabalhadores subordinados.

Na nossa opinião, é pois necessário equacionar algumas alterações do regime jurídico da relação de trabalho: para decidir se essas alterações devem ser feitas pela via da diversificação dos vínculos laborais, deixando coexistir diversas categorias de trabalhadores subordinados, ou antes através do aligeiramento de alguns aspectos do regime de tutela dos trabalhadores, deixando intocadas as suas garantias fundamentais, ou através de

Temas Gerais 121

ambas as coisas em doses moderadas, os juristas apenas podem dar o seu contributo técnico, uma vez que essas decisões extravasam o nosso campo de intervenção.

Contudo, cremos que estas reflexões são imperativas não só para o futuro da relação de trabalho como para o próprio futuro do direito do trabalho, uma vez que o preço da preservação formal da relação laboral típica no centro do sistema poderá ser a transformação do direito do trabalho numa área jurídica de privilégio (como já lhe chamou SCO-NAMIGLIO[11]) cujos destinatários são um conjunto cada vez menor de trabalhadores "eleitos" – situação que certamente não corresponde ao seu objectivo.

---

[11] RENATO SCONAMIGLIO, *Per una nuova filosofia del diritto del lavoro, in Prospettive del Diritto del lavoro per gli anni '80 – Atti del VII Congresso Nazionale di Diritto del lavoro, Bari, 23-25 Aprile 1982,* Milano, 1983, 43-49 (45).

II
CONTRATO DE TRABALHO

RELAÇÃO DE TRABALHO E RELAÇÃO DE EMPREGO – CONTRIBUTOS PARA A CONSTRUÇÃO DOGMÁTICA DO CONTRATO DE TRABALHO*

SUMÁRIO: 1. As perplexidades do contrato de trabalho enquanto vínculo obrigacional: as dificuldades de enquadramento dogmático dos deveres de cuidado e de assistência do empregador; 2. A emancipação do vínculo de trabalho em relação ao direito das obrigações: a concepção comunitário-pessoal da relação laboral; 3. A insubsistência da construção comunitário-pessoal do vínculo laboral e a reconstrução obrigacional do contrato de trabalho; 4. A reconstrução dogmática do contrato de trabalho a partir da sua dicotomia estrutural: a relação de trabalho e a relação de emprego.

1. As perplexidades do contrato de trabalho enquanto vínculo obrigacional: as dificuldades de enquadramento dogmático dos deveres de cuidado e de assistência do empregador

I. Desde a sua generalização, a partir da Revolução Industrial, que o vínculo de trabalho subordinado constituiu, reconhecidamente, um desafio à dogmática jurídica, não porque fosse desconhecido anteriormente mas porque os seus elementos mais característicos – a dificuldade em separar a actividade prestada da pessoa do prestador e a posição desigual das partes na relação, evidenciada na dependência do prestador do trabalho perante o credor e nos amplos poderes deste – pareciam ter-se tornado incompatíveis com os valores da liberdade e da igualdade de todos os cidadãos, entretanto proclamados pela Revolução Francesa e que vieram a constituir os pilares axiológicos do direito privado moderno.

---

* Estudo elaborado em 2002 para a obra *Estudos em Homenagem ao Professor Doutor Inocêncio Galvão Telles,* Coimbra, 2002, e incluído no vol. I da referida obra, pp. 651-681.

A "proeza jurídica" – como lhe chamou Jeammaud[1] – de conciliar a configuração não igualitária do vínculo laboral com os princípios da igualdade e da liberdade dos entes privados foi conseguida aproveitando uma das projecções da figura romana da *locatio conductio*, na concepção tripartida recuperada ou reconstruída pela dogmática civilista de oitocentos: a *locatio conductio operarum*[2]. É com base nesta concepção tripartida

---

[1] A. Jeammaud, *Les fonctions du droit du travail, in* F. Collins/R. Dhoquois/P. H. Goutierre/A. Jeammaud/G. Lyon-Caen, *Le Droit capitaliste du travail*, Grenoble, 1980, 149-254 (189).

[2] Como é sabido, nesta estruturação tripartida da figura da *locatio conductio* as outras modalidades são a *locatio conductio rei* e a *locatio conductio operis faciendo*: a primeira, equivalente ao actual contrato de locação, tem por objecto uma coisa corpórea; na segunda, que constitui o antecedente do moderno contrato de empreitada, está em causa a prestação de uma obra mediante um preço. Por seu turno, a especificidade da *locatio conductio operarum* reside no bem locado – uma actividade ou um serviço. A doutrina divide-se, no entanto, quanto à questão de saber se esta estrutura tripartida da figura da *locatio conductio* é originária do direito romano ou se, pelo contrário, corresponde a uma criação moderna, cujo objectivo seria, justamente, o de permitir reconduzir à figura vínculos que incidem sobre um objecto diverso – como é o caso de uma actividade humana. Enquanto para alguns autores, as três modalidades referidas já se recortavam com nitidez no sistema jurídico romano, pelo critério do objecto, o que, para o ponto que nos ocupa, faz da *locatio conductio operarum* a figura equivalente ao moderno contrato de trabalho (foi o entendimento mais difundido nos primórdios do desenvolvimento sistemático do direito laboral, por autores como L. Barassi, *Il contratto di lavoro nel diritto positivo italiano*, I, 2.ª ed., Milano, 1915, 41 s., 246, 541 ss., e 597 ss., mas subscrito, ainda hoje por autores como T. Mayer-Maly, *Römische Grundlagen des modernen Arbeitsrechts*, RdA, 1967, 8/9, 281-286 (284), Menezes Cordeiro, *Manual de Direito do Trabalho*, Coimbra, 1991, 36 s., ou P. Romano Martinez, *Direito do Trabalho*, I (*Parte Geral*), 3.ª ed., Lisboa, 1998, 90 s.), para outros autores a figura da *locatio conductio* tinha, originariamente, uma estrutura unitária, envolvendo sempre a disponibilização de um bem corpóreo, pelo que a extensão do seu objecto à prestação de uma actividade humana é uma criação moderna – neste sentido, entre outros, Paul Jörs/Wolfgang Kunkel – *Derecho Privado Romano* (trad. espanhola da 2.ª ed.), Barcelona – Madrid – Buenos Aires – Rio de Janeiro, 1937, 337 ss., C. Lega, *Il contratto d'opera, in* U. Borsi/F. Pergolesi, *Trattato di diritto del lavoro*, I (*Introduzione al diritto del lavoro*), 3.ª ed., Padova, 1960, 477-663 (479), ou S. Magrini, *Lavoro (contratto individuale di)*, Enc.Dir., XXIII, 369-418 (370). Como observa, nesta segunda orientação, Spagnuolo Vigorita, *Subordinazione e diritto del lavoro – problemi storico-critici*, Napoli, 1967, 75 ss., esta estrututura unitária da *locatio conductio* não obstava a que ela enquadrasse o trabalho subordinado livre em Roma, mas impede que a figura romana seja considerada como o equivalente dogmático do actual contrato de trabalho, porque aquele enquadramento era conseguido exactamente com base numa auto-privação ou numa auto-limitação da própria liberdade pelo sujeito prestador, quando celebrava o contrato: na prestação do trabalho, o sujeito locar-se-ia a si próprio,

que o *Code de Napoléon* prevê como modalidade do contrato de locação a figura do *louage de services,* dentro da qual autonomiza o *louage des gens de travail* (art. 1779.°), e que o *Codice civile* italiano de 1865 se refere à prestação subordinada de trabalho como modalidade da locação de obra (art. 1570.°). E é também a partir desta concepção que o nosso Código de Seabra regula as figuras do *serviço doméstico* e do *serviço salariado* (arts. 1370.° ss. e arts. 1391.° ss.), como modalidades do contrato de prestação de serviço, e que o *BGB* disciplina o contrato de serviço (*Dienstvertrag*) em termos genéricos (§ 611 ss.), mas autonomizando, no respectivo regime jurídico, algumas normas de protecção do prestador que se encontre em situação de dependência (*Abhängigkeit*) perante o credor (§§ 618 e 619).

II. O enquadramento do fenómeno do trabalho industrial pela figura da *locatio conductio operarum* contribuiu para o compatibilizar formalmente com os princípios da liberdade e da igualdade dominantes no direito privado, não apenas por ser um enquadramento negocial, mas, sobretudo, porque envolve uma subtil alteração na forma de perspectivar o objecto do vínculo, que dilui o peso e facilita a justificação da dependência do prestador do trabalho perante o credor e os correlativos poderes deste.

Só por si, a qualificação negocial do vínculo de trabalho põe em relevo a igualdade das partes e a sua liberdade na fixação do respectivo conteúdo, uma vez que o contrato é tido como categoria jurídica de excelência para prossecução dos interesses privados e para enquadramento das operações económicas – autores como ROPPO consideram mesmo que é na sua aplicação ao fenómeno do trabalho industrial que se comprova a maior vitalidade da categoria jurídica do contrato, como mecanismo de prossecução de interesses privados no liberalismo[3]. Aplicado à relação de trabalho, o princípio da liberdade contratual permite concebê-la como um vínculo entre sujeitos iguais que prosseguem livremente os seus interesses através de um acordo: na vertente da liberdade de celebração, são enfatizadas, sobretudo, a origem da vinculação do trabalhador num acto voluntário e a sua liberdade de desvinculação, o que tem um significado ético parti-

---

o que era perfeitamente aceitável perante a concepção de vileza em que era tido o trabalho para outrem no mundo romano. Para mais desenvolvimentos sobre este ponto, *vd* M. R. PALMA RAMALHO, *Da Autonomia Dogmática do Direito do Trabalho*, Coimbra, 2001, 170 ss.

[3] E. ROPPO, *O Contrato* (trad. port. de A. COIMBRA e M. J. C. GOMES), Coimbra, 1988, 39.

128 Estudos de Direito do Trabalho

cular pela origem histórica do trabalho subordinado no trabalho servil[4]; no que toca à liberdade de estipulação, a ênfase é posta no facto de a situação de dependência do trabalhador no vínculo ser consentida pelo próprio, o que a legitima.

Mas o enquadramento do fenómeno do trabalho industrial pela figura da *locatio conductio operarum* é especialmente importante por implicar uma nova perspectiva sobre a actividade de trabalho, que desvaloriza a dependência do prestador no vínculo laboral e facilita, em consequência, a reconciliação deste vínculo com o direito privado.

Envolvendo a figura da *locatio conductio* a permuta entre dois bens, a recondução do vínculo de trabalho a uma das suas modalidades exige que a actividade laboral seja qualificada como um bem em sentido jurídico. Para este efeito, a doutrina procede ao aproveitamento do conceito económico de "trabalho abstracto", que reconduz o trabalho humano a um factor de produção[5], e passa a perspectivar a actividade de trabalho como um bem integrativo do património do trabalhador do qual ele pode dispor livremente no comércio jurídico. Por outras palavras, a actividade de trabalho é desligada da pessoa do trabalhador e erigida em objecto do contrato, a par do outro bem envolvido no vínculo – o salário, que é facilmente reconduzido à *merces* típica da *locatio conductio*.

As vantagens desta construção do ponto de vista da conciliação do vínculo laboral com os princípios do direito privado são evidentes. Por um lado, à materialização da actividade de trabalho inere o reconhecimento do seu valor patrimonial, que corresponderá ao *quantum* da remuneração, o que permite caracterizar o vínculo de trabalho como um vínculo patrimonial e sinalagmático e não, como fora pacífico na era pré-industrial,

---

[4] A doutrina é unânime no reconhecimento desta origem histórica remota do trabalho dependente livre no trabalho escravo da Antiguidade e nas diversas situações de trabalho servil que se mantiveram ao longo da Idade Média e da da Idade Moderna – por todos, sobre a evolução destas formas de trabalho até ao actual trabalho subordinado, *vd* M. ALONSO OLEA, *De la Servidumbre al Contrato de Trabajo*, 2.ª ed., Madrid, 1987. É, aliás, por força desta origem histórica que se compreende a preocupação dos códigos de oitocentos em proibir os vínculos de serviço perpétuos – esta proibição consta logo do *Code de Napoléon* (art. 1780.°), mas também se encontra no *Codice civile* italiano de 1865 (art. 1628.°) e no Código de Seabra (art. 1371.°).

[5] Sobre o ponto, com desenvolvimentos, *vd* M. R. PALMA RAMALHO, *Da Autonomia Dogmática... cit.*, 187, nota 61.

como um vínculo de suserania pessoal de um sujeito sobre outro – a igualdade entre as posições do trabalhador e do empregador fica assim formalmente assegurada. Por outro lado, esta objectivação da actividade de trabalho dilui o elemento de dependência pessoal do trabalhador em relação ao empregador, porque os poderes deste passam a ser justificados directamente no carácter indeterminado da prestação de trabalho e na necessidade de adequar essa prestação às suas necessidades – o que também diluiu a carga axiológica de domínio de uma das partes sobre a outra e assegura formalmente a preservação da liberdade do prestador do trabalho, enquanto sujeito de um vínculo de direito privado.

III. O reconhecimento do valor mercantil do trabalho humano – em sintonia com o espírito da "era do comércio"[6] – e a justificação da dependência do trabalhador nas características da própria prestação de trabalho constituíram, pois, passos essenciais para afastar o moderno vínculo de trabalho industrial dos vínculos de serviço pessoal da era pré-industrial, e para proceder à sua reconstrução dogmática em consonância com os valores da liberdade e da igualdade dos entes jurídicos privados, eticamente refundados pela Revolução Francesa e com a amplitude máxima que lhes foi reconhecida no liberalismo[7].

---

[6] A este propósito, veja-se FERNANDO ARAÚJO, *Adam Smith. O Conceito Mecanicista de Liberdade*, Coimbra, 2001, 1141 ss.

[7] Do nosso ponto de vista, apesar de recorrer a uma categoria jurídica de grande tradição, que já enquadrara as relações de serviço pré-industriais (veja-se a previsão do contrato de locação-condução nas nossas Ordenações Filipinas, aplicada ao serviço de jornaleiros), a construção do vínculo de trabalho subordinado industrial que acabamos de descrever constitui uma verdadeira renovação e não uma solução de continuidade com o direito anterior, como entendem alguns autores. É que, não tendo os valores da liberdade e da igualdade o mesmo vigor na época pré-industrial, e sendo compatíveis com diversas situações de auto-limitação ou mesmo de auto-privação, era natural a visão dos vínculos de serviço como vínculos de domínio pessoal de um sujeito sobre outro, que atingiam a liberdade e a personalidade do sujeito prestador. A grande renovação na utilização da figura da *locatio conductio operarum* na época industrial está em conciliar a estrutura desigual do vínculo, evidenciada na subordinação de uma das partes e nos poderes laborais da outra, com os princípios da igualdade e da liberdade, com a dimensão axiológica nova que lhes foi conferida pela Revolução Francesa. No sentido que subscrevemos, e que tivemos oportunidade de desenvolver em *Da Autonomia Dogmática... cit.*, 173 ss., por exemplo, L. CASTELVETRI, *Le origini dottrinale del diritto del lavoro*, Riv.trim.DPC, 1987, I, 246-286 (249), ou R. SCONAMIGLIO, *Diritto del lavoro*, 5.ª ed., Napoli, 2000, 9; pelo contrário, reforçando os elementos de continuidade entre a moderna relação de trabalho

130 Estudos de Direito do Trabalho

Com base nestes pressupostos, o vínculo de trabalho é concebido como um vínculo de escambo entre duas prestações de valor patrimonial equivalente (o trabalho e a retribuição), e, com esta configuração, encontra um lugar natural no universo dos contratos civis, como vínculo obrigacional, modalidade do contrato de locação ou do contrato de prestação de serviço, segundo a tradição, respectivamente, do *Code de Napoléon* e do Código de Seabra ou do *BGB*. A delimitação deste contrato em relação a outros contratos envolvendo a prestação de uma actividade humana para outrem é reportada ao facto de essa actividade ser prestada sob a direcção do credor, mas como este elemento de subordinação é reportado à actividade em si e não à pessoa do prestador, e por este legitimada no acordo, o princípio da igualdade é formalmente preservado.

IV. Todavia, a agudização da denominada "questão social", no último quartel do séc. XIX, e o subsequente fluxo legislativo no sentido da protecção dos trabalhadores vêm revelar a incongruência e o simplismo do enquadramento do vínculo laboral nos moldes puramente obrigacionais e patrimoniais proporcionados pelas figuras da locação ou da prestação de serviços, que acabamos de descrever.

Como é sabido, as péssimas condições de vida dos operários por esta época forçaram os sistemas jurídicos a abandonar progressivamente a atitude de abstenção legislativa típica do Estado liberal no domínio privado, a fim de estabelecerem medidas de protecção dos trabalhadores em matéria de saúde e segurança no trabalho, de condições e tempo de trabalho, de acidentes e doenças profissionais, bem como medidas específicas de protecção de determinadas categorias de trabalhadores, como as mulheres e os menores. Estas medidas resultaram não só na limitação da liberdade de estipulação das partes no contrato de trabalho, mas também na imposição ao empregador de deveres positivos de cuidado e de assistência em relação ao trabalhador, incidentes na sua pessoa, na sua saúde e no seu património – são os denominados "deveres de assistência" (*Fürsorgepflichten*), de

---

e o regime das relações de trabalho em Roma e na era pré-industrial, T. MAYER-MALY, *Vorindustrielles Arbeitsrechts*, RdA, 1975, 1, 59-63 (59 ss.), R. TRINKNER/M. WOLFER, *Modernes Arbeitsrecht und seine Beziehungen zum Zivilrecht und seiner Geschichte*, BB, 1986, 1, 4-9 (6 s.), ou MENEZES CORDEIRO, *Manual... cit.*, 40 s.

acordo com a terminologia vulgarizada a partir da sua previsão nos §§ 618 e 619 do BGB[8].

Ora, estas medidas não só demonstraram o carácter ilusório e os efeitos perversos dos axiomas da igualdade e da liberdade dos entes privados, quando aplicados a sujeitos com um poder económico totalmente díspar – no caso, os operários e empresários –, como voltaram a realçar as componentes de pessoalidade e de domínio do vínculo de trabalho, que a sua reconstrução civilista tinha diluído: por um lado, as preocupações com a saúde, a integridade física ou a segurança dos trabalhadores atestam a dificuldade de isolar a prestação de trabalho da pessoa do prestador, o que põe em causa a ideia da materialização da actividade de trabalho e dá razão à perspectiva personalista pré-industrial sobre os vínculos de serviço; por outro lado, a própria necessidade de tutela dos trabalhadores contra os excessos de poder dos empresários demonstra o carácter desigual da posição das partes no vínculo laboral e realça o elemento dominial nele implícito.

Perante esta situação, resta à ciência jurídica procurar novas vias de construção dogmática do vínculo laboral que integrem também estes aspectos do seu conteúdo. É esta tentativa que vai redundar numa nova concepção sobre a relação de trabalho que a afasta do seu berço civil.

2. A emancipação do vínculo de trabalho em relação ao direito das obrigações: a concepção comunitário-pessoal da relação laboral

I. A verificação das insuficiências explicativas da concepção civilista em relação aos deveres de cuidado e de assistência do empregador levaram à reconstrução dogmática do vínculo de trabalho. Ensaiada a partir dos anos vinte, na doutrina germânica, por autores como POTHOFF,

---

[8] Esta terminologia difundiu-se a partir da construção de VON GIERKE sobre a origem do contrato de serviços na figura medieval do *contrato de serviço fiel* (*Treudienstvertrag*), que o autor apresentou como alternativa à clássica filiação da figura na *locatio conductio operarum*. Para o autor, a origem do vínculo de trabalho no contrato de serviço fiel permitia, exactamente, valorizar o nexo pessoal entre as partes (constituído pelo binómio dever de lealdade – dever de assistência, ou *Treuepflicht – Fürsorgepflicht*), sobre o nexo patrimonial – O. VON GIERKE, *Las raíces del contratto de servicios* (trad. espanhola), Madrid, 1982, *maxime* 37 ss.

MOLITOR, SINZHEIMER ou RICHTER[9], esta construção foi desenvolvida, sobretudo, nas décadas de 30 e 40, em múltiplas variantes, por autores como NIKISCH, SIEBERT, HUECK, JOERGES ou DENECKE[10], e veio a irradiar para outros contextos doutrinais, entre os quais o português, sob a designação de "concepção comunitário-pessoal" da relação de trabalho.

Retirando as devidas ilações dogmáticas dos deveres de cuidado e assistência do empregador impostos pelo BGB e valorizando a integração do trabalhador na organização do empregador, esta concepção preconiza a deslocação do objecto do vínculo de trabalho do binómio dever de trabalho – dever de retribuição (que ocupara o seu centro na construção civilista) para o binómio dever de lealdade – dever de assistência (*Treupflicht – Fürsorgepflicht*). Este binómio privilegia, do lado do trabalhador, mais do que a actividade efectivamente prestada, o facto de ele se integrar numa organização alheia, a cujos objectivos deve lealdade; e, do lado do empregador, o facto de ele se comprometer não só a pagar o salário, mas também – e sobretudo – a assumir deveres de protecção e de cuidado em relação aos membros da sua organização[11]. Desta forma, a componente de pessoalidade do vínculo jurídico sai reforçada em relação à sua componente patrimonial.

A par do reforço deste elemento de pessoalidade, é também realçada a existência de um elemento comunitário na relação de trabalho, a partir da valorização da integração do trabalhador na organização empresarial. Este elemento explica os deveres de assistência do empregador e fornece uma justificação objectiva para a posição dominial que ele ocupa no vín-

---

[9] H. POTHOFF, *Ist das Arbeitsverhältnis ein Schuldverhältnis?*, ArbR, 1922, 5, 267--284 (271 ss.), E. MOLITOR, *Das Wesen des Arbeitsvertrages*, Leipzig, 1925, 12 ss.; H. SINZHEIMER, *Grundzüge des Arbeitsrechts*, 2.ª ed., Jena, 1927, 118 ss.; L. RICHTER, *Grundverhältnisse des Arbeitsrechts – Einführende Darstellung des gesamten Arbeitsrechts*, Berlin, 1928, 72 ss.

[10] A. NIKISCH, por exemplo em *Die Bedeutung der Treupflicht für das Arbeitsverhältnis*, DAR, 1938, 7/8, 182-186, ou *Arbeitsvertrag und Arbeitsverhältnis*, Berlin, 1941, *passim*; W. SIEBERT, por exemplo em *Die Begründung des Arbeitsverhältniss*, DAR, 1937, 11, 305-310 e 338-342; A. HUECK, *Die Begründung des Arbeitsverhältnisses,* DAR, 1938, 7/8, 180-182; DENECKE, *Vermögensrechtliches oder personenrechtliches Arbeitsverhältnis*, DAR, 1934, 7/8, 219-224; JOERGES, *Der Arbeitsvertrag als Begründung des Arbeitsverhältnis in seiner geschichtlichen Entwicklung*, DAR, 1938, 6, 157-159.

[11] NIKISCH, *Die Bedeutung der Treupflicht cit.*, 183; W. SIEBERT, *Das Recht der Arbeit – Systematische Zusammenstellung der wichtigsten arbeitsrechtlichen Vorschriften*, 5.ª ed., Berlin-Leipzig-Wien, 1944, 5 s.

culo: de acordo com esta construção, os objectivos e os interesses da empresa são vistos como interesses comuns ao trabalhador e ao empregador e a colaboração entre ambos passa a ser o princípio dominante do vínculo – é a ideia de comunidade empresarial (*Betriebsgemeinschaft*)[12]; mas, porque é o empregador que corporiza os interesses empresariais na organização, e esta organização corresponde a uma estrutura hierárquica, a colaboração entre as partes será, necessariamente, uma colaboração desnivelada que pressupõe poderes de chefia de uma das partes e o correspondente dever de obediência da outra – ao lado da ideia de comunhão empresarial surge pois a ideia de organização hierárquica e, concretamente, um princípio de chefia (*Führerprinzip*), que justificam objectivamente os poderes laborais de direcção e disciplina[13].

É com base nesta construção que a relação de trabalho passa a ser qualificada como uma "relação comunitário-pessoal" (*ein persönlichegemeinschaft Verhältnis*), de acordo com a terminologia difundida a partir da doutrina germânica[14].

II. O reconhecimento do carácter comunitário-pessoal da relação de trabalho, nos termos descritos, tem, todavia, como consequência o afastamento do vínculo de trabalho em relação aos contratos obrigacionais, não só porque a componente patrimonial é desvalorizada em face da componente de pessoalidade, mas também porque o acentuar dos interesses comuns ao empregador e ao trabalhador não se coaduna com a tradicional oposição das pretensões das partes nos negócios bilaterais.

Por este motivo, a doutrina procede à refundamentação dogmática do vínculo laboral, por uma de duas vias: ou admitindo que na origem da relação laboral está um contrato, mas reconhecendo a este contrato natureza pessoal e não patrimonial – é a perspectiva contratualista, sustentada por autores como POTHOFF, MANSFELD, MÜLLERREISERT ou HUECK[15]; ou valorizando directamente como facto constitutivo da relação de trabalho o acto

---

[12] NIKISCH, *Arbeitsvertrag und Arbeitsverhältnis cit.*, 19; SIEBERT, *Das Recht der Arbeit cit.*, 2 e 5; ou DENECKE, *Vermögensrechtliches...cit.*, 221.

[13] Por exemplo, H. POTHOFF, *Das Deutsche Arbeitsrecht*, Berlin, 1935, 14 e 17.

[14] Por todos sobre esta designação, MÜLLERREISERT, *Das Arbeitsverhältnis als Vertrag und als Gemeinschaft des Personenrechts*, DAR, 1938, II, 280-283 (280).

[15] POTHOFF, *Das Deutsche Arbeitsrecht cit.*, 11 e 30, W. MANSFELD, *Vom Arbeitsvertrag – eine arbeitsrechtliche Selbstbesinnung*, DAR, 1936, 118-130 (129), MÜLLERREISERT, *Das Arbeitsverhältnis als Vertrag... cit.*, 280 s., HUECK, *Die Begründung des Arbeitsverhältnis cit.*, 180.

material de integração do trabalhador na empresa, que é perspectivada, para este efeito, como uma instituição, i.e., uma entidade *a se*, distinta da pessoa do empresário e dotada de fins próprios e de uma organização específica – é a perspectiva institucionalista, que se desdobra em algumas variantes, consoante se reconheça, apesar de tudo, algum valor ao contrato na constituição do vínculo (é a posição de SIEBERT[16]) ou se advogue a substituição do contrato pelo acto de incorporação como acto constitutivo da relação laboral (é a formulação mais extrema destas teorias, conhecida como "teoria da incorporação", ou *Eingliederungstheorie*, e que encontrou em NIKISCH o seu principal defensor[17]).

Como decorre do exposto, estas concepções afastam a relação de trabalho do direito civil e opõem-se ao enquadramento obrigacional e patrimonial classicamente proporcionado pelas figuras da locação ou da prestação de serviços. É a emancipação dogmática do vínculo laboral.

III. Com o mérito de se aproximar mais da realidade do trabalho industrial, pela valorização do aspecto da inserção do trabalhador na organização do credor, e de conseguir justificar, em termos objectivos, a protecção acrescida do trabalhador no vínculo (evidenciada nos limites à liberdade negocial e nos deveres de cuidado e de assistência) mas também os poderes laborais do empregador (explicados como poderes organizativos), a concepção comunitário-pessoal da relação de trabalho teve grande êxito ao longo das décadas seguintes, difundindo-se a partir da dogmática germânica para outros contextos doutrinais, tanto na vertente institucionalista como na vertente contratualista. Assim, a formulação mais moderada das teorias institucionalistas foi subscrita por autores como DURAND, VITU, GRECO e RAUL VENTURA[18], e as teorias contratualistas encontraram adeptos em autores como MAZZONI ou SANTORO-PASSARELLI[19].

---

[16] Por exemplo, em *Das Recht der Arbeit... cit.*, 5, ou em *Die Entwicklung der Lehre vom Arbeitsverhältnis im Jahre 1936*, DAR, 1937, 1, 14-19.

[17] Por exemplo, em *Arbeitsvertrag und Arbeitsverhältnis cit.;* numa fase mais tardia, este autor acabou, apesar de tudo, por reconhecer algum valor ao elemento negocial na formação do vínculo laboral – neste sentido, veja-se a evolução do seu pensamento, por exemplo, em *Die Eingliederung in ihrer Bedeutung für das Arbeitsrecht*, RdA, 1960, 1, 1-5, e em *Arbeitsrecht*, I, 3.ª ed., Tübingen, 1961, 158 ss.

[18] P. DURAND/A. VITU, *Traité de Droit du travail*, II, Paris, 1950, 209 ss.; A. GRECO, *Il contratto di lavoro, in* Filippo VASSALI (dir.), *Trattato di diritto civile italiano*, VII (tomo III), Torino, 1939, 54 ss.; R. VENTURA, *Teoria da Relação Jurídica de Trabalho – Estudo de Direito Privado*, I, Porto, 1944, 70 ss.

Contrato de Trabalho

É ainda com base nesta concepção mas empolando, sobretudo, o elemento de comunidade do vínculo laboral, que a doutrina francesa veio a desenvolver o conceito de *interêt de l'entreprise* por autores como BRUN[20], amplamente tratado pela jurisprudência e cuja vitalidade subsiste até hoje; e que os sistemas italiano e português desenvolveram o princípio da mútua colaboração das partes no contrato de trabalho, a partir do elemento de organização hierárquica da empresa, como se pode comprovar em autores como BARASSI ou LEGA[21], numa construção que, no caso português, veio a ser acolhida directamente no art. 18.° n.° 1 da LCT.

Subscrita pela maioria da doutrina, entre as décadas de quarenta e sessenta, esta construção dogmática da relação de trabalho padece, todavia, de dois vícios, que vão ser realçados, sobretudo, a partir da década de setenta e que ditam a sua improcedência.

3. A insubsistência da construção comunitário-pessoal do vínculo laboral e a reconstrução obrigacional do contrato de trabalho

I. A partir dos anos setenta e, mais uma vez, pela mão da doutrina alemã, a concepção comunitário-pessoal do vínculo de trabalho é objecto de severas críticas, dirigidas quer ao elemento de comunidade quer ao elemento de pessoalidade e ainda, nas vertentes institucionalistas, à viabilidade do entendimento institucional da empresa: ao elemento comunitário é apontado o defeito do irrealismo, por não se considerar crível uma comunhão de interesses entre os protagonistas de uma das relações mais conflituosas do universo jurídico; ao elemento de pessoalidade é apontada a falta de aptidão qualificativa no contrato de trabalho, por se considerar como um elemento comum a outros contratos obrigacionais e, enquanto tal, redutível aos parâmetros dogmáticos do direito civil; finalmente, às teorias institucionalistas é apontada a inconsistência da recondução da empresa a uma instituição em sentido próprio.

---

[19] G. MAZZONI, *Crisi o evoluzione del diritto del lavoro?*, DLav., 1954, I, 9-19; F. SANTORO-PASSARELLI, *Spirito del diritto del lavoro*, DLav., 1948, I, 273-276.

[20] A. BRUN, *Le lien d'entreprise*, JCP, 1962, I, 1719.

[21] L. BARASSI, *Il dovere della colaborazione*, Riv.DL, 1950, 1-15 (3 ss.); C. LEGA, *La comunità del lavoro nell'impresa*, Milano, 1963, 70 ss.

136   Estudos de Direito do Trabalho

Estas críticas serão determinantes para a rejeição da concepção comunitário-pessoal do vínculo de trabalho, em qualquer das suas vertentes, por um sector relevante da doutrina, a que se seguiu um processo de re-obrigacionalização da relação laboral.

II. Relativamente ao elemento de comunidade, é salientada a sua incongruência perante a vincada oposição dos interesses das partes no contrato de trabalho e o ambiente de conflitualidade social subjacente ao vínculo[22].

Assim, considera-se uma ficção reconduzir o vínculo de trabalho a um vínculo comunitário, quando os interesses essenciais das partes são opostos: do lado do trabalhador está em causa a percepção de uma remuneração, que se pretende tanto mais elevada quanto possível; do lado do empregador são prosseguidos interesses lucrativos ou necessidades pessoais específicas, mas que, em qualquer caso, são sempre em proveito próprio, e a prossecução destes interesses pode passar, designadamente, pelo menor custo salarial possível. A diversidade e oposição das pretensões das partes no vínculo é uma evidência.

Acresce que a relação de trabalho é, com toda a probabilidade, uma das relações mais conflituais do universo jurídico privado, por força da delicadeza social do fenómeno do trabalho subordinado – o mundo do trabalho é, reconhecidamente, um mundo de tensões e de lutas sociais, e, só por si, este clima de conflitualidade é dificilmente compatível com um princípio comunitário. Por outro lado, o que se verifica é que este ambiente sociológico de conflito é admitido e, até certo ponto, ratificado pelos sistemas jurídicos quando reconhecem associações representativas dos trabalhadores para defesa dos respectivos interesses e quando admitem fenómenos como a greve e, em alguns sistemas, o *lock-out*. O sistema português constitui, aliás, exemplo paradigmático da recepção jurídica do

---

[22] A recondução do vínculo de trabalho a um vínculo comunitário é criticada, entre muitos outros, por autores como V. MAVRIDIS, *Eingliederungstheorie, Vertragstheorie und Gemeinschaft*, RdA, 1956, 12, 444-448, E. WOLF, *Das Arbeitsverhältnis. Personenrechtliches Gemeinschaftsverhältnis oder Schuldverhältnis?*, Marburg, 1970, 19, ou PETER SCHWERDTNER – *Fürsorgetheorie und Entgelttheorie im Recht der Arbeitsbedingungen*, Heidelberg, 1970, 46 s. Na doutrina nacional, protagonizou esta crítica A. MENEZES CORDEIRO, *Da situação jurídica laboral: perspectivas dogmáticas do direito do trabalho*, ROA, 1982, 89-149 (114). Para uma apreciação mais desenvolvida desta crítica, *vd* M. R. PALMA RAMALHO, *Da Autonomia Dogmática...cit., maxime* 459 ss.

Contrato de Trabalho 137

conflito imanente às relações de trabalho e, de certo modo, da assunção de uma posição de falta de neutralidade nesse conflito, quando atribui às associações sindicais e às comissões de trabalhadores poderes inspectivos, processuais e, *maxime*, quando consagra e regula a greve como um direito fundamental dos trabalhadores ao mesmo tempo que proíbe o *lock-out* (art. 57.º da CRP)[23-24].

Forçoso é por isso concluir que, mesmo admitindo algum interessamento de cada uma das partes pelos objectivos da outra (por exemplo, o interesse do trabalhador na saúde financeira da sua empresa ou o interesse do empregador em que o trabalhador se actualize em termos profissionais ou melhore a sua formação académica), qualquer componente comunitária no vínculo laboral será sempre secundária em relação aos interesses principais das partes, que, esses sim, estão em directa e vincada oposição.

Mas, se apenas é concebível em relação a aspectos secundários do vínculo de trabalho, este elemento comunitário não tem aptidão para o qualificar nem o singulariza relativamente a outros contratos obrigacionais.

III. No que se refere ao elemento de pessoalidade, também ele é alvo de críticas que evidenciam a sua inaptidão para singularizar o vínculo laboral[25].

Por um lado, parece excessivo deslocar o objecto do contrato do binómio trabalho-remuneração para o binómio lealdade-assistência, quando os interesses essenciais das partes têm natureza patrimonial e as respectivas prestações têm valor económico. No caso português, a importância da componente patrimonial do vínculo laboral é, aliás, directamente com-

---

[23] Em geral, quanto às competências das associações sindicais e das comissões de trabalhadores, vejam-se os arts. 54.º a 56.º da CRP; quanto às comissões de trabalhadores, ainda os arts. 18.º e ss. da LComT; especificamente quanto à competência das associações sindicais em matéria de greve, os arts. 2.º, 3.º e 9.º da LG, e, relativamente à celebração de convenções colectivas de trabalho, a LRCT, especialmente nos arts. 3.º e 16.º ss.

[24] Para mais desenvolvimentos sobre a adequação das críticas à concepção comunitária do vínculo laboral no caso português, *vd* o nosso *Da Autonomia Dogmática...cit.*, 485 ss.

[25] Desenvolvendo estas críticas ao elemento de pessoalidade, por exemplo, MAVRIDIS, *Eingliederungstheorie...cit.*, 445, H. PINTHER, *Ist das Arbeitsverhältnis ein personenrechtliches Gemeinschaftsverhältnis?*, ArbuR, 1961, 8, 225-230, SCHWERDTNER, *Fürsorgetheorie und Entgelttheorie...cit.*, 85 ss., WOLF, *"Treu und Glauben", "Treu" und "Fürsorge" im Arbeitsverhältnis*, DB, 1971, 39, 1863-1868, ou MENEZES CORDEIRO, *Da situação jurídica laboral... cit.*, 116 ss.

provada pelo sistema normativo, desde logo, ao enunciar a actividade de trabalho e a retribuição como elementos essenciais do contrato de trabalho, na respectiva definição legal (art. 1152.° do CC e art. 1.° da LCT), e também na ampla tutela da remuneração, desenvolvida pelas normas laborais, mas também dispersa em normas processuais, civis e comerciais, e contemplada até ao nível constitucional[26]. Neste quadro legal, só com algum artifício se podem sobrevalorizar os aspectos pessoais do vínculo de trabalho sobre a sua componente patrimonial.

Por outro lado, os autores chamam a atenção para o anonimato das relações laborais modernas, não só em razão da dimensão das empresas, como pela dificuldade em identificar os seus titulares, em muitos casos – é uma crítica que encontramos, por exemplo, em PINTHER[27]. Ora, esta característica aumenta a distância entre o empregador e o trabalhador e, consequentemente, diminui a importância do elemento de pessoalidade e de fidúcia do contrato.

Numa outra linha, os autores observam que a repatrimonialização do vínculo de trabalho não significa a obnubilação da sua componente pessoal, porque esta componente é comum a todos os contratos obrigacionais que envolvem a prestação de um serviço, variando apenas de intensidade – é uma observação que encontramos, por exemplo, em MAVRIDIS[28]. Desta forma, o elemento de pessoalidade não é negado mas reconduzido a uma manifestação, porventura mais intensa, de uma característica comum a outros negócios civis. Mas esta nova perspectiva retira-lhe, naturalmente, qualquer aptidão qualificativa do vínculo laboral.

---

[26] Evidenciam a enorme importância reconhecida pela lei à componente patrimonial do contrato de trabalho e ao valor económico da actividade laboral a tutela da remuneração prevista nas leis laborais, desde a celebração do contrato até à sua cessação – neste sentido se compreendem os cuidados na fixação dos conceitos de retribuição e de remuneração e o princípio da irredutibilidade da retribuição (arts. 82.° ss. e art. 21.° n.° 1 c) da LCT), mas também as preocupações de fixação de compensações patrimoniais por cessação do vínculo laboral (arts. 6.° n.° 2, 23.° n.° 1, 31.°, 36.°, 46.° n.° 3, 50.° n.° 4, e 52.° n.° 4 da LCCT); e no mesmo sentido tutelar apontam outras normas dispostas na Constituição (como o princípio do salário mínimo – art. 59.° n.° 2 a) da CRP), na lei civil e comercial (como os privilégios creditórios dos trabalhadores, previstos no art. 737.° n.° 1 d) do CC e no art. 152.° do CREF, a *contrario sensu*) e na lei processual (como a regra da impenhorabilidade parcial dos salários – art. 824.° n.° 1 do CPC). Para mais desenvolvimentos sobre este ponto, *vd* o nosso *Da Autonomia Dogmática...cit., maxime* 493 ss.

[27] *Ist das Arbeitsverhältnis...cit.*, 225 s., e 228.

[28] *Eingliederungstheorie...cit.*, 445.

IV. Finalmente, os autores criticam as formulações institucionalistas da concepção comunitário-pessoal pelo reduzido papel que atribuem ao contrato na constituição da relação laboral e pela dificuldade em reconhecerem na empresa uma instituição em sentido próprio, capaz de substituir o contrato de trabalho como facto constitutivo do vínculo de trabalho. A esta crítica junta-se ainda uma outra, que tivemos ocasião de desenvolver noutra sede e que se reporta à ineficácia explicativa global desta construção.

Às versões mais radicais das teorias institucionalistas, que prescindem por completo do contrato como facto constitutivo da relação de trabalho, é apontado o vício da inadequação ao direito positivo que, na maioria dos sistemas jurídicos, estabelece um fundamento negocial directo para o vínculo laboral[29]. E, adicionalmente, são salientadas as virtudes da figura do contrato aplicada ao vínculo laboral, para garantir a liberdade da vinculação do trabalhador e o seu acordo na assunção da posição de subordinação que lhe caberá no vínculo – aspecto de suma importância num vínculo cuja origem histórica é uma situação de servidão[30]. Aplicada ao caso português, esta crítica afigura-se-nos particularmente certeira já que a origem negocial do vínculo de trabalho não oferece dúvidas: por um lado, porque o contrato de trabalho é individualizado pela lei; por outro lado, porque a marca negocial transparece, a cada passo, do seu regime jurídico e é patente a função integradora das normas civis, em matéria de pressupostos subjectivos e objectivos do contrato de trabalho[31], em matéria de formação do contrato[32] e de forma[33] ou quanto à fixação dos deveres das partes na formação e no cumprimento do vínculo[34].

---

[29] Esta crítica difunde-se mais nos sistemas jurídicos que claramente alicerçam o vínculo laboral no contrato de trabalho e autonomizam este contrato na lei – nesta linha crítica encontramos autores como L. RIVA SANSEVERINO, *Diritto del lavoro*, 14.ª ed., Padova, 1982, 116 ss., G. LYON-CAEN, *Défense et illustration du contrat de travail*, Arch.Ph.Dr., 1968, XIII, 59-69, ou P. HORION, *Le contrat de travail en droit belge, in* G. BOLDT/G. CAMERLYNCK/P. HORION/A. KAYSER/M. G. LEVENBACH/L. MENGONI, *Le contrat de travail dans les pays membres de la C.E.C.A.*, Paris (s.d.), 155-224 (220 ss.).

[30] F. SANTORO-PASSARELLI, *Lineamenti attuali del diritto del lavoro in Italia*, DLav., 1953, 3-12 (6).

[31] Em relação aos pressupostos subjectivos, atente-se na aplicabilidade dos arts. 123.° e ss. do CC, por remissão do art. 3.° da LCT, ainda que com as especificidades dos arts. 121.° ss; em matéria de pressupostos objectivos os arts. 280 s. do CC completa o regime dos arts. 4.° e 16.° da LCT.

[32] Nesta matéria, são aplicáveis os arts. 217.° ss. do CC no que se reporta às moda-

Por seu turno, as formulações mais moderadas das teorias institucionalistas, que combinam o acto negocial e o acto de incorporação como factos constitutivos da relação de trabalho, são criticadas pelo pressuposto técnico de que partem: a possibilidade de recondução da empresa ou organização do credor à categoria jurídica de instituição. Nesta linha, os autores observam que dificilmente a empresa se pode conceber como uma instituição porque os fins que prossegue não são comuns aos seus membros e porque, do ponto de vista laboral, só artificiosamente se pode separar da pessoa do empregador[35]. Ora, uma vez considerados inaplicáveis à realidade da organização laboral tanto o elemento do objectivo unitário, como c da autonomia em relação aos seus membros, o conceito de instituição perde validade como conceito operativo para efeitos de enquadramento do vínculo laboral.

A estas objecções deve aditar-se, no nosso entender, a crítica da ineficácia explicativa global destas teorias, que é, no caso português, directamente apoiada na lei. É que, mesmo que fosse concebível a recondução das empresas à figura da instituição, esta construção apenas seria adequada aos vínculos laborais de escopo empresarial, ou, pelo menos, que envolvessem uma organização dotada de um mínimo de complexidade, o que não sucede em todos os casos. Ora, não distinguindo a lei entre os contratos de trabalho de escopo empresarial e não empresarial, não nos parece sustentável uma construção que apenas se adeque aos primeiros – na verdade, tendo sido pensada para as relações de trabalho que se desenvolvem no seio das empresas só artificiosamente as teorias institucionalistas se podem estender aos restantes, o que, por si só, determina a improcedência deste entendimento, pelo menos no caso português[36].

---

lidades de declarações negociais e à sua perfeição, bem como à disciplina dos actos preparatórios e dos negócios preliminares, como a promessa de contrato de trabalho (embora, quanto a esta, o regime dos arts. 410.° ss. do CC sofra os desvios impostos pelo art. 8.° da LCT).

[33] É aplicável nesta matéria o princípio geral do consensualismo, consagrado no art. 217.° do CC, embora com alguns desvios, impostos pela necessidade de tutela dos trabalhadores em contratos de trabalho precários ou celebrados por adesão e ainda com relação a cláusulas contratuais menos favoráveis.

[34] Nesta matéria são aplicáveis tanto o art. 227.° como o art. 762.° n.° 2 do CC.

[35] Neste sentido, por exemplo, LYON-CAEN, *Défense et illustration... cit.*, 66 s.

[36] Tivemos já ocasião de desenvolver esta crítica às teorias institucionalistas noutras sedes – M. R. PALMA RAMALHO, *Do Fundamento do Poder Disciplinar Laboral*, Coimbra, 1993, 401 s. *Da Autonomia Dogmática... cit.*, 386 s.

V. Apontadas as deficiências da concepção comunitário-pessoal da relação de trabalho, a doutrina procede à reconstrução dogmática do vínculo laboral em moldes obrigacionais, recolocando o eixo central do contrato no binómio dever de trabalho – dever de retribuição, mas valorizando a complexidade da posição debitória de cada uma das partes através de uma nova proposta de enquadramento dos seus deveres acessórios, tradicionalmente reconduzidos ao binómio lealdade – assistência.

Para este efeito é particularmente importante a denominada "teoria da remuneração" (*Entgeltstheorie*), proposta por SCHWERDTNER[37]. Este autor explica a posição debitória do empregador no contrato de trabalho a partir do conceito de remuneração em sentido amplo, que integraria não apenas a prestação salarial como também todas as prestações patrimoniais do empregador tradicionalmente reconduzidas ao dever de assistência. Deste modo sai reforçada a componente patrimonial do contrato de trabalho, o que contribui para o aproximar de outros vínculos de serviço.

Em paralelo, são desenvolvidas novas soluções de enquadramento dos deveres do empregador em relação à pessoa, à saúde e à segurança do trabalhador (os tradicionais deveres de cuidado), e de justificação do dever de lealdade do trabalhador. Assim, quanto aos deveres de cuidado, é proposta a sua recondução à categoria dos deveres gerais de protecção, por autores como SÖLLNER[38], o que tem a inequívoca vantagem de dispensar qualquer justificação negocial autónoma. Quanto ao dever de lealdade do trabalhador, ainda SÖLLNER, mas também autores como WOLF[39], consideram que este dever não significa qualquer sujeição pessoal do trabalhador ao empregador (que seria incompatível com a natureza privada do vínculo) mas se reporta ao contrato e às respectivas prestações, e propõem, em consequência, a sua recondução ao dever geral de boa fé das partes no cumprimento dos contratos, o que lhe retira qualquer singularidade.

VI. Como decorre do exposto, esta construção viabiliza a reconciliação do contrato de trabalho com a sua génese civil e, designadamente, a sua reaproximação ao direito das obrigações, não só porque o seu conteúdo patrimonial volta a ser valorizado, mas também porque os outros

---

[37] *Fürsorgetheorie und Entgelttheorie... cit., maxime* 211 ss.
[38] *Grundriß des Arbeitsrecht*, 9.ª ed., München, 1987, 256.
[39] SÖLLNER, *op. e loc. cits.;* WOLF, *Das Arbeitsverhältnis... cit.*, 17 e 29 ss.

142 Estudos de Direito do Trabalho

aspectos da posição debitória das partes são reconduzidos a categorias gerais da dogmática civilista, como a boa fé ou os deveres gerais de protecção.

Chegados a este ponto, não falta mesmo quem entenda – de *jure conditio* ou *de jure condendo*, consoante o grau de autonomia que a figura do contrato de trabalho logrou alcançar ao nível do direito positivo – que o contrato de trabalho se reconduz dogmaticamente a uma modalidade do contrato de prestação de serviço, caracterizada pela indeterminação da prestação laborativa, e, por virtude desta indeterminação, pelos poderes de direcção do credor, que permitem proceder em cada momento à respectiva concre ização[40].

VII. Com o inequívoco mérito de demonstrar a artificialidade da concepção comunitário-pessoal, em qualquer das suas formulações, e de voltar a dar a devida ênfase ao eixo patrimonial do vínculo laboral, a construção obrigacional do contrato de trabalho, que acabamos de descrever, só pode, contudo, ser aceite se se comprovar a irrelevância dos elementos de pessoalidade e de comunidade ou a sua redutibilidade ao nexo patrimonial do contrato, a partir do próprio sistema normativo, instância última de validação de qualquer construção juscientífica.

Ora, como procuraremos demonstrar já de seguida, no caso português, o sistema normativo não consente essa conclusão, uma vez que as múltiplas projecções dos elementos de pessoalidade e de comunidade, que nele subsistem até hoje, não comportam uma redução aos parâmetros dogmáticos do direito civil e, designadamente, à moldura patrimonial típica dos contratos obrigacionais.

Urge pois, no nosso entender, proceder à reconstrução dogmática do vínculo de trabalho de uma forma integrada, que seja capaz de explicar todo o seu conteúdo, e, designadamente, os aspectos mais peculiares que o compõem e que dificilmente se deixam reconduzir ao nexo patrimonial. É o que tentaremos fazer no último ponto deste estudo.

---

[40] Neste sentido se pronunciou, entre nós, MENEZES CORDEIRO, *Manual... cit.*, 521 e nota 5, embora apresentando a solução como mera hipótese teórica, dada a diferente opção seguida pelo legislador civil.

4. A reconstrução dogmática do contrato de trabalho a partir da sua dicotomia estrutural: a relação de trabalho e a relação de emprego

I. A reconstrução dogmática do vínculo de trabalho que propomos[41] toma, naturalmente, como ponto de partida as conclusões já viabilizadas pela doutrina na apreciação desta matéria, aplicadas ao caso português: a natureza negocial do vínculo laboral; e a recusa do entendimento tradicional dos elementos de comunidade e de pessoalidade.

Por um lado, não sendo adequada ao direito positivo nacional a secundarização do contrato como facto constitutivo da relação laboral, pode ter-se como primeiro pressuposto da reconstrução dogmática do vínculo laboral o carácter negocial desse vínculo. Por outras palavras, a reconstrução da relação de trabalho é a reconstrução do próprio contrato de trabalho.

Por outro lado, a justeza das críticas à concepção comunitário-pessoal do vínculo laboral, em qualquer das suas formulações, permite estabelecer, como segundo pressuposto do nosso ensaio, que qualquer que seja o significado que lhes possa ser atribuído, os elementos de pessoalidade e de comunidade não devem ser entendidos nos moldes tradicionais e terão que ser compatibilizados com o nexo patrimonial do vínculo.

Estabelecidos os pressupostos da indagação, passemos então brevemente em revista os múltiplos afloramentos das ideias de comunidade e de pessoalidade que persistem no nosso sistema normativo, a fim de verificarmos se eles são susceptíveis de uma nova leitura que seja útil para a reconstrução dogmática do contrato de trabalho, nos moldes integrados que procuramos.

II. Começando pelo elemento de comunidade, destacamos três afloramentos que dele subsistem nas leis laborais: o princípio da mútua colaboração entre as partes no contrato de trabalho, enunciado no art. 18.º da LCT; a verificação da partilha de interesses secundários das partes na organização; e a importância do interesse de gestão do empresário/empregador. No nosso entender, o conjunto destas projecções permite conceber a ideia de "comunidade" laboral numa perspectiva organizacional, que tem a maior valia para explicar alguns aspectos do regime jurídico do contrato

---

[41] Trata-se, em síntese, da construção que apresentámos em *Da Autonomia Dogmática...cit.*, 711 e ss.

de trabalho mais difíceis de reconduzir ao seu nexo patrimonial, porque envolvem uma dimensão de grupo que extravasa a troca das prestações principais das partes.

O primeiro e clássico afloramento da ideia de "comunidade" nas normas laborais é o princípio da mútua colaboração, enunciado no art. 18.° da LCT. Abstraindo do significado originário deste princípio e concentrando-nos naquele que pode ser o seu sentido actual[42], verificamos da leitura do preceito que este princípio comporta duas valências no contrato de trabalho: uma valência obrigacional, reportada à colaboração das partes no cumprimento dos seus deveres principais (ou seja, a exigência de um comportamento negocial segundo os ditames da boa fé, nos termos do art. 762.° n.° 2 do CC); e uma valência especificamente laboral, e que qualificamos de organizacional porque decorre do facto de esta colaboração se processar na empresa ou na organização do empregador, de uma forma que extravasa o estrito cumprimento das prestações principais de cada uma das partes – com efeito, só com esta dimensão organizacional fazem sentido as referências da norma ao dever de contribuir para o aumento da produtividade da empresa, aos "órgãos de colaboração" na empresa e à respectiva participação na "gestão de obras sociais" ou nos "resultados do empreendimento", que são, aliás, concretizadas nas normas seguintes.

O segundo afloramento da ideia de "comunidade" a destacar manifesta-se na tendência de aproximação dos trabalhadores ao empregador, que se tem vindo a intensificar nos últimos anos. Esta tendência revela-se na difusão de novas técnicas de gestão empresarial, menos verticalizadas e mais flexíveis, na intervenção dos trabalhadores na gestão, na difusão de múltiplas formas de interessamento dos trabalhadores na empresa, como a prática de sistemas retributivos indexados aos resultados e a participação nos lucros ou no capital, em suma, num conjunto diversificado de fenómenos que revelam a existência de interesses secundários comuns ao empregador e aos trabalhadores no seio da empresa. Apesar de não serem suficientemente importantes para se poder concluir pela natureza globalmente comunitária do vínculo laboral – trata-se de interesses se-

---

[42] Estamos obviamente a pensar no primitivo sentido corporativista da norma, que não faz hoje sentido perante a nova ordem jurídico-constitucional. Não partilhamos, todavia, o entendimento de alguns autores segundo o qual o preceito teria sido implicitamente derrogado pela nova ordem constitucional, uma vez que é possível descortinar-lhe um sentido útil ainda hoje. Para mais desenvolvimentos sobre este ponto, vd o nosso *Da Autonomia Dogmática...cit.*, 718 ss.

Contrato de Trabalho 145

cundários – estes interesses comuns têm uma dupla importância para a reconstrução dogmática do contrato de trabalho nos termos integrados que propomos: por um lado, eles demonstram que a essência conflitual do contrato de trabalho é compatível com a partilha de alguns objectivos pelas partes, já que estes interesses comuns parecem coexistir pacificamente com a oposição dos objectivos principais de cada uma delas; por outro lado, estes interesses comuns evidenciam a dimensão organizacional do vínculo laboral, porque se reportam à empresa.

O terceiro afloramento de um elemento comunitário, na leitura organizacional que para ele propomos, decorre do amplíssimo conjunto de referências, disseminadas pelas leis laborais, à empresa e ao interesse da empresa. Por um lado, apesar de o nosso legislador ter optado por não tratar separadamente o trabalho empresarial e não empresarial – a proposta de GALVÃO TELLES nesse sentido[43] acabou por não vingar – a empresa aparece como o contexto normal de desenvolvimento do contrato de trabalho, a ponto de diversos institutos e normas laborais não serem adequados a contratos de trabalho sem escopo empresarial[44]. Por outro lado, verifica-se que a organização empresarial e, designadamente, o interesse da empresa constituem a instância justificativa de muitas soluções laborais: neste sentido, atente-se nas referências explícitas e implícitas ao interesse da empresa ou a necessidades da empresa a propósito de institutos como a polivalência funcional ou o *jus variandi* (art. 22.° da LCT), a categoria (art. 23.° da LCT), e de regimes como o da mudança de estabelecimento e de alteração do local de trabalho (art. 24.° da LCT), o do trabalho suplementar (art. 4.° da LTS), ou o do *lay-off* (art. 5.° n.° 1 da LSCT); vejam-se, no mesmo sentido, a motivação do despedimento em prejuízos causados à empresa (art. 9.° n.° 2 e) e g) da LCCT), o condicionamento do despedimento colectivo pela dimensão da empresa (art. 16.°

---

[43] Esta proposta de GALVÃO TELLES, constante do *Parecer n.° 45/VII da Câmara Corporativa*, traduziu-se no projeto do título do Código Civil sobre contratos em especial – *Contratos Civis (Projecto completo de um título do futuro Código Civil Português e respectiva Exposição de Motivos)*, BMJ, 1959, 83, 113-283 (168 ss. e 252 ss.) – e regulava separadamente o trabalho subordinado prestado no seio de uma empresa comercial, industrial ou agrícola (art. 2.° e arts. 5.° ss. do Projecto, na parte relativa ao contrato de trabalho) e as "outras formas de trabalho", previstas no art. 14.°.

[44] Estamos a pensar, entre outros, nos poderes laborais, com a configuração hierárquica que lhes é típica, nas comissões de trabalhadores e na actuação sindical na empresa, nas convenções colectivas de âmbito empresarial ou no direito de greve.

146   *Estudos de Direito do Trabalho*

da LCCT), ou os condicionamentos empresariais à cessação do contrato de trabalho por extinção do posto de trabalho ou por inadaptação (art. 26.° ss. da LCCT, e art. 2.° n.° 1 a) e b) do DL n.° 400/91, de 16 de Outubro); e, atente-se, por último, na motivação no interesse da empresa dos contratos de trabalho a termo, na maioria das situações contempladas pelo n.° 1 do art. 41.° da LCCT, do trabalho temporário (art. 9.° n.° 1 da LTT) ou da comissão de serviço (art. 1.° do DL n.° 404/91, de 16 de Outubro).

III. Apresentadas estas projecções, delas cabe retirar as competentes ilações dogmáticas. A nosso ver, a extensão e a importância das referências do nosso sistema normativo à empresa e ao interesse da empresa, a admissibilidade da partilha de interesses secundários entre o empregador e o trabalhador na empresa e o facto de eles colaborarem numa organização confirmam o valor da componente organizacional do vínculo de trabalho: apesar não integrar a noção legal de contrato de trabalho, a ideia de organização ou, melhor dito, a ideia de integração do trabalhador numa organização transparece, afinal, em todo o seu regime jurídico. Ao lado da componente de troca obrigacional, o contrato de trabalho tem uma inequívoca componente organizacional.

Justificada a razão de ser e a importância do elemento de inserção organizacional no contrato de trabalho, resta aferir da sua utilidade para explicar dois traços do vínculo laboral mais difíceis de justificar numa construção puramente obrigacional: de uma parte, a característica que podemos designar de interdependência dos vínculos laborais dentro da organização; de outra parte, a possibilidade de prevalência dos interesses de gestão do empregador sobre o acordo negocial em diversas situações.

Sob a designação ampla de interdependência dos vínculos laborais na organização compreendem-se, na verdade, dois tipos de situações: situações que revelam a projecção do vínculo laboral para fora do âmbito da relação trabalhador-empregador, como os deveres do trabalhador para com outros trabalhadores[45]; e situações que revelam o condicionamento

---

[45] Apenas a título de exemplo, vejam-se o dever de respeito do trabalhador em relação aos "companheiros de trabalho" (art. 20.° n.° 1 a) da LCT), o dever de os trabalhadores não provocarem "a desmoralização dos companheiros" (art. 40.° n.° 2 da LCT, a *contrario sensu*), bem como as infracções constitutivas de justa causa para despedimento, enunciadas nas alíneas b), c), i) e j) do n.° 2 art. 9.° da LCCT, que evidenciam deveres de conduta dos trabalhadores para com os outros trabalhadores da organização. Por outro lado, não suscita

permanente da relação de trabalho por factores atinentes a outros vínculos laborais da mesma organização, ou por efeito de uma intermediação normativa (é o caso do princípio da igualdade de tratamento e respectivas projecções[46]) ou, simplesmente, pelo facto de todos esses vínculos coexistirem no mesmo espaço[47]. Ora, o elemento organizacional torna estes aspectos do regime jurídico do contrato de trabalho compreensíveis exactamente por destacar a dimensão de grupo que lhe é inerente, mas que extravasa o âmbito do estrito relacionamento entre o empregador e o trabalhador.

Por outro lado, o regime jurídico laboral prevê, com algum grau de normalidade, diversas situações em que o contrato de trabalho tem que ceder perante pretensões do empregador, motivadas em interesses de gestão (ou, diríamos nós, nas necessidades da organização) – institutos e regimes como o da polivalência funcional, do *jus variandi*, da mudança do local de trabalho, da transmissão do estabelecimento, do *lay-off,* entre muitos outros, evidenciam estes poderes modificativos do empregador, que se sobrepõem ao acordo negocial. Ora, sendo difícil de compatibilizar esta sobreposição com os princípios do direito comum dos contratos (nomeadamente, com a regra *pacta sunt servanda*), a verdade é que o relevo dos interesses de gestão – e, a ele subjacente, o elemento organizacional do contrato de trabalho, de acordo com a nossa construção – ajuda à sua compreensão.

---

dúvidas que o princípio da mútua colaboração, acima referido, implica não só a colaboração entre empregador e trabalhador na empresa mas também a colaboração entre os vários trabalhadores da mesma organização.

[46] O princípio da igualdade de tratamento entre trabalhadores (consagrado na CRP – art. 13.º e art. 59.º – e objecto de desenvolvimentos legais diversos) exige a comparação do regime de cada relação laboral com o de vínculos similares na empresa e, se for o caso, a correcção do respectivo conteúdo (estabelecido no contrato ou na convenção colectiva aplicável), de modo a repor o tratamento igualitário.

[47] Com efeito, apenas pelo facto de coexistirem no mesmo espaço, os vínculos laborais são constantemente influenciados uns pelos outros: assim, um trabalhador contratado a termo para substituir outro vê o seu contrato cessar por efeito do regresso do colega ou, pelo contrário, consolidar-se a impossibilidade do primeiro trabalhador se tornar definitiva; noutra linha, a substituição de um trabalhador por outro pode envolver o alargamento ou a alteração do objecto do seu contrato (é a matéria da polivalência funcional e do *jus variandi* – art. 22.º n.os 2 a 7 da LCT), ou a prestação de trabalho fora do horário, etc… Para mais ilustrações deste fenómeno, *vd* o nosso *Da Autonomia Dogmática…cit.*, 745 ss.

148   *Estudos de Direito do Trabalho*

A utilidade dogmática do isolamento do elemento organizacional, na leitura que propomos, fica assim comprovada com a eficácia explicativa deste elemento.

IV. No que se refere ao elemento da pessoalidade, cremos que ele se manifesta, até hoje, no nosso sistema normativo, em três traços do vínculo laboral: o carácter *intuitu personae* do contrato de trabalho, a indeterminação da actividade laboral e a sujeição do trabalhador aos poderes laborais, *maxime* ao poder disciplinar. Sem implicarem uma desvalorização do nexo patrimonial do contrato de trabalho, estes traços demonstram o peso que, ainda assim, a componente de pessoalidade nele mantém e, em consequência, a necessidade de a tomar em conta na reconstrução dogmática integrada da figura que procuramos fazer.

O revelo da componente de pessoalidade evidencia-se, desde logo, no carácter *intuitu personae* do contrato, que depõe, aliás, contra a ideia do anonimato das relações laborais modernas, sufragada por alguns autores[48]. A nosso ver, no contrato de trabalho as qualidades pessoais do trabalhador são sempre essenciais para o empregador, embora ele as possa valorizar de um modo muito diferente consoante o tipo de função a desempenhar e os objectivos pretendidos[49]. Aliás, o relevo das qualidades pessoais do trabalhador no contrato de trabalho evidencia-se em aspectos tão diferentes do seu regime jurídico como a anulabilidade do contrato por erro sobre a pessoa (art. 251.º do CC), a infungibilidade da prestação laboral, a concretização do dever de colaboração e, designadamente, do dever de zelo e diligência de cada trabalhador (arts. 18.º e 20.º n.º 1 b) da LCT), ou o direito do trabalhador à ocupação efectiva. Cabe apenas dar-lhe o competente relevo dogmático.

Depõe também em favor do reconhecimento de um elemento de pessoalidade no contrato de trabalho o grau de indeterminação da presta-

---

[48] *Supra*, ponto 3.III.

[49] O termo "qualidades pessoais" está referido em sentido amplo, uma vez que empregador pode valorizar características muito diferentes no trabalhador – a força física ou a apresentação, a capacidade de comunicar ou a aptidão técnica, as qualificações académicas ou a experiência profissional, a juventude ou a maturidade do trabalhador. Sobre o relevo das qualidades pessoais do trabalhador no contrato de trabalho, entre outros, A. CATAUDELLA, *Intuitus personae e tipo negoziale, in Studi in onore di Francesco Santoro-Passarelli*, Napoli, 1972, 621-658, ou P. FURTADO MARTINS, *A relevância dos elementos pessoais na situação jurídica de trabalho subordinado*, RMP, 1991, 47, 35-53.

ção laboral e, sobretudo, a dificuldade de a separar da pessoa do trabalhador. Por um lado, a prestação de trabalho não é apenas indeterminada à partida mas mantém um relevante grau de indeterminação por toda a execução do contrato, não só porque as operações de concretização por parte do empregador se podem suceder ao longo do vínculo (é o que se passa com o instituto da polivalência funcional – art. 22.º n.ᵒˢ 2 a 6 da LCT), mas também porque o empregador pode unilateralmente introduzir alterações ao objecto do contrato já na fase de execução (é o que se passa com o *jus variandi* – art. 22.º n.ᵒˢ 7 e 8 da LCT), bem como alterar outros aspectos do conteúdo do vínculo, como o tempo, o local ou as condições do trabalho. Por outro lado, o que se verifica é que, mau grado o esforço de materialização da actividade laboral, é efectivamente difícil separar o trabalho humano da pessoa que o presta, especialmente quando a execução depende, em cada momento, da direcção do credor – esta é, aliás, a razão pela qual alguns autores optam por considerar como objecto do contrato não a actividade do trabalhador mas a sua disponibilidade para a prestar[50]. Ora, esta inseparabilidade entre a actividade de trabalho e a pessoa do prestador evidencia o integral envolvimento deste no vínculo.

Finalmente, é patente a componente de pessoalidade no elemento da subordinação jurídica (elemento verdadeiramente delimitador do contrato de trabalho), porque a subordinação jurídica é, pela natureza das coisas, um estado de sujeição pessoal (e não, como alguma doutrina já defendeu, um atributo da própria actividade laboral[51]) e porque é em relação à pessoa do trabalhador que se exercem os poderes laborais que, na titularidade do empregador, correspondem a essa subordinação, *maxime*, o poder disciplinar. Com uma vertente prescritiva, que permite ao empregador dispor um conjunto de regras de comportamento na sua organização, que não se reportam à prestação de trabalho mas se justificam directamente nas necessidades ou nos objectivos da organização, e com uma vertente sancionatória, que permite ao empregador aplicar ao trabalhador sanções punitivas em caso de incumprimento dos seus deveres contratuais ou legais[52],

---

[50] Sobre o ponto, em especial, A. MONTEIRO FERNANDES, *Sobre o objecto do contrato de trabalho*, ESC, 1968, 25, 15-35 (21).

[51] Neste sentido por exemplo, MENEZES CORDEIRO, *Manual...cit.*, 127. Para uma justificação mais aprofundada sobre a essência subjectiva do elemento da subordinação jurídica, que aqui sustentamos, *vd* ainda *Da Autonomia Dogmática... cit.*, 103 ss. e 758 ss.

[52] Para mais desenvolvimentos sobre esta nossa delimitação do poder disciplinar laboral, *vd* M. R. PALMA RAMALHO, *Do Fundamento...cit.*, 262 ss., e *passim*.

o poder disciplinar incide necessariamente na pessoa do trabalhador, o que põe em destaque a componente de pessoalidade do vínculo laboral

V. Apresentados os argumentos em favor de um elemento de pessoalidade no contrato de trabalho, deles cabe retirar as competentes ilações dogmáticas.

A nosso ver, apesar da sua inequívoca dimensão patrimonial, o contrato de trabalho tem também uma importante componente pessoal, que se evidencia na natureza peculiar da actividade laboral enquanto bem jurídico, pela sua inseparabilidade da pessoa do prestador, e na essência dominial do vínculo negocial (que coexiste com a sua natureza privada), revelada na sujeição do trabalhador aos poderes laborais, *maxime*, ao poder disciplinar. Ora, esta componente de pessoalidade não pode ser objecto de uma redução aos parâmetros dogmáticos do direito privado comum, por força da própria conformação da ideia da inseparabilidade da prestação e da singularidade do poder disciplinar enquanto poder privado de punir: a inseparabilidade entre a prestação de trabalho e a pessoa do trabalhador não é, no contrato de trabalho, recondutível à indeterminação inicial do conteúdo da prestação que se encontra em alguns contratos obrigacionais, mas sim uma característica que acompanha o vínculo e torna o seu objecto muito peculiar; e, enquanto poder negocial punitivo, o poder disciplinar laboral não tem paralelo noutros negócios jurídicos privados, como já tivemos ocasião de demonstrar noutra sede[53], pelo que não é também redutível aos quadros dogmáticos do direito civil.

Pelos motivos apresentados, concluímos pelo relevo do elemento de pessoalidade no contrato de trabalho, em coexistência com a sua componente patrimonial.

Uma vez aceite o relevo do elemento de pessoalidade no contrato de trabalho, resta confirmar a sua utilidade para explicar dois traços do respectivo regime jurídico que mais dificuldades colocaram à sua conciliação dogmática com o direito comum: a ampla tutela legal de interesses pessoais do trabalhador que transcendem o contrato de trabalho; e a subsistência de deveres remuneratórios ou compensatórios do empregador na ausência de qualquer actividade laboral, que a doutrina tradicional integrava

---

[53] *Do Fundamento... cit., passim.*

Contrato de Trabalho · 151

no conceito de "dever de assistência", e que as concepções obrigacionais designaram como "dever remuneratório amplo" do empregador.

Quanto ao primeiro ponto, o relevo da componente de pessoalidade explica que a lei faça prevalecer sobre o acordo negocial interesses do trabalhador ao nível pessoal, familiar, de progressão académica, ou mesmo interesses de ordem profissional mas que transcendem o contrato – pensamos na necessidade de adaptar os contratos de trabalho, ou mesmo de os alterar num ou noutro ponto, perante a invocação, pelo trabalhador, de normas tão diversas como o regime de protecção da maternidade e da paternidade ou de outras normas que promovem a conciliação da vida profissional e familiar[54], das faltas por razões pessoais ou familiares, do estatuto do trabalhador-estudante, ou muito simplesmente, das exigências de não desvalorização profissional em casos como o da não ocupação efectiva. Com uma lógica muito semelhante à que vimos permitir sobrepor os interesses de gestão do empregador ao acordo negocial, dentro de certos limites, também neste caso é o contrato que cede para prossecução daqueles interesses dos trabalhadores que a lei tutela particularmente.

Por outro lado, é claramente a tutela de interesses pessoais e familiares do trabalhador que justifica aqueles encargos patrimoniais do empregador que extravasam o nexo sinalagmático do contrato – estamos a pensar, entre outros, nos subsídios de férias e de Natal, no pagamento do tempo correspondente a faltas justificadas e a gozo de férias, no regime do crédito de horas para o exercício de actividades sindicais e na comissão de trabalhadores, e, evidentemente, nas contribuições do empregador para a segurança social e para seguros de acidentes de trabalho e de doenças profissionais[55].

Difíceis de explicar numa visão estritamente obrigacional do vínculo de trabalho, porque contrariam o princípio do cumprimento pontual dos contratos ou constituem um desvio ao princípio de reciprocidade dos contratos sinalagmáticos, estes traços do regime jurídico-laboral tornam-se

---

[54] Por exemplo, em matéria de férias, ou de horário de trabalho, ou ainda de trabalho a tempo parcial.

[55] Neste sentido, *vd*, quanto ao subsídio de Natal, o art. 2.º n.º 2 do DL n.º 88/96, de 3 de Julho; quanto ao pagamento das férias, das faltas justificadas ou do, os arts. art. 3.º n.ºs 2 e 3, 6.º, 10.º 6.º e 26.º da LFFF, e, quanto às faltas ligadas à maternidade e à assistência à família, o art. 23.º da L. n.º 4/84, de 5 de Abril, na redacção introduzida pela L. n.º 142/99, de 31 de Agosto; quanto ao crédito de horas dos representantes dos trabalhadores, o art. 22.º n.º 2 da LS e o art. 20.º n.º 9 da LComT.

compreensíveis se atendermos aos valores de tutela da pessoa do trabalhador (e da sua suficiência patrimonial) que lhes estão subjacentes e que o enfoque do elemento de pessoalidade do vínculo permite realçar. A valia dogmática deste enfoque está demonstrada.

VI. Chegados a este ponto, estamos aptos a apresentar a nossa concepção sobre o contrato de trabalho, retomando uma construção que já desenvolvemos noutra sede[56]. Esta concepção tem por base dois pressupostos que decorrem da exposição anterior e que são viabilizados em termos dogmáticos pelo próprio sistema normativo: o reconhecimento da essência patrimonial e conflitual do contrato de trabalho, pelo valor económico das prestações principais das partes e pela oposição dos seus interesses essenciais; e o reconhecimento do relevo autónomo dos elementos de inserção organizacional e de pessoalidade, na leitura que para eles propusemos, pela sua irredutibilidade àquele nexo patrimonial.

Com base nestes pressupostos, subscrevemos uma construção dogmática do contrato de trabalho que assuma a sua complexidade interna, e que pode ser elaborada a partir da distinção de duas zonas no seu conteúdo, correspondentes a dois binómios essenciais: a *zona obrigacional*, reportada ao binómio actividade laborativa/remuneração e que dá lugar àquilo que designamos como *relação de trabalho*; e a *zona laboral*, atinente ao binómio subordinação jurídica/poderes laborais e cuja conjugação com a zona anterior dá lugar ao que chamamos *relação de emprego*[57]. A primeira destas zonas evidencia, para nós, o conteúdo comum ao contrato de trabalho e a outros negócios privados envolvendo uma actividade humana produtiva para outrem e por isso escolhemos a designação "obrigacional" para denominar a situação jurídica dela emergente; a segunda zona realça o conteúdo específico do contrato de trabalho e por isso a apelidámos de "laboral". O conjunto destas zonas e a sobreposição das situações jurídicas a que dão lugar, ainda que apenas para efeitos analíticos, permitem, na nossa opinião, realçar os múltiplos aspectos que integram o conteúdo do vínculo laboral mas sem diminuir o peso relativo de nenhum deles.

---

[56] *Do Fundamento... cit.*, 428 ss., e *Da Autonomia Dogmática... cit.*, 784 ss.

[57] Deve ficar claro que esta separação tem como único objectivo dar visibilidade ao conjunto dos aspectos integrativos do conteúdo do vínculo laboral; na verdade, as duas zonas referidas e as duas situações jurídicas que a partir delas identificamos são indissociáveis.

A *zona obrigacional* do contrato de trabalho tem a ver com as prestações principais das partes (a actividade de trabalho e a retribuição) e com a relação que elas estabelecem na respectiva troca – que designamos como *relação de trabalho*, tomando o termo *trabalho* no sentido correspondente ao conceito de actividade laborativa, ou seja, de actividade humana produtiva, desenvolvida para satisfação de necessidades de outrem. Esta parcela do conteúdo do contrato de trabalho atesta a sua natureza creditícia, patrimonial e conflitual (por envolver uma permuta de bens com valor económico e pela oposição entre os interesses essenciais das partes), e permite caracterizar o contrato como contrato sinalagmático e de execução continuada. Por outro lado, a relativa indeterminação da actividade laborativa também justifica o poder directivo, como poder de especificação da prestação devida.

Como decorre do exposto, tomada só por si, esta zona do conteúdo do vínculo laboral revela as suas afinidades com outros vínculos negociais, porque também noutros contratos envolvendo o desenvolvimento de uma actividade humana produtiva para satisfação de necessidades alheias se pode verificar alguma indeterminação da actividade a prestar, o carácter duradouro e mesmo poderes instrutórios, tendentes à concretização da prestação devida e que só no nome diferem do poder directivo – o caso do contrato de prestação de serviço exemplifica, de forma paradigmática, esta situação. Por este motivo, entendemos que esta parcela do contrato de trabalho que designámos como *relação de trabalho* evidencia os pontos comuns ao contrato de trabalho e a outros negócios que envolvem o desenvolvimento de uma actividade laborativa para outrem. Se apenas atendêssemos a esta zona, na verdade não haveria óbice à recondução do contrato de trabalho a uma modalidade de prestação de serviços, como é sugerido por alguns autores[58].

No entanto, como é sabido, o binómio actividade laborativa/remuneração não esgota o conteúdo do vínculo laboral. Como decorre da noção legal de contrato de trabalho (arts. 1152.º do CC e 1.º da LCT) e perpassa em todo o seu regime jurídico, no contrato de trabalho não está em causa apenas a troca de duas prestações patrimoniais, mas exige-se que a actividade laborativa seja desenvolvida "sob a autoridade e direcção [do empregador]", a quem cabem os poderes laborais de direcção e disciplina; por outro lado, como já vimos, os deveres de cada uma das partes vão para

---

[58] Cfr., *supra*, ponto 3.VI.

além do cumprimento das suas prestações principais. É por este motivo que recortamos uma outra zona do contrato de trabalho, reportada ao binómio subordinação jurídica/poderes laborais – é a parcela do conteúdo do vínculo que denominámos *zona laboral*, justamente por evidenciar os aspectos específicos do contrato de trabalho. Decisiva na operação de delimitação do contrato de trabalho em relação a negócios afins – *verbi gratia*, pela singularidade do poder disciplinar do empregador –, a zona laboral revela também a riqueza e a complexidade do contrato pela forma como interfere na zona obrigacional, introduzindo alterações nas prestações principais e fazendo surgir, ao lado destas, novos deveres: é por efeito da conjugação das duas zonas que, da parte do trabalhador, a delimitação da actividade de trabalho é completada pela ideia de disponibilidade, e que ao dever principal de prestar o trabalho se somam os deveres atinentes à disciplina da organização (os deveres correspondentes ao poder disciplinar prescritivo e os deveres para com outros trabalhadores) e a sujeição a alterações do acordo negocial por iniciativa do empregador; e é ainda por força desta interpenetração que se justificam o alargamento da obrigação remuneratória do empregador e a sua sujeição a deveres acessórios para tutela dos interesses pessoais e familiares do trabalhador, com sacrifício do próprio contrato.

É deste nexo entre a zona laboral e a zona obrigacional do contrato de trabalho que emerge a situação jurídica que designámos como *relação de emprego* e, a nosso ver, é esta relação que verdadeiramente singulariza o contrato de trabalho no panorama dos negócios obrigacionais, porque permite, sem diminuir o peso do seu nexo patrimonial, valorizar também os aspectos pessoais e organizacionais do seu conteúdo que acima recortámos. A *relação de emprego* é a relação não paritária (apesar da natureza privada do contrato de trabalho) que se estabelece entre o empregador e o trabalhador para cumprimento do débito negocial alargado que cada um deles assume no contrato de trabalho, por força da relevância autónoma dos elementos de inserção organizacional necessária e de pessoalidade e dos interesses específicos de cada uma das partes que vimos estarem subjacentes a estes dois elementos – os interesses de gestão do empregador e os interesses pessoais e familiares do trabalhador, respectivamente.

Particularmente complexa, a relação de emprego justifica a titularidade de direitos e deveres de índole muito diversa (patrimonial, pessoal, organizacional) por cada uma das partes. Assim, no aspecto passivo, a relação de emprego implica, do lado do trabalhador, a assunção do dever de

Contrato de Trabalho

trabalho (que constitui o seu débito obrigacional) mas também de outros deveres atinentes à organização e, dentro de certos limites, a sujeição à modificação do acordo negocial pelo empregador, em nome dos interesses de gestão; e, para o empregador, decorrem da relação de emprego a adstrição ao dever de retribuição (que constitui o seu débito obrigacional), mas também, em nome dos interesses pessoais e familiares do trabalhador, incluindo a sua estabilidade económica e profissional, deveres remuneratórios em situações de não prestação do trabalho, e ainda deveres não patrimoniais (como os de cuidado e segurança), que podem até exigir o sacrifício do cumprimento pontual do contrato. Em compensação, do lado activo, o trabalhador beneficia na *relação de emprego* de uma ampla protecção legal de conteúdo pessoal e patrimonial, evidenciada na independência da remuneração em relação aos resultados da produção, no regime restritivo em matéria de cessação do contrato por iniciativa do empregador; e, ainda nesta perspectiva activa, o empregador compensa o seu débito negocial acrescido com os poderes laborais e, designadamente, com a possibilidade de assegurar a prevalência dos seus interesses de gestão sobre o acordo negocial que lhe confere, com grande eficácia, o poder disciplinar.

VII. Apresentada a nossa proposta de reconstrução do contrato de trabalho, resta dar conta daquilo que consideramos ser a sua maior valia para ultrapassar as dificuldades que este contrato sempre colocou à dogmática jurídica. Estas dificuldades podem, afinal, ser resumidas nas duas questões longamente debatidas por SUPIOT a propósito do fenómeno do trabalho subordinado: *"Le travail, qui met la personne en rapport avec les choses, est-il chose ou personne?"*; *"Un homme libre peut-être soumis au pouvoir de son égal?"*[59]. Por outras palavras, as dificuldades de redução dogmática do vínculo laboral, nomeadamente tendo em conta a sua inserção na ordem jurídica privada, decorrem, por um lado, da dificuldade em separar a actividade de trabalho da pessoa do trabalhador, e, por outro lado, da dificuldade de aceitar a existência de poderes de domínio de uma das partes sobre a outra num negócio de direito privado, designadamente com uma componente disciplinar.

A proposta de construção do contrato de trabalho que apresentamos não ilude nenhuma dessas dificuldades, mas procura dar a devida ênfase

---

[59] A. SUPIOT, *Critique du droit du travail*, Paris, 1994, 8.

à complexa teia de equilíbrios entre as posições jurídicas das partes neste vínculo, que se definem por força da especificidade da prestação de trabalho enquanto bem jurídico (em razão da sua inseparabilidade da pessoa do trabalhador) e por força da posição de domínio que o empregador assume no contrato, mau grado a sua natureza privada – a especificidade da prestação justifica a protecção do trabalhador em muitos aspectos e o débito alargado do empregador no contrato; os interesses de gestão do empregador justificam a sua posição dominial no vínculo.

É este o contributo que aqui deixamos.

CONTRATO DE TRABALHO E DIREITOS FUNDAMENTAIS DA PESSOA*

SUMÁRIO: 1. Preliminares; 2. A justificação da tutela dos direitos fundamentais da pessoa humana no contrato de trabalho no envolvimento integral do trabalhador no vínculo laboral; 3. A eficácia privada dos direitos fundamentais e o contrato de trabalho; 4. O problema dos limites aos direitos fundamentais do trabalhador no contrato de trabalho.

1. Preliminares

I. Matéria de relevo jurídico inquestionável e eminente, a matéria dos direitos fundamentais da pessoa tem um relevante significado no domínio laboral por dois motivos: por um lado, pela especificidade da prestação de trabalho, cuja inseparabilidade da pessoa do trabalhador torna mais prováveis as ameaças aos seus direitos fundamentais; por outro lado, pela possibilidade de limitação desses mesmos direitos no quadro de um vínculo laboral, que carece de ser enquadrada em termos jurídicos.

II. Os motivos expostos constituem desafio bastante para uma reflexão sobre esta temática na óptica laboral e justificam o desenvolvimento desta reflexão em três etapas: em primeiro lugar, cabe uma palavra sobre a especificidade da actividade laboral, enquanto objecto do contrato de trabalho, uma vez que, a nosso ver, é esta especificidade que constitui a justificação estrutural para a actuação dos direitos fundamentais da pessoa humana neste domínio; em segundo lugar, deve verificar-se quais os direitos fundamentais do trabalhador, enquanto pessoa, que mais

---

* Estudo elaborado em 2001, para a obra *Estudos em Homenagem à Professora Doutora Isabel de Magalhães Collaço*, Coimbra, 2002, e integrados no vol. II da referida obra, pp. 393-415.

158   *Estudos de Direito do Trabalho*

relevam no contexto laboral, e averiguar em que medida é que eles podem ser directamente invocados pelo trabalhador e coarctar a autonomia negocial das partes – é o problema da eficácia privada dos direitos fundamentais, aplicado ao contrato de trabalho; por último, deverá ser apreciada a questão da admissibilidade da limitação dos direitos fundamentais do trabalhador no contrato de trabalho, procurando encontrar o justo equilíbrio entre a salvaguarda desses direitos e o respeito pelas expectativas contratuais e pelos interesses da organização do empregador ou interesses de gestão que relevem no âmbito do vínculo laboral.

É esta a linha orientadora da reflexão que vamos fazer nas próximas páginas.

2. A justificação da tutela dos direitos fundamentais da pessoa humana no contrato de trabalho no envolvimento integral do trabalhador no vínculo laboral

I. A nosso ver, a particular tutela dos direitos fundamentais no contrato de trabalho justifica-se naquilo que já designámos como *envolvimento integral da personalidade do trabalhador no vínculo laboral*[1]. É que este envolvimento integral do trabalhador no vínculo jurídico aumenta a probabilidade de ameaças aos seus direitos fundamentais enquanto pessoa humana, exigindo, em consequência, um cuidado acrescido na respectiva tutela.

O envolvimento integral da personalidade do trabalhador no vínculo laboral decorre, a nosso ver, de três factores: o grau de indeterminação da actividade laboral, não só na fase inicial do contrato de trabalho, mas ao longo de toda a sua vigência; a inseparabilidade da actividade laboral em relação à pessoa do trabalhador, que torna a prestação de trabalho um bem jurídico singular; e a componente organizacional do próprio contrato de trabalho.

II. Com efeito, a actividade laboral caracteriza-se por um relevante grau de indeterminação, não apenas na fase inicial do contrato de trabalho como ao longo da sua execução.

---

[1] M. R. Palma Ramalho, *Da Autonomia Dogmática do Direito do Trabalho*, Coimbra, 2001, 753 e 764 ss.

A indeterminação inicial da actividade laboral decorre do facto de ser referida apenas em termos genéricos no contrato, cabendo ao empregador proceder à sua concretização, no exercício do poder directivo[2] (art. 22.º n.º 1 e art. 43.º da LCT) – neste sentido, a maioria da doutrina caracteriza a prestação de trabalho como uma prestação de conteúdo heterodeterminado e justifica nesta característica a posição de subordinação do trabalhador[3].

Mas, para além desta indeterminação inicial, a prestação de trabalho mantém um grau de indeterminação muito relevante durante a execução do contrato de trabalho, que a torna singular enquanto bem jurídico. É que, por força das necessidades da organização ou da empresa do credor, a actividade laboral tem que manter ao longo da vida do contrato uma certa adaptabilidade (é a matéria da polivalência funcional, regulada, entre nós, no art. 22.º n.ºs 2 a 6 da LCT); e aquelas mesmas necessidades organizacionais permitem inclusivamente ao empregador, dentro de certos limites, introduzir unilateralmente modificações no contrato, reportadas ao conteúdo da prestação (é o *jus variandi,* previsto no art. 22.º n.º 7 da LCT) ou a aspectos conexos com o seu desenvolvimento espacial (atente-se na possibilidade de alteração do local de trabalho prevista no art. 24.º da LCT) ou com a sua delimitação temporal (veja-se o regime da adaptabilidade dos horários, constante dos arts. 2.º e ss. da L. n.º 21/96, de 23 de Julho, completada pela L. n.º 73/78, de 10 de Novembro, e o regime da LTS, relativo ao trabalho suplementar). Para além da indeterminação inicial, verifica-se aquilo que já designámos como a indeterminação suces-

---

[2] É a manifestação do poder directivo que alguns autores denominam de "poder determinativo da função" – neste sentido, A. MONTEIRO FERNANDES, *Direito do Trabalho*, 11.ª ed., Coimbra, 1999, 251. De uma forma geral entende-se que esta indeterminação inicial da prestação de trabalho é mesmo compatível com uma certa peregrinação do trabalhador por diversos postos de trabalho, até que seja encontrada a função mais adequada para o trabalhador, dentro do género de trabalho para que foi contratado. Sobre o ponto, com desenvolvimentos, M. R. PALMA RAMALHO, *Da Autonomia Dogmática...cit.*, 754 e nota [129].

[3] É um entendimento clássico na doutrina – neste sentido, entre muitos outros, G. PERA, *Compendio di diritto del lavoro*, 4.ª ed., Milano, 1996, 106, R. RICHARDI, *Arbeitnehmerbegriff und Arbeitsvertrag, in* D. WILKE (Hrsg.), *Fest. zum 125jährigen Bestehen der Juristischen Gesellschaft zu Berlin*, Berlin – New York, 1984, 607-624 (622 s.) e, entre nós, A. MENEZES CORDEIRO, *Manual de Direito do Trabalho*, Coimbra, 1991, 16, 125 e 658.

160   *Estudos de Direito do Trabalho*

siva da prestação de trabalho[4], e a este modo de ser da actividade laboral, que se mantém ao longo de todo o contrato, corresponde também a posição subordinada do trabalhador.

Ora, este grau de indeterminação da prestação laboral e o carácter evolutivo das organizações empresariais fazem com que a disponibilidade do trabalhador para o cumprimento da prestação de trabalho releve tanto para o empregador como a prestação da actividade laboral em si mesma[5]. Este facto, conjugado com a posição subordinada que o trabalhador ocupa no vínculo, contribui, sem dúvida, para o seu maior envolvimento no cumprimento da prestação, aumentando, em consequência, a possibilidade de ingerências na sua esfera pessoal, por parte do empregador.

III. O outro factor que, a nosso ver, facilita as ameaças aos direitos fundamentais do trabalhador tem a ver com a inseparabilidade da actividade laboral em relação à sua pessoa, que também contribui para tornar a prestação de trabalho um bem jurídico singular.

A profunda implicação da personalidade do trabalhador na prestação laboral emerge, desde logo, da qualificação da actividade de trabalho como prestação de facto positiva – correspondendo a uma actividade intelectual ou manual, valorizada em si mesma, ela implica mais profundamente a pessoa do prestador do que uma prestação de *dare*. Para esta mesma implicação concorre também o relevo das qualidades pessoais do trabalhador no contrato de trabalho, por isso mesmo caracterizado como um contrato *intuitu personae*[6].

---

[4] M. R. PALMA RAMALHO, *Da Autonomia Dogmática...cit., maxime* 755 s.

[5] Não vamos, apesar de tudo, tão longe como certos autores, que reconhecem uma tal ênfase à ideia de disponibilidade que acabam por substituí-la ao conceito de actividade laboral na identificação do objecto do vínculo laboral – neste sentido parece inclinar-se A. MONTEIRO FERNANDES, *Sobre o objecto do contrato de trabalho*, ESC, 1968, 25, 13-35 (21), e *Direito do Trabalho...cit.*, 124. Não subscrevemos esta conclusão porque entendemos a disponibilidade como um conceito funcional, no sentido em que está necessariamente ligado ao desenvolvimento concreto de uma actividade juridicamente positiva, que, esta sim, tem em vista a satisfação das necessidades do empregador. Com esta clarificação, não oferece dúvidas que a ideia de disponibilidade é um acompanhante natural do conceito de actividade no contrato de trabalho. Para mais desenvolvimentos sobre este ponto, *vd* M. R. PALMA RAMALHO, *Da Autonomia Dogmática...cit.*, 756 s.

[6] Sobre a caracterização do contrato de trabalho como contrato *intuitu personae*, entre outros, A. CATAUDELLA, *Intuitus personae e tipo negoziale, in Studi in onore di Francesco SANTORO-PASSARELLI*, Napoli, 1972, 621-658, P. ROMANO MARTINEZ, *Direito do*

Contrato de Trabalho   161

É certo que esta ideia de implicação da personalidade do trabalhador na prestação de trabalho é contrariada pela tendência, desenvolvida desde os primórdios do direito do trabalho, para materializar a actividade laboral, através do conceito de *trabalho abstracto*. Este conceito, de origem económica, teve uma enorme importância para a construção técnica e para a justificação axiológica do vínculo de trabalho no liberalismo e até hoje: em termos técnicos, ele permitiu reconduzir a actividade laboral à categoria de coisa em sentido jurídico, logo, passível de constituir o objecto de um contrato de direito privado; e, na medida em que assegurou a separação da actividade laboral em relação à pessoa do trabalhador, contribuiu, do ponto de vista axiológico, para afastar o vínculo de trabalho dos vínculos de suserania pessoal que enquadravam o serviço dependente no *Ancien Régime*, compatibilizando-o com os valores da igualdade e da liberdade dos sujeitos privados, dominantes a partir do Liberalismo[7].

Todavia, esta materialização da actividade laboral traduziu-se numa ficção, como é, aliás, reconhecido por alguma doutrina[8] e foi comprovado pela História. É que, uma vez adquirida a ideia da igualdade formal entre o empregador e o trabalhador, a prestação de trabalho volta a subjectivar-se e a justificação das particularidades do vínculo laboral relativamente a outros negócios obrigacionais vai ser desenvolvida a partir do reconhecimento da sua componente de pessoalidade: assim, os deveres de cuidado do empregador em relação ao trabalhador (pela primeira vez previstos em sede da lei civil nos §§ 618 e 619 do BGB, mas rapidamente reconhecidos na maioria dos sistemas jurídicos europeus), o poder de direcção do empregador e, *maxime*, o poder disciplinar (que implica a admissibilidade de aplicação de penas privadas ao trabalhador em situa-

---

Trabalho, II (*Contrato de Trabalho*), 3.ª ed., Lisboa, 1999, 23 ss., e o nosso *Da Autonomia Dogmática...cit.*, 490 ss. e 752 s. Demonstrando a eficácia explicativa desta característica do contrato de trabalho em relação a alguns institutos laborais, ainda P. FURTADO MARTINS, *A relevância dos elementos pessoais na situação jurídica de trabalho subordinado*, RMP, 1991, 47, 35-53 (50 ss.).

[7] Sobre a importância do conceito de trabalho abstracto para o enquadramento jurídico do fenómeno do trabalho industrial em moldes formalmente compatíveis com os princípios liberais da liberdade e da igualdade e com os parâmetros dogmáticos civilistas de oitocentos, *vd*, por todos, a exemplar análise de A. SUPIOT, *Critique du droit du travail*, Paris, 1994, 44 ss.

[8] Ainda SUPIOT, *Critique...cit.*, 8 ss.

162   *Estudos de Direito do Trabalho*

ções diversas de incumprimento[9]) são justificados pelo relevo de elementos de pessoalidade no vínculo laboral[10]; na mesma linha, as construções comunitário-pessoais do vínculo laboral, desenvolvidas sobretudo a partir da década de trinta a partir da Alemanha, afastam o contrato de trabalho dos seus congéneres obrigacionais, com fundamento, entre outros motivos, no relevo dos seus elementos de pessoalidade[11]; e, mesmo quando, a partir da década de setenta, estas construções são ultrapassadas, criticando-se-lhes a inverosimilhança do elemento comunitário, o elemento de pessoalidade não é contestado, mas apenas reconduzido aos parâmetros dogmáticos civilistas[12].

---

[9] Sobre a essência punitiva do poder disciplinar laboral e das sanções disciplinares, *vd* M. R. PALMA RAMALHO, *Do Fundamento do Poder Disciplinar Laboral*, Coimbra, 1993, 194 ss., e *Sobre os limites do poder disciplinar laboral, in* A. MOREIRA (coord.), *I Congresso Nacional de Direito do Trabalho – Memórias*, Coimbra, 1998, 181-198 (187).

[10] M. R. PALMA RAMALHO, *Do Fundamento...cit.*, 317 ss. e 351 ss.

[11] M. R. PALMA RAMALHO, *Da Autonomia Dogmática...cit.*, 291 ss., e 367 ss.

[12] Como é sabido, a crítica às concepções comunitário-pessoais do vínculo de trabalho foi esboçada a partir da dogmática germânica, desde os anos sessenta por autores como V. MAVRIDIS, *Eingliederungstheorie, Vertragstheorie und Gemeinschaft*, RdA, 1956, 12, 444-448, ou F. FARTHMANN, *Der "personenrechtliche Charakter" des Arbeitsverhältnisses*, RdA, 1960, 1, 5-9, ou H. PINTHER, *Ist das Arbeitsverhältnis ein personenrechtliches Gemeinschaftsverhältnis?*, ArbuR, 1961, 8, 225-230, mas desenvolveu-se, sobretudo, a partir do final dessa década, por autores como A. SÖLLNER, *Das Arbeitsverhältnis als Austausch – und Gemeinschaftsverhältnis*, ArbuR, 1968, 8, 242-244, P. SCHWERDTNER, *Fürsorgetheorie und Entgelttheorie im Recht der Arbeitsbedingungen*, Heidelberg, 1970, E. WOLF, *Das Arbeitsverhältnis. Personenrechtliches Gemeinschaftsverhältnis oder Schuldverhältnis?*, Marburg, 1970, H. FENN, *Fürsorgetheorie und Entgelttheorie im Recht der Arbeitsbedingungen (Rezenzion über P. Schwerdtner)*, ArbuR, 1971, 11, 321-327, F. BYDLINSKI, *Arbeitsrechtskodifikation und allgemeines Zivilrecht*, Wien-New York, 1969, *maxime* 138 ss., R. RICHARDI, *Entwicklungstendenzen der Treue– und Fürsorgepflicht in Deutschland, in* T. TOMANDL (Hrsg.), *Treue– und Fürsorgepflicht im Arbeitsrecht*, Wien-Stuttgart, 1975, 41-70, T. MAYER-MALY, *Treue– und Fürsorgepflicht in rechtstheoretischer und rechtsdogmatische Sicht, in* T. TOMANDL, (Hrsg.), *Treue– und Fürsorgepflicht im Arbeitsrecht*, Wien-Stuttgart, 1975, 71-90, ou W. ZÖLLNER, *Die vorvertragliche und die nachwirkende Treue– und Fürsorgepflicht im Arbeitsverhältnis, in* T. TOMANDL, (Hrsg.), *Treue– und Fürsorgepflicht im Arbeitsrecht*, Wien-Stuttgart, 1975, 91-106. Entre nós, a mesma linha crítica pode ver-se em A. MENEZES CORDEIRO, *Da situação jurídica laboral: perspectivas dogmáticas do direito do trabalho*, ROA, 1982, 89-149 (*maxime* 111 ss). Da apreciação desta crítica ressalta claramente um tratamento diferente do elemento de comunidade e do elemento de pessoalidade daquelas concepções: enquanto o primeiro é recusado porque considerado incompatível com a oposição de interesses das partes e com o clima de elevada conflitualidade subjacente ao vínculo laboral, em relação

Contrato de Trabalho 163

A relação entre a prestação de trabalho e a pessoa do prestador apresenta-se assim como uma relação incontornável. Mas esta inseparabilidade entre a prestação de trabalho e a pessoa do trabalhador exige naturalmente uma redobrada atenção à tutela dos seus direitos fundamentais.

IV. Por último, entendemos que o envolvimento integral do trabalhador no vínculo laboral – e, em consequência, a maior probabilidade de ingerência na sua esfera pessoal – decorre da componente organizacional do contrato de trabalho.

A componente organizacional do contrato de trabalho revela-se no facto de ele envolver a integração do trabalhador na organização do empregador (seja esta uma empresa ou uma organização não empresarial), com a inerente sujeição às respectivas regras[13].

Ora, uma vez que algumas destas regras podem condicionar o trabalhador em termos pessoais – pense-se em regras de apresentação e de comportamento na empresa, de cooperação com os colegas, ou de relacionamento com os clientes[14] –, o elemento organizacional contribui para acentuar o envolvimento pessoal integral do trabalhador no contrato e, nessa medida, aumenta os perigos que do contrato podem advir para a sua personalidade ou para a sua vida privada.

V. Chegados a este ponto, podemos retirar já algumas conclusões sobre o problema que ocupa o centro das nossas reflexões: no contrato de trabalho verifica-se um envolvimento integral da personalidade do trabalhador em razão da estrutura do próprio vínculo, *verbi gratia*, por força da

---

ao elemento da pessoalidade apenas é criticada a sua excessiva valorização no vínculo laboral (dada a natureza patrimonial dos principais interesses em jogo) e a sua singularidade, por se entender que toda e qualquer prestação de serviço implica um certo envolvimento pessoal do respectivo prestador. Para mais desenvolvimentos sobre estas tendências doutrinais, ainda o nosso *Da Autonomia Dogmática...cit.*, 466 ss.

[13] Sobre esta componente organizacional do contrato de trabalho, *vd* M. R. PALMA RAMALHO, *Da Autonomia Dogmática...cit.*, 716 ss. e *passim*.

[14] Trata-se, em suma, das regras de disciplina organizacional ou empresarial, que integram a componente positiva ou prescritiva do poder disciplinar do empregador, de acordo com a concepção ampla deste poder que já desenvolvemos noutros estudos – cfr., *Do Fundamento...cit., maxime* 262 ss. Podendo condicionar o trabalhador quanto ao modo de se vestir ou de se apresentar, ou quanto aos procedimentos a adoptar no relacionamento com os clientes da empresa ou entre colegas, estas regras poderão facilmente atingir a sua esfera pessoal.

inseparabilidade entre a prestação de trabalho e a pessoa do prestador; este envolvimento acarreta, naturalmente, um perigo acrescido de invasão da esfera pessoal do trabalhador pelo contrato e pelo empregador.

É, por isso, particularmente importante encontrar mecanismos que assegurem a salvaguarda dos direitos inerentes à pessoa do trabalhador no contrato de trabalho. O reconhecimento da eficácia privada dos direitos fundamentais pode ser uma via para a resolução deste problema.

3. A eficácia privada dos direitos fundamentais e o contrato de trabalho

I. Encontrada a justificação para o relevo dos direitos fundamentais no domínio laboral, podemos avançar na nossa reflexão, procurando responder à segunda questão que colocámos no início deste estudo: a questão de saber quais os direitos fundamentais do trabalhador, enquanto pessoa humana, que podem ter mais relevo neste contexto, e averiguar em que medida é que eles podem ser directamente invocados pelo trabalhador e coarctar a autonomia negocial das partes, impondo-se ao empregador – é a questão da eficácia privada dos direitos fundamentais aplicada ao domínio laboral.

Esta segunda reflexão impõe-se por dois motivos: por um lado, porque a Constituição Portuguesa é extremamente rica em matéria de direitos fundamentais; por outro lado, pelas dificuldades da própria temática da eficácia privada dos direitos fundamentais, que tem sido objecto de amplo debate doutrinal, como é sabido.

II. Antes de mais, cabe concretizar os direitos fundamentais do trabalhador que podem estar em questão no tema que nos ocupa, desde logo, pela riqueza da Constituição nesta matéria, mas também pela necessidade de ponderar os vários níveis normativos a que a Lei Fundamental intervém e de tomar em linha de conta outras fontes normativas relevantes nesta matéria.

Em primeiro lugar, deve ter-se em atenção que o amplo elenco de direitos fundamentais reportados aos trabalhadores que a Constituição apresenta corresponde, na verdade, a posições subjectivas de natureza e incidência variáveis, que suscitaram, aliás, diversas classificações. Assim, atendendo ao âmbito pessoal de aplicação das normas constitucionais

Contrato de Trabalho   165

nesta matéria, verificamos que alguns dos direitos fundamentais com relevo laboral são comuns aos trabalhadores subordinados e aos trabalhadores autónomos (por exemplo, o direito à livre escolha de uma profissão e de acesso à função pública, consagrado no art. 47.° da CRP), enquanto outros (na verdade, a maioria) são específicos dos trabalhadores subordinados. Por outro lado, se atendermos à estrutura destes direitos, constatamos que alguns deles se reportam a cada trabalhador subordinado (por exemplo, o direito à segurança no emprego, consagrado no art. 53.°), mas, por razões históricas conhecidas, a maioria tem uma incidência colectiva (é o caso dos direitos sindicais e dos direitos das comissões de trabalhadores, do direito à negociação colectiva ou do direito de greve – arts. 54.° e ss. da CRP).

Ora, sem esquecer que a unidade interna e a maturidade dogmática do direito do trabalho determinam uma interpenetração constante entre as suas áreas regulativas individual e colectiva – que se reflecte também nestas duas categorias de direitos fundamentais[15] –, podemos estabelecer que, no tema objecto das nossas reflexões, relevam não tanto os direitos de incidência colectiva mas, sobretudo, os direitos fundamentais que se reportam ao trabalhador enquanto pessoa humana – ou, na expressão de JOSÉ JOÃO ABRANTES, os direitos que lhe assistem como cidadão, que não perde essa qualidade pelo facto de estar integrado na empresa[16]. Está pois em

---

[15] A evidenciar esta interpenetração dos planos individual e colectivo, veja-se como, ao enunciar direitos fundamentais laborais de incidência colectiva (como os direitos relativos ao associativismo sindical), a nossa Constituição apresenta, em paralelo, direitos de escopo efectivamente colectivo (como a liberdade de constituição de associações sindicais, referida na alínea a) do n.° 2 do art. 55.°) e direitos de escopo individual (como a liberdade de inscrição de cada trabalhador no sindicato, enunciada logo na alínea seguinte). Como já tivemos ocasião de sustentar noutra sede (*Da Autonomia Dogmática... cit., maxime* 199 ss. e 911 ss.), a clássica divisão entre "direito individual" e "direito colectivo do trabalho" não colide com a unidade interna e a maturidade científica do ramo jurídico e tem hoje apenas um objectivo de arrumação sistemática das normas laborais e de clarificação pedagógica na apresentação das matérias laborais.

[16] J. J. ABRANTES, *Contrato de trabalho e direitos fundamentais, in* A. MOREIRA (coord.), *II Congresso Nacional de Direito do Trabalho – Memórias*, Coimbra, 1999, 105-114 (107), mas, sobretudo, *Contrat de travail et drois fondamentaux – contribution à une dogmatique commune européenne, avec référence spéciale au droit allemand et au droit portugais*, Frankfurt am Main, 2000, 55, obra na qual o autor trata aprofundadamente esta temática. Também ligando a actuação dos direitos fundamentais no domínio laboral a exigências de cidadania, A. MENEZES CORDEIRO, *Direito do trabalho e cidadania, in* A. MOREIRA (coord.), *III Congresso Nacional de Direito do Trabalho – Memórias*, Coimbra, 2001, 29-42 (39).

causa a salvaguarda, perante o contrato, de direitos atinentes à intimidade da vida privada, à igualdade de oportunidades e de tratamento entre trabalhadores dos dois sexos, ou de diferentes raças ou nacionalidades, e ainda à liberdade de expressão, à liberdade religiosa e à liberdade de filiação partidária do trabalhador.

Em segundo lugar, devem ser ponderados os vários níveis normativos em que a CRP intervém nesta matéria e a inserção sistemática dos preceitos constitucionais neste domínio, com as inerentes consequências em termos de exequibilidade e grau de vinculação. Assim, enquanto alguns dos direitos fundamentais dos trabalhadores correspondem a normas preceptivas, logo, de exequibilidade imediata, outros constam de normas programáticas, que apenas poderão levantar problemas de inconstitucionalidade por omissão. No problema que nos ocupa, apenas estarão em causa, segundo cremos, direitos fundamentais reconhecidos em normas preceptivas, porque só quanto a estas se poderá colocar a questão da sua eficácia nos vínculos de direito privado.

Por outro lado, ainda no que se refere aos vários níveis normativos da própria Constituição nesta matéria, há que ter conta que alguns dos direitos fundamentais aqui em questão – e, eventualmente, em rota de colisão – integram a categoria dos direitos, liberdades e garantias, ao passo que outros integram a categoria dos direitos económicos, sociais e culturais[17]. Há pois, relativamente a estes últimos, que verificar, em cada caso, se têm natureza análoga à dos direitos, liberdades e garantias, para justificar a extensão do regime reforçado de tutela destes direitos em que poderia assentar a sua eficácia privada (nos termos dos arts. 17.º e 18 da CRP).

Por último, cabe tomar em consideração para esta temática os direitos fundamentais extra-constitucionais a que a própria Lei Fundamental manda atender, na cláusula aberta do art. 16.º n.º 1[18].

---

[17] Em geral, sobre o relevo diferente destas duas categorias de direitos fundamentais na Constituição Portuguesa, JORGE MIRANDA, *Manual de Direito Constitucional,* IV – *Direitos Fundamentais,* 3.ª ed., Coimbra, 2000, 144 s.

[18] Cremos que a questão tem que ser levantada, independentemente da solução que venha a ser dada ao problema do nível de constitucionalização inerente aos direitos fundamentais extra-constitucionais, a que este artigo abriu as portas, *verbi gratia* para efeitos de extensão do regime do art. 18.º da CRP, e que tem vindo a ser debatida pelo TC. Sobre esta matéria, entre outros, C. BLANCO DE MORAIS, *Os direitos, liberdades e garantias na*

Para a matéria que nos interessa, parece-nos de particular relevo a categoria dos direitos de personalidade[19] constante do Código Civil (arts. 70.° ss.), nomeadamente para a aplicação do regime restritivo que o CC impõe à respectiva limitação no art. 81.°. Mas também poderão relevar neste contexto várias projecções de direitos fundamentais nas leis laborais, designadamente em matéria de igualdade e ainda direitos conexos com a maternidade e a paternidade, já que a igualdade e, bem assim, a maternidade e a paternidade correspondem a valores sociais eminentes, nos termos da própria Constituição. Quer se trate de concretizações ou projecções de direitos fundamentais formalmente constitucionais ou de novos direitos fundamentais (extravagantes), são direitos que assistem ao trabalhador enquanto pessoa e que podem ser afectados a partir do seu vínculo laboral. Desta forma, relevarão no contexto das nossas reflexões.

III. Isolados os direitos fundamentais que podem ter mais interesse para o ponto que nos ocupa, cabem algumas reflexões sobre o problema da sua eficácia privada, aplicada ao contexto laboral.

O problema da eficácia privada dos direitos fundamentais é, como todos sabemos, um problema de ordem geral e que tem longamente ocupado a doutrina[20]. No âmbito nacional, a construção doutrinal tem-se desen-

---

jurisprudência constitucional portuguesa: um apontamento, Dir., 2000, III-IV, 361-380, e ainda JORGE MIRANDA, *Manual...cit.*, 162 ss., e *A abertura constitucional a novos direitos fundamentais, in Estudos em Homenagem ao Professor Doutor Manuel Gomes da Silva*, Coimbra, 2001, 559-572.

[19] Observa JORGE MIRANDA, *Manual... cit.*, 58 ss., que direitos fundamentais e direitos de personalidade são categorias jurídicas afins, com amplas zonas de coincidência, mas não idênticas, desde logo porque o elenco formal dos primeiros é mais extenso, e depois porque têm uma incidência publicista e privatista, respectivamente. Do ponto de vista material, não oferece, no entanto, dúvidas, para este autor, a "imediata relevância constitucional, seja a título geral, seja a título especial" dos direitos de personalidade – *idem*, 61.

[20] O contributo da doutrina germânica para esta temática é, porventura, o mais relevante – trata-se do problema usualmente referido pela expressão *Drittvirkung des Grundrechte*, que pretende justamente realçar a ideia da imposição dos direitos fundamentais a terceiros – no caso, a entes privados, que não foram os destinatários originários destes direitos, concebidos *ab initio* como posições subjectivas dos cidadãos perante o Estado. A expressão não é, todavia, consensual, e reveste alguma ambiguidade, como observa J. J. ABRANTES, *Contrat de travail et droits...cit.*, 59 e nota [93]. Para uma perspectiva comparada sobre o tratamento doutrinal desta temática, *vd* ainda J. J. ABRANTES, *Contrat de travail et droits...cit.*, 67 ss., bem como J. C. VIEIRA DE ANDRADE, *Os Direitos Fundamentais na Constituição Portuguesa de 1976*, 2.ª ed., Coimbra, 2001, 237 ss.

volvido a partir do art. 18.º n.º 1 da CRP, cuja interpretação divide os autores. Assim, por exemplo, GOMES CANOTILHO e VITAL MOREIRA baseiam-se na redacção explícita do próprio art. 18.º n.º 1 da CRP para sustentarem a imposição directa e imediata dos direitos fundamentais nas relações entre particulares, sem qualquer limitação[21]. Por seu turno, JORGE MIRANDA[22] parte da afirmação da inadmissibilidade de diferenças qualitativas da ordem jurídica na protecção de valores sociais fundamentais para admitir a imposição aos particulares e nas relações entre particulares de direitos fundamentais que façam sentido nesse contexto, mesmo que historicamente tenham sido concebidos como direitos dos particulares contra o Estado[23], nomeadamente se forem relações com uma componente de poder; mas não deixa de chamar a atenção para as dificuldades de aplicação do regime do art. 18.º n.º 1 num contexto privado, não apenas pela diferente lógica que subjaz aos vínculos públicos e aos vínculos privados, como também pela necessidade de equacionar a eficácia horizontal dos direitos fundamentais com o princípio da autonomia privada, e, por essa razão, acaba por aconselhar a resolução destes problemas por via tópica[24]. Em linha não muito diferente, VIEIRA DE ANDRADE[25] entende que o art. 18.º n.º 1 não esclarece sobre a forma como os direitos fundamentais se devem impor aos particulares, refere a necessidade da sua conjugação com os valores basilares do próprio direito privado (*verbi gratia* com a autonomia privada) e acaba por sustentar uma aplicação em termos análogos aos do direito público apenas nas relações privadas que envolvam uma componente de poder[26], já que, nestes casos, a actuação dos direitos

---

[21] J. GOMES CANOTILHO/VITAL MOREIRA, *Constituição da República Portuguesa Anotada*, 3.ª ed., Coimbra, 1993, 147 s. Estes autores não admitem sequer a restrição da incidência dos direitos fundamentais às relações privadas que contenham um elemento de poder – critério a que outros autores recorrem para limitar o alcance do regime do art. 18.º n.º 1 –, mas tão somente que, nos vínculos privados, o princípio da autonomia privada possa ser utilizado para justificar algumas restrições aos direitos fundamentais – *op e loc. cits.*

[22] *Manual...cit.*, 320 ss.

[23] *Manual...cit.*, 320 e 325. Nos exemplos de direitos fundamentais que se impõem a entes privados, fornecidos pelo autor (*idem*, 321), encontramos vários direitos com relevo laboral directo, que correspondem ao tema do nosso estudo – é o caso do direito à reserva da intimidade da vida privada, do direito à segurança no emprego, da liberdade de consciência e religião, ou da liberdade sindical.

[24] *Ibidem*, 322 ss.

[25] Os *Direitos Fundamentais...cit.*, 251 ss.

[26] De notar que, entre os exemplos de relações privadas com um elemento de poder, fornecidos pelo autor neste contexto, está a relação laboral – *idem*, 255 e nota [42].

Contrato de Trabalho 169

fundamentais assegura "...uma protecção *mais* intensa aos particulares vulneráveis nas relações com privados poderosos"[27]. Já MENEZES CORDEIRO apenas admite a eficácia mediata dos direitos fundamentais nas relações entre sujeitos privados (exigindo, em consequência, o apelo a princípios civis gerais, como a boa fé ou o abuso do direito, para os impor em vínculos privados), e faz depender essa eficácia de juízos de adequação funcional e de adequação axiológica do direito em causa à situação concreta[28].

IV. Com aplicação directa ao domínio laboral, este problema foi objecto, entre nós, de um estudo monográfico da autoria de J. J. ABRANTES[29], no qual o autor aprecia detalhadamente o problema em diversos sistemas jurídicos (com destaque para o sistema germânico), e procura resolvê-lo nas suas projecções laborais e no quadro do direito português[30].

A construção deste autor estriba-se num pressuposto axiológico e num pressuposto técnico, e a solução que apresenta faz apelo à estrutura do próprio vínculo de trabalho. O pressuposto axiológico é o da sujeição do contrato de trabalho à ordem jurídica constitucional pelo carácter fundamentante e irradiante desta para toda a ordem jurídica – deste pressuposto, o autor retira um princípio geral de eficácia dos direitos fundamentais em todos os vínculos jurídicos, públicos ou privados, logo também no contrato de trabalho. O pressuposto técnico tem a ver com a contextualização do tema como um problema de colisão de direitos – não significando o princípio da eficácia privada dos direitos fundamentais o carácter absoluto ou ilimitado destes direitos, eles terão naturalmente que se conjugar com outros direitos relevantes na mesma situação jurídica, relevando, designadamente, no caso, o direito fundamental à livre ini-

---

[27] *Ibidem*, 259 (itálico no original).

[28] A. MENEZES CORDEIRO, *Tratado de Direito Civil Português*, I (*Parte Geral*), tomo I, Coimbra, 1999, 158 ss., *maxime* 163 ss. Ainda desenvolvendo estas ideias de adequação funcional e axiológica mas aplicadas especificamente à relação entre direitos fundamentais e contrato de trabalho, *vd*, do mesmo autor, *O respeito pela esfera privada do trabalhador, in* A. MOREIRA (coord*.), I Congresso Nacional de Direito do Trabalho – Memórias*, Coimbra, 1998, 16-37 (31 s.), e *A liberdade de expressão do trabalhador, in* A. MOREIRA (coord*.) II Congresso Nacional de Direito do Trabalho – Memórias*, Coimbra, 1999, 24-43 (36 s).

[29] *Contrat de travail et droits... cit.*

[30] *Contrat de travail et droits... cit.*, 67 ss., 131 ss. e 152 ss.

ciativa económica e a liberdade de empresa e os princípios da autonomia privada e da boa fé na execução dos contratos.

Estabelecidas estas premissas, o autor retira da estrutura do vínculo de trabalho o argumento fundamental para a resolução dos problemas de colisão entre os direitos fundamentais dos trabalhadores e a autonomia privada, bem como outros direitos fundamentais do empregador: considerando que o vínculo de trabalho é uma situação jurídica em que avulta um elemento de poder (pela posição subordinada que o trabalhador nela ocupa), apesar do seu carácter privado, o autor entende que a resolução destes conflitos tem que passar por uma interpretação dos princípios negociais (*y compris*, a autonomia privada e a boa fé no cumprimento dos contratos) que limite ao mínimo o sacrifício dos direitos fundamentais e procure restaurar o equilíbrio entre as posições das partes no vínculo laboral[31].

V. A construção de J. J. ABRANTES tem o grande mérito de chamar a atenção para um dos aspectos que, a nosso ver, justificam uma tutela particularmente vigorosa dos direitos fundamentais no contrato de trabalho – a sua componente de poder ou dominial. A par da singularidade da própria prestação de trabalho, enquanto bem jurídico, pela sua inseparabilidade da pessoa do trabalhador, a que aludimos acima, a componente dominial do vínculo laboral – amplamente evidenciada nos poderes de direcção e de disciplina do empregador e na correspondente subordinação do trabalhador[32] – justifica a actuação dos direitos fundamentais no contrato de trabalho, mesmo que não se admita a sua eficácia privada em termos genéricos. Seja por um raciocínio de identidade de razão entre o vínculo laboral e as situações jurídicas públicas em que alguns autores justificam a extensão do regime de aplicabilidade directa e de vinculação imediata, aos direitos fundamentais aos entes jurídicos privados, em relações de poder (é, como vimos, o entendimento de JORGE MIRANDA), seja através do reconhecimento da eficácia directa dos direitos fundamentais no domínio laboral, como sustenta J. J. ABRANTES, cremos que se justifica esta tutela.

---

[31] *Ibidem*, 153 e 159.

[32] Sobre a essência dominial do contrato de trabalho, que se evidencia nesta posição desigual que as partes nele ocupam, por força da subordinação do trabalhador e dos poderes de direcção e disciplina do empregador, e que corresponde à denominada *zona laboral* do contrato, *vd*, desenvolvidamente, M. R. PALMA RAMALHO, *Do Fundamento... cit.*, 430 ss., e *Da Autonomia Dogmática.... cit.*, 784 ss.

No sentido exposto, deve atender-se à jurisprudência laboral que se tem vindo a produzir nesta matéria e que nos parece ir exactamente na linha do reconhecimento do valor laboral imediato de alguns direitos fundamentais dos trabalhadores.

É que, mesmo sem debaterem o problema dos fundamentos da sua aplicabilidade directa no contrato de trabalho, os tribunais têm aplicado directamente normas constitucionais às relações laborais na ausência de mediação legal – designadamente, são já em número significativo os acórdãos sobre igualdade salarial que aplicam directamente a diversas situações de discriminação remuneratória o princípio "trabalho igual, salário igual", vertido no art. 59.° n.° 1 a) da CRP, e que, como se sabe, só foi desenvolvido pela lei na valência das discriminações remuneratórias em razão do sexo[33-34].

Na nossa opinião, esta tendência jurisprudencial constitui um argumento importante no sentido do reconhecimento da eficácia directa dos direitos fundamentais no domínio laboral, podendo ser apontada como um dos casos em que os caminhos trilhados pela ciência jurídica laboral iluminam o caminho para a resolução de um problema jurídico de alcance geral[35].

Mas, deve ter-se em atenção que, havendo reticência em admitir a eficácia privada dos direitos fundamentais no domínio laboral nos termos

---

[33] Entre os muitos acórdãos que têm tratado esta matéria, procedendo a uma aplicação directa do princípio constitucional "trabalho igual, salário igual" vejam-se o Ac. STJ de 20/01/1993, CJ, 1993, I, 238, o Ac. STJ de 22/09/1993, CJ, 1993, III, 269, o Ac. RLx. de 25/05/1994, CJ, 1994, III, 171, o Ac. STJ de 08/02/1995, CJ, 1995, I, 267, o Ac. RLx. de 26/06/1996, CJ, 1996, III, 172, o Ac. RLx de 25/09/1996, CJ, 1996, IV, 179, o Ac. STJ de 25/06/1997, AD, 433-134, o Ac. STJ de 25/01/2001, CJ, 2001, I, 283, ou o Ac. RP de 07/05/2001, CJ, 2001, III, 251.

[34] Quanto ao desenvolvimento legal do princípio constitucional da igualdade remuneratória em razão do sexo dos trabalhadores, vejam-se os arts. 9.° e 12.° n.° 2 do DL n.° 392/79, de 20 de Setembro. No entanto, para o ponto que nos ocupa, este desenvolvimento não é relevante, porque os casos de discriminação salarial que chegam aos tribunais e que têm sido resolvidos por aplicação directa do art. 59.° n.° 1 alínea a) da CRP não se reportam a discriminações remuneratórias com base no sexo, mas a tratamentos remuneratórios diferenciados com outras motivações. Paradoxalmente, o único desenvolvimento legal do princípio constitucional "trabalho igual, salário igual" não tem produzido jurisprudência.

[35] Neste sentido, J. J. ABRANTES, *Contrat de travail et droits...cit.*, 66, chama a atenção para a circunstância de ter sido exactamente no domínio laboral que o problema da eficácia privada dos direitos fundamentais começou a ser discutido.

172   *Estudos de Direito do Trabalho*

descritos, o problema terá que ser resolvido com a formulação de soluções alternativas. Estas soluções podem passar pelo recurso à figura do abuso do direito ou pela aplicação do particular regime de tutela dos direitos de personalidade, que poderá actuar quanto à maioria dos direitos fundamentais do trabalhador enquanto pessoa humana, que o contrato de trabalho pode pôr em perigo.

Quanto a este ponto, concluímos pois realçando a importância da afirmação de J. J. ABRANTES quanto ao princípio geral nesta matéria, e que deverá ser tido em conta qualquer que seja a via de tutela dos direitos fundamentais do trabalhador preconizada: na organização do empregador, o trabalhador mantém, em princípio, os direitos que lhe assistem como cidadão[36]. Numa formulação negativa, que nos parece talvez preferível, diremos que a regra geral nesta matéria é a de que, pelo facto de celebrar um contrato de trabalho, o trabalhador não deverá, em princípio, ver diminuídos os direitos fundamentais que lhe assistem enquanto pessoa humana[37].

Ora, o reconhecimento destes direitos no domínio laboral tem implicações imediatas no contrato de trabalho: ele permite ao trabalhador invocá-los perante o empregador e determina a sua imposição genérica à autonomia privada, bem como a limitação ao mínimo de eventuais restrições que lhes sejam impostas por força do contrato, assegurando-se, designadamente, a salvaguarda do seu conteúdo essencial.

VI. Esta regra geral de respeito pelos direitos fundamentais do trabalhador enquanto pessoa humana e enquanto cidadão, no contrato de trabalho, pode ser ilustrada com alguns exemplos, em parte tratados pela jurisprudência[38].

Assim, o direito à reserva da intimidade da vida privada do trabalhador, consignado no art. 26.º n.º 1 da CRP e no art. 80.º do CC, determina a proibição de certas formas de controlo da actividade do trabalhador na

---

[36] J. J. ABRANTES, *Contrat de travail et droits... cit.*, 55.

[37] A referência à *pessoa humana* parece-nos preferível à referência à qualidade de *cidadão*, pese embora a ampla zona de sobreposição dos dois conceitos. Não devem subsistir dúvidas de que os direitos de personalidade do trabalhador integram o elenco de direitos a tutelar no vínculo laboral.

[38] Para uma panorâmica das tendências da jurisprudência nesta matéria, noutros sistemas jurídicos, *vd* J. J. ABRANTES, *Contrat de travail et droits... cit.*, 131 ss.

Contrato de Trabalho

empresa, que a evolução tecnológica moderna veio, aliás, facilitar (como o controlo através de câmaras de filmar, situadas em locais de repouso ou nas instalações sanitárias); veda as ingerências do empregador em aspectos da vida privada do trabalhador não directamente relevantes para a actividade por ele desenvolvida (neste sentido, não serão, em princípio, admissíveis testes de saúde para despistagem do vírus HIV ou questões sobre a orientação sexual, sobre a situação familiar do trabalhador ou sobre as suas actividades fora do local de trabalho); e torna, em princípio, irrelevantes para o contrato de trabalho como para a sua cessação as condutas extra-laborais do trabalhador[39-40].

Por seu turno, a liberdade de consciência e a liberdade religiosa e de culto (art. 41.° da CRP) poderão, em alguns casos, justificar a recusa da prestação de trabalho – assim, a recusa de colaboração em actividades abortivas por um médico católico.

Na mesma linha, o princípio da igualdade (art. 13.° n.os 1 e 2 da CRP) inviabiliza actuações discriminatórias do empregador em razão da raça, da nacionalidade, do credo, da filiação partidária, da orientação sexual, ou da situação familiar do trabalhador. E, em especial, o princípio da igualdade entre os trabalhadores dos dois sexos inviabilizará práticas discriminatórias diversas e limitações de direitos fundamentais ligados

---

[39] Como é sabido, o relevo das condutas extra-laborais do trabalhador no contrato de trabalho tem sido apreciado pela jurisprudência sobretudo para efeitos de configuração de justa causa para despedimento. De uma forma geral, a jurisprudência só admite a existência de justa causa assente em actividades extra-laborais do trabalhador quando reconhece a existência de um nexo relevante entre estas actividades e a prestação de trabalho ou outros deveres laborais. A este propósito, *vd*, por exemplo, o Ac. RC de 28/01/1993, CJ, 1993, I, 85, admitindo a relevância, para efeitos de justa causa, da agressão e de ameaças proferidas por um trabalhador contra um colega num restaurante, pelos reflexos prejudiciais deste comportamento no contrato de trabalho; o Ac. RLx de 17/06/93, CJ, 1993, III, 187, que admitiu como justa causa para despedimento a embriaguez e os desacatos cometidos pelo comandante de aeronave fora do tempo de trabalho, entendendo que comprometiam a imagem da empresa e diminuíam o tempo de descanso julgado conveniente para o desenvolvimento da função. Já o Ac. RC de 01/06/95, CJ, 1995, III, 85, pronunciando-se sobre um empréstimo particular contraído por uma funcionária bancária junto de clientes do banco, entendeu que a natureza particular da conduta da trabalhadora a tornava irrelevante como justa causa para despedimento.

[40] Em especial sobre o direito à intimidade da vida privada e as suas projecções laborais, *vd* A. MENEZES CORDEIRO, *O respeito pela esfera privada do trabalhador, in* A. MOREIRA (coord.), *I Congresso Nacional de Direito do Trabalho – Memórias*, Coimbra, 1998, 16-37.

174 *Estudos de Direito do Trabalho*

à maternidade e à paternidade – a exigência de testes de gravidez no recrutamento, compromissos das trabalhadoras de não engravidarem durante certo tempo, ou renúncias antecipadas às licenças de maternidade ou de paternidade serão vedados.

Por último, a liberdade de expressão do trabalhador e o seu direito à imagem (arts. 26.º n.º 1 e 37.º n.º 1 da CRP, e art. 79.º do CC) mantêm-se no seio da empresa e ao longo da execução do seu contrato[41].

4. O problema dos limites aos direitos fundamentais do trabalhador no contrato de trabalho

I. Estabelecido o princípio geral de respeito pelos direitos fundamentais do trabalhador no domínio laboral, resta responder à última questão que enunciámos no início do estudo: a questão da admissibilidade de imposição de limites a esses mesmos direitos fundamentais no próprio contrato de trabalho; e, em caso afirmativo, a procura de critérios ou balizas que ajudem a encontrar o equilíbrio entre o respeito pelos direitos fundamentais inerentes à pessoa do trabalhador e o respeito pelos interesses contratuais e os interesses organizativos ou de gestão do empregador, que podem, aliás, concretizar direitos fundamentais que lhe assistem e são igualmente merecedores de tutela.

O reconhecimento da efectividade dos direitos fundamentais inerentes à pessoa humana no seio da organização do empregador – como o reconhecimento de quaisquer direitos – tem implícita a admissibilidade de limitações a esses direitos. Ora, cremos que é a partir da ponderação desses limites que poderemos retirar algum contributo útil para balizar aqueles direitos no seu exercício.

Na nossa opinião, podem ser apostos aos direitos fundamentais dos trabalhadores três tipos de limites: limites imanentes, limites extrínsecos e limites voluntários.

II. Os *limites imanentes* são inerentes a qualquer direito, já que nenhum direito é absoluto ou ilimitado. Na expressão feliz de J. J. ABRAN-

---

[41] Em especial sobre a liberdade de expressão e o contrato de trabalho, MENEZES CORDEIRO, *A liberdade de expressão...cit.*

TES[42], a eficácia dos direitos fundamentais do trabalhador, enquanto pessoa humana, no contrato, não significa o seu "totalitarismo". Uma vez ultrapassados, os limites imanentes conduzem a situações de abuso do direito, a tratar, nos termos gerais, com recurso ao art. 334.º do CC[43].

No caso concreto dos direitos fundamentais dos trabalhadores, parece-nos de particular valia o princípio de que as situações jurídicas devem ser exercidas dentro dos limites de adequação funcional ou de admissibilidade para que foram conferidas. Nesta linha, por exemplo, o despedimento de dois trabalhadores que tiveram relações sexuais na empresa, tendo sido descobertos por alguém que espreitou pela frincha da porta (Ac. REv. de 07/04/92) é, quanto a nós, justificado na inadequação do comportamento em questão ao local onde se desenrolou[44].

III. Um segundo tipo de restrições aos direitos fundamentais dos trabalhadores, enquanto pessoas, no seu exercício laboral, consiste naquilo que designámos como *limites extrínsecos*. Estes limites decorrem do relevo de outros interesses ou direitos, que podem entrar em colisão com os direitos dos trabalhadores. Esta colisão de direitos deve ser tratada nos termos gerais, ou seja, com a cedência recíproca e equilibrada dos direitos em confronto, ou através da prevalência do direito correspondente ao interesse que, no caso concreto, se considere superior (art. 335.º CC)[45].

No domínio laboral, poderão relevar para efeitos da limitação de direitos fundamentais dos trabalhadores, enquanto pessoas e cidadãos, interesses do empregador, que podem, inclusivamente, concretizar direitos fundamentais deste – desde logo, o direito de propriedade do empregador

---

[42] *Contrat de travail et droits...cit.*, 152.

[43] Por todos, sobre esta matéria, A. MENEZES CORDEIRO, *Da Boa Fé no Direito Civil*, II, Coimbra, 1984, 661 ss.

[44] Contra, MENEZES CORDEIRO, *O respeito pela esfera privada... cit.*, 37, argumentando com a tutela que os actos sexuais sempre merecem, ao abrigo do direito à intimidade da vida privada.

[45] A este propósito, J. J. ABRANTES, *Contrat de travail et droits...cit.*, 153 ss., desenvolve o critério da "concordância prática" entre os vários interesses juridicamente relevantes que estejam em confronto. O princípio nesta matéria será o da conjugação entre "a máxima liberdade possível do trabalhador" e a "mais vasta autonomia contratual possível", mas é em relação a cada contrato de trabalho em concreto e tendo em atenção a respectiva finalidade que aquela conjugação deverá ser feita.

176 *Estudos de Direito do Trabalho*

sobre a empresa (art. 62.º da CRP), mas também o direito de livre iniciativa económica (arts. 80.º c) e 86.º da CRP), e, se o empregador não for uma empresa, ainda direitos de personalidade.

A intensidade das restrições impostas aos direitos fundamentais dos trabalhadores por esta via externa depende de diversos factores, atinentes ao empregador ou ao tipo de organização laboral em questão e à actividade laboral desenvolvida pelo trabalhador, para além, evidentemente, do direito fundamental em questão no caso concreto. Alguns exemplos permitem ilustrar as múltiplas situações de colisão que podem surgir entre direitos fundamentais dos trabalhadores e interesses patronais e empresariais relevantes, ao mesmo tempo que evidenciam a dificuldade da sua resolução, mercê da delicadeza social de alguns dos direitos fundamentais envolvidos.

Assim, relativamente à liberdade de expressão do trabalhador, se, em tese geral, não se admite a sua limitação, não será por certo admissível que, alegando esse direito fundamental, o empregado de mesa de um hotel de luxo ostente perante os clientes um emblema com os dizeres "abaixo os ricos", que o caixa de um banco tenha na lapela um *crachat* de um banco concorrente, ou que o funcionário de um clube de futebol receba as quotas dos sócios ostentando uma camisola de outro clube. E, nesta mesma linha, a liberdade que assiste ao trabalhador relativamente à sua imagem e apresentação poderá ter que ceder perante interesses que corporizem o direito à imagem da própria empresa[46].

Na mesma linha, relativamente às condutas extra-laborais do trabalhador ou à sua vida privada, se, por via de regra, a conduta do trabalhador fora do local de trabalho não tem relevo laboral, por força do seu direito fundamental à reserva da intimidade da vida privada, já será admissível, em nome dos interesses da organização, que o empregador exija a despistagem do vírus do HIV ao técnico que faz a colheita de sangue de um laboratório de análises clínicas ou a um médico odontologista, assim como poderá ser exigível um teste de gravidez à trabalhadora que vai ser contratada como técnica de radiologia; no mesmo sentido, cremos que poderá constituir fundamento para a cessação do contrato de trabalho de um caixa de um supermercado a condenação por furto, mesmo se ocorrido noutro

---

[46] A este propósito, *vd* o Ac. TC n.º 436/2000 (inédito), que sustentou a constitucionalidade da exigência de determinado fardamento aos trabalhadores, bem como de se apresentarem ao serviço barbeados.

Contrato de Trabalho 177

estabelecimento, ou o despedimento de um professor em razão da condenação por pedofilia ainda que o crime não tenha sido praticado na escola nem contra um aluno, respectivamente.

Na verdade, o que sucede nestes casos é que, apesar de os factos apontados não terem uma relação directa com o contrato de trabalho, eles podem ter repercussões nesse contrato, impedindo ou dificultando excessivamente a sua execução, ou, estando o contrato já em execução, inviabilizando a sua subsistência – ou porque a situação do trabalhador é de molde a impedir a prestação da actividade laboral (é o caso da operadora de radiologia grávida), ou porque impede a execução do contrato em condições de segurança (é o caso do médico odontologista seropositivo), ou ainda porque o acto extra-laboral praticado é de molde a afectar a confiança que o empregador tem que ter naquele trabalhador em concreto, para assegurar a continuação do vínculo laboral no futuro (é, quanto a nós, o caso do furto praticado pelo caixa e o caso da condenação do professor por pedofilia). Nestes casos, os interesses da organização – que, em certa medida, concretizam o direito fundamental de iniciativa económica do empregador – deverão prevalecer.

A delicadeza desta temática evidencia-se, aliás, na posição cautelosa que a jurisprudência tem adoptado nesta matéria, ao condicionar o relevo laboral destas situações e condutas do trabalhador à existência de uma conexão objectiva clara entre o seu comportamento e um interesse da organização do empregador ou um dever laboral[47]. A nosso ver, existirá essa conexão designadamente quando do comportamento ou da situação extra-laboral do trabalhador decorra ou possa vir a decorrer uma lesão relevante para a organização laboral, que torne inexigível a manutenção do vínculo para o empregador.

Por último, no que se reporta às convicções religiosas, éticas ou partidárias do trabalhador, cremos que elas poderão, em alguns casos, ter que ceder perante o contrato de trabalho, quer quando inviabilizem a prestação da actividade de trabalho, quer quando ponham em perigo a particular confiança que seja, no caso concreto, exigível àquele trabalhador, por força do tipo de organização em que se insere. Assim, quanto ao primeiro tipo de situações, não será admissível que o trabalhador que professe uma religião que proíba o álcool invoque a sua liberdade de credo para se recusar a trabalhar, depois de ter sido admitido numa fábrica de cervejas; e, da mesma

---

[47] Cfr., *supra*, nota [39].

forma, sendo legítimo ao médico católico recusar-se a praticar um acto de interrupção da gravidez, por razões éticas, já não poderá invocar essas razões após ter concorrido a uma clínica vocacionada para esse fim. E quanto ao segundo tipo de situações – particularmente relevantes nas chamadas organizações de tendência – poderão admitir-se reservas ao trabalhador que, sendo sacristão de uma paróquia católica, professe publicamente outra religião; assim como um partido político de determinada linha ideológica poderá ter fundamento para fazer cessar o contrato de trabalho de um funcionário que descobriu ser militante de um partido de ideologia oposta[48].

IV. Por último, coloca-se o problema da admissibilidade e do enquadramento dos limites voluntários aos direitos fundamentais dos trabalhadores, que podem decorrer de uma manifestação de vontade do próprio trabalhador (constituindo pois auto-limitações) ou do acordo entre o trabalhador e o empregador, no próprio contrato de trabalho. Estas situações são, porventura, as mais difíceis de enquadrar porque a renúncia ou a restrição ao direito é feita pelo seu próprio titular e, pelo menos na aparência, corresponde à sua vontade.

A nosso ver, os problemas colocados por este tipo de restrições aos direitos fundamentais poderão ser resolvidos por aplicação conjugada do regime de tutela dos direitos, liberdades e garantias, constante do art. 18.º da CRP, e do regime de protecção dos direitos de personalidade, constante do art. 81.º do CC. Da conjugação destes dois regimes retira-se o seguinte: por um lado, uma vez admitida a eficácia privada dos direitos fundamentais, qualquer pacto ou declaração do trabalhador no sentido da restrição destes direitos fundamentais tem que reduzir-se ao mínimo e deixar intocado o conteúdo essencial daqueles direitos, sob pena de invalidade (no sentido da invalidade se pronunciaram, por exemplo, GOMES CANOTILHO e VITAL MOREIRA[49]); por outro lado, pelo menos quando estejam em causa direitos de personalidade – mas, por analogia, porventura também outros direitos fundamentais do trabalhador enquanto pessoa humana –, poderá fazer-se apelo ao regime do art. 81.º do CC, admitindo a revogação da declaração de renúncia ou de limitação destes direitos a todo o tempo e unilateralmente pelo trabalhador.

---

[48] Em especial, sobre a liberdade de expressão e sobre a liberdade religiosa, designadamente nas organizações de tendência, *vd* GEORGES DOLE, *La liberté d'opinion et de conscience en droit comparé du travail*, I, Paris, 1997.

[49] *Constituição Portuguesa... cit.*, 148.

OS LIMITES DO PODER DISCIPLINAR LABORAL*

SUMÁRIO: 1. Generalidades e sequência; 2. Características e enquadramento dogmático do poder disciplinar laboral; 3. Os limites do poder disciplinar laboral no seu exercício; 4. Conclusões.

1. Generalidades e sequência

I. Tema clássico do direito do trabalho, o tema do poder disciplinar é um tema tão importante quanto difícil.

A sua importância é tão evidente que não carece de justificação: trata-se afinal de uma manifestação de poder do empregador que pode ter efeitos relevantíssimos no desenvolvimento quotidiano do vínculo laboral e que, *in extremis*, toca num dos pontos mais sensíveis desta área jurídica em termos sociais – o despedimento com justa causa, como sanção disciplinar mais grave.

Por outro lado, o poder disciplinar laboral é, reconhecidamente, um instituto de difícil tratamento jurídico, tanto em termos práticos como em termos teóricos. Em termos práticos, porque se trata de um instituto que apresenta o perigo da ilimitação ou que é, pelo menos, muito rebelde ao controlo externo (como, aliás, sucede em relação a outros institutos laborais) – na grande maioria dos casos, o conhecimento da forma como o poder disciplinar é, de facto, exercido, só se verifica *a posteriori*, a partir da observação de um facto consumado, já que as acções sobre matéria disciplinar que chegam aos tribunais são apenas as acções de impugnação

---

* Texto que serviu de base à comunicação feita no I Congresso Nacional de Direito do Trabalho, realizado em Lisboa, a 20 de Novembro de 1997. Publicado pela primeira vez *in* A. MOREIRA (coord.), *I Congresso Nacional de Direito do Trabalho. Memórias,* Coimbra, 1998, 181-198.

de despedimento. Todo o processo de aplicação de sanções disciplinares conservatórias se mantém dentro dos portões das empresas e não é pois de fácil controlo, excepto em grandes unidades empresariais, com comissões de trabalhadores muito actuantes e uma forte taxa de sindicalização – situação que não é dominante no nosso mercado de emprego. Mas também, em termos teóricos o poder disciplinar laboral é um instituto de difícil enquadramento dogmático, pela sua natureza simultaneamente dominial, punitiva e privada. É pois um tema difícil, tanto do ponto de vista teórico como do ponto de vista prático. Do nosso ponto de vista, estas duas perspectivas não podem ser dissociadas na sua apreciação.

II. O problema dos limites do poder disciplinar é um problema de índole prática, que se enuncia com facilidade. Não havendo quaisquer dúvidas sobre a admissibilidade do poder disciplinar no nosso sistema jurídico, uma vez que tal poder é atribuído ao empregador pela própria lei em termos imperativos (art. 26.° da LCT), o problema dos limites do poder disciplinar pode, em termos simples, desdobrar-se em duas questões: em primeiro lugar, o problema de saber o que é que é lícito ao empregador fazer ao abrigo da faculdade disciplinar que a lei lhe concede, e como é que o trabalhador se pode defender de um eventual exercício abusivo do poder disciplinar pelo empregador; em segundo lugar, a questão da utilidade da previsão da matéria em sede da autonomia colectiva – ou seja, a questão de saber em que medida as convenções colectivas podem contribuir para delimitar este poder no seu exercício.

Não nos parece, contudo, possível aceder à questão dos limites sem proceder ao enquadramento do poder disciplinar em termos dogmáticos – os seus limites práticos e a resolução das questões colocadas pelo seu exercício pelo empregador ou pelo seu representante não podem ser desligados da sua razão de ser, que se pode revelar um contributo útil para a resolução de problemas regimentais. Impõe-se pois uma referência dogmática, com a brevidade inerente a este objectivo instrumental.

Neste enquadramento dogmático, é, do nosso ponto de vista, relevante para a compreensão da questão dos limites, por um lado, a caracterização do poder disciplinar em termos estruturais, e, por outro lado, a conjugação destas características com a inevitabilidade natural do poder disciplinar laboral e o raciocínio de equilíbrio que, na nossa perspectiva, o fundamenta. Vamos pois referir conjugadamente estes dois aspectos, aferindo depois da medida em que contribuem para a delimitação do poder

Contrato de Trabalho 181

em termos práticos, referindo ainda a possível contribuição delimitadora da autonomia colectiva.

2. Características e enquadramento dogmático do poder disciplinar laboral

I. Na compreensão dogmática do poder disciplinar laboral parece-nos importante começar por sublinhar as suas quatro mais significativas características, que se podem isolar a partir da configuração do poder disciplinar na lei e da própria natureza da relação de trabalho e que contribuem para a delimitação prática do poder: em primeiro lugar, a sua qualificação como direito subjectivo; em segundo lugar o seu conteúdo unilateral e dominial; em terceiro lugar, a sua essência punitiva; em quarto lugar, a sua natureza jurídica privada e egoísta.

Em primeiro lugar, parece-nos importante salientar que o poder disciplinar se reconduz em termos técnico-jurídicos a um *direito subjectivo* do empregador, apesar de a lei o enunciar formalmente como um poder, no art. 26.º da LCT – trata-se, de facto, de uma permissão normativa específica de aproveitamento e não de uma permissão genérica. Como direito subjectivo, deverá reconduzir-se à categoria de *direito potestativo*, porque se reconduz a uma alteração na esfera jurídica do trabalhador, que se encontra, pois, na correspondente posição jurídica de sujeição[1]. Como direito subjectivo também, será importante proceder à delimitação do seu conteúdo.

Em segundo lugar, deve referir-se que o poder disciplinar laboral tem uma *essência unilateral e dominial*. Ele manifesta a posição de domínio do empregador no contrato e na relação de trabalho, tendo este domínio não só um conteúdo social mas também um conteúdo jurídico. Atrever-nos-íamos, aliás, a dizer que este domínio tem um conteúdo social cada vez menos marcado porque as condições de vida dos trabalhadores subordinados progrediram bastante desde o início do desenvolvimento sistemático do direito do trabalho, mas do ponto de vista jurídico mantém todo o seu vigor, uma vez que a lei reconhece este poder na titularidade do empregador sem atribuir qualquer poder correspondente ao trabalhador

---

[1] Por todos, MENEZES CORDEIRO, *Teoria Geral do Direito Civil*, I, 2.ª ed. (reimpr.), Lisboa, 1990, 224, 236 e 280.

– o que seria teoricamente possível. Trata-se pois de um poder unilateral e dominial, que, do nosso ponto de vista, é, mais do que o próprio poder directivo, a manifestação por excelência do desnível das posições jurídicas das partes na relação de trabalho.

Em terceiro lugar, do ponto de vista do seu conteúdo, é importante referir que o poder disciplinar é, na sua essência, um *poder de punir* e não um poder com objectivos ressarcitórios ou compensatórios. Para esta qualificação contribui o facto de a acção disciplinar ter necessariamente na sua origem uma infracção disciplinar, que é sempre um comportamento culposo violador de um dever legal, negocial ou empresarial, como decorre do art. 27.°, n.° 2 da LCT e do art. 9.°, n.° 1 da LCCT, conjugados com a enumeração dos deveres do trabalhador no art. 20 da LCT e com a enumeração das infracções disciplinares no art. 9.°, n.° 2 da LCCT e, de uma forma dispersa, noutros diplomas laborais. Em face deste comportamento, o empregador ou o seu representante aplicam uma sanção disciplinar com o objectivo de castigar o infractor e de recolocá-lo em situação de cumprimento ou, apenas se tal não for possível, pôr termo à relação laboral. Ao contrário do que sucede com outras sanções privadas (como a cláusula penal ou o sinal, no caso de incumprimento da promessa – art. 810.° e 442.°, n.° 2 do CC), não está em causa no poder disciplinar o ressarcimento de prejuízos causados com a infracção. Aliás, as sanções disciplinares não são, em regra, pecuniárias (alguns países proíbem até este tipo de sanções) e mesmo quando o são (como é o caso da multa) o seu produto não reverte para o empregador (art. 30.° da LCT). A natureza punitiva do poder manifesta-se pois na tipologia das sanções disciplinares, no facto de a responsabilidade disciplinar ser cumulável com a responsabilidade civil, e na própria configuração da infracção disciplinar, bem como no princípio da proporcionalidade – art. 27.° n.° 2 da LCT.

Finalmente parece-nos importante destacar a *natureza privada* do poder disciplinar laboral. Referimos aqui a natureza privada do poder em três sentidos: em primeiro lugar, é um poder privado no sentido em que se insere numa relação jurídica de direito privado, porque protagonizada por sujeitos privados ou, no caso do empregador, por entes privados ou públicos que não actuam os respectivos poderes de autoridade; em segundo lugar, é um poder privado no sentido de que actua uma forma de justiça privada, uma vez que é o empregador "vítima" da infracção, que a julga e aplica a sanção correspondente; por último, é um poder privado no sentido de que prossegue os interesses particulares do próprio titular do poder – ou seja os interesses inerentes à qualidade de empregador ou os interesses da empresa[2] (ou seja, é neste sentido, um *poder egoísta* e não um poder altruísta como outros poderes privados com conteúdo punitivo, como o poder paternal, por exemplo). Esta qualificação decorre também do enunciado de deveres do trabalhador e do elenco das infracções disciplinares que já referimos, reveladores de que na tutela disciplinar da relação de trabalho estão em causa os interesses privados do empregador.

II. Basta o enunciar destas características para demonstrar a dificuldade de enquadramento dogmático do poder disciplinar. Em termos dogmáticos, trata-se, afinal, de explicar um instituto que põe em causa dois pilares da ordem jurídica – o princípio da igualdade das partes nas situações jurídicas de direito privado (já que manifesta a posição de domínio do empregador sobre o trabalhador) e o princípio do monopólio da justiça pública (já que desemboca na aplicação de uma pena privada, definida unilateralmente por um sujeito privado, a outro sujeito privado).

Com esta configuração, o poder disciplinar laboral é pois um instituto absolutamente singular no direito privado. O seu único paralelo parece ser o poder disciplinar na Administração Pública, mas este paralelo só tem significado em termos de conformação estrutural, já que em termos dogmáticos o poder disciplinar administrativo se deixa facilmente explicar pela posição de autoridade do empregador público e pela ideia de interesse público ou geral.

As dificuldades de enquadramento dogmático do poder disciplinar conduziram já, como se sabe, a doutrina a diversas tentativas de fundamentação do poder, que tentam diminuir a sua essência punitiva, aproximando-o de outras figuras civis, ou justificando-o por arrastamento ao poder directivo, numa de duas orientações: numa orientação contratualista com o argumento da indeterminação da prestação de trabalho e da necessidade de garantia do poder directivo, associado ou não às necessidades organizacionais da empresa; ou, numa orientação institucionalista, fazendo apelo às ideias da incorporação do trabalhador na empresa e à necessidade de assegurar a tutela dos interesses da comunidade empre-

---

[2] Parece-nos importante estabelecer a distinção porque o poder disciplinar assiste também a empregadores não empresários, uma vez que se trata de uma característica essencial do contrato de trabalho.

sarial[3]. A importância dos princípios jurídicos em causa neste instituto torna o tema apaixonante, do ponto de vista da discussão dogmática.

III. De toda a discussão doutrinal que este poder tem suscitado – e cujo desenvolvimento não cabe nos parâmetros do nosso tema – uma constatação unânime se retira, que nos parece de grande importância prática: é que, a par do reconhecimento da dificuldade de justificação dogmática do poder disciplinar, está sempre a consideração, a todos os níveis, da inevitabilidade deste poder.

A verdade é que, mesmo pondo aparentemente em causa princípios fundamentais da ordem jurídica, o poder disciplinar laboral não levanta quaisquer dúvidas sobre a sua admissibilidade – e este facto constata-te tanto em sistemas como o nosso, em que o poder encontra a sua legitimidade formal na própria lei, como noutros sistemas que não prevêem directamente a faculdade disciplinar na lei[4] e que portanto, a poderiam até erradicar em sede de negociação colectiva. Num e noutro tipo de sistemas, ao nível da lei, da doutrina ou da jurisprudência, o poder disciplinar é considerado como algo de inerente ao contrato de trabalho e à situação jurídica laboral, uma manifestação da posição de autoridade do empregador nessa relação, correspondente, ao lado da faculdade directiva, à posição de subordinação do prestador do trabalho. Mesmo as convenções colectivas que tratam a matéria disciplinar (e são hoje já muitas as que o fazem entre nós, dedicando uma parte significativa do seu clausulado a esta matéria[5]) começam quase sempre essa regulamentação por uma cláusula que reafirma a norma legal que consagra a existência do poder disciplinar na titularidade do empregador, o que não deixa de ser notável, dada a essência punitiva do poder.

Do nosso ponto de vista, a razão de ser desta situação está num imperativo de praticabilidade e num motivo de equilíbrio. A justificação dogmática do poder disciplinar tem que partir de um *raisonement* de equilíbrio entre os interesses das partes e de praticabilidade da relação no seu de-

---

[3] Por todos, sobre esta matéria, *vd* o nosso *Do Fundamento do Poder Disciplinar Laboral*, Coimbra, 1993.

[4] É o caso do sistema jurídico germânico, por exemplo.

[5] *Vd* a nossa enumeração da evolução das convenções colectivas na forma de tratamento desta matéria entre nós – *Do Fundamento cit.*, 69 ss.

senvolvimento quotidiano pelo empregador. E, a nosso ver, é esta mesma ideia de equilíbrio que deve estar também subjacente à matéria dos limites do poder disciplinar.

Na nossa perspectiva, o poder disciplinar é o garante do equilíbrio das posições jurídicas das partes ao celebrarem o contrato de trabalho, na prossecução dos seus interesses, que não são comunitários mas antagónicos: o empregador pretende prosseguir os seus objectivos empresariais ou organizacionais através da disponibilização da energia laborativa de outrém, cuja actividade direcciona; por seu turno, o trabalhador pretende efectuar a sua prestação mediante uma retribuição, mas pretende também, pelo menos tendencialmente, atribuir a outrem a gestão do risco inerente ao seu trabalho.

Para prosseguir os seus objectivos empresariais ou organizacionais, o empregador presta-se a assumir mais encargos e mais riscos do que aqueles que são assumidos por um simples credor de uma prestação obrigacional de *facere*, nomeadamente pelo credor de uma prestação de serviços no caso do trabalho autónomo – assim, ele contribui para a segurança social, paga férias, feriados e faltas justificadas, subsídios, etc... Mas só o faz porque tem como contrapartida desses encargos e do seu risco acrescido um meio expedito e eficaz de assegurar o cumprimento por parte do trabalhador, não ficando em caso de incumprimento, como qualquer outro credor privado, na dependência dos meios judiciais de reintegração, reconhecidamente morosos, e, muitas vezes ineficazes e inadequados.

Por seu lado, ao celebrar o contrato de trabalho, o trabalhador está consciente de que não está apenas a prometer uma actividade laborativa mediante uma retribuição, mas a prescindir da gestão do seu tempo e da forma como aplica as suas energias e capacidade laborativa em favor de outrem, em troca da não assunção do risco de não serem atingidos os resultados, de uma relativa estabilidade financeira e profissional e de uma protecção acrescida em termos de férias, reforma ou riscos sociais. Por isso mesmo sujeita-se voluntariamente não apenas às instruções do empregador relativas directamente à sua actividade produtiva enquanto prestador de serviços, mas também às regras gerais de funcionamento da empresa, nomeadamente ao regulamento interno, ao interesse da empresa, enfim, ao ordenamento disciplinar vigente na empresa ou na organização do credor.

Ao celebrarem o contrato de trabalho, empregador e trabalhador sabem que estão a dar início a uma relação jurídica complexa, com uma componente obrigacional e uma componente laboral propriamente dita: a componente obrigacional é a relação de troca trabalho-salário, ou relação de trabalho em sentido estrito, com um elemento directivo, que se pode observar também noutros vínculos privados de serviço[6]; a componente laboral é a relação subjectiva de subordinação-domínio ou relação de emprego, tutelada pelo elemento disciplinar. O poder disciplinar é, na nossa perspectiva, o elemento da posição dominial do empregador que assegura o equilíbrio da relação laboral nesta sua configuração complexa[7].

Parece-nos pois importante referir que, mais do que procurar operar a redução dogmática da essência dominial e punitiva do poder disciplinar, de forma a torná-lo "mais compatível" com a qualificação privada da relação de trabalho, se impõe reconhecer que estas componentes dominial e punitiva do poder estão ligadas a um juízo de inevitabilidade que decorre da própria natureza das coisas – no caso, a complexidade inerente à situação jurídica em causa e aos diferentes interesses que lhe subjazem, e, provavelmente, a impraticabilidade, no actual sistema de produção, de soluções alternativas.

3. Os limites do poder disciplinar laboral no seu exercício

I. Se o poder disciplinar assenta num juízo de inevitabilidade – ou exactamente porque assenta nesse juízo! – a questão da fixação dos limites ao seu exercício apresenta-se assim como fundamental. E fundamental nas reflexões sobre esta matéria nos parece ainda ser a mesma ideia de equilíbrio que justifica dogmaticamente o poder, conjugada com a própria caracterização do poder, que começámos por enunciar.

Por um lado, o exercício do poder disciplinar laboral tem limites inerentes aos seus elementos caracterizadores – ou seja, a sua qualificação

---

[6] Desacompanhado da tutela específica que lhe confere a faculdade disciplinar, o poder directivo do credor verifica-se, por exemplo, na prestação de serviços, pela sujeição do prestador às instruções vinculativas do credor e até a eventuais alterações decididas unilateralmente pelo credor – art. 1161.° a) e art. 1216.° n.° 1 do CC, respectivamente em relação ao contrato de mandato e ao contrato de empreitada. A especificidade do poder directivo no vínculo laboral reside pois na tutela que lhe é assegurada pelo poder disciplinar laboral.

[7] Sobre a complexidade do vínculo laboral neste sentido e a delimitação do contrato de trabalho relativamente ao contrato de prestação de serviço a partir desta ideia, *vd* o nosso *Do Fundamento...cit., maxime* 252 ss.

Contrato de Trabalho 187

como direito subjectivo, a sua essência punitiva e a sua natureza privada e egoísta. Por outro lado, a actuação do poder disciplinar deve manter-se nos limites do equilíbrio entre os interesses de gestão do empregador e os encargos acrescidos que ele assume pelo facto de recorrer ao trabalho subordinado, e, do lado do trabalhador, a necessária razoabilidade do grau de abdicação da sua liberdade no desenvolvimento da relação de trabalho.

Da conjugação da caracterização básica do poder disciplinar com esta ideia do equilíbrio das posições negociais poderemos proceder a sucessivas delimitações do poder no seu exercício.

II. Em primeiro lugar, a recondução do poder disciplinar ao conceito técnico-jurídico de direito subjectivo é importante do ponto de vista regimental porque permite alguma elasticidade no seu exercício mas impõe a este exercício os limites decorrentes da boa fé e do abuso do direito.

Assim, por um lado, é possível o exercício do poder disciplinar com uma certa margem de discricionariedade pelo seu titular. Em termos práticos, é, em princípio, lícito ao empregador aplicar uma sanção disciplinar a um certo trabalhador por uma determinada infracção disciplinar e, por uma infracção idêntica, não punir outro trabalhador com base num juízo de oportunidade, atendendo, por exemplo, ao facto de ele ser menos experiente – é a margem de discricionariedade que acompanha o exercício dos direitos subjectivos. Neste sentido, a LCT não impõe mas *permite* o exercício do poder uma vez constatada a infracção (art. 27.º n.º 1)[8]. Contudo, esta margem de discricionariedade tem, do nosso ponto de vista, que assentar na ponderação do equilíbrio entre os interesses empresariais e aquele trabalhador, considerado em si mesmo (como indivíduo e como profissional) e na sua inserção empresarial, ou seja relativamente a outros trabalhadores, pela própria funcionalidade do poder – ou seja, tem que ser balizada em termos objectivos.

Por outro lado, a recondução do poder disciplinar ao conceito de direito subjectivo, funcionalmente limitado aos interesses do empregador nessa qualidade ou aos interesses da empresa, permite fixar com clareza os limites da licitude no exercício do poder – esta licitude depende da violação culposa daqueles interesses, ou seja, da prática de uma infracção

---

[8] Excepto no caso da infracção de desmoralização dos companheiros de trabalho, prevista no art. 40.º n.º 2 da LCT, em que a lei parece consagrar um verdadeiro poder-dever disciplinar.

disciplinar. Assim, não actua licitamente o seu direito o empregador que sanciona disciplinarmente um trabalhador por uma conduta correspondente ao exercício de um direito próprio, laboral ou não laboral – a recusa de cumprimento de uma ordem ilegal, o aproveitamento de uma permissão de actuação conferida pela lei, a reclamação contra uma situação discriminatória, ou uma conduta atinente à vida pessoal do trabalhador, logo no exercício do direito à intimidade da vida privada (é a matéria das sanções abusivas, prevista no art. 32.º da LCT). Assim como não é lícita a imposição ao trabalhador de sanções ocultas, ou seja, a imposição de determinado comportamento aparentemente ao abrigo do poder directivo, para na realidade o sancionar disciplinarmente, como reacção a uma conduta lícita do trabalhador, laboral ou extra-laboral – por exemplo, em resultado da informação pela trabalhadora de que está grávida, o empregador impõe-lhe uma transferência de local de trabalho ou de funções, para um local mais distante ou para uma tarefa mais penosa, alegando as necessidades da empresa. Como direito subjectivo, o poder disciplinar não pode ser exercido em fraude à lei.

Finalmente, a recondução do poder ao conceito técnico-jurídico de direito subjectivo impõe naturalmente a sua sujeição aos limites impostos pelo abuso do direito e pela boa fé, nos termos do art. 334.º do CC. Assim, por exemplo, não será lícito actuar o poder disciplinar para prosseguir um fim contrário àquele para que o poder foi concedido ao seu titular (por exemplo, colocar o trabalhador numa situação de incumprimento para depois lhe aplicar uma sanção disciplinar com fundamento nesse incumprimento[9]).

III. O carácter dominial e unilateral do poder disciplinar, que enunciámos como sua segunda característica, tem também importantes projec-

---

[9] Neste sentido, o Ac. R Lx. de 16/10/1996, CJ, 1996, IV, 186, considera não corresponder a uma infracção disciplinar justificativa de despedimento a recusa da trabalhadora em aceitar uma modificação da sua prestação, nos termos do art. 22.º da LCT, quando ao longo de um período razoável de tempo essa recusa vinha sendo feita e o empregador a tinha vindo a aceitar. Embora não reconheça a correcção do comportamento do trabalhador, o tribunal entende que o comportamento aquiescente do empregador diminui objectivamente a gravidade da infracção, que apenas poderia justificar uma sanção mais leve. Do nosso ponto de vista, esta situação poderia eventualmente configurar um caso de exercício abusivo do poder disciplinar, na manifestação de *venire contra factum proprium*, se viesse a demonstrar que o empregador aceita o comportamento do trabalhador, para depois alegar contra ele esse mesmo comportamento.

ções na delimitação do poder, porque obriga a assegurar com especial empenho as garantias de defesa do trabalhador na acção disciplinar – é este, na nossa opinião, o fundamento do processo disciplinar, prescrito no art. 31.º da LCT e no art. 10.º da LCCT. O exercício do poder disciplinar tem que ser processualizado, pela sua essência punitiva, e esta exigência justifica plenamente a nulidade da sanção disciplinar proferida sem processo disciplinar.

Cremos que nesta matéria as convenções colectivas têm um papel da maior importância a desempenhar: efectivamente, se a inevitabilidade natural do poder disciplinar na relação de trabalho e, no caso português, a sua imposição legal, não permitem a sua exclusão pela via da autonomia colectiva, nada obsta à delimitação positiva da forma do seu exercício pelas convenções colectivas. Neste sentido, há já entre nós diversas convenções colectivas que tratam esta matéria de forma mais aprofundada e reforçam as garantias de transparência e de defesa nos trâmites do processo disciplinar, não só no caso do processo disciplinar para despedimento, mais desenvolvido na lei, mas também nos processos disciplinares para aplicação das sanções conservatórias. Esta intervenção contribui para minorar os efeitos da posição dominial do empregador, que tem na actuação disciplinar a sua manifestação mais intensa, designadamente estabelecendo o direito do trabalhador a ser assistido em todos os processos disciplinares pelas instituições laborais que o representam, e que não partilham, naturalmente, a sua posição de inferioridade negocial. Como sabemos, contudo, nas pequenas empresas esta é uma solução muitas vezes impraticável.

IV. A terceira característica do poder disciplinar laboral que referimos (ou seja, a sua essência punitiva) tem também incidência na questão da delimitação do poder, já que obriga, uma vez mais, a renovadas cautelas quanto ao seu exercício – as garantias de defesa têm que ser asseguradas e o princípio da proporcionalidade entre a gravidade da infracção e da culpa do trabalhador, por um lado, e a gravidade da sanção, por outro, tem uma especial importância e encontra aqui o seu fundamento.

Em termos práticos, este princípio obriga a uma ponderação da infracção em termos relativos, à maneira penal, uma vez que se trata, na verdade, de uma pena, com a agravante de haver uma confusão entre a "vítima" e o juiz da infracção. Devem pois ser ponderadas todas as circunstâncias agravantes e atenuantes da infracção no caso concreto e os usos da empresa em situações análogas – a limitação objectiva da discricionarie-

190   *Estudos de Direito do Trabalho*

dade no exercício do poder impõe também aqui limitações acrescidas por obrigar, pelo menos, à justificação objectiva das diferenças de tratamento (se, por exemplo, uma trabalhadora tiver relações amorosas no local de trabalho com o seu superior hierárquico não nos parece legítimo despedir a primeira com base na sua conduta moral e não o segundo por ser um trabalhador mais importante para a empresa!).

Também aqui nos parece que a previsão da matéria em convenção colectiva pode contribuir positivamente para balizar em termos objectivos a determinação da medida adequada da sanção – e algumas convenções colectivas procedem já desta forma. Uma vez mais a ideia de equilíbrio entre os interesses da empresa ou do empregador e a situação concreta do trabalhador, considerado em si mesmo e relativamente ao conjunto dos trabalhadores, deve ser o pano de fundo da actuação disciplinar.

V. Finalmente, a caracterização privada e egoísta do poder disciplinar tem, do nosso ponto de vista, implicações práticas da maior importância.

É inequívoco que o poder disciplinar é atribuído para tutela dos interesses do empregador ou da empresa – para isso aponta a tipologia das infracções disciplinares. Mas, assim sendo, terão que ser esses mesmos interesses a limitar a actuação do poder em concreto: neste sentido será legítima a sanção disciplinar aplicada por desobediência, mesmo que tal desobediência se salde no incumprimento de uma regra empresarial que não tenha uma relação directa com a prestação[10]; mas já não será legítima a sanção aplicada em resultado de uma conduta atinente à vida pessoal do trabalhador, que desagrade ao empregador, desde que não tenha implicações no cumprimento dos seus deveres ou atente contra interesses da empresa.

Ainda assim, parece-nos importante fazer aqui outra vez um raciocínio de equilíbrio, já que se, em princípio, a vida privada ou as convicções pessoais dos trabalhadores não constituem em geral motivo para despe-

---

[10] Neste sentido se compreende por exemplo, a decisão do Ac. da RLx. de 09/04/1997, CJ, 1997, 2, 168, considerando legítimo o despedimento do trabalhador que se recusa ao cumprimento pontual da prestação como reacção à proibição imposta pelo empregador de estacionamento dos automóveis dos trabalhadores dentro das instalações da empresa; ou a decisão do Ac. da RP, de 25/03/1996, CJ, 1996, II, 259, que considera haver justa causa para despedimento do trabalhador que não acata a ordem de não fumar dentro das instalações da empresa e por isso faz uma pausa no seu trabalho para ir fumar em determinado local.

Contrato de Trabalho

dimento, elas poderão sê-lo em certas situações: assim, o trabalhador que utilize as instalações da empresa para prosseguir uma actividade profissional privada fora das horas de trabalho, poderá ser despedido, ainda que tal actividade em nada afecte a sua prestação laboral e não entre em concorrência com ela, porque a sua presença na empresa extravasa de forma óbvia os motivos pelos quais tem acesso às instalações; bem como pode ser despedido o trabalhador ou a trabalhadora que assediem sexualmente outro ou outra trabalhadora, seus inferiores hierárquicos[11].

Por último, a ideia de interesses contratuais e da empresa permite distinguir estes interesses das conveniências pessoais do empregador – apenas a violação culposa dos primeiros justifica a acção disciplinar[12]. Poderá dizer-se que a delimitação entre as conveniências pessoais do empregador e os interesses da empresa é difícil de estabelecer, tanto mais que se admite uma certa discricionariedade no exercício do poder. Para obviar a esta dificuldade, parece-nos mais uma vez que é de fazer apelo aos princípios gerais e, nomeadamente, à funcionalidade do direito em causa: o poder disciplinar é atribuído pela ordem jurídica para assegurar o equilíbrio entre os interesses empresariais e os riscos e custos acrescidos inerentes ao trabalho subordinado. Por outro lado, porque os direitos reconhecidos ao trabalhador, enquanto tal e enquanto cidadão, constituem o limite da sua subordinação, só é admissível a punição disciplinar do facto que contrarie aqueles interesses e obrigações contratuais ou legais do trabalhador e que não se reconduza ao exercício de qualquer um destes direitos – o poder é funcional e tem os limites inerentes a essa funcionalidade.

VI. Resta debruçarmo-nos sobre a questão da defesa do trabalhador em caso de exercício ilegal ou abusivo do poder disciplinar. Se é certo que o trabalhador se encontra em face do poder disciplinar na situação de

---

[11] Neste sentido, o Ac. RLx de 08/01/1997, CJ, 1997, I, 173, considerou integrar justa causa o despedimento de um trabalhador que assediava sexualmente uma trabalhadora, inferior hierárquica, e dava muito mais trabalho a outra, para beneficiar a trabalhadora que lhe agradava.

[12] Neste sentido, o Ac. RLx. de 10/10/1996, CJ, 1996, IV, 186, considera que a gravidade do comportamento do trabalhador para efeitos da verificação da situação de justa causa de despedimento tem que decorrer da lesão de interesses objectivos e concretos da empresa e não daquilo que subjectivamente o empresário considere como tal; também neste sentido se pronunciou o Ac. STJ de 23/01/1996, CJ, 1996, I, 249.

192 Estudos de Direito do Trabalho

sujeição correspondente a um direito potestativo, certo é também que tal sujeição tem como limites a licitude no exercício do direito.

Desta forma assiste ao trabalhador não só o direito de defesa durante o processo disciplinar e o direito de consulta do próprio processo[13], mas também o direito de desobediência, através do não acatamento da sanção disciplinar ilegítima – art. 20.º n.º 1 c) da LCT. Mas a dificuldade prática que muitas vezes tal solução significa, bem como a real dificuldade de accionar judicialmente o empregador, nos casos de sanções conservatórias, torna preferível o recurso à assistência das estruturas de representação dos trabalhadores e, eventualmente, aos organismos administrativos de fiscalização. No caso de a sanção disciplinar ser aplicada pelo superior hierárquico com competência disciplinar, pode e deve ser exercido o direito de reclamação – art. 31.º n.º 4 da LCT.

Deve, contudo, reconhecer-se que, pela natureza das coisas, este é o aspecto mais frágil de toda a temática disciplinar. Daí a importância da intervenção da autonomia colectiva na matéria.

4. Conclusões

Em jeito de conclusão, deixaríamos as seguintes ideias-chave:

1. O poder disciplinar reconduz-se ao conceito técnico de direito subjectivo e tem carácter unilateral, dominial, punitivo, privado e egoísta; não obstante, está-lhe associada uma ideia de inevitabilidade, uma vez que se trata do traço mais característico da relação de trabalho, necessário para a gestão quotidiana do equilíbrio entre os interesses do empregador e os interesses do trabalhador.

2. Os limites do poder disciplinar no seu exercício decorrem da sua própria caracterização estrutural, conjugada com a necessidade de equilibrar os interesses das partes no desenvolvimento do vínculo laboral: da recondução ao conceito de direito subjectivo decorre a admissibilidade de alguma discricionariedade no seu exercício, mas também a sua limitação funcional pelos institutos da boa fé, do

---

[13] Reconhecido por exemplo pelo Ac. STJ de 17/01/1996, CJ, 1996, 1, 247, desde que o trabalhador solicite essa consulta ao empregador.

abuso do direito e da fraude à lei. Da sua natureza unilateral e punitiva decorrem a imperatividade do processo disciplinar e a necessidade de assegurar as garantias de defesa do trabalhador nesse processo. Da natureza privada e egoísta do poder decorre a necessidade da sua conformação funcional pelos interesses da empresa, decorre a inadmissibilidade do sancionamento de condutas do trabalhador não constitutivas de infracção disciplinar e a necessidade de distinção entre os interesses da empresa e as conveniências pessoais do empregador.

3. A autonomia colectiva tem um importante papel a desempenhar na delimitação positiva do exercício do poder disciplinar laboral, contribuindo para sua objectivação e para reforçar as garantias de defesa do trabalhador.

4. O trabalhador deve defender-se do exercício ilegítimo do poder disciplinar por todo os meios que a lei coloca ao seu dispor e assiste-lhe o direito à desobediência nesses casos. A dificuldade de controlo externo do exercício do poder acentua a importância da actuação dos sujeitos laborais colectivos nesta matéria.

NOVAS FORMAS DA REALIDADE LABORAL: O TELETRABALHO*

SUMÁRIO: 1. A difusão do fenómeno do teletrabalho como projecção da moderna sociedade da informação; 2. O carácter multifacetado do fenómeno do teletrabalho; 3. O enquadramento jurídico dos fenómenos de teletrabalho.

1. A difusão do fenómeno do teletrabalho como projecção da moderna sociedade da informação

I. Desconhecido até aos anos oitenta, o fenómeno usualmente identificado pela expressão "teletrabalho", em homenagem aos instrumentos de trabalho que envolve, é um fenómeno em expansão, que projecta no mundo do trabalho as profundas alterações na vida económica e social e na organização das empresas resultantes dos avanços tecnológicos na área da informática, da robótica e das telecomunicações, nas últimas décadas. Dito de outra forma, o fenómeno do teletrabalho manifesta, no domínio do trabalho, os efeitos da pujança do já chamado sector quaternário da economia[1].

II. Numa primeira aproximação, os autores reconhecem dois elementos diferenciadores deste fenómeno: um elemento instrumental e um elemento geográfico. Por um lado, o teletrabalho envolve uma prestação

---

* Texto que serviu de base à comunicação apresentada no âmbito do Curso de Verão sobre *"Direito da Sociedade da Informação"* –, Faculdade de Direito da Universidade de Lisboa, 26 de Julho de 2002.

[1] JEAN-EMMANUEL RAY, *Le droit du travail à l'épreuve du télétravail: le statut du télétravailleur*, DS, 1996, 2, 121-127 (121), e *Du Germinal à Internet. Une nécessaire évolution du critère du contrat de travail*, DS, 1995, 7/8, 634-637.

laborativa[2] executada através de meios informáticos e/ou telemáticos, senão de forma exclusiva, pelo menos de forma predominante. Por outro lado, caracteriza-se pelo facto de o prestador do trabalho executar a sua actividade não nas instalações da entidade credora do trabalho, mas à distância, mantendo, todavia, uma comunicação, mais ou menos intensa, com o centro produtivo, no desenvolvimento dessa actividade[3].

A especificidade desta forma de trabalho reside, evidentemente, na junção destas duas características, já que, de per si, cada uma delas pode estar presente em vínculos de trabalho ou de prestação de serviço comuns[4]. Por outro lado, o facto de este tipo de trabalho envolver a utilização de meios informáticos ou telemáticos permitirá reconduzir a prestação laborativa envolvida a uma actividade intelectual.

Sob este fenómeno de "teletrabalho", assim delimitado numa primeira aproximação, descortina-se, todavia, uma pluralidade de situações, difíceis de apreender nos seus elementos específicos e, por essa razão, dificilmente compatíveis com um enquadramento jurídico unitário. Antes de as apreciarmos, cabe apenas dar uma breve nota sobre as motivações

---

[2] Utilizamos aqui a expressão actividade laborativa no sentido técnico que lhe atribuímos (M. R. PALMA RAMALHO, *Da Autonomia Dogmática do Direito do Trabalho*, Coimbra, 2001, 70 ss.), de actividade produtiva livre desenvolvida para outrem, justamente para enfatizar o facto de este tipo de actividade poder ser desenvolvida num enquadramento jurídico autónomo ou, pelo contrário, num enquadramento jurídico subordinado ou laboral, bem como num vínculo de natureza pública ou de índole privada.

[3] Identificando estas características no fenómeno do teletrabalho, entre outros, RAY, *Le droit du travail à l'épreuve du télétravail...cit.*, 121 s., BRUNO VENEZIANI, *Nuove tecnologie e contratto di lavoro: profili di diritto comparato*, DLRI, 1987, 1, 1-60 (14 ss.), PIETRO ICHINO, *Subordinazione e autonomia nel diritto del lavoro*, Milano, 1989, 141 ss., *maxime* 143 s., LORENZO GAETA, *Lavoro a distanza e subordinazione*, Napoli, 1993, 69 s. e, do mesmo autor, *Il telelavoro: legge e contrattazione*, DLRI, 1995, 68, 550 ss., e, entre nós, M. R. GOMES REDINHA, *O Teletrabalho, in* A. MOREIRA (coord.), *II Congresso Nacional de Direito do Trabalho – Memórias*, Coimbra, 1999, 81-102 (86) e, da mesma autora, *O teletrabalho*, QL, 2001, 17, 87-107 (88), que passaremos a referir neste estudo, por ser mais recente.

[4] O teletrabalho não se confunde assim com o trabalho deslocado nem se verifica sempre que o instrumento de trabalho utilizado seja um instrumento informático ou telemático. Exige-se a conjugação dos dois factores e, designadamente, que o instrumento informático ou telemático seja o meio de produção típico da actividade desenvolvida – assim, o atendimento de chamadas por reencaminhamento ou um serviço informativo via computador, por exemplo.

que estiveram na base do desenvolvimento deste fenómeno, já que elas são elucidativas sobre os contornos difusos que ele assume até hoje.

III. O fenómeno do teletrabalho teve como suporte os progressos tecnológicos na área da informática e das telecomunicações e a sua difusão, desde o início da década de oitenta, estribou-se em razões económicas e de gestão. As motivações do fenómeno são, pois, extra-jurídicas, cabendo ao Direito fornecer-lhe o enquadramento adequado.

Do ponto de vista económico, o advento deste tipo de trabalho é considerado como uma consequência directa do desenvolvimento do referido sector quaternário da economia, que, desde o último quartel do século XX, vem ultrapassando o desenvolvimento do sector terciário e que determinou a introdução de profundas alterações tanto neste sector como no sector da indústria. Evidentemente que o desenvolvimento deste sector económico potencia, só por si, o surgimento de formas de trabalho que lhe são directamente associadas e não é, por isso, estranho que o teletrabalho se tenha difundido, sobretudo, em áreas produtivas no seio das quais a informatização se processou mais rapidamente – como a banca, as seguradoras ou as telecomunicações –, embora as suas virtualidades permitam a expansão à maioria dos sectores da área dos serviços[5].

Outra razão de ordem económica que, a nosso ver, justificou o aparecimento deste fenómeno foi a conjugação das tendências de globalização da economia e de especialização das empresas.

A globalização da economia é, naturalmente, facilitada pelo aperfeiçoamento dos meios de comunicação e vai enraizando a ideia de que não só o negócio mas também as prestações laborais que lhe estejam associadas podem ser feitas à distância, tanto em regime de subordinação como em regime de autonomia.

Por seu turno, a tendência para a especialização das empresas naquilo que constitui o *core* do seu negócio – tendência esta que, a partir da

---

[5] Não concordamos, pois, com a ideia de que esta forma de trabalho se mantém essencialmente circunscrita aos sectores das telecomunicações, da banca e dos seguros – neste sentido, entre outros, REGINA REDINHA, *O teletrabalho cit.*, 92 s., enfatizando os entraves lógicos à expansão deste tipo de trabalho, por assentar em meios informáticos, bem como os entraves económicos decorrentes do custo e da instalação dos equipamentos. Quanto a nós, as virtualidades deste tipo de trabalho poderão permitir a sua generalização dentro do sector dos serviços.

década de setenta, sucedeu à tendência para as grandes unidades produtivas auto-suficientes, ou "empresas-ilha" típicas do pós-guerra[6] – teve como consequência directa a diminuição do número de trabalhadores, num processo de miniaturização que, *in fine*, pode mesmo chegar àquilo que G. LYON-CAEN apelidou, expressivamente, de "empresa virtual"[7]. Ora, neste contexto, o recurso ao teletrabalho, designadamente na modalidade de trabalho autónomo, surge como uma forma de *out-sourcing*, que compensa a redução de pessoal próprio nas empresas mais pequenas e especializadas.

Por último, ainda nesta perspectiva económica, o desenvolvimento do teletrabalho foi propiciado pelas várias crises económicas que tiveram a sua génese na crise petrolífera do início dos anos setenta e se repetiram ciclicamente nas décadas seguintes[8].

Como é sabido, estes períodos económicos recessivos obrigaram as empresas a reflectir sobre os custos dos postos de trabalho tradicionais e a procurar soluções alternativas, que mantivessem os mesmos níveis de competitividade mas fossem menos onerosas. Foi justamente em prossecução deste objectivo que, num processo que a doutrina veio a designar

---

[6] Sobre este modelo empresarial, assente nas concepções taylorista e fordista da grande fábrica, *vd*, com desenvolvimentos, M. R. PALMA RAMALHO, *Da Autonomia Dogmática... cit., maxime*, 541 ss., e as referências bibliográficas aí indicadas.

[7] GÉRARD LYON-CAEN, *La crise du droit du travail, in In Memoriam Sir Otto Kahn-Freund*, München, 1980, 517-523 (523). A este propósito, se referiu ainda Giuseppe MELIADÒ, *Il rapporto di lavoro nei gruppi di società. Subordinazione e imprese a struttura complessa*, Milano, 1991, 15, às tendências «*miniturizzazione delle attività economiche e del "grande che si fa piccolo"*». Numa perspectiva económica sobre estas tendências, por exemplo, BOAVENTURA SOUSA SANTOS, JOSÉ REIS e M. MANUEL LEITÃO MARQUES, *O Estado e as transformações recentes da relação salarial – a transição para um novo modelo de regulação da economia, in Temas de Direito do Trabalho. Direito do Trabalho na Crise. Poder Empresarial. Greves Atípicas – IV Jornadas Luso-Hispano-Brasileiras de Direito do Trabalho*, Coimbra, 1990, 139-179 (158), referem-se a um processo de "desintegração jurídica da empresa".

[8] Na verdade, a crise económica do início da década de setenta teve reflexos profundos na estruturação típica dos vínculos laborais, sendo apontada, conjuntamente com outros factores, como um dos motivos que esteve na base da evolução do direito do trabalho num sentido da maior flexibilização, em oposição à tendência garantística que o caracterizara nas décadas anteriores. A emergência de fenómenos como o teletrabalho, a partir desta época é pois apenas um dos sinais dessa tendência geral. Sobre o ponto, com desenvolvimentos, M. R. PALMA RAMALHO, *Da Autonomia Dogmática...cit., maxime* 552 ss.

como "a erosão da relação laboral típica"[9], se desenvolveram novas formas de trabalho subordinado a par dos vínculos laborais tradicionais (foi o caso do trabalho a termo, do trabalho a tempo parcial ou do trabalho temporário) e se introduziram traços de flexibilidade no regime jurídico do contrato de trabalho (sobretudo nos aspectos do tempo de trabalho e da função). Por outro lado, em paralelo com este processo, tem vindo a assistir-se ao recrudescimento dos vínculos de prestação de serviço, mesmo para o enquadramento de actividades produtivas anteriormente desenvolvidas em moldes subordinados[10].

Ora, na óptica do custo, o teletrabalho é uma modalidade de trabalho que oferece vantagens consideráveis sobre os vínculos de trabalho tradicionais, quer se desenvolva ainda como trabalho dependente quer tome a forma de trabalho autónomo. Como trabalho subordinado, oferece vantagens financeiras evidentes para as empresas, uma vez que, só por si, a deslocalização do trabalhador diminui os custos das empresas com o pessoal e os custos fixos com os postos de trabalho e com as instalações[11]. Por outro lado, este tipo de trabalho tem a vantagem de se prestar facilmente ao desenvolvimento em moldes juridicamente independentes, solução que é ainda menos onerosa para as empresas do que qualquer forma de trabalho subordinado.

IV. Já numa perspectiva de gestão, o teletrabalho desenvolveu-se por motivos ligados à reorganização interna das unidades produtivas, que resultou da tendência de especialização das empresas no *core* do seu negócio, de que acima demos conta, conjugado com o desenvolvimento de novos meios de controlo da actividade laboral, que prescindem da presença física dos trabalhadores nas instalações da empresa.

---

[9] Neste sentido, por todos, ULRICH ZACHERT, *Die Zerstörung des Normalarbeitsverhältnisses*, ArbuR, 1988, 5, 129-137, e o nosso *Da Autonomia Dogmática...cit.*, 550 ss.

[10] É o fenómeno designado como "fuga ao direito do trabalho" – M. RODRIGUEZ-PIÑERO, *La huida del Derecho del Trabajo*, Rel. Lab., 1992, I, 85-92.

[11] Assim, se o trabalhador desenvolver a sua actividade em casa, não receberá subsídio de refeição nem de transporte, e, em regra, não reclamará retribuição por trabalho suplementar; e, ao mesmo tempo, a empresa poupa na instalação e na manutenção do posto de trabalho, no investimento em boas condições de trabalho e em equipamento de apoio e de segurança, etc... Salientando as vantagens do teletrabalho do ponto de vista dos custos, entre outros, RAY, *Le droit du travail à l'épreuve du télétravail...cit.*, 121.

200   *Estudos de Direito do Trabalho*

É sabido que as unidades produtivas mais pequenas e especializadas tendem a desenvolver modelos de organização funcional e de gestão de pessoal de pendor mais igualitário, mais flexível e mais responsabilizante dos próprios trabalhadores do que os modelos de organização típicos das grandes empresas do pós-guerra, caracterizados pela integração dos trabalhadores numa cadeia hierárquica rigidamente estratificada e por uma relativa imutabilidade dos postos de trabalho[12]. Todavia, a eficácia destes modelos organizacionais depende, naturalmente, da subsistência do poder directivo do empregador, sob pena de descaracterização dos vínculos laborais – é pois vital que o empregador continue a poder emitir ordens e instruções sobre a execução da prestação e mantenha o controlo da actividade prestada. Ora, a subsistência do poder directivo pode ser assegurada pelos avanços tecnológicos, designadamente na área da informática e das telecomunicações, que permitem o direcção e o controlo do trabalhador à distância, de forma tão ou mais intensa – na verdade, como muito reconhecem, até de uma forma mais invasiva da sua vida privada! – do que se ele estivesse nas instalações da empresa, ao alcance da voz e da vista do seu superior hierárquico[13].

---

[12] Para mais desenvolvimentos sobre este ponto, *vd* o nosso *Da Autonomia Dogmática... cit.*, 561 ss.

[13] Sobre este ponto, *vd* o estudo de JEAN-EMMANUEL RAY, *Nouvelles technologies et nouvelles formes de subordination*, DS, 1992, 6, 525-537 (531 ss. e 527 ss.), no qual o autor dá conta das novas formas de controlo do trabalhador possibilitadas pelos avanços tecnológicos, tanto quanto à avaliação do seu desempenho (assim, o controlo por câmaras de vídeo, a verificação informática dos níveis de produtividade ou da qualidade da prestação e as técnicas de controlo remoto do trabalhador que exerce a sua actividade fora das instalações da empresa), como na fase da formação do negócio laboral (com a selecção dos candidatos por via informática e a vulgarização de testes computorizados de aptidões). Como observa o autor, estes mecanismos de controlo são muitas vezes mais eficazes do que o controlo presencial tradicionalmente exercido pelo superior hierárquico. À subordinação, entendida tradicionalmente como a sujeição do trabalhador a um conjunto de poderes do empregador, exercidos num certo espaço físico, substituiu-se, em muitos casos, uma espécie de "tele-subordinação", exercida por meios electrónicos e, com frequência, mais intensa e invasiva da privacidade do trabalhador. Como observa RAY, "...*le nouveau Taylorisme Assisté par Ordinateur (TAO) se révèle mille fois plus implacable que les anciens contrôles.*" (*idem*, 525). Em geral, sobre a intensidade do controlo da empresa sobre os actos e a própria pessoa do trabalhador que a utilização das tecnologias da informação permite, ainda WOLGANG DÄUBLER, *Nuove tecnologie: un nuovo diritto del lavoro?*, DLRI, 1985, I, 65-83 (79), ALBERT ROUDIL, *Le droit du Travail au regard de l'informatisation*, DS, 1981, 4, 307-319 (*maxime*, 313 ss.), e FRANCO CARINCI, *Rivoluzione tecnologica e diritto del lavoro: il rapporto individuale*, DLRI, 1985, 26, 203-241 (221 ss.).

Estas novas formas de direcção e de controlo do trabalhador são particularmente eficazes no caso do teletrabalho. Porque executa a sua actividade através de meios informáticos ou telemáticos, que asseguram a comunicação com a empresa apesar da distância, o teletrabalhador pode ser direccionado e controlado no seu desempenho onde quer que se encontre e em qualquer momento, deixando a sua ausência física do centro produtivo de constituir um obstáculo ao estatuto subordinado que é essencial à qualificação laboral do seu vínculo.

V. Enunciadas as razões do desenvolvimento do teletrabalho na moderna sociedade da informação, resta dizer que, embora os dados estatísticos apontem ainda para uma importância reduzida deste tipo de trabalho – na União Europeia ele não tem um peso significativo e em Portugal parece ocupar apenas uma franja mínima do mercado de trabalho, embora se suspeite que os dados disponíveis não sejam abrangentes[14] – este fenómeno tem todas as condições para um rápido crescimento e para a expansão à maioria das áreas da prestação de serviços.

Acresce que este tipo de trabalho pode ainda ser incrementado directamente pelos poderes públicos por força das vantagens sociais que lhe são assacadas – pensamos no contributo que este tipo de trabalho pode dar para a ocupação de trabalhadores com dificuldades de locomoção, para a conciliação da vida profissional com encargos familiares, para o aumento da oferta de emprego em geral e, em especial, em zonas afastadas dos centros produtivos, e, ainda, reflexamente, para o equilíbrio na distribuição geográfica da população[15].

---

[14] *Vd*, quanto a este ponto, os dados fornecidos por REGINA REDINHA, *O teletrabalho cit.*, 92, que dá conta de que o fenómeno corresponde a menos de 3% da força de trabalho na União Europeia, sendo, apesar de tudo, mais significativo em países como a Suécia, a Finlândia, a Noruega e o Reino Unido. Segundo esta autora, apesar da falta de fiabilidade das estimativas existentes, o fenómeno não deverá abranger mais do que 100 000 trabalhadores.

[15] Estas são algumas das vantagens que os defensores do incremento desta modalidade de trabalho normalmente apontam – neste sentido, por exemplo, RAY, *Le droit du travail à l'épreuve du télétravail...cit.*, 121 s., dando conta da vontade política de favorecimento deste tipo de trabalho em França, na forma de trabalho autónomo. Já os mais cépticos sobre este tipo de trabalho chamam a atenção para os perigos de isolacionismo e de invisibilidade destes trabalhadores, e, em consequência, para a maior facilidade de desrespeito pelos seus direitos laborais. Para uma análise minuciosa das vantagens e dos inconvenientes que têm sido associados a esta forma de trabalho, *vd* REGINA REDINHA,

202 *Estudos de Direito do Trabalho*

Seja pela sua expressão actual, seja pelas suas virtualidades para o futuro, caberá pois à ordem jurídica fornecer o adequado enquadramento a este fenómeno[16]. Para esse efeito, procederemos no próximo ponto à identificação das várias manifestações que ele pode assumir.

2. O carácter multifacetado do fenómeno do teletrabalho

I. Como referimos acima e fomos comprovando no enunciado dos motivos que estiveram subjacentes ao seu desenvolvimento, sob a designação genérica de "teletrabalho" descortina-se uma pluralidade de fenómenos, já que os dois elementos característicos deste tipo de trabalho podem ter múltiplas combinações e surgir em contextos diversos. O primeiro desafio colocado pelo fenómeno do teletrabalho ao jurista é, pois, o da conceptualização.

Para além dos pontos comuns relativos aos instrumentos técnicos utilizados pelo teletrabalhador na execução da prestação e à sua deslocalização do centro produtivo principal, o fenómeno do teletrabalho pode apresentar contornos diversos em relação a três aspectos: no que se refere ao local de desenvolvimento da prestação laborativa; no que se reporta ao grau de autonomia jurídica e económica do trabalhador no desenvolvimento da actividade; e, por último, no que se refere à natureza jurídica dos sujeitos envolvidos no vínculo. Estas diferenças apontam, a nosso ver, para regimes jurídicos diversos.

II. Assim, no que se refere ao local de desenvolvimento da prestação laborativa, é reconhecido como teletrabalho o trabalho com meios informáticos ou telemáticos realizado no domicílio do próprio trabalhador, mas também o trabalho realizado em centros comunitários dispostos para esse efeito, partilhados por vários trabalhadores, independentes entre si ou associados, e ainda o trabalho executado num centro disposto por uma única empresa ou por um grupo de empresas para aquele fim – é recorrendo

---

O teletrabalho cit., 94 ss., que, acaba por subscrever uma visão crítica em relação a este fenómeno.

[16] Não partilhamos pois a opinião de autores como REGINA REDINHA, *O teletrabalho cit.*, 106 s., de que o fenómeno do teletrabalho não tem ainda a importância que justifique um particular atenção do legislador e, muito menos um enquadramento jurídico específico.

a este critério que os autores distinguem entre o teletrabalho no domicílio e os fenómenos do *telecottage* e do escritório-satélite[17].

Basta, todavia, o enunciado destas manifestações do fenómeno para que se intuam as diferenças substanciais que elas encerram e, em consequência, se confirme a dificuldade de construção unitária da figura. Assim, o teletrabalho desenvolvido num centro produtivo criado para o efeito por uma empresa (ou seja, a hipótese do escritório-satélite) aproximar-se-á mais facilmente do domínio do trabalho subordinado (embora deslocalizado) do que o mesmo trabalho, desenvolvido no domicílio do trabalhador ou num centro comunitário partilhado por diversos trabalhadores independentes entre si.

Ainda relativamente ao critério do local de cumprimento da prestação de teletrabalho cabe ter em atenção que a circunstância de a prestação ser executada no domicílio do trabalhador pode ser um factor determinante para a fixação do regime jurídico aplicável. É que, embora o fenómeno do teletrabalho se mostre rebelde à regulação jurídica (poucos sistemas têm até agora um regime jurídico específico para este tipo de trabalho), já o trabalho no domicílio tem merecido a atenção do legislador em diversos países e suscitado a aprovação de uma disciplina jurídica específica[18]. Ora, desde que este regime jurídico específico contemple situações de trabalho intelectual, ele poderá vir a abranger os fenómenos de teletrabalho, quando prestados no domicílio do trabalhador e mesmo, se o conceito de domicílio for, para efeitos da sujeição ao regime especial, particularmente amplo, poderá até abranger o teletrabalho em centros comunitários, por exemplo[19].

---

[17] Para mais desenvolvimentos, por exemplo, REGINA REDINHA, *O teletrabalho cit.*, 96 ss.

[18] Nesta linha, *vd* a regulamentação das formas atípicas de trabalho na Alemanha, incluindo o trabalho no domicílio, desde a denominada "lei da promoção do emprego" (*Beschäftigungsforderungsgesetz*), de 1 de Maio 1985 – sobre o ponto ZACHERT, *Die Zerstörung... cit.*, 133; ou, em França, a alteração introduzida ao *Code du travail* pela *Loi Madelin*, que criou uma presunção de autonomia relativamente aos trabalhadores no domicílio, que é, à partida, aplicável, aos casos de teletrabalho – sobre o ponto, ainda RAY, *Le droit du travail à l'epreuve... cit.*, 123 ss.

[19] Em geral sobre o trabalho intelectual no domicílio e os problemas que suscita em diversos contextos jurídicos, BARBARA TROST, *Der Arbeitnehmer in eigener Wohnung*, ZAS, 1991, 6, 181-188, ou ROGER JAMBU-MERLIN, *Les travailleurs intelectuels à domicile*, DS, 1981, 7/8, 561-568. Com referência à possibilidade de sujeição do teletrabalho ao regime do trabalho no domicílio no direito italiano, por exemplo, ICHINO, *Subordinazione e autonomia... cit.*, 145.

No que se reporta ao grau de autonomia do teletrabalhador, o que se verifica é que os elementos essenciais da deslocalização do prestador em relação ao centro produtivo principal e da execução da actividade laborativa através de meios informáticos ou telemáticos são compatíveis com modos de execução da prestação muito diferentes e, consequentemente, com estatutos jurídicos diversos dos trabalhadores.

Assim, o teletrabalhador que, em sua casa, se comprometeu a realizar um certo número de contactos telefónicos por semana ao serviço do credor, dando conta periodicamente dos objectivos atingidos, terá, certamente, um maior grau de autonomia no seu trabalho do que o trabalhador que se desloca, todos os dias, ao *call-center* da empresa para ali prestar informações telefónicas durante um determinado número de horas.

Por outro lado, consoante o tipo de ligação entre o equipamento informático do teletrabalhador e as instalações do credor, a orientação e o controlo do desempenho exercidos sobre o teletrabalhador podem ser menos apertados ou, pelo contrário, tão ou mais apertados do que se ele estivesse fisicamente presente nas instalações do credor[20].

E, por último, nas hipóteses em que se conclua pela autonomia jurídica do trabalhador, pela relativa liberdade que lhe assiste na organização do trabalho e porque não se insere no ordenamento disciplinar da empresa, pode suscitar-se ainda assim a necessidade de uma tutela especial quando a tal autonomia corresponda uma situação de dependência económica do trabalhador em relação ao credor que o justifique.

Em suma, também quanto ao estatuto do teletrabalhador perante o credor é admissível uma grande diversidade de situações, o que não se compagina com um enquadramento jurídico unitário do fenómeno do teletrabalho.

Por fim, no que se refere à natureza jurídica dos sujeitos envolvidos no vínculo de teletrabalho, constata-se que o tipo de actividades que podem ser desenvolvidas por esta via é compatível com vínculos de trabalho privado (quer em moldes autónomos quer em moldes subordinados) mas

---

[20] A este propósito, *vd* as distinções estabelecidas por REGINA REDINHA, *O teletrabalho cit.*, 99, entre o desenvolvimento do teletrabalho em sistemas *off line, one way line*, ou *on line*. Num sistema *on line*, o controlo do desempenho do trabalhador pode ser feito a qualquer momento, apesar de ele não estar nas instalações da empresa, sendo até, muitas vezes, mais eficaz do que se fosse feito presencialmente.

também com vínculos de natureza pública[21]. Uns e outros reclamam, todavia, um enquadramento jurídico específico.

III. A primeira conclusão que podemos pois retirar desta aproximação jurídica ao fenómeno do teletrabalho é a do seu carácter difuso e da impossibilidade de recondução de todas as suas manifestações a um enquadramento jurídico unitário. E esta conclusão permite eleger como problema mais importante para o tema que nos ocupa o problema da qualificação das diversas situações de teletrabalho. Resolvido este problema, o regime jurídico aplicável estará encontrado.

É sobre este problema que incidirão as nossas últimas reflexões.

3. O enquadramento jurídico dos fenómenos de teletrabalho

I. Verificada a multiplicidade e a diversidade de situações em que pode ocorrer um fenómeno de teletrabalho, a escolha do regime jurídico aplicável dependerá da concreta configuração de cada uma dessas situações. Consoante essa configuração concreta, o fenómeno do teletrabalho poderá reconduzir-se a um vínculo de trabalho subordinado, a um vínculo de prestação de serviço puro, ou a um vínculo de prestação de serviço envolvendo a dependência económica do teletrabalhador. De acordo com a posição jurídica do credor do serviço, poderá ainda configurar um vínculo jurídico privado ou um vínculo de natureza pública.

II. Desde logo, o teletrabalho pode reconduzir-se a uma situação de trabalho subordinado. Tal sucederá sempre que o teletrabalhador se sujeite ao poder directivo e ao poder disciplinar do empregador, nos termos exigidos pelos arts. 1152.° do CC e 1.° da LCT.

Evidentemente que, só por si, o afastamento do trabalhador das instalações da empresa dificulta a verificação do seu estatuto de subordinação ou de autonomia no vínculo. No entanto, deve ficar claro que a recondução

---

[21] Chama-se a atenção, neste sentido, para uma das primeiras tentativas de regulação específica do fenómeno do teletrabalho no espaço europeu, que se verificou na Itália e se destinou justamente à regulamentação do fenómeno no âmbito da Administração Pública – foi a *legge n. 191/1998, no seu art. 4.°*. Sobre o ponto, por todos, RENATO SCONAMIGLIO, *Diritto del lavoro*, 5.ª ed., Napoli, 2000, 116.

do teletrabalho a uma forma de trabalho subordinado não é, de modo algum, de afastar apenas em resultado da distância do trabalhador relativamente ao centro produtivo da empresa. Como é sabido, o elemento delimitador, por excelência, do contrato de trabalho, é o elemento da subordinação jurídica, sendo o local de trabalho unanimemente valorizado pela doutrina e pela jurisprudência apenas como um factor indiciador da existência daquela subordinação – dito de outra forma, o facto de o trabalhador prestar a sua actividade laborativa nas instalações do credor não releva em si mesmo mas na medida em que a presença nas instalações evidencie, a um tempo, a sua disponibilidade para executar a prestação e a possibilidade de emissão de ordens e instruções pelo empregador. Assim, se a distância do trabalhador relativamente ao centro produtivo não for de molde a diminuir a sua disponibilidade perante o empregador nem a impedir a sua sujeição aos respectivos poderes laborais, o local de trabalho será irrelevante[22]. Ora, na prática é isso que sucede em diversas situações de teletrabalho, designadamente se a ligação entre os meios informáticos e telemáticos e a empresa for uma ligação constante ou *on line*, e, neste caso, tanto se o trabalhador desenvolver a sua actividade no seu domicílio como se a prestar num centro de informática disposto para este efeito.

Em casos de dúvida sobre a qualificação, também poderão ser particularmente relevantes os indícios de subordinação do trabalhador que se reportam à titularidade dos meios de produção e à fixação do conteúdo da prestação numa base temporal ou à peça, bem como a forma de cálculo da retribuição e a repartição dos custos da produção. Nesta linha, indicará a existência de um vínculo laboral o facto de ter sido o credor do trabalho a montar o sistema informático de que o trabalhador se socorre para a execução da prestação, ou o compromisso assumido pelo trabalhador de manter abertas as vias de comunicação com a empresa durante um determinado número de horas diárias, ou ainda o facto de ser a empresa a pagar a conta telefónica ou o custo da ligação à Internet do trabalhador. Deve, contudo, ter-se em atenção que o estatuto de subordinação do teletrabalhador – como, aliás, de qualquer trabalhador subordinado – é compatível com um relevante grau de autonomia na orientação e execução da prestação, bastando, para a qualificação laboral do seu vínculo que o poder directivo possa ser exercido e não se exigindo que o seja efectivamente e a cada

---

[22] Também advogando a desvalorização do indício do local de trabalho, nas situações de teletrabalho, REGINA REDINHA, *O teletrabalho cit.*, 101.

momento[23]. Dependendo embora do objecto do contrato, no caso do teletrabalho o grau de autonomia do trabalhador na execução da prestação pode até ser muito relevante dada a especificidade técnica dos próprios instrumentos de trabalho – o reconhecimento da autonomia técnica do trabalhador, nos termos previstos pelo art. 5.º n.º 2 da LCT, será aqui a situação comum[24]. Neste quadro, mais relevante para a dilucidação de dúvidas sobre a qualificação laboral da situação em concreto, será a verificação de que, não obstante a distância, o teletrabalhador se integra no ordenamento interno da empresa e se sujeita ao poder disciplinar do empregador[25].

Verificada a subordinação jurídica do trabalhador, o vínculo de teletrabalho deverá pois ser reconduzido a um vínculo laboral comum, qualificação a que inere a sujeição ao respectivo regime jurídico. Neste caso, apesar da distância, teletrabalhador e empregador assumem os deveres e as obrigações de um trabalhador e de um empregador comum, beneficiando o trabalhador da tutela laboral. Designadamente, continuarão a impor-se ao empregador os deveres de cuidado relativos às condições de trabalho no local aprazado e às condições de segurança do próprio equipamento, com as necessárias adaptações, *verbi gratia*, quando o local de trabalho seja o domicílio do trabalhador.

Se a entidade credora do teletrabalho subordinado for uma entidade pública, o vínculo de teletrabalho terá natureza pública.

---

[23] É neste sentido que a doutrina e a jurisprudência recortam o poder directivo do empregador no contrato de trabalho como poder meramente potencial – neste sentido, por todos na doutrina nacional, A. MONTEIRO FERNANDES, *Direito do Trabalho*, 11.ª ed., Coimbra, 1999, 132, e na jurisprudência, entre muitos outros, os Acs. STA de 05/04/1949, Col., XI-202, de 03/03/1953, Col., XV-111, de 08/07/1958, Col. XX-623, de 28/03/1970, Col. XXIII-455, de 05/11/1963, AD 25-83, de 19/02/1971, DG (Ap.) de 03/10/1972; o Ac. RP de 15/12/1980, CJ, 1980, V, 157, o Ac. REv. de 23/10/1990, CJ, 1990, IV, 304, o Ac. STJ de 17/02/1994, CJ, 1994, I, 293, o Ac. RC de 23/02/1995, CJ, 1995, I, 78, ou o Ac. RLx. de 19/02/1997, CJ, 1997, I, 183.

[24] Em geral, sobre a compatibilidade do estatuto de subordinação do trabalhador com a autonomia técnica exigida pelas funções que desempenha, *vd* os Ac. STA de 19/03/ /1971, DG (Ap.), de 03/10/1972, 137, e de 01/06/1976, DR (Ap.) de 15/10/1979, 441; bem como o Ac. RLx de 19/01/1979, CJ, 1979, I, 94 e o Ac. RC de 20/03/1981, CJ, 1981, II, 77).

[25] Sobre esta aptidão qualificativa especial do poder disciplinar, nos casos limite, *vd* o nosso *Do Poder Disciplinar Laboral*, Coimbra, 1993, 265 ss. A qualificação do teletrabalho pode ser decidida, em última análise, pela verificação da sujeição do teletrabalhador ao ordenamento disciplinar da empresa, apesar do relativo grau de autonomia de que goza na execução da prestação laborativa, por força da distância que o separa das instalações.

III. Em segundo lugar, o fenómeno do teletrabalho poderá reconduzir-se a um vínculo de prestação de serviço, podendo consubstanciar uma prestação de serviços atípica ou assumir a modalidade do mandato ou da empreitada, consoante a actividade prestada se consubstancie, sobretudo, na prática de actos jurídicos ou na realização de determinada obra (arts. 1157.º e 1207.º do CC, respectivamente). O regime jurídico aplicável neste caso será o dos arts. 1154.º e ss. do CC.

Esta qualificação impor-se-á sempre que, na execução do contrato, o teletrabalhador preserve a sua autonomia perante o credor, obrigando-se a apresentar certos resultados ou a atingir determinados objectivos, mas gerindo, ele próprio, a respectiva realização. No caso concreto, a delimitação não será naturalmente fácil, mas poderão ser elucidativos quanto ao grau de autonomia do trabalhador elementos como o facto de a retribuição ser calculada em função dos resultados[26], o facto de os meios informáticos ou telemáticos serem da titularidade do trabalhador ou de os custos da produção serem por ele suportados e ainda o tipo de ligação que mantém com o credor através dos meios informáticos ou telemáticos que utiliza no seu trabalho – quanto a este último factor, um trabalho *off line* ou uma ligação descontínua com o centro produtivo apontam para a autonomia do trabalhador[27]. Deve, contudo, ficar claro que a sujeição do prestador do serviço a instruções do credor do mesmo, quanto à forma de execução da prestação, não constitui, só por si, óbice à qualificação do seu trabalho como trabalho independente, porque a autonomia do prestador de serviços é compatível com a sujeição a instruções – neste sentido, depõe expressamente o art. 1161.º a) do CC. Na verdade, como já tivemos ocasião de sustentar noutra sede[28], a emissão de ordens e instruções pelo credor do trabalho ou do serviço – ou, dito de outra forma, o poder directivo – não é uma prerrogativa exclusiva dos empregadores e dos vínculos

---

[26] Evidentemente que, na modalidade do mandato e nas prestações de serviços atípicas, o serviço também pode ser prestado a título gratuito – arts. 1154.º e 1158.º do CC – e neste caso a gratuitidade dissipará liminarmente quaisquer dúvidas de qualificação, uma vez que o trabalho subordinado é sempre remunerado – art. 1152.º do CC e art. 1.º da LCT. Não colocamos esta hipótese em texto por não suscitar qualquer problema de delimitação.

[27] Também fazendo apelo ao tipo de ligação entre o equipamento informático e a empresa como factor que permitirá reconduzir o teletrabalho a trabalho subordinado ou a trabalho autónomo, REGINA REDINHA, *O teletrabalho... cit.*, 101.

[28] *Do Fundamento... cit.*, 279 ss., e *Da Autonomia Dogmática... cit.*, 761.

laborais mas um poder que também assiste ao credor de uma prestação de serviços, sempre que essa prestação revista carácter produtivo e duradouro (ou seja, sempre que configure uma actividade laborativa, no sentido em que temos vindo a utilizar o termo[29]). No limite, as dúvidas de qualificação poderão pois ser dirimidas pela verificação de que, apesar de seguir as instruções no credor quanto à execução da prestação, o prestador não se integra na sua organização empresarial e que o seu incumprimento não determina responsabilidade disciplinar.

IV. Por último, o fenómeno do teletrabalho pode reconduzir-se a uma situação mista, em que, apesar da qualificação formal do vínculo como contrato de prestação de serviço, por força da independência jurídica do trabalhador perante o credor, se suscita, ainda assim, a necessidade da sua particular tutela, em razão da denominada "dependência económica".

Os casos de trabalho autónomo em situação de dependência económica são conhecidos e reconhecidas são as dificuldades tradicionais do respectivo enquadramento jurídico nos diversos sistemas – é um fenómeno de contornos fluidos, que a doutrina italiana designa expressivamente de "*para-subordinazione*" e que tem sido amplamente debatido[30].

Não sendo este o fórum para tal debate, refiro-lo apenas com reporte ao sistema jurídico nacional e pela interacção que, do nosso ponto de vista, pode ter com o fenómeno do teletrabalho. Em traços brevíssimos, recordamos que o art. 2.º da LCT reconheceu a dependência económica ao trabalhador não subordinado que trabalha, no seu domicílio, para determinado credor, ou que, em estabelecimento próprio rudimentar, recebe deste as matérias primas necessárias à produção do bem, que transforma para depois o vender ao referido credor. Como é sabido, esta norma, coeva da redacção originária da LCT, estabeleceu um princípio geral de equiparação destes trabalhadores aos trabalhadores subordinados mas remeteu a regulação deste tipo de situações para lei especial. Ora, as dificuldades de enquadramento deste tipo de situações tornaram-se evidentes quando os anos foram passando sem que tal regulamentação especial surgisse, o que

---

[29] Cfr., *supra*, nota 2.

[30] G. SANTORO-PASSARELLI, *Il lavoro parasubordinato*, Milano, 1983, MARCELLO PEDRAZZOLI, *Prestazione d'opera e parasubordinazione*, RIDL, 1984, 506-556, MENGONI, *La questione della subordinazione... cit.*, 18, M. VITTORIA BALLESTRERO, *L'ambigua nozione di lavoro parasubordinato*, Lav. Dir., 1987, 1, 41-67, ou G. GHEZZI e U. ROMAGNOLI, *Il rapporto di lavoro*, 2.ª ed., Bologna, 1987, 28 s.

ocasionou, aliás, um longo e aceso debate doutrinal sobre a forma de integração dessa lacuna: para uns autores, até ao surgimento da regulamentação especial, estas situações deviam ser tratadas de acordo com a sua qualificação, ou seja, como situações de prestação de serviços, e a norma do art. 2.º da LCT era de considerar como uma norma programática – era o entendimento subscrito por autores como MONTEIRO FERNANDES e MENEZES CORDEIRO[31], e que ficou conhecido como "teoria direito comum"; para outros, a lacuna devia ser integrada através da aplicação do regime laboral, porque a norma do art. 2.º da LCT era imediatamente vinculante – foi a opinião subscrita por autores como BARROS MOURA[32], e que ficou conhecida como "teoria da equiparação efectiva"; num entendimento intermédio, que nós próprios sustentámos, subscreveu-se a aplicação das normas laborais para integração da lacuna, uma vez que a lei expressamente referia a sujeição destas situações aos princípios laborais, devendo, todavia, ressalvar-se aqueles preceitos justificados pela presença dos trabalhadores nas instalações, como a matéria das faltas e das férias, por exemplo.

Como é sabido, a situação ficou parcialmente resolvida com a aprovação do DL n.º 440/91, de 14 de Novembro, que estabeleceu o regime jurídico do trabalho juridicamente autónomo mas economicamente dependente, que seja prestado no domicílio do trabalhador ou em instalações próprias, verificados certos condicionalismos – art. 1.º do referido diploma. Todavia, para a matéria que nos ocupa, este regime legal não constituirá, por via de regra, fonte aplicável, porque exclui expressamente do seu âmbito de aplicação o trabalho intelectual – art. 1.º n.º 5. Ora, como acima referimos[33], por força dos meios que utiliza, o teletrabalho reconduz-se a uma actividade intelectual.

Desta forma, persiste a lacuna regulativa quanto ao teletrabalho não subordinado mas economicamente dependente, por força das dúvidas

---

[31] A. MONTEIRO FERNANDES, *Notas sobre os contratos "equiparados" ao contrato de trabalho (art. 2.º da LCT)*, ESC, 1970, 34, 11-35 (34 s.); A. MENEZES CORDEIRO, *Direito do Trabalho*, Coimbra, 1991, 114 s.

[32] J. BARROS MOURA, *Notas para uma Introdução ao Direito do Trabalho*, Lisboa (copiogr.), 1980, 46. Ainda sobre esta querela doutrinal e com uma apreciação das soluções que lhe foram dadas noutros sistemas jurídicos, MÁRIO TORRES, *O trabalho no domicílio*, RMP, 1987, 30, 25-66.

[33] *Supra*, ponto 1, II.

Contrato de Trabalho 211

sobre a forma de integração da lacuna criada pelo art. 2.º da LCT e que, por força do art. 1.º n.º 5 do regime jurídico do trabalho no domicílio, subsistem até hoje quanto ao trabalho intelectual prestador em situação de dependência económica.

Apesar do fraco significado estatístico do fenómeno do teletrabalho no nosso país, esta lacuna não é, quanto a nós, de importância menor, por força de um outro fenómeno, de graves proporções no nosso sistema juslaboral e que, apesar de preocupar recorrentemente o legislador, não parece ter solução à vista – referimo-nos ao problema dos denominados falsos independentes, que é um dos resultados perversos do excesso de rigidez do nosso sistema de cessação do contrato de trabalho e da excepcionalidade dos contratos de trabalho a termo[34]. Correspondendo algumas das situações de trabalho falsamente independente a situações de para-subordinação no desempenho de actividades intelectuais, podem algumas delas esconder situações de teletrabalho economicamente dependente – designadamente trabalho no domicílio – cujo regime mereceria ser qualificado, tanto para acorrer às necessidades de tutela dos trabalhadores envolvidos ou, se tais necessidades não fossem reconhecidas, pelo menos por uma razão de segurança jurídica.

Por si só, este motivo poderá constituir justificação bastante para uma reflexão sobre a matéria e para a sua clarificação legislativa.

---

[34] Sobre este ponto, *vd* M. R. PALMA RAMALHO, *Insegurança ou diminuição do emprego? A rigidez do sistema jurídico português em matéria de cessação do contrato de trabalho e de trabalho atípico*, in A. MOREIRA (coord.), *X Jornadas Luso-Hispano-Brasileiras de Direito do Trabalho – Anais*, Coimbra, 1999, 91-102.

III
IGUALDADE
CONCILIAÇÃO DA VIDA
PROFISSIONAL E FAMILIAR

O DIREITO DO TRABALHO NUMA SOCIEDADE EM MUTAÇÃO ACELERADA E O PROBLEMA DA IGUALDADE DE TRATAMENTO ENTRE TRABALHADORES E TRABALHADORAS*

SUMÁRIO: 1. Considerações preliminares; 2. O acesso das mulheres ao mercado de trabalho e alteração do perfil do trabalhador subordinado típico; 3. A igualdade de tratamento entre trabalhadores e trabalhadoras no nosso ordenamento juslaboral; 4. A eficácia real do sistema português de tutela da igualdade de tratamento entre trabalhadoras e trabalhadores.

1. Considerações preliminares

I. A temática da igualdade de tratamento entre mulheres e homens no domínio do trabalho é hoje um problema incontornável para os jus-laboralistas, sendo sabido que um dos domínios em que se verificam mais problemas de discriminação em razão do género é o domínio das relações de trabalho.

Poderá estranhar-se o tratamento deste problema em sede do tema mais vasto das mutações sociais recentes e o direito laboral. Afinal, o problema da igualdade de tratamento não é um problema recente do direito laboral mas coloca-se desde que há mulheres trabalhadoras subordinadas – o que é o mesmo que dizer desde que há trabalho subordinado. E esta dimensão laboral do problema da igualdade é, por sua vez, apenas uma das valências de um problema mais vasto, que, no nosso sistema jurídico, é objecto de um princípio constitucional claro, com múltiplas concreti-

---

* Texto que serviu de base à comunicação feita pela autora no II Congresso Nacional de Direito do Trabalho, realizado em Lisboa, em Novembro de 1998. Publicado pela primeira vez *in* A. MOREIRA (coord.), *II Congresso Nacional de Direito do Trabalho. Memórias*, Coimbra, 1999, 177-189.

zações, ao nível constitucional e infra-constitucional, e que tem também merecido a atenção do direito internacional e sido amplamente desenvolvido ao nível do direito comunitário.

Do nosso ponto de vista, o problema da igualdade de tratamento em razão do sexo é, todavia, um problema especialmente candente no direito do trabalho de hoje. Este facto fica a dever-se à evolução do mercado de emprego que se verificou nas últimas décadas, com o aumento enorme do número de trabalhadores que não correspondem ao modelo do trabalhador típico tradicional e, designadamente, com o acesso massivo das mulheres ao mercado de trabalho. Apesar de as mulheres terem estado sempre neste mercado (afinal as primeiras normas laborais, emitidas a partir da segunda metade do século passado, são, em quase todos os sistemas, normas de protecção do trabalho infantil e das mulheres), durante as últimas décadas tem-se assistido não só a um aumento do número de mulheres trabalhadoras, mas a uma alteração do tipo de tarefas desempenhadas, que passa, designadamente, pelo acesso a funções especializadas, exigindo maiores qualificações técnicas, ou a funções de chefia, bem como pelo ingresso em certas profissões predominantemente desempenhadas por homens ou até legalmente reservadas aos homens (só no domínio das profissões jurídicas houve, entre nós, diversos exemplos desta realidade, como sabemos). E, limitando-nos ao espaço nacional, de acordo com alguns dados estatísticos recentes fornecidos pela CIDM, esta evolução parece até destinada a intensificar-se, pela elevação do grau geral de escolaridade da população feminina – neste sentido aponto apenas o facto de 56% dos estudantes universitários portugueses actuais e 62,9% dos diplomados universitários no ano de 1997 serem mulheres, como dados que nos parecem, pelo menos, autorizar a criação de algumas expectativas quanto à qualidade da inserção profissional futura destas pessoas no mercado do trabalho.

II. A participação das mulheres ao mercado de trabalho é pois um fenómeno que se tornou especialmente intenso nos últimos anos, e que tem efeitos sócio-económicos e jurídicos.

Assim, em termos sociais, este fenómeno determina ou evidencia uma alteração importante da repartição tradicional dos papéis sociais entre homens e mulheres – subjaz pois a este fenómeno uma mutação social importante e de âmbito muito largo, uma vez que esta evolução se tem feito sentir, em maior ou menor grau, em todos os países industrializados.

Em termos jurídicos, o acesso das mulheres ao mercado de trabalho traduz-se em novas exigências ao direito laboral, que passam não só pela garantia efectiva do tratamento não discriminatório entre os trabalhadores dos dois sexos, mas também pela procura da igualização de oportunidades em termos positivos e pela previsão de formas de organização do trabalho que facilitem a conciliação entre a vida profissional e familiar.

Por estes motivos, cremos que, apesar de a questão da igualdade de tratamento em razão do género ser um problema estrutural do direito do trabalho, é o crescente peso estatístico das mulheres no mercado de trabalho que confere ao problema um especial carácter de actualidade e urgência.

III. Porque é naturalmente impossível proceder a uma abordagem abrangente desta temática vamos circunscrever as nossas observações a três pontos que nos parecem encerrar o essencial da discussão na ligação entre o princípio da igualdade de tratamento e esta evolução recente do mercado de trabalho e que serão porventura também mais interessantes, por um lado por questionarem alguns dogmas do sistema laboral tradicional e, por outro lado, por colocarem mais desafios ao direito do trabalho do futuro. Nesta perspectiva, faremos algumas observações sobre a forma como nos parece que a relação laboral típica e o perfil do trabalhador típico são afectados pelo acesso das mulheres ao mercado de trabalho; em segundo lugar, procederemos a algumas considerações sobre a forma como o sistema juslaboral nacional enquadra formalmente este problema; e em último lugar, diremos alguma coisa sobre a eficácia real do sistema na resolução dos problemas suscitados pelos problemas da igualdade de tratamento entre mulheres e homens no domínio laboral.

2. O acesso das mulheres ao mercado de trabalho e alteração do perfil do trabalhador subordinado típico

I. Em primeiro lugar, gostaríamos de salientar que, na nossa opinião, o acesso maciço das mulheres ao mercado de trabalho, nos últimos vinte ou trinta anos, tem vindo a provocar, de uma forma paulatina mas inexorável, profundas brechas na configuração sociológica típica do trabalhador subordinado – i.e., o trabalhador contratado por tempo indeterminado, que trabalha a tempo inteiro e em exclusividade para uma empresa, integrando-se plenamente na sua organização e beneficiando de um certo grau de tutela; modelo este que é corporizado, regra geral, por um trabalhador homem, muitas vezes pai de família e que, nessa qualidade, se apresenta, com frequência, como o sustentáculo económico único ou principal do agregado familiar.

II. É fácil de verificar como o acesso massivo das mulheres ao mercado de trabalho põe em causa algumas destas características – em alguns casos directamente, noutros de forma indirecta.

Assim, em termos directos, a dominância sociológica do trabalho masculino, como fonte exclusiva ou principal do rendimento familiar, esbate-se naturalmente com o desempenho de uma actividade profissional pelos trabalhadores dos dois sexos e este desempenho contribui, correlativamente, para atenuar a tradicional separação de papéis sociais entre os dois sexos no atendimento à família.

No nosso entender, esta evolução é especialmente nítida no caso português, em que as mulheres trabalham, tal como os homens, quase sempre a tempo inteiro, e não, como sucede noutros países, sobretudo a tempo parcial – o que, em certa medida, facilita a perpetuação da separação tradicional das tarefas de atendimento à família. E é também evidente porque, em muitos casos, os dois membros do casal têm uma actividade profissional não por opção, mas porque o rendimento de um deles não é suficiente para acorrer às necessidades do agregado familiar – o que também não corresponde à situação dominante noutros países e contribui, de forma decisiva, para diluir a ideia do trabalhador pai de família providente.

III. Mas o tipo sociológico do trabalhador subordinado que descrevemos é também afectado em termos indirectos pelo acesso massivo das mulheres ao mercado de trabalho (sobretudo se domina o trabalho a tempo inteiro, como sucede entre nós), por dois motivos essenciais.

Por um lado, porque a ampla participação das mulheres no mercado de trabalho faz surgir necessidades novas de compatibilização da vida profissional com a função genética da trabalhadora mulher, por ocasião da maternidade, e essas exigências interferem globalmente com a organização das empresas, obrigando a uma maior elasticidade organizativa e de gestão – estamos a pensar na necessidade de previsão da substituição das trabalhadoras em licença de parto ou das grávidas que estejam a desempenhar tarefas perigosas para a sua saúde ou a do feto, por exemplo.

Por outro lado, porque desta participação das mulheres no mercado de trabalho decorrem também necessidades de compatibilização da vida profissional e da vida familiar para os trabalhadores dos dois sexos (e não só para a trabalhadora mulher), na partilha das responsabilidades inerentes às qualidades de pai e de mãe, que acumulam com a qualidade de trabalhador e de trabalhadora. De uma forma indirecta, esta partilha introduz uma diferenciação qualitativa na disponibilidade dos trabalhadores perante o empregador; por outro lado, ela incentiva a opção por modalidades atípicas do vínculo laboral que tornem mais fácil esta conciliação (como o trabalho a tempo parcial, o trabalho a termo ou o trabalho no domicílio, por exemplo); e, finalmente, ela exige uma gestão mais flexível do vínculo laboral ao longo do seu desenvolvimento (através da flexibilização dos horários, da previsão de períodos de suspensão do contrato, etc…), e tem conduzido até as empresas a conceberem esquemas que facilitem essa compatibilização em concreto (como as creches das empresas, ou os subsídios de creche, por exemplo).

IV. Quanto a este primeiro aspecto, concluimos pois que o acesso das mulheres ao mundo do trabalho subordinado contribuiu para esbater um pouco a dominância do modelo tradicional do trabalhador que descrevemos acima, embora nos pareça que este facto não chega, por si só, para o destronar, exactamente porque se trata de um modelo sociológico. Na verdade, ainda que este modelo resulte bastante abalado pela emergência deste fenómeno, sobretudo se o juntarmos a outros factores, que concorreram também para a proliferação das relações laborais atípicas (como os contratos a termo e a tempo parcial, o trabalho temporário ou o trabalho no domicílio), que não coube tratar aqui, o certo é que, apesar das mudanças a que a integração laboral das mulheres no mundo do trabalho já obrigou, o modelo do trabalhador pai de família e a repartição tradicional dos papéis sociais não tiveram ainda uma alteração significativa em termos sociológicos.

De qualquer forma, do ponto de vista jurídico, parece certo que o aumento exponencial da participação das mulheres no mercado de trabalho teve projecções importantes na organização das relações laborais, que carecem de ponderação, e contribuiu para a difusão do trabalho atípico. Por outro lado, este aumento colocou de forma mais premente o problema

220 *Estudos de Direito do Trabalho*

da capacidade do ordenamento juslaboral para fazer face ao crescimento das situações de discriminação que esse aumento traz inevitavelmente consigo. A nossa segunda reflexão incide exactamente sobre este ponto.

3. A igualdade de tratamento entre trabalhadores e trabalhadoras no nosso ordenamento juslaboral

I. Do nosso ponto de vista, o direito laboral português dispõe dos mecanismos formais necessários e suficientes para fazer face aos problemas da igualdade de tratamento entre trabalhadores e trabalhadoras, no domínio laboral. Em face do desenvolvimento desta temática ao nível comunitário, penso até que o nosso sistema é, ressalvado um ou outro ponto em que se mostra ou se mostrou menos favorável (como o tempo da licença de maternidade, por exemplo) geralmente compatível com o direito comunitário nesta matéria, chegando a consagrar, em alguns casos, soluções mais protectivas do que as desenvolvidas pelo direito comunitário (assim, por exemplo, em relação à redução do horário de trabalho para amamentação, ou relativamente ao sistema de inversão do ónus da prova em processos relativos a questões de igualdade de género).

Trata-se pois de um sistema moderno e relativamente abrangente, tanto do ponto de vista dos sujeitos abrangidos (uma vez que se aplica tanto aos trabalhadores do sector privado, como aos do sector público, por força, respectivamente do DL n.º 392/79, de 20 de Setembro, e do DL n.º 426/88, de 18 de Novembro), como do ponto de vista das matérias objecto de tutela.

Do nosso ponto de vista, a completude do sistema tem bastante a ver com o seu substrato constitucional. O sistema beneficiou do facto de ter na sua base um princípio norteador, dotado de eficácia geral e colocado no topo da hierarquia normativa – o princípio geral da igualdade constante do art. 13.º n.º 1 da CRP e a sua valência sexual manifestada no n.º 2 – porque esta circunstância permitiu que o sistema normativo se viesse a desenvolver segundo uma lógica de concretização e de desenvolvimento daquele princípio. E, naturalmente, esta forma de desenvolvimento contribuiu para a abrangência e para a coerência interna do sistema, ao mesmo tempo que assegurou *ab initio* o controlo da constitucionalidade das normas que o iam desenvolvendo.

Este processo de crescimento foi, por exemplo, muito mais harmónico do que o do desenvolvimento do direito comunitário da igualdade, que, como é sabido, cresceu, de uma forma indutiva, a partir do princípio da igualdade remuneratória entre os trabalhadores dos dois sexos, constante do art. 119.° do Tratado de Roma, até ao acervo considerável de Directivas e Regulamentos comunitários, atinentes aos mais diversos aspectos da temática da igualdade e acompanhados por uma riquíssima jurisprudência comunitária, de que hoje se compõe. Como é sabido, o direito comunitário da igualdade tem sido objecto, em relação a alguns pontos, de sucessivos avanços e recuos – o que não tem sucedido com o sistema nacional.

II. O sistema nacional de tutela da igualdade é pois, a nosso ver, um sistema abrangente, em termos substanciais, uma vez que cobre a generalidade dos problemas suscitados pela necessidade de tratamento igual entre os trabalhadores dos dois sexos; e, em termos práticos, um sistema de efectivação fácil, já que dispõe dos instrumentos e mecanismos técnicos e processuais necessários para facilitar a sua implementação.

Começando pelo aspecto substancial, verifica-se que o sistema português cobre a generalidade dos pontos em que se suscitam problemas de discriminação no domínio laboral, desde as matérias do acesso ao emprego e da progressão profissional, passando pela tutela da igualdade de tratamento remuneratório e da igualdade de tratamento no desenvolvimento do vínculo laboral, e indo até à matéria da protecção da maternidade e da conciliação entre a vida privada e a vida profissional. Além disso, trata-se de um sistema relativamente exigente quanto aos padrões de comportamento exigidos na prossecução do valor da igualdade em termos positivos – e não de um sistema que se limita, numa perspectiva formal mais estreita, a proibir comportamentos discriminatórios.

Assim, relativamente à *igualdade no acesso ao emprego e na progressão profissional*, o DL n.° 392/79 e o DL n.° 426/88 cobrem as situações de discriminação previstas na Dir. 76/207, em relação aos anúncios de emprego, aos concursos, às promoções, às condições de trabalho e à formação profissional, e prevêem tanto as situações de discriminação directa como as situações de discriminação indirecta (art. 3.° do DL n.° 392/ /79). Nesta matéria, pensamos, contudo, que a evolução recente do direito nacional permite até que o sistema português de tutela da igualdade em razão do sexo vá mais longe do que o direito comunitário, em dois casos:

– assim, no acesso ao emprego, o nosso sistema vai mais longe do que o direito comunitário, com a instituição da legitimidade directa dos sindicatos para a instauração de acções judiciais tendentes a atacar situações manifestas de discriminação no acesso ao emprego, feita pela L. 105/97, de 13 de Setembro (art. 4.°);

– por outro lado, relativamente à matéria das acções positivas, cremos que a recente revisão constitucional reforça (ou pelo menos, possibilita o reforço) da possibilidade da sua implementação (ao contrário da tendência de recuo que o direito comunitário manifestou relativamente a esta temática com o Ac. Kalanke) no nosso sistema (já previstas no art. 3.° n.° 2 do DL 392/79), ao configurar a "promoção" da igualdade entre os sexos como uma tarefa fundamental do Estado português, no art. 9.° al. h). Independentemente da opinião pessoal de cada um sobre a legitimidade destas acções (e há, nesta matéria, argumentos válidos dos dois lados), a visão da igualdade como um valor a promover como tarefa primordial do Estado é, em si mesma, importante do ponto de vista da prossecução da igualização real de oportunidades no acesso ao emprego.

III. No que se refere à *igualdade de tratamento remuneratório e no desenvolvimento do vínculo laboral*, o nosso sistema é também relativamente abrangente e compatível com o direito comunitário.

Em matéria remuneratória, o direito português tem, para este efeito, um conceito amplo de remuneração, que obriga, para efeitos da verificação da situação de discriminação com base no sexo, a ter em consideração não apenas a retribuição mas o conjunto de vantagens patrimoniais que o trabalhador aufere em razão do seu contrato de trabalho (a base da comparação é assim, por exigência legal, necessariamente mais alargada do que a base de comparação tomada em consideração em situações de discriminação por motivo diverso do sexo) – art. 2.° c) do DL n.° 392/79. Este conceito amplo é compatível com o do direito comunitário. Além disso, o direito nacional desenvolve também os conceitos de trabalho igual e de trabalho de valor igual (art. 2.° d) e e) do DL n.° 392/79) e assegura a praticabilidade do sistema com a previsão de um sistema especial de repartição do ónus da prova – art. 9.° n.° 4 do DL n.° 392/79.

Em matéria de igualdade de tratamento ao longo do desenvolvimento do vínculo laboral e de protecção contra o despedimento por motivos relativos ao sexo do trabalhador, as regras gerais do nosso ordenamento são também, do nosso ponto de vista, suficientes para assegurar uma cobertura ampla da matéria.

IV. Finalmente, no que se refere à *matéria da protecção da maternidade e da conciliação entre a vida profissional e a vida privada dos trabalhadores*, cremos que o nosso sistema é também abrangente e se tem mostrado conforme com o direito comunitário – excepto num ou noutro ponto.

Nesta matéria (enquadrada pela L. 4/84, de 5 de Abril, e pela L. 17/95, de 9 de Junho), e que voltou aliás a merecer a atenção do legislador constitucional na revisão de 1997 (com a referência expressa do art. 59.º n.º 1 b) da CRP à necessidade de assegurar a conciliação entre a vida profissional e a vida familiar), o sistema garante formalmente o não prejuízo da carreira profissional por motivos atinentes à maternidade (com a manutenção do direito ao lugar e aos demais elementos integrativos do estatuto da trabalhadora na empresa, nas situações de licença de maternidade e de licença especial para assistência aos filhos) – arts. 9.º e 14.º da L. 4/84; o sistema possibilita formalmente o ajustamento dos tempos de trabalho às necessidades de atendimento aos filhos, por acordo entre o trabalhador e o empregador (é a previsão da jornada contínua, do tempo parcial ou dos horários de trabalho flexíveis – art. 15.º da L. 4/84) e, em caso especiais, sem necessidade de acordo (art. 10.º-A da L. 4/84); e prevê ainda a justificação das faltas para prestação de assistência inadiável a membros do agregado familiar – arts. 13.º e 14.º da L. 4/84.

Deve também referir-se que, neste particular, o nosso sistema é ainda igualitário no sentido de que estas medidas (excepto as que directamente se reportam à função genética da mulher) são previstas tanto para a trabalhadora mãe como para o trabalhador pai. Por outro lado, todos sabemos que os problemas de implementação de algumas das medidas de conciliação previstas nestes diplomas são sobretudo de ordem financeira e não jurídica.

V. Para completar estas notas sobre o sistema português de tutela da igualdade de tratamento em razão do sexo no domínio laboral, diríamos ainda que o nosso sistema é um sistema de implementação fácil porque está dotado dos mecanismos processuais que facilitam em concreto a sua operatividade. Neste contexto, salientamos apenas três:

– em primeiro lugar, a previsão da nulidade das cláusulas das convenções colectivas que sejam de conteúdo discriminatório e da sua substituição automática por disposições neutras (art. 12.º n.º 1 do

DL 392/79) – o sistema prevê pois formalmente a reposição rápida da igualdade em caso de verificação de uma situação concreta de discriminação;

– em segundo lugar, a previsão da legitimidade directa dos sindicatos nesta matéria, introduzida pelo art. 4.º da L. 105/97), que permitirá, se vier a ser utilizada, compensar a inibição natural dos trabalhadores discriminados em intentarem acções judiciais nesta matéria, como relativamente a muitos problemas laborais;

– em terceiro lugar, a regra especial sobre a repartição do ónus da prova em matéria de discriminação remuneratória, e a actual previsão da inversão do ónus da prova nas acções intentadas pelos sindicatos ao abrigo da sua legitimidade processual directa (art. 9.º n.º 4 do DL 392/79 e art. 5.º da L. 105/97) – ainda que estas duas regras não sejam de conciliação muito fácil, elas facilitam a operatividade do sistema em concreto.

Em conclusão quanto a este segundo ponto, diremos pois que o sistema português de tutela da igualdade é substancialmente abrangente e encontra-se dotado dos meios processuais necessários para assegurar a sua eficácia.

4. A eficácia real do sistema português de tutela da igualdade de tratamento entre trabalhadoras e trabalhadores

I. Esta conclusão leva-nos à terceira ordem de considerações que gostaríamos de fazer e que constituem a fonte da nossa perplexidade, quando, como juslaboralistas, nos debruçamos sobre estas matérias: é, ainda assim, o sistema de tutela operativo na prática?

A verdade é que alguns dados nos indicam que, apesar de ter todas as condições formais para o ser, o sistema nacional de tutela da igualdade no trabalho e no emprego não é operativo na prática.

Estes dados são do conhecimento de todos: quase não há acções colocadas perante os tribunais portugueses nesta matéria (ao contrário do que sucede noutros países, que têm sistemas de tutela formalmente menos completos do que o nosso); como é do conhecimento público perpetuam--se situações práticas de discriminação no acesso ao emprego, e no desenvolvimento na relação laboral nas mais diversas áreas; e as convenções colectivas não têm até agora manifestado um grande interesse por esta temática, ou nem sequer a referindo, ou repetindo os textos legais (aliás, nem sempre com rigor), ou estabelecendo até cláusulas discriminatórias ou classificações profissionais discriminatórias, ou ainda, finalmente, contendo algumas cláusulas especiais (algumas das quais mais favoráveis do que o regime legal) sobre aquilo a que muitas continuam a chamar o "trabalho das mulheres", onde consagram como seus direitos especiais alguns direitos ligados à maternidade – *y compris* alguns que, por lei, são extensíveis também aos homens trabalhadores.

II. Chegados a este ponto, não podemos deixar de observar que, apesar da "saúde" formal do nosso sistema jurídico de protecção da igualdade e da importância crescente do emprego feminino nos nossos dias, o seu alcance é limitado se não for acompanhado da actuação de todos os que com ele operam no seu conjunto: juízes, advogados, parceiros sociais, o Estado, através dos organismos vocacionados para esta área, e, evidentemente, os trabalhadores. Nesta como noutras matérias, a evolução de mentalidades é essencial para a operatividade do arquétipo formal criado pelo Direito.

IGUALDADE E NÃO DISCRIMINAÇÃO EM RAZÃO DO GÉNERO NO DOMÍNIO LABORAL – SITUAÇÃO PORTUGUESA E RELAÇÃO COM O DIREITO COMUNITÁRIO. ALGUMAS NOTAS*

SUMÁRIO: 1. Observações preliminares; 2. Os conceitos operatórios básicos na temática da igualdade de género no trabalho e no emprego; 3. Algumas matérias em especial: 3.1. Igualdade remuneratória; 3.2. Igualdade de tratamento no acesso ao emprego e na progressão profissional; 3.3. Igualdade de tratamento no desenvolvimento da relação de trabalho; 4. Interacção dos planos jurídicos nacional e comunitário em matéria de igualdade e não discriminação.

1. Observações preliminares

I. Independentemente do relevo que tenha noutros domínios da vida social, no mundo do trabalho e especialmente no mundo do trabalho subordinado a problemática da igualdade de género tem uma enorme importância porque esta é uma área em que as situações de tratamento não igualitário são especialmente frequentes, podem ter consequências particularmente gravosas em termos psicológicos, sociais e económicos, e são especialmente difíceis de controlar, porque ocorrem dentro das empresas e a actuação da mulher trabalhadora – como a de qualquer trabalhador subordinado – é condicionada pela sua posição de debilidade negocial, e, muitas vezes, económica. Esta é pois, do nosso ponto de vista, uma área de reflexão que se impõe a qualquer juslaboralista.

---

* Texto que serviu de base à comunicação integrada *no Ciclo de Conferências sobre a Igualdade de Estatuto entre Homens e Mulheres*, promovido pela Associação Portuguesa de Mulheres Juristas, e apresentada em 5 de Dezembro de 1997, no Centro de Estudos Judiciários, em Lisboa.

II. Uma reflexão sobre esta matéria pode centrar-se em quatro pontos fundamentais: em primeiro lugar, uma referência de ordem geral à situação jurídica portuguesa actual em matéria de igualdade em razão do género, no domínio laboral, com incidência nos níveis legal, jurisprudencial e das convenções colectivas; em segundo lugar, uma referência aos conceitos operatórios básicos com que temos que lidar na resolução de problemas de igualdade; em terceiro lugar, a referência a projecções especialmente importantes da temática da igualdade, como a igualdade remuneratória, a igualdade no acesso ao emprego e na progressão profissional e a igualdade de tratamento no desenvolvimento da relação de trabalho; e, finalmente, uma referência à transposição do direito comunitário da igualdade para o nosso sistema jurídico e à aplicação do direito comunitário pelas instâncias judiciais.

Por outro lado, deve ter-se em conta, como referente geral das nossas reflexões, o direito comunitário, pela importância que, inequivocamente, tem dado a esta matéria.

2. Panorâmica geral da situação jurídica portuguesa em matéria de igualdade no domínio laboral no universo comunitário

I. Em termos de apresentação geral do sistema jurídico português em matéria de igualdade no domínio laboral, impõe-se uma reflexão a três níveis: o nível da produção normativa; o nível jurisprudencial; e o nível dos instrumentos de regulamentação colectiva do trabalho. O conjunto destes níveis de reflexão dá-nos uma visão global da temática da igualdade, mas permite-nos, desde logo, evidenciar algumas das particularidades do sistema jurídico nacional e da realidade social portuguesa relativamente ao universo comunitário, que têm consequências importantes para o entrosamento do direito nacional e do direito comunitário na resolução de problemas da igualdade no trabalho e no emprego.

II. A primeira observação genérica a fazer sobre a forma como o nosso sistema jurídico enquadra a temática da igualdade em razão do género no domínio laboral é a da verificação do substrato constitucional do sistema nesta matéria. Na base do nosso sistema de protecção da igualdade no trabalho e no emprego está o princípio da igualdade enunciado no art.

13.º da CRP, com a expressa proibição de discriminações em razão do género no seu n.º 2, e as diversas projecções desse princípio que são feitas no próprio texto constitucional com incidência na matéria profissional e na matéria laboral – o princípio da igualdade ao nível remuneratório, no art. 59.º n.º 1 a), no acesso ao emprego, no art. 58.º n.º 3 b), ou na escolha da profissão, no art. 47.º.

O substrato constitucional do sistema português em matéria de igualdade é, como todos sabemos, de importância vital, tanto em termos teóricos e de construção do sistema de protecção do valor da igualdade, como em termos práticos de funcionamento e aplicação do sistema de tutela na resolução de casos concretos de discriminação.

Em termos teóricos, a proibição de discriminações em função do sexo no texto constitucional evidencia a importância reconhecida a esta temática no nosso sistema. Esta importância manifesta-se na tutela acrescida que decorre da qualificação do princípio da igualdade como um direito fundamental, nos termos do art. 18.º da CRP, e projecta-se no controlo obrigatório da constitucionalidade da produção normativa infra--constitucional em matéria de igualdade, de acordo com as regras gerais de relacionamento hierárquico entre as fontes jurídicas. O enquadramento constitucional da matéria acentua pois a sua importância, obriga a que toda a produção normativa passe pelo crivo da verificação da constitucionalidade e convida a uma regulamentação de desenvolvimento ou de explicitação do princípio nos diversos domínios – como aliás se verificou historicamente.

Por outro lado, em termos práticos, é sabido que esta previsão constitucional possibilita a resolução dos litígios em matéria de igualdade pela aplicação directa das normas constitucionais sobre igualdade que não revistam natureza programática – assim tem acontecido, por exemplo, com a projecção do princípio da igualdade em matéria remuneratória (o denominado princípio do "trabalho igual, salário igual" enunciado no art. 59.º n.º 1 a) da CRP), frequentemente aplicado pelos tribunais de forma directa para resolver casos de discriminação salarial com fundamentos diversos.

Deve dizer-se, contudo, que este substrato constitucional do sistema e as suas projecções legais e jurisprudenciais – que para nós se afiguram inquestionáveis – constituem a primeira marca distintiva do sistema português em matéria de igualdade em razão do género, no universo comunitário. É que na maioria dos países comunitários (com uma ou outra excepção) as Constituições não referem expressamente a igualdade em razão do género, ou, pelo menos, não associam à norma constitucional a possibilidade de invocação e aplicação directa, como se passa entre nós. A base constitucional do sistema de tutela da igualdade, não sendo exclusiva do nosso sistema jurídico (ela existe também em Espanha, que tem, como nós, uma Constituição jovem), não corresponde pois ao modelo dominante nos sistemas jurídicos europeus.

Não queríamos deixar de chamar a atenção para esta circunstância por dois motivos. Por um lado, porque a inexistência de um substrato constitucional para o sistema de protecção da igualdade determina uma moldura necessariamente diversa para o desenvolvimento do próprio sistema normativo de protecção, que mais dificilmente assume, como aconteceu entre nós, um objectivo de promoção da paridade de tratamento em termos globais, em explicitação ou concretização de um princípio geral – a organização dos diversos sistemas jurídicos na promoção da igualdade no universo comunitário é feita, na verdade, de formas muito diversas.

Por outro lado, esta circunstância é importante por um motivo de ordem prática, que é o da dificuldade de fazer compreender a especificidade do nosso sistema e, em certa medida, o seu grau de auto-suficiência, no contexto comunitário – é que esta especificidade deixa por vezes a ideia errónea de que não temos um sistema de protecção contra a discriminação e de promoção da igualdade ou que estamos sistematicamente em contravenção com as directivas comunitárias nesta matéria, pelo facto de não fazermos apelo ao princípio da igualdade desenvolvido ao nível do direito comunitário, mas directamente ao princípio da igualdade de base constitucional, que não existe ou não tem a mesma força noutros Estados membros.

Parece-nos pois importante evidenciar o significado do substrato constitucional do nosso sistema de protecção contra a discriminação sexual e as respectivas projecções tanto ao nível da produção normativa infraconstitucional como ao nível da aplicação judicial directa dos preceitos constitucionais não programáticos, não só para reforçar o seu papel como valor inspirador e norteador que dá coerência ao nosso sistema de protecção da igualdade, mas também para chamar a atenção para algumas dificuldades que a sua articulação pode suscitar ao nível comunitário.

Feita esta ressalva, é importante realçar que o sistema normativo português de tutela e promoção do valor da igualdade em razão do género, que se foi construindo em explicitação e desenvolvimento do princípio constitucional da igualdade, constitui, pelo menos no que se refere aos domínios do trabalho e do emprego um sistema relativamente abrangente, tanto do ponto de vista da incidência subjectiva como do ponto de vista objectivo. Em termos subjectivos, ele abrange a generalidade dos trabalhadores subordinados privados, bem como os funcionários e agentes do Estado e outras pessoas colectivas públicas. Em termos objectivos, ele cobre a maioria das matérias ligadas à promoção do valor da igualdade no acesso ao emprego, na progressão na carreira e ao longo do desenvolvimento do vínculo. Na verdade, podemos constatar que os grandes temas em que, ao nível do direito comunitário, se tem desenvolvido o princípio da igualdade, desde a sua formulação estrita no art. 119.° do Tratado de Roma a propósito da igualdade remuneratória, até às diversas Directivas que têm vindo a desenvolver o princípio da igualdade no domínio remuneratório, no domínio das condições de trabalho, ou no domínio da protecção da maternidade, são cobertos pela legislação laboral nacional em termos que só pontualmente colocaram até agora problemas de compatibilização por menor favorabilidade; também matérias em que as instâncias comunitárias têm procurado aprovar regulamentação, como a matéria do ónus da prova, já são parcialmente cobertas pela nossa legislação. Do ponto de vista formal, o sistema português não suscita pois grandes dificuldades de compatibilização com o direito comunitário e em alguns casos é até mais protectivo do que alguns outros sistemas.

III. Mas, naturalmente, não basta ficarmo-nos pelo enunciado do princípio da igualdade em termos formais, nem sequer pela arquitectura de um sistema de protecção contra os tratamentos discriminatórios. É preciso pesquisar um pouco mais fundo para aferir da eficácia prática do sistema, ou seja, para verificar até que ponto o princípio da igualdade e o correspondente quadro normativo têm real aplicação – o que passa, obviamente, por uma pesquisa ao nível jurisprudencial. É o segundo nível de reflexão que nos propomos fazer, prosseguindo o objectivo de obter uma panorâmica geral da situação jurídica portuguesa nesta matéria.

E, neste nível de reflexão, não podemos deixar de reconhecer que os resultados são decepcionantes, pela razão simples de que não há – ou quase não há – processos judiciais sobre casos de discriminação laboral em razão do género, fora dos casos do despedimento.

Esta situação não é nova no direito laboral. Na verdade, todos sabemos que a maioria dos litígios emergentes do contrato de trabalho incide sobre questões de despedimento, ainda que, vindo à colação, se venham também a tratar problemas relativos à qualificação do contrato, ao conceito de remuneração, à alteração da prestação e das condições de trabalho, entre outros. Ainda assim é decepcionante verificar a ausência de processos sobre esta matéria, sobretudo porque sabemos que as situações de discriminação existem no dia a dia das empresas. O que se poderá dizer é que, se na generalidade dos casos se constata a dificuldade dos trabalhadores de accionarem judicialmente pelo incumprimento do contrato ou pelo não respeito pelos seus direitos ou garantias legais, na pendência da relação de trabalho – explicação geral para a incidência da maioria dos processos laborais na temática do despedimento – pela posição de dependência que o trabalhador tem geralmente nessa relação, dada a importância do salário para a sua subsistência, essa mesma dificuldade é experimentada pelos trabalhadores ou pelas trabalhadoras vítimas de tratamento discriminatório e que por isso mesmo só accionam o empregador nos casos de despedimento.

Em qualquer caso, a ausência de processos judiciais sobre situações de discriminação coloca legitimamente algumas dúvidas sobre a eficácia prática do sistema normativo de protecção.

Devemos ainda referir que o facto de quase não haver acções judiciais em matéria de igualdade e não discriminação contribui também para alguns equívocos relativamente à situação jurídica portuguesa no quadro comunitário – é que não há, naturalmente, questões prejudiciais suscitadas perante o Tribunal de Justiça por Portugal, ao contrário do que sucede com outros países, especialmente do centro e norte da Europa (uma vez que a situação da Espanha, ou da Grécia parece ser, neste aspecto, semelhante à nossa) – como é sabido, a jurisprudência comunitária que se tem desenvolvido ao longo dos anos em matéria de igualdade tem partido de questões suscitadas pelas ordens jurídicas inglesa, alemã, belga, francesa, etc...

É quase certo que, ainda que houvesse acções nesta matéria entre nós, provavelmente não teria que ser suscitado o problema da igualdade perante o TJ a título prejudicial, porque o substrato constitucional do princípio da igualdade e o quadro legal nesta matéria são, de um modo geral, compatíveis com o direito comunitário. Assim, representando o sistema normativo comunitário o quadro mínimo e subsidiário de protecção, a aplicação pura e simples do direito português permitiria a resolução do caso. Apesar de tudo, o quadro descrito pode, no mínimo, deixar no contexto comunitário a ideia de que a falta de recurso ao TJ significa, simplesmente, a irrelevância da temática da igualdade no sistema jurídico português – convicção que, mesmo se errónea, não deixa de ser lamentável.

IV. A ausência de casos sobre questões de discriminação, aliada ao conhecimento que todos temos da sua existência no dia a dia das empresas, obriga a reflectir sobre a necessidade e a pertinência de uma intervenção directa dos sujeitos laborais colectivos nesta matéria.

A nosso ver, a matéria da igualdade é uma das matérias que devia, de facto, merecer um maior empenhamento das comissões de trabalhadores e dos sindicatos, como forma de assegurar a auto-tutela do direito de não discriminação em razão do género. Se, isoladamente, a trabalhadora que é discriminada na sua remuneração relativamente aos seus colegas ou que é vítima de assédio sexual do superior hierárquico no local de trabalho, se sente inibida para reagir contra essa situação em termos judiciais ou extra-judiciais – porque depende do salário para viver ou porque a questão do assédio sexual é psicologicamente delicada – é dever das instâncias que a representam compensarem, ao nível colectivo, esta situação de debilidade negocial, exercendo as suas competências de fiscalização (no caso das comissões de trabalhadores), exercendo o direito de acção que a lei lhes confere relativamente a estas matérias, quer em representação do trabalhador discriminado quer, de forma autónoma, atacando directamente a situação discriminatória independentemente da queixa do trabalhador, como é permitido pela L. n.° 105/97, de 13 de Setembro, quer ainda, de uma forma preventiva, procurando estabelecer, nas próprias convenções colectivas, cláusulas que assegurem o tratamento igualitário dos trabalhadores das empresas e critérios de classificação dos trabalhadores cuja objectividade facilite, se for caso disso, a alegação e a prova das situações de discriminação que venham a surgir.

Ora, a ausência de acções sobre situações de discriminação aponta para uma fraca actuação das instâncias laborais colectivas de representação dos trabalhadores, no exercício das competências que a lei lhes confere nesta matéria.

Por outro lado, no que se refere às convenções colectivas, o levantamento sobre a matéria permite constatar algum desinteresse dos instrumentos de regulamentação colectiva sobre esta matéria – o que, podendo ser compreensível, não deixa de ser de lamentar.

Historicamente, este desinteresse pode ficar a dever-se a dois factores: por um lado, durante os anos que se seguiram imediatamente ao 25 de Abril, as preocupações das convenções colectivas foram relativamente elementares – elas preocuparam-se com as matérias salariais, do tempo de trabalho e do despedimento, deixando de fora a maioria das outras temáticas laborais, de inegável importância, mas, de qualquer forma, consideradas menos importantes ou menos urgentes. Por outro lado, em matéria de igualdade, a verdade é que a lei assumiu rapidamente um papel tão liderante que os sindicatos talvez não tenham sentido logo uma grande necessidade de intervenção – assim o silêncio das convenções sobre a matéria da igualdade mantém-se ainda nas convenções colectivas mais recentes, como uma tendência geral, apesar de estas convenções versarem não já apenas sobre as questões clássicas dos salários, do tempo de trabalho e do despedimento, mas sobre a maioria das matérias atinentes à relação de trabalho, desde o seu início e até ao seu termo[1]. Embora não encontremos, de um modo geral, cláusulas contrárias ao regime legal em matéria de igualdade, comportando situações de discriminação directa ou potenciando casos de discriminação indirecta, há que reconhecer a reduzida importância das convenções colectivas na promoção efectiva do valor da igualdade nas relações de trabalho.

Ora, este quadro é, a todos os títulos, de lamentar uma vez que a autonomia colectiva seria o meio privilegiado de compensação da situação de debilidade em que o trabalhador discriminado se encontra em termos individuais.

Apesar de tudo, sendo este o quadro geral, vão-se notando alguns sinais de mudança nas convenções colectivas, a partir de 1995, com o aparecimento de dois tipos de cláusulas em matéria de igualdade de género: cláusulas de protecção da maternidade, em acordo ou em desenvolvimento das leis de protecção da maternidade e da paternidade (protecção da mulher grávida e puérpera contra o despedimento, contra o desempenho de

---

[1] Sobre a evolução do conteúdo das convenções colectivas ao longo destes anos, com ilustrações, por exemplo, M. R. PALMA RAMALHO, *Do Fundamento do Poder Disciplinar Laboral*, Coimbra, 1993, 69 ss.

tarefas perigosas, cláusulas sobre a aleitação, sobre o direito a faltas para consultas pré-natais, etc…); e, mais raramente, cláusulas de reafirmação do princípio constitucional da igualdade, e de proibição de práticas discriminatórias entre os trabalhadores dos dois sexos em matéria de carreira ou de condições de trabalho, bem como cláusulas, mais raras ainda, que prevêem formas de conciliação entre a vida profissional e a vida familiar para as mulheres, como a flexibilização dos horários ou o trabalho a tempo parcial.

Relativamente ao conteúdo destas cláusulas, verifica-se que elas ou desenvolvem o texto legal num sentido mais favorável ao trabalhador, ou remetem para o texto legal ou ainda repetem esse mesmo texto legal, embora, infelizmente, às vezes até de um modo menos claro.

O surgimento deste tipo de cláusulas, ainda que timidamente, permite-nos, pelo menos, esperar que esta matéria tenha entrado no elenco das preocupações dos parceiros sociais. Mas é evidentemente ainda muito cedo para saber se isto significa de facto a assunção de um papel mais interventor dos sindicatos nesta matéria, como seria desejável.

Por outro lado, como é sabido, não há dados suficientemente diferenciados sobre a taxa de sindicalização feminina e masculina entre nós e embora a maioria dos trabalhadores subordinados seja abrangida por regulamentação colectiva sabe-se que a taxa de sindicalização tem vindo em termos gerais a baixar nos últimos anos, acabando muitos trabalhadores por ser abrangidos pela regulamentação colectiva não por via de aplicação directa de convenções colectivas mas pela via da sua extensão administrativa – o que significa que muitos trabalhadores ficam na dependência de um acto administrativo, para a determinação do seu regime laboral, não sendo de facto aqui exercida a autonomia colectiva. É pois difícil determinar, em termos precisos, a real importância das convenções colectivas, como meio de autoregulamentação em sentido estrito nesta matéria.

IV. Para concluir esta reflexão geral sobre a situação jurídica portuguesa actual em matéria de igualdade, no panorama comunitário, diríamos pois que, em termos comparados, Portugal se encontra, do ponto de vista normativo e salvo num ou noutro ponto, entre os sistemas que melhor cobrem as temáticas atinentes à discriminação directa e indirecta ligadas ao fenómeno do trabalho; mas esta conclusão não dá muitas garantias sobre a real eficácia do sistema pela falta de acções judiciais sobre esta matéria e pelo desenvolvimento ainda incipiente da matéria em sede de contratação colectiva.

Do nosso ponto de vista, da apreciação a estes vários níveis resulta uma conclusão que é, de certa forma, evidente para todos os que lidam com esta temática: em Portugal o problema da promoção da igualdade no domínio laboral não tem tanto a ver com a ausência ou a deficiência de enquadramento normativo dos problemas (excepto em alguns casos pontuais) mas com a dificuldade prática de uma trabalhadora discriminada fazer valer as suas pretensões em tribunal antes de ser despedida, com problemas de ordem financeira que fixam em valores demasiado baixos os salários e as prestações sociais pelas situações de risco ligadas à maternidade e às ausências por razões familiares, impedindo assim, de facto, a livre escolha da trabalhadora pelas soluções previstas na própria lei apenas por razões económicas, e ainda por uma relativa indiferença dos parceiros sociais em relação a esta temática até há pouco tempo.

Deste modo, não podemos deixar de dizer que, ainda que se deva procurar sempre melhorar o regime jurídico, se deve, sobretudo, procurar optimizar os meios de informação, de fiscalização e de garantia da aplicação prática das disposições protectivas que já existem. Para conseguir este objectivo, é desnecessário lembrar a importância do papel da CITE, da CIDM, e do IDICT, bem como da elaboração e a implementação de Planos de acção para a efectiva promoção da igualdade, e ainda o surgimento da L. n.° 105/97, de 13 de Setembro, com a previsão de sanções contraordenacionais pelas violações ao direito da igualdade.

É que, mesmo com o quadro jurídico adequado, o problema da igualdade de género no trabalho e no emprego subsiste como um problema económico, em primeiro lugar e, depois, como um problema de mentalidade.

2. Os conceitos operatórios básicos na temática da igualdade de género no trabalho e no emprego

I. Feitas estas considerações de ordem geral, cabem algumas reflexões sobre os dois conceitos que, da nossa perspectiva, são os conceitos operatórios básicos para a resolução dos problemas da igualdade de género no domínio laboral: o conteúdo do princípio da igualdade e a sua dimensão sexual, nos termos em que é enunciado e desenvolvido na Constituição; e o próprio conceito legal de discriminação e as formas que pode assumir. Em relação a um e a outro, a apreciação que vamos fazer é, por um lado, de índole teórica, uma vez que a ausência de casos judiciais não nos permite tirar conclusões sobre a aplicação prática desses conceitos; e, pretende, por outro lado, ser comparada, ou seja, situar o direito português no panorama comunitário.

II. No que se refere ao princípio constitucional da igualdade e às respectivas projecções no texto constitucional em matéria de escolha da profissão, acesso ao emprego e progressão na carreira e igualdade salarial, beneficiámos do facto de a nossa Constituição ser um diploma jovem com uma preocupação notável em matéria de direitos fundamentais. Esta circunstância não só permitiu consagrar *ab initio* o princípio no seu significado mais amplo (ao contrário do que sucedeu no direito comunitário, em que o princípio começou por se restringir às matérias salariais e o seu desenvolvimento para outras áreas foi feito, sobretudo, pela jurisprudência comunitária), como confere ao princípio uma projecção prática imediata em alguns aspectos, pelo regime do art. 18.° da CRP – o que também não é regra na maioria dos Estados comunitários.

Por outro lado, a dimensão ampla do princípio constitucional deu uma também muito ampla margem de regulamentação da matéria, ao nível legal que, deve dizer-se, foi aproveitada – a ausência deste ponto de partida ou a falta de firmeza de um conceito nuclear abrangente de suporte do sistema nota-se, pelo contrário, noutros sistemas jurídicos e no próprio direito comunitário, de uma forma que não se faz sentir entre nós e a oscilação recente da jurisprudência comunitária em pontos até agora relativamente consensuais é a prova evidente desta afirmação – basta lembrarmos, a este respeito, o Ac. Kalanke e, mais recentemente, o Ac. Marshall.

Finalmente, parece-nos importante referir que o princípio constitucional da igualdade contém, na sua própria formulação, os elementos necessários à sua interpretação e aplicação em termos de razoabilidade, uma vez que a afirmação da igualdade é relacionada, pela própria Lei Fundamental e de uma forma imediata, com a ideia de não discriminação – o que tem implícito, do nosso ponto de vista, a ideia do tratamento igualitário de situações idênticas, mas deixa margem para tratar diferentemente o que for diverso. Como qualquer direito, o direito à igualdade tem que ser exercido em termos de razoabilidade e isso resulta da própria formulação constitucional. O princípio é pois claro, razoável, e axiologicamente fundamentado. Cabe aos trabalhadores e às trabalhadoras alegá-lo e aos tribunais aplicá-lo.

Não podemos, apesar de tudo, deixar de lamentar que a revisão constitucional tenha deixado passar a oportunidade de autonomizar o valor da igualdade entre os sexos, relativamente a outras situações de discriminação, como era objectivo da proposta da Associação Portuguesa de Mulheres Juristas – afinal, esta autonomização acaba de ser estabelecida no Tratado de Amesterdão, com a previsão de um conceito amplo de discriminação em termos positivos no art. 13.°, mas a par da previsão autónoma do valor da igualdade entre homens e mulheres, como objectivo fundamental da Comunidade Europeia, nos art. 2.° e 3.° n.° 2.

III. No que se refere ao conceito de discriminação, também nos parece que a situação portuguesa é, do ponto de vista formal, relativamente clara. Ao contrário do que sucede com outros Estados membros, a lei portuguesa contém uma noção de discriminação clara e de conteúdo amplo, uma vez que abarca tanto as situações de discriminação directa como indirecta. Esta noção é perfeitamente compatível com o direito comunitário. As dúvidas que, porventura, subsistissem sobre o conteúdo desta noção foram dissipadas com o conceito de discriminação indirecta formulado pela L. n.° 105/97, de 13 de Setembro (art. 2.°).

Por outro lado, é de salientar a compatibilidade desta noção com a referência do Tratado de Amesterdão (art. 13.°) ao conceito de discriminação em termos amplos e em termos positivos: em termos amplos, porque as situações de discriminação não são reportadas apenas às motivações sexuais, mas também a motivos atinentes à raça, ao credo, à orientação sexual, etc… – ou seja, o conceito é formulado um pouco à maneira da nossa própria Constituição; em termos positivos, porque o Tratado não se limita a condenar as práticas discriminatórias com estas motivações, mas prevê a adopção de medidas positivas ao nível comunitário e pelos próprios Estados membros para o combate a estas discriminações – art. 13.° e art. 141.° n.° 4.

3. Algumas matérias em especial

Chegados a este ponto, cabem algumas referências a propósito das diversas áreas em que se tem desenvolvido o direito da igualdade, na perspectiva de situar o sistema jurídico nacional no panorama comunitário – a matéria da igualdade salarial; a matéria do acesso ao emprego e da progressão profissional; e a matéria do desenvolvimento da relação de trabalho, com as questões conexas do assédio sexual e da conciliação da vida profissional e familiar, bem como da protecção da maternidade e da paternidade.

3.1. *Igualdade remuneratória*

I. No que se refere à igualdade remuneratória, começaríamos por afirmar a compatibilidade geral do direito nacional com o direito comunitário: as noções de trabalho igual e de trabalho de valor igual são noções adquiridas entre nós; e o conceito de remuneração é entendido para efeitos de igualdade em razão do género na nossa lei de uma forma compatível com o direito comunitário e cujo conteúdo é muito mais amplo do que o conteúdo do conceito geral de retribuição enunciado na LCT – trata-se pois de remuneração e não apenas da retribuição como contrapartida do trabalho, nos termos do art. 82.° da LCT.

II. Este conteúdo amplo permite de certa forma iluminar os critérios de decisão para a verificação de situações de discriminação salarial directa em razão do género que se venham a colocar no futuro (uma vez que, como já referimos, o problema não tem chegado aos tribunais). O conceito amplo de remuneração, quando esteja em causa uma discriminação com base no sexo, determina, no nosso entender, um regime mais favorável do que o prescrito para as quebras da igualdade com outras motivações, em que o conceito de retribuição tem sido interpretado de uma forma mais restritiva pela nossa jurisprudência (por exemplo, discriminação remuneratória em razão da filiação sindical) – ou seja, referindo-o à retribuição em sentido estrito. De *jure condendo*, diríamos pois que, caso estivesse em causa uma situação de discriminação remuneratória com base no sexo, a questão seria resolúvel com base no princípio constitucional *trabalho igual, salário igual*, que assegura a razoabilidade na aplicação do princípio,

240   *Estudos de Direito do Trabalho*

mas o conceito a ter em conta para efeitos de comparação das situações em causa teria que ser não o conceito estrito de retribuição mas o conceito amplo, incluindo pois todas as prestações auferidas pelo trabalhador em razão do seu contrato de trabalho[2].

Por outro lado, se conjugarmos esta circunstância com o sistema de inversão do ónus da prova, que a Lei da Igualdade já previa para a matéria remuneratória (art. 9.° n.° 4 do DL n.° 392/79, de 20 de Setembro), e ao qual a L. n.° 105/97, de 13 de Setembro, veio a dar um conteúdo geral, constatamos ainda a maior favorabilidade do regime para estas situações relativamente às situações de discriminação com base em motivos diversos do sexo – já que, nos outros casos, de acordo com a regra geral da repartição do ónus da prova, a quem alega o direito, compete prová-lo.

Porque vem à colação, devemos referir a este propósito que a L. n.° 105/97, de 13 de Setembro, teve, entre outros, o mérito de se antecipar à Directiva sobre a repartição do ónus da prova, cujos termos estão em discussão mas poderão não ser os mais favoráveis.

III. Finalmente, destacaríamos, a este propósito, a importância das convenções colectivas na fixação das categorias e das tabelas remuneratórias, porque esta fixação em termos correctos é uma forma de facilitar a alegação da situação de discriminação pelos trabalhadores e de dificultar a sua ilação pelo empregador por critérios subjectivos – o que contribui para o correcto funcionamento da regra especial sobre ónus da prova.

3.2. *Igualdade de tratamento no acesso ao emprego e na progressão profissional*

I. Sobre a matéria da igualdade de tratamento no acesso ao emprego e na progressão profissional verifica-se também uma compatibilidade genérica do direito laboral nacional com o direito comunitário.

Impõe-se, no entanto, uma observação a propósito das acções positivas que aqui vêm à colação, uma vez que nos parece ter havido alguma evolução no entendimento comunitário.

---

[2] Sobre o ponto, com desenvolvimentos, M. R. PALMA RAMALHO, *Igualdade de tratamento entre trabalhadores e trabalhadoras em matéria remuneratória: a aplicação da Directiva 75/117/CE em Portugal*, ROA, 1997, 1, 159-181.

II. Em primeiro lugar, parece decorrer do actual texto do art. 141.°
n.° 4 do Tratado de Amesterdão que as medidas de acção positiva toma-
das ao nível dos Estados membros para combater as situações de sub-
representação de um dos sexos em determinada actividade, não sendo um
dever dos Estados membros, são objecto de um juízo geral favorável por
parte do direito comunitário – de acordo com a redacção do preceito, elas
apresentam-se como uma faculdade dos Estados membros. Ora, este
ponto é de grande importância, na medida em que contribui para clarificar a confusão suscitada pela jurisprudência comunitária a partir do Ac.
Kalanke.

Por outro lado, parece-nos importante retirar ainda desse mesmo artigo a opção da Comunidade por uma tutela geral do sexo menos represen-
tado e não só das mulheres, quando menos representadas – uma vez que o
texto se refere expressamente ao *"under-represented sex"*. Esta disposição, com a qual pensamos que o direito nacional é compatível, repre-
senta alguma evolução no pensamento comunitário tradicional e poderá
trazer novidades na jurisprudência comunitária.

III. Como sabemos, contudo, no caso português o problema não é,
neste aspecto, tanto de ordem legal como de fiscalização do cumprimento
da lei. Por este motivo, julgamos de extrema importância a denúncia destas situações pelas associações sindicais, nos termos previstos pela L.
105/97, de 13 de Setembro, conjugada com a inversão do ónus da prova e
com a obrigatoriedade da manutenção dos registos de recrutamentos,
anúncios de emprego, etc… pelo empregador, conforme a lei prevê.

IV. Finalmente, observaríamos, a este propósito, que o princípio da
igualdade nas matérias da progressão na carreira e do acesso ao emprego
deve ser apreciado em termos substanciais, ou seja, atendendo às especificidades biológicas da mulher. E não podemos deixar de colocar alguma ênfase
nesta afirmação a propósito do acesso ao emprego, não obstante ela ter um
alcance geral, pela facilidade com que já vimos sustentada, em nome da boa
fé e dos deveres de lealdade das partes na formação dos contratos, a ideia de
um dever de informação da trabalhadora candidata a um emprego, relativamente ao seu estado de gravidez. Devemos dizer que, neste caso, o nosso
entendimento é, claramente, no sentido de negar tal dever, ou sequer o dever
de responder a uma pergunta directa sobre o assunto, já que se trata de uma
matéria respeitante à vida pessoal da trabalhadora. Apenas no caso de a

242 *Estudos de Direito do Trabalho*

tarefa a desempenhar ser perigosa para o feto ou para a mãe nos parece sustentável um tal dever da parte da trabalhadora.

3.3. *Igualdade de tratamento no desenvolvimento da relação de trabalho*

I. Sobre a matéria da igualdade de tratamento no desenvolvimento da relação de trabalho, cabe, desde logo, salientar a atenção que esta matéria tem suscitado ultimamente ao nível comunitário, relativamente a três questões: a questão do assédio sexual; a questão da protecção da maternidade; e a questão da conciliação da vida profissional e da vida familiar.

No sistema jurídico português há uma cobertura legal ampla para estas situações – embora de uma forma menos directa em relação à questão do assédio – mas é nesta matéria que muitas situações de discriminação directa e indirecta se podem observar, no dia a dia das empresas: todos sabemos que as trabalhadoras são frequentemente despedidas por ficarem grávidas, apesar da tutela legal acrescida que têm nesta situação, ou então que deixam de ser promovidas por este motivo, ou ainda são objecto de sanções disciplinares ocultas (como a mudança para tarefas mais pesadas, supostamente a coberto do direito de variação do empregador), quando estão grávidas; por outro lado, também sabemos que muitas trabalhadoras são, de facto, vítimas de assédio sexual no local de trabalho, por parte de colegas, de superiores hierárquicos ou do empregador.

Referindo brevemente cada uma destas temáticas, diríamos o seguinte:

II. No que se refere à protecção da maternidade e à conciliação da vida profissional e da vida familiar, Portugal tem um sistema compatível com a Directiva comunitária em termos formais – ultrapassado o problema da duração da licença de maternidade.

Em termos substanciais, como se sabe, o problema é enorme porque muitas disposições não têm grande aplicação prática – o pai pode gozar parte da licença de parto em vez da mãe bem como a licença de maternidade, mas raramente o faz; os valores dos salários não permitem, na verdade, às mães trabalhadoras optarem por ficar em casa durante algum tempo, porque a família não pode prescindir da sua contribuição salarial; tanto o pai como a mãe podem faltar ao trabalho justificadamente para prestarem assistência inadiável à família, mas, quase sempre, é a mãe que falta; a flexibilização dos horários não passa, na maior parte dos casos, de uma possibilidade teórica; e o trabalho a tempo parcial não é viável do ponto de vista económico, etc... O problema é pois económico, em primeiro lugar, e depois, cultural...

Ainda neste contexto, é de referir que, ao nível comunitário, a temática da conciliação da vida privada e profissional tem vindo a ganhar uma importância crescente. Mas, efectivamente, a realidade portuguesa nesta matéria não corresponde ao paradigma comunitário que foi até agora dominante – ainda que as coisas possam vir a mudar um pouco com a entrada dos Estados do Norte da Europa no universo comunitário. Esta observação é importante porque, não correspondendo a situação portuguesa ao quadro dominante na Europa, qualquer actuação ao nível legislativo que venha a ser tomada pela Comunidade em matéria de conciliação da vida profissional e familiar não será necessariamente benéfica para Portugal, dada a diferença das realidades subjacentes. Na maioria dos países comunitários mais antigos (pensamos na França, na Bélgica, na Holanda, na Alemanha ou no Reino Unido) a maioria das mulheres com filhos trabalha já em *part--time* ou interrompe, por completo, a sua carreira profissional durante alguns anos, para cuidar dos filhos; por este motivo, a preocupação da Comunidade pode ser no sentido de facilitar o acesso destas mulheres ao mercado de trabalho em pleno, através da criação de redes externas de apoio à família que não estão tão desenvolvidas noutros países como em Portugal. Ora, este não é o panorama português, sendo necessário entre nós outro tipo de intervenção. O problema deve pois ser olhado cuidadosamente.

III. No que respeita ao assédio sexual no local de trabalho, assinala-se também alguma preocupação reguladora ao nível comunitário, mas discute-se se esta matéria deve ser perspectivada como uma projecção do princípio da igualdade de género ou se deve ser integrada na regulamentação das condições de trabalho – ponto que não é, de todo em todo, indiferente, porque tem subjacente o reconhecimento, ou não, de um dever do empregador de assegurar que não haja condutas de assédio no seio da sua empresa.

Nesta matéria, pensamos que o sistema português protege as trabalhadoras em termos formais e não há dúvidas sobre a responsabilidade do empregador de assegurar as melhores condições de trabalho na sua em-

244 *Estudos de Direito do Trabalho*

presa – o que passa, naturalmente, pelo dever de reagir disciplinarmente contra essas situações. Mas trata-se, porventura, da questão em que mais coragem é necessária para levar avante qualquer acção pela trabalhadora vítima, não só pela delicadeza da situação, como pelo facto de, quase sempre, depender economicamente do salário. Por esta razão, as instâncias de representação dos trabalhadores e os serviços administrativos de inspecção têm, também aqui, um papel fundamental a desempenhar, já que o que está em causa é, sobretudo, fazer cumprir a lei[3].

4. Interacção dos planos jurídicos nacional e comunitário em matéria de igualdade e não discriminação

I. Sobre este último ponto, faremos apenas três observações.

Em primeiro lugar, diremos que a falta de acções judiciais sobre questões de discriminação sexual em matéria laboral não permite tirar conclusões sobre a eventual aplicação do direito comunitário pelos tribunais portugueses.

Contudo, ainda que estas acções venham a surgir, a aplicação do direito comunitário poderá não ser necessária, porque o quadro normativo de protecção ao nível do direito nacional é abrangente e genericamente compatível com as regras comunitárias, sendo mesmo, em alguns casos, mais favorável do que o direito comunitário – o que torna desnecessária a aplicação deste.

Parece-nos, pois, importante ultrapassar o entendimento segundo o qual a não aplicação do direito comunitário pelos tribunais portugueses significa, só por si, um menor grau de protecção.

II. Esta afirmação não preclude, todavia, a segunda observação que gostaríamos de fazer: é da importância das directivas comunitárias nesta matéria.

É que, por um lado, a preocupação regulativa do direito comunitário no domínio da igualdade de género evidencia a importância crescente

---

[3] Veja-se, sobre esta matéria, o Ac. da RLx. de 08/01/97, CJ, 1997, I, 173 ss., que não hesitou em confirmar como situação de justa causa o despedimento de um trabalhador por condutas de assédio sexual sobre trabalhadoras, suas inferiores hierárquicas, que identificou como violadoras do dever de respeito entre os trabalhadores.

Igualdade. Conciliação da vida Profissional e Familiar 245

desta temática ao nível comunitário; e, por outro lado, as Directivas têm que ser transpostas pelos Estados membros, e essa transposição possibilita a evolução positiva dos sistemas de protecção, ao nível interno, nos pontos em que ainda estão aquém do nível de tutela assegurado pelo direito comunitário[4].

Por outro lado, convém referir, como um aspecto muito positivo, que a necessidade de transposição tem sido também aproveitada para, em alguns casos, ir além do que é até estabelecido pela Directiva – ou seja, aproveita-se a ocasião para aperfeiçoar o próprio sistema de direito interno, o que muitas vezes não aconteceria se não houvesse este "pretexto".

III. Como última observação sobre este ponto, não podemos, contudo, deixar de chamar a atenção para o perigo de que a transposição das normas comunitárias possa, na prática, conduzir não a uma melhoria no sistema de protecção mas sim a uma diminuição real dos níveis de tutela existentes.

Na verdade, este efeito perverso já ocorreu, entre nós, exactamente por invocação do princípio da igualdade, a propósito da igualização da idade da reforma aos 65 anos para os trabalhadores beneficiários do regime geral da segurança social dos dois sexos, através da elevação da idade de reforma das mulheres, anteriormente fixada nos 62 anos. Ora, esta alteração, que se justifica, efectivamente, por um princípio de igualdade, não só foi conseguido à custa da diminuição da tutela das trabalhadoras, como teve diversos efeitos colaterais perversos, que decorreram das carreiras contributivas mais curtas das mulheres e que deram azo ao surgimento de situações de discriminação indirecta, com base na medida "igualizante".

Também a propósito da transposição da Directiva sobre a Maternidade (Dir. 92/85), a lei nacional aproveitou para estabelecer a solução de

---

[4] Como é sabido, esta imposição do direito comunitário no sentido do incremento da tutela já se verificou no caso português, apesar do sistema tutelar relativamente abrangente de que dispomos, em relação a aspectos pontuais, como o caso do aumento do período de licença de maternidade. Efectivamente, não fora a exigência constante da Directiva 82/95, sobre a protecção das trabalhadoras grávidas, puérperas e lactantes, relativamente ao período mínimo da licença de maternidade, temos dúvidas que tal prorrogação tivesse ocorrido e muito menos que fosse dada à norma efeito retroactivo para ultrapassar o facto de a transposição ter sido tardia e evitar a invocação do efeito directo pelas trabalhadoras prejudicadas.

recurso à baixa médica pela trabalhadora grávida, que desempenhe tarefas desaconselháveis para o seu estado, quando o empregador não disponha de uma tarefa alternativa para lhe oferecer. Ora, constituindo aparentemente uma solução mais favorável do que a anterior, na verdade este regime pode ter efeitos perversos, porque desresponsabiliza o empregador pela procura de uma solução alternativa, dentro dos quadros do próprio contrato – até porque não lhe custa nada a outra solução, uma vez que o subsídio de doença é pago pela Segurança Social.

IGUALDADE DE TRATAMENTO ENTRE TRABALHADORES E TRABALHADORAS EM MATÉRIA REMUNERATÓRIA: A APLICAÇÃO DA DIRECTIVA 75/117/CE EM PORTUGAL*

SUMÁRIO: 1. Sequência; 2. Enquadramento da temática da igualdade de remuneração pelo direito português e compatibilização das fontes nacionais com o direito comunitário: 2.1. Enquadramento constitucional da temática da igualdade salarial em razão do sexo; 2.2. O conteúdo do princípio constitucional da igualdade remuneratória – apreciação do art. 59.º n.º 1 a) da CRP; 2.3. Enquadramento legal da temática da igualdade remuneratória; 2.4. A igualdade remuneratória e os instrumentos de regulamentação colectiva do trabalho. 3. Desenvolvimento de algumas questões regimentais colocadas pelo princípio da igualdade remuneratória em razão do sexo, no sistema jurídico português: 3.1. O conceito de remuneração; 3.2. Os conceitos de trabalho igual e de trabalho de valor igual e os critérios de avaliação do trabalho; 3.3. Ónus da prova da situação de discriminação remuneratória com base no sexo e protecção da trabalhadora ou do trabalhador alegando discriminação; 4. Conclusões.

1. Sequência

A abordagem do tema da igualdade de tratamento entre trabalhadores e trabalhadoras em matéria remuneratória, primeiro e vital domínio em

---

* Texto que serviu de base à comunicação apresentada nas *Jornadas Hispano-Portuguesas sobre a Igualdade de Tratamento em Direito Comunitário*, realizadas em 16 e 17 de Novembro de 1995 em Jerez de la Frontera, iniciativa conjunta da Faculdade de Direito da Universidade de Cádiz e da Faculdade de Direito da Universidade de Lisboa. Publicado originariamente na ROA, 1997, 1, 159-181, e publicado ainda, em língua castelhana sob o título *La aplicacion de la Directiva 75/117 en Portugal, in* J. CRUZ VILLALÓN (coord.), *La Igualdad de Trato en el Derecho Comunitario Laboral*, Pamplona, 1997, 153-172.

que o princípio geral da igualdade de tratamento em razão do sexo foi enunciado, de forma directa, no art. 119.º do Tratado de Roma, e depois desenvolvido na Directiva 75/117/CE, na perspectiva da sua implementação e aplicação em Portugal, passa, no nosso entender, por uma análise a três níveis: o nível legislativo, que nos propicia o enquadramento genérico desta temática e nos permite aferir da forma de conjugação das fontes nacionais e comunitárias neste domínio; o nível regimental, com a apreciação dos principais problemas em concreto suscitados por esta matéria – a questão do conceito de remuneração em geral e do alcance do conceito de remuneração igual, para efeitos de aplicação da Directiva 75/117, a questão dos conceitos de trabalho igual e de trabalho de valor igual e dos critérios de avaliação do trabalho, para aqueles efeitos, e a questão do ónus da prova e da protecção do trabalhador ou da trabalhadora que alegue a situação de discriminação – e o nível da aplicação judicial, com a apreciação da forma como, na prática, os tribunais portugueses têm encarado esta temática.

Cabe, contudo, advertir que, se os dois primeiros níveis de análise se revelam acessíveis, já o terceiro suscita as maiores dificuldades, dada a peculiaridade da situação portuguesa nesta matéria. É que, não obstante o abrangente enquadramento legal da temática da igualdade em geral e da matéria da igualdade em razão do sexo em particular no nosso país, e sendo certo que, com alguma frequência, se suscitam questões de igualdade em geral e, nomeadamente, de igualdade remuneratória com motivações diversas, a verdade é que só muito raramente uma questão sobre discriminação com base no sexo é apresentada perante os tribunais portugueses. Desta forma, convém estabelecer, como ponto prévio à análise que vamos empreender, que as referências à jurisprudência que formos fazendo são, na sua esmagadora maioria, reportadas a casos de discriminação remuneratória não atinentes ao sexo do trabalhador. Ainda assim, pareceu-nos esta referência útil, por dois motivos: por um lado, porque na base de qualquer decisão sobre a temática da igualdade se encontra um sistema de protecção unitário e conceitos operativos idênticos, cujo conteúdo tem sido precisado pela jurisprudência de uma forma relativamente uniforme; por outro lado, porque, a partir da análise destas decisões se nos afigura possível equacionar a forma de interpretação e de aplicação daqueles conceitos se estivesse em causa uma questão de discriminação com base no sexo – o que permitirá, porventura, avançar algumas conclusões sobre o grau de especialidade das questões da igualdade remuneratória com base no sexo do trabalhador e determinar em que medida o respectivo sistema de protecção se deve ou não afastar do sistema geral e em que sentido.

É nesta perspectiva e com esta prevenção que vamos pois proceder à análise proposta.

2. Enquadramento da temática da igualdade de remuneração pelo direito português e compatibilização das fontes nacionais com o direito comunitário

2.1. *Enquadramento constitucional da temática da igualdade salarial em razão do sexo*

Relativamente ao enquadramento geral da temática da igualdade de remuneração no sistema jurídico português e ao problema da compatibilização das fontes formais nacionais com o direito comunitário, primário e secundário, a primeira constatação a fazer, relevante não apenas pelo seu significado teórico como pelas implicações práticas que acarreta, nomeadamente ao nível jurisprudencial, é a constatação do acolhimento constitucional que a temática da igualdade em geral e da igualdade dos trabalhadores em particular mereceu no sistema jurídico português.

No nosso entender, esta circunstância foi não apenas determinante da forma como se desenvolveu o quadro legal de protecção e promoção dos valores da igualdade, nos seus diversos aspectos, e nomeadamente na vertente laboral, que aqui nos ocupa, em Portugal, como contribui para explicar a diferença da situação portuguesa relativamente à da maioria dos países da Comunidade, no que se refere ao recurso às instâncias judiciais comunitárias nesta matéria[1].

A base do sistema português relativo à temática da igualdade de oportunidades no trabalho e no emprego encontra-se na Constituição, cujo art. 13.º consagra o princípio da igualdade em termos gerais, e cujo n.º 2

---

[1] Como é sabido, não têm até agora sido suscitadas perante o TJ quaisquer questões relativas à igualdade remuneratória, provenientes de tribunais portugueses, ao contrário do que sucede com a maioria dos países da União Europeia.

250 *Estudos de Direito do Trabalho*

se reporta directamente à igualdade sexual: no seu n.° 1, o art. 13.° estabelece que todos os cidadãos são iguais perante a lei e têm a mesma dignidade social – é a vertente positiva do princípio da igualdade; e no n.° 2 estabelece-se a proibição de discriminação entre os cidadãos, em razão da raça, credo, sexo, língua, etc... – é a vertente negativa do princípio da igualdade, também chamada de "princípio da não discriminação".

A Lei Fundamental assume pois a ideia de igualdade em termos genéricos, como um princípio fundamental do Estado, autonomizando, no seu conteúdo, a referência à igualdade entre homens e mulheres[2].

Para além desta formulação geral, o princípio da igualdade é objecto de concretização, em sede da própria Constituição, no domínio profissional e laboral – é o denominado "princípio da igualdade de tratamento". Este princípio desenvolve-se em duas vertentes essenciais: a vertente da igualdade de oportunidades nas áreas do acesso ao emprego, carreira e formação profissional, e a vertente dos direitos dos trabalhadores. Na primeira vertente, encontramos a matéria constante dos arts. 47.°, 50.° e 58.° n.° 3, alíneas b) e c) da CRP, que estabelecem, por um lado, o direito de escolha da profissão e de acesso a cargos públicos e privados em condições de igualdade para qualquer cidadão e, por outro lado, o dever do Estado de assegurar essa igualdade de oportunidades, na sua condução de políticas de pleno emprego, evitando, designadamente, que o acesso a quaisquer trabalhos, cargos ou funções seja limitado ou vedado em função do sexo (neste sentido dispõe expressamente a al. c) do n.° 3 do art. 58.°); na segunda vertente incluem-se as matérias da remuneração, organização do trabalho, condições de trabalho, direito ao repouso e protecção na situação de desemprego involuntário – são as matérias elencadas no art. 59.° n.° 1 da Constituição, também expressamente proibindo a discriminação em razão do sexo dos trabalhadores.

---

[2] Não é necessário lembrar que, do ponto de vista histórico, a assunção de tal princípio em Portugal, no momento em que a Constituição foi aprovada, não teve apenas um significado formal mas verdadeiramente um significado cultural e axiológico, nomeadamente no aspecto da igualdade sexual, em que rompe com uma tradição muito diferente, sancionada pela própria Constituição de 1933, na forma como enunciava o princípio da igualdade no seu art. 5.°, ressalvando, quanto à mulher, aquilo a que chamava "as diferenças resultantes da sua natureza e do bem da família". E grato é também reconhecer que esta assunção da ideia da igualdade pelo legislador constituinte de 1976, no seu enunciado geral do n.° 1 do art. 13.° como nas suas diversas concretizações no n.° 2, pode hoje ser considerada clássica, ao fim de quase vinte anos de prática constitucional, uma vez que o texto do art. 13.° não sofreu alterações materiais nas diversas revisões constitucionais.

É justamente a propósito da projecção do princípio da igualdade na vertente dos direitos dos trabalhadores que surge o princípio da igualdade remuneratória, constitucionalmente traduzido na fórmula "para trabalho igual, salário igual" – art. 59.º n.º 1 a). E dentro deste brocardo se integra, naturalmente, o princípio da não discriminação remuneratória em razão do sexo, que aqui nos ocupa mais especificamente.

Descrito o enquadramento constitucional da matéria da igualdade remuneratória entre os trabalhadores dos dois sexos, importa agora fixar o alcance destes preceitos constitucionais. É que, independentemente do desenvolvimento infra-constitucional do princípio, a sua referência na Lei Fundamental tem por si só, no nosso entender, uma projecção jurídica imediata, já que o princípio da igualdade do art. 13.º tem a natureza de direito fundamental, sendo qualificável como um direito, liberdade e garantia. Esta qualificação traduz a importância atribuída pelo Estado ao princípio da igualdade, mas significa também uma opção declarada do legislador constituinte por uma forte tutela do valor da igualdade, uma vez que determina, de acordo com a própria lógica constitucional, a sujeição a um sistema de especial tutela: por um lado, como direito, liberdade e garantia, a norma constante do art. 13.º é dotada de eficácia imediata e vincula de forma directa as entidades públicas e privadas; por outro lado, este princípio não pode ser objecto de restrições legais, excepto nos casos previstos na Constituição e apenas na medida estritamente necessária para assegurar o respeito por outros direitos fundamentais – é o regime constante do art. 18.º n.os 1, 2, e 3 da CRP[3]. Desta forma, ainda que algumas das normas constitucionais que concretizam a ideia da igualdade ao nível das oportunidades profissionais, como ao nível dos direitos dos trabalhadores, possam ter a natureza de normas programáticas, o certo é que a base do sistema é uma norma dotada de eficácia imediata e fortemente tutelada.

---

[3] Por todos, GOMES CANOTILHO/VITAL MOREIRA, *Constituição da República Portuguesa Anotada*, 3.ª ed., Coimbra, 1993, 145 ss.

2.2. O conteúdo do princípio constitucional da igualdade remuneratória – apreciação do art. 59.º n.º 1 a) da CRP

A concretização constitucional do princípio geral da igualdade do art. 13.º, na matéria da remuneração, é feita no art. 59.º n.º 1 a) da CRP, que confere aos trabalhadores um "direito à retribuição do trabalho, segundo a quantidade, natureza e qualidade, observando-se o princípio de que para trabalho igual, salário igual, por forma a garantir uma existência condigna".

Esta formulação do preceito constitucional obriga, no nosso entender, à delimitação do seu conteúdo em duas áreas normativas, de valor e natureza diversos: por um lado, a garantia de uma existência condigna, referida na parte final do preceito, é reportada à questão da fixação e actualização de um salário mínimo, obrigação cometida ao Estado pelo n.º 2 alínea a) do mesmo artigo – trata-se pois de um preceito programático, que tem o Estado por destinatário, usualmente designado como "princípio da suficiência da retribuição"[4]; por outro lado, a Constituição enuncia na primeira parte do preceito o direito à retribuição do trabalho, de acordo com um princípio de igualdade, a aferir em função da quantidade, natureza e qualidade do trabalho prestado – esta norma constitucional tem sido entendida não já como um preceito programático mas como um comando preceptivo imediatamente vinculante, pela doutrina maioritária e pela jurisprudência[5].

A qualificação da norma constitucional sobre a igualdade remuneratória como preceito preceptivo é da maior importância por determinar a sua eficácia civil imediata. Ou seja, ao contrário do que sucede com outros direitos fundamentais, designadamente com alguns dos chamados direitos dos trabalhadores (incluindo diversos direitos consagrados no próprio art. 59.º e a segunda parte do seu n.º 1, relativa ao salário mínimo), o direito constitucional à igualdade remuneratória não só é um direito fundamental para o Estado português, como não carece de qualquer mediação normativa na sua aplicação prática (provenha esta mediação do direito interno ou do direito comunitário), podendo ser invocado directamente por

---

[4] MENEZES CORDEIRO, *Manual de Direito do Trabalho*, Coimbra, 1991, 727; MONTEIRO FERNANDES, *Direito do Trabalho*, I, 9.ª ed., Coimbra, 1994, 384.

[5] Neste sentido por exemplo, os Acórdãos do STJ de 26/05/88, de 14/01/90 e de 17/02/93, respectivamente CJ, 1988, 3, 15; BMJ, 401-368; AD, 378-709. E, na doutrina, por todos, MONTEIRO FERNANDES, *Direito do Trabalho cit.*, 385.

Igualdade. Conciliação da vida Profissional e Familiar   253

qualquer particular perante um tribunal nacional e por este directamente aplicável – situação que, na prática, com frequência se tem verificado[6].

2.3. *Enquadramento legal da temática da igualdade remuneratória*

Prosseguindo na apresentação do enquadramento legislativo nacional em matéria de igualdade remuneratória em razão do sexo, cabe referir que esta matéria é tratada nos dois diplomas que desenvolvem a concretização laboral do princípio constitucional da igualdade sexual, nas suas vertentes do acesso e progressão profissionais e dos direitos dos trabalhadores: o DL n.° 392/79, de 20 de Setembro, aplicável à generalidade dos trabalhadores subordinados, com exclusão dos trabalhadores domésticos e dos trabalhadores no domicílio (art. 20.° n.° 1); e o DL n.° 426/88, de 18 de Novembro, aplicável aos funcionários e agentes do Estado, autarquias locais, serviços municipalizados e instituições de segurança social.

---

[6] A natureza e a força da norma constitucional sobre a igualdade remuneratória contribui para compreender a situação portuguesa no que se refere à coordenação das fontes formais de direito interno e de direito comunitário, em ordem à aplicação prática das normas sobre a igualdade remuneratória. No nosso entender, o enquadramento constitucional desta matéria e, no caso concreto da igualdade remuneratória, a natureza imediatamente vinculante da norma sobre igualdade salarial explicam a ausência de questões colocadas pelo Estado português perante o TJ como ainda a pouca tradição que existe no nosso sistema para aplicar o direito comunitário, em matéria de igualdade remuneratória. É que o entendimento geralmente aceite sobre a natureza desta norma permitiu que se criasse em matéria de igualdade remuneratória alguma tradição da sua aplicação directa pelos tribunais nacionais (a prová-lo estão os diversos acórdãos que em matéria salarial se socorrem da previsão constitucional sobre igualdade remuneratória), prescindindo da aplicação do direito comunitário e tornando desnecessária a apreciação prejudicial da questão da igualdade pelas instâncias comunitárias.

Em matéria de igualdade remuneratória, parece-nos pois importante desmistificar um pouco a ideia, porventura perfeitamente aceitável noutras matérias, de que a ausência de recurso para as instâncias comunitárias e a não invocação do direito comunitário, significa, só por si, um sistema de protecção menos eficaz ao nível nacional. A menor eficácia deste sistema apenas poderá decorrer da análise comparativa concreta das disposições normativas comunitárias e nacionais que concretizam o princípio constitucional da igualdade remuneratória, em ordem à verificação dos respectivos conteúdos, que nos ocupará no ponto seguinte.

A matéria da igualdade remuneratória é, nestes dois diplomas, tratada de uma forma sistemática, abrangente e bastante idêntica para as duas categorias de trabalhadores, introduzindo no direito interno um sistema de protecção amplo, apoiado basicamente na Convenção n.° 100 da OIT sobre igualdade remuneratória entre trabalhadores do sexo feminino e masculino, que Portugal aprovou através do DL n.° 47302, de 4 de Novembro de 1966.

Parece-nos relevante salientar que a regulamentação legal do princípio da igualdade remuneratória em razão do sexo é a única concretização legal do princípio constitucional "trabalho igual, salário igual", o que aumenta o seu valor como quadro de referência para a concretização dos próprios critérios que condicionam aquele princípio na Constituição (i.e., a natureza, quantidade e qualidade do trabalho prestado), na sua aplicação pelos tribunais, mas conduz também à autonomização do princípio da não discriminação remuneratória em razão do sexo relativamente ao princípio geral do trabalho igual, salário igual. E, na verdade, esta autonomização é extremamente importante por determinar na prática, na nossa opinião, um sistema de tutela mais amplo e eficaz do que o que seria propiciado apenas pela aplicação directa da norma constitucional.

Cabe ainda referir que a eficácia do sistema legal de protecção da igualdade de tratamento entre os trabalhadores do sexo masculino e feminino é assegurada pela norma revogatória genérica constante do art. 23.° do DL n.° 392/79, determinando expressamente a revogação de toda e qualquer disposição legal, administrativa ou regulamentar contrária ao princípio da igualdade – o que inclui naturalmente as disposições relativas à igualdade remuneratória.

2.4. *A igualdade remuneratória e os instrumentos de regulamentação colectiva do trabalho*

Antes de entrarmos na apreciação de algumas questões regimentais do sistema de tutela do valor da igualdade remuneratória em razão do sexo, cabe ainda referir, a propósito do enquadramento desta temática, que, para além das fontes constitucionais, comunitárias e legais, as questões da igualdade em geral e da igualdade remuneratória em particular podem ser objecto dos instrumentos de regulamentação colectiva do trabalho, nomeadamente das convenções colectivas de trabalho.

Contudo, esta regulamentação convencional apenas poderá ser estabelecida num sentido mais favorável aos trabalhadores do que o previsto na lei, desde logo em razão da norma revogatória geral do art. 23.° do DL n.° 392/79 acima referida e em cujo âmbito previsional se incluem naturalmente as convenções colectivas de trabalho; e, por outro lado, porque esta mesma solução decorre das normas gerais delimitativas do conteúdo das convenções colectivas de trabalho, designadamente do art. 6.° da LRCT, que estabelece a nulidade de todas as disposições delas constantes contrariando normas constitucionais ou legais imperativas, ou determinando um tratamento menos favorável aos trabalhadores do que o previsto na lei – o que, naturalmente, inclui a matéria da igualdade remuneratória.

Para além destas disposições gerais, deve referir-se que especificamente em matéria remuneratória o DL n.° 392/79 prescreve, de forma expressa, a nulidade das cláusulas dos instrumentos de regulamentação colectiva que estabeleçam, para as mesmas categorias ou para categorias equivalentes de trabalhadores, remunerações inferiores para as mulheres, prevendo, em tal caso, a substituição automática de tais remunerações pelas existentes para os homens – é o que dispõe o art. 12.° n.° 2, em conformidade com o art. 4.° da Directiva 75/117.

Trata-se pois de um regime de protecção bastante forte, uma vez que, para além da previsão da nulidade das disposições, que terá que ser declarada nos termos gerais, a lei estabelece o mecanismo que assegura a eficácia prática do sistema de uma forma imediata, através da substituição da remuneração inferior pela remuneração superior.

3. Desenvolvimento de algumas questões regimentais colocadas pelo princípio da igualdade remuneratória em razão do sexo, no sistema jurídico português

Na sua disciplina da matéria da igualdade de tratamento e no que se refere especificamente à igualdade remuneratória entre os trabalhadores dos dois sexos, a lei portuguesa assegura, conformemente à CRP e ao art. 119.° do Tratado de Roma, o direito à "igualdade de remuneração entre trabalhadores e trabalhadoras por um trabalho igual ou de valor igual prestado à mesma entidade patronal" – art. 9.° n.° 1 do DL n.° 392/79 e art. 6.° n.° 1 do DL n.° 426/88, de 18 de Novembro, respectivamente para a generalidade dos trabalhadores e para os funcionários do Estado em sentido amplo.

256 *Estudos de Direito do Trabalho*

Em desenvolvimento destes preceitos, os diplomas procedem depois, de uma forma muito idêntica, à concretização do conteúdo dos conceitos de remuneração, de trabalho igual e de valor igual, ao estabelecimento dos critérios de avaliação de funções, e à delimitação dos conceitos de discriminação directa e indirecta. É desta matéria que nos vamos ocupar de seguida.

3.1. *O conceito de remuneração*

A primeira questão colocada pela aplicação concreta da ideia de igualdade remuneratória é a questão do próprio conceito de remuneração, para efeitos de verificação da conformidade da legislação portuguesa com o art.119.º parágrafo 2.º do Tratado de Roma.

A noção de remuneração, para efeitos da determinação das situações de discriminação, é feita pelas leis especiais sobre a igualdade, de uma forma bastante extensa. A lei qualifica como remuneração toda a prestação patrimonial (pecuniária ou não) a que o trabalhador tenha direito, em razão do seu contrato de trabalho, incluindo a remuneração principal, a remuneração pela prestação de trabalho suplementar e nocturno, as diuturnidades e prémios de antiguidade, os subsídios de férias e de Natal, os prémios de assiduidade e de produtividade e as comissões de vendas, os subsídios de risco, de alimentação, de deslocação, de alojamento, e de turno, e os abonos para falhas – art. 2.º c) do DL n.º 392/79. A noção de remuneração constante do art. 3.º do DL n.º 426/88, aplicável aos funcionários públicos, é ainda mais extensa, incluindo para este efeito também as despesas de representação.

Além disso, deve referir-se que, tanto no diploma aplicável à generalidade dos trabalhadores subordinados como no diploma aplicável aos funcionários e agentes públicos, a enumeração das diversas prestações consideradas remuneratórias, para efeitos de igualdade salarial entre homens e mulheres, tem natureza exemplificativa, pelo que ainda outras prestações a que o trabalhador tenha direito em razão do seu contrato de trabalho poderão ser tidas em conta para a avaliação de situações concretas de discriminação.

Se procedermos à comparação deste conceito de remuneração para efeitos de igualdade de género com as referências constitucionais e legais às prestações retributivas do empregador verificamos o seguinte: relativamente à Constituição, parece-nos que a lei desenvolveu de forma ampla o conceito de retribuição previsto no já referido art. 59.º n.º 1 a), uma vez que as expressões "retribuição" e "salário" aí referidas e a sua ligação à prestação de uma actividade laborativa poderiam porventura permitir uma leitura mais restritiva do conteúdo das prestações remuneratórias aqui integráveis[7]. Esta leitura mais ampla do conceito de remuneração levada a efeito pela lei determina pois um sistema de protecção mais favorável ao trabalhador ou à trabalhadora objecto de discriminação em razão do sexo do que aquilo que a Constituição, por si só, poderia proporcionar, e que será porventura o conceito a adoptar quando estejam em causa questões de igualdade remuneratória por outras razões que não a do sexo dos trabalhadores em causa. Relativamente ao conceito legal interno de retribuição, constante do art. 82.º n.º 1 da LCT e desenvolvido ao longo das normas subsequentes, verificamos que ele é também muito menos extenso do que o conceito previsto para efeitos de igualdade remuneratória entre os trabalhadores dos dois sexos, uma vez que um dos seus elementos essenciais é a ideia de "contrapartida do trabalho", ou seja a relação directa e sinalagmática entre a prestação desenvolvida pelo trabalhador e a prestação correspondente do empregador – elemento este que não transparece do conceito de remuneração constante dos diplomas sobre a igualdade, já que no seu conteúdo estão abrangidas diversas prestações não decorrentes da prestação laborativa propriamente dita (subsídios de deslocação, de penosidade, etc...).

Da análise do conteúdo do conceito de remuneração constante dos diplomas legais sobre a igualdade dos trabalhadores em razão do sexo e da sua conjugação com a referência constitucional e com a lei geral do trabalho portuguesa podemos pois concluir que o conceito de remuneração, para efeitos da verificação de uma prática discriminatória com base no sexo, tem um conteúdo mais amplo, já que o critério essencial para a sua delimitação parece ser a sua decorrência do contrato de trabalho ou da ligação de emprego público (exigência mencionada quer por um quer pelo outro preceito legal) e não a sua natureza retributiva, i.e., o facto de ser contrapartida do trabalho prestado. Ou seja, se atentarmos na distinção doutrinal clássica entre remuneração e retribuição, esta última signi-

---

[7] Que, aliás, é feita pela doutrina – neste sentido, por todos, BERNARDO XAVIER, *Curso de Direito do Trabalho*, Lisboa, 1992, 401.

ficando a contrapartida da prestação laborativa, que assegura a natureza sinalagmática do contrato de trabalho e a primeira abrangendo todas as prestações patrimoniais devidas ao trabalhador em razão do seu contrato[8], verificamos que, para efeitos de igualdade remuneratória entre trabalhadoras e trabalhadores, o legislador nacional quis englobar no âmbito da tutela todas as prestações incluídas no conceito mais amplo – i.e., o conceito de remuneração.

Mas já se procedermos à comparação do conteúdo do conceito com o conceito de remuneração do § 2.° do art. 119.° do Tratado de Roma, verificamos que há conformidade da lei nacional com o direito comunitário, uma vez que o critério delimitador da prestação como remuneratória na norma comunitária também parece ser o facto de ela decorrer da existência de uma relação de trabalho ou de emprego, e não o facto de ser contrapartida directa do trabalho prestado. Ou seja, para efeitos da verificação de situação de tratamento discriminatório, a Comunidade adopta também um conceito amplo de remuneração e não o seu sentido retributivo estrito.

Desta forma, entendemos que é este sentido amplo de remuneração que tem que ser tomado em consideração na apreciação das concretas questões de discriminação remuneratória em razão do sexo em Portugal (incluindo pois as chamadas "prestações não retributivas do empregador"), não só porque é este sentido que consta das leis especiais sobre a igualdade, em conformidade com o direito comunitário, mas também porque tal sentido, se bem que não claramente retirável do texto constitucional, é possibilitado pelo sistema, uma vez que a lei desenvolve um princípio fundamental num sentido mais favorável aos trabalhadores e não num sentido restritivo – o que é permitido pelas regras gerais de coordenação hierárquica das fontes em direito do trabalho, nomeadamente pelo art. 13.° n.° 1 da LCT.

Este entendimento amplo do conceito de remuneração para efeitos da apreciação das questões de igualdade remuneratória entre os trabalhadores do sexo feminino e masculino parece-nos da maior importância, por determinar um regime mais favorável para estas questões do que para outras questões de igualdade remuneratória que nada tenham a ver com o sexo. No nosso entender, esta conclusão inviabiliza uma interpretação restritiva do princípio constitucional do "trabalho igual, salário igual", na sua

---

[8] Por todo, MENEZES CORDEIRO, *Manual de Direito do Trabalho cit.*, 717 s.

aplicação judicial, a uma situação de discriminação salarial com base sexual, interpretação esta que já tem sido feita por tribunais portugueses na apreciação de questões de igualdade remuneratória por outros motivos[9].

Em conclusão, parece-nos pois que o conceito de remuneração, para efeitos de verificação de situações de discriminação com base no sexo, terá que ser entendido em sentido amplo, por forma a abranger todas as prestações patrimoniais versadas ao trabalhador ou à trabalhadora, em razão do seu contrato de trabalho[10].

---

[9] Um breve exemplo ilustra esta situação. Como já referimos, os tribunais portugueses fazem, com frequência, apelo ao princípio constitucional do trabalho igual, salário igual, atribuindo-lhe um campo de aplicação directo e bastante amplo, uma vez que admitem que ele se sobreponha ao próprio princípio da filiação sindical, emanação do princípio mais vasto da liberdade sindical (também ele de consagração constitucional e legal), e nos termos do qual só o trabalhador filiado no sindicato que outorgue uma convenção colectiva poderá ser abrangido no seu âmbito pessoal de aplicação – é a regra constante do art. 7.° da LRCT. Ora, no que se refere à remuneração, os tribunais têm entendido (aliás sob crítica de alguma doutrina – por exemplo, BERNARDO XAVIER, *Curso de Direito do Trabalho cit.*, 401 s.) que o princípio constitucional da igualdade salarial determina que, uma vez estabelecida a igualdade do trabalho, em termos de natureza, quantidade e qualidade, de acordo com a exigência constitucional, é devido um salário igual, mesmo para os trabalhadores não sindicalizados ou até para os trabalhadores membros de um sindicato que não subscreveu a convenção colectiva, que estabeleceu aquele valor salarial – neste sentido dispõem, por exemplo, os Acs. do STJ de 05/05/1988, BMJ 377--368, de 26/05/1988, BMJ 377– 402, de 19/05/1988, AD 328-1017, e de 14/11/1990, AD, 350-268.

Invertendo esta orientação jurisprudencial, o Ac. STJ de 20/01/1993, CJ, 1993, 1, 239, considerou, contudo, excluídas das exigências da igualdade salarial todas as prestações patrimoniais complementares versadas pelo empregador, e previstas em convenção colectiva de trabalho, que não decorram directamente da prestação de trabalho, mas tenham a natureza de benefícios complementares do sistema de segurança social – como o complemento da pensão de velhice ou do subsídio de doença. O tribunal sustenta a sua decisão no princípio da filiação e da liberdade sindical e numa interpretação mais restritiva do conceito de salário igual, enunciado no art. 59.° n.° 1 da Constituição. E no mesmo sentido, o STJ se voltou muito recentemente a pronunciar no Ac. de 08/02/1995, CJ, 1995,1, 267.

Ora, independentemente de qualquer opinião sobre a justeza da decisão e sobre a legitimidade de uma interpretação tão restritiva do conceito de retribuição no caso em análise, o que temos por certo, salvo melhor opinião, é que não seria admissível uma tal interpretação restritiva se a situação de discriminação tivesse um fundamento sexual, justamente pela maior favorabilidade do sistema legal e comunitário de protecção destas situações.

[10] Exemplo ilustrativo deste entendimento amplo do conceito de remuneração para efeitos de igualdade remuneratória entre trabalhadores dos dois sexos é um Ac. RLx de

260   *Estudos de Direito do Trabalho*

3.2. *Os conceitos de trabalho igual e de trabalho de valor igual e os critérios de avaliação do trabalho*

Delimitado o conteúdo do conceito de remuneração para efeitos de detecção de situações de discriminação com base no sexo, importa agora que nos debrucemos sobre a outra vertente do problema – ou seja, sobre a determinação do conceito de trabalho igual.

O conceito de trabalho igual para efeitos da verificação de discriminações retributivas em razão do sexo é retirável do conceito constitucional de trabalho igual, dos conceitos de trabalho igual e de trabalho de valor igual constantes dos diplomas especiais sobre igualdade em função do sexo e das referências feitas pelo artigo 119.º do Tratado de Roma, bem como pela Convenção n.º 100 da OIT sobre igualdade de remuneração entre homens e mulheres, e respectiva noção de trabalho de valor igual.

Do ponto de vista do direito interno, verifica-se que o conceito constitucional de trabalho igual é delimitado pelos critérios da "natureza, qualidade e quantidade" do trabalho prestado, mas não é concretizado no plano legal em termos gerais, mas apenas nas leis especiais sobre a igualdade atinente ao sexo, único texto infraconstitucional onde aparece também a noção de trabalho de valor igual – em consonância com a Directiva 75/117 e com a Convenção n.º 100 da OIT.

A falta de desenvolvimento do conceito ao nível do direito interno em termos gerais contribui para explicar que, na aplicação prática do preceito constitucional às questões de discriminação remuneratória não fundadas

---

10/03/1994, CJ, 1994, 2, 59, sobre uma situação de discriminação, decorrente da utilização por trabalhadoras mães de uma hora por dia, para amamentação, nos termos da lei de protecção da maternidade e da paternidade – no caso em apreço, o empregador aproveitou esse facto para negar às trabalhadoras em causa um subsídio de alimentação criado pela convenção colectiva que lhes era aplicável mas dependente de uma jornada completa de trabalho, alegando que, justamente pelo direito que exerciam, a jornada de trabalho daquelas trabalhadoras não era completa. O tribunal decidiu que, uma vez que o direito exercido pelas trabalhadoras não determinava a perda da retribuição (já que a hora de aleitação é paga), e que o subsídio de alimentação previsto na convenção colectiva integrava a remuneração, tal subsídio era devido às trabalhadoras em causa. No nosso entender, este entendimento demonstra a não redutibilidade do conceito de remuneração à ideia de contrapartida do trabalho prestado, para efeitos de verificação da situação de discriminação em razão do sexo.

no sexo do trabalhador, os tribunais portugueses se limitem a desenvolver e a aplicar directamente os critérios de determinação da identidade do trabalho que a própria Constituição estabelece – ou seja, as ideias de quantidade, natureza e qualidade do trabalho, referidas no próprio art. 59.° n.° 1 a) da CRP.

Em aplicação destes critérios, a jurisprudência tem entendido que apenas haverá uma discriminação salarial quando a diferença remuneratória corresponda a um trabalho igual em termos de quantidade (reportada à duração e à intensidade da prestação laborativa), em termos de natureza (reportada à dificuldade, ao grau de penosidade ou à perigosidade da prestação) e em termos de qualidade (aferida de acordo com as exigências técnicas, de prática e de capacidade do trabalhador para o desempenho da tarefa) da prestação[11].

Desta forma, na apreciação das questões de igualdade remuneratória em geral tem sido exigida a identidade material das tarefas ou funções desempenhadas (ou seja, a ocupação de postos de trabalho idênticos) e não apenas o posicionamento do trabalhador na mesma categoria profissional daquele em relação a quem se sinta discriminado, para que se consubstancie a quebra do princípio constitucional do trabalho igual, salário igual – na verdade, embora alguns acórdãos se refiram ao conceito de categoria como critério de referência na apreciação das questões de igualdade remuneratória, o certo é que a jurisprudência mais recente tem vindo a acentuar a necessidade de prova da identidade material de funções ou tarefas para integrar os critérios atinentes à natureza, qualidade e quantidade do trabalho que a Constituição enuncia[12].

Neste quadro geral, como posicionar as questões de igualdade remuneratória em razão do sexo? Uma vez mais, parece-nos que a apreciação do conceito de trabalho igual para efeitos de discriminação remuneratória com base no sexo, pese embora o facto de não dispensar o recurso aos critérios constitucionais da quantidade, qualidade e natureza do trabalho, tem que ser feita de uma forma diferente, uma vez que à fonte constitucional acrescem outras fontes, que cabe tomar em consideração, para esse efeito: as leis sobre igualdade de tratamento entre trabalhadoras e trabalhadores, que definem os conceitos de trabalho igual e de trabalho de valor

---

[11] Por todos, o Ac. STJ de 19/01/1989, AD, 328-558.
[12] Por todos, neste sentido, o Ac. RLx de 25/03/1992, RDES, 1992, 4, 349.

262   *Estudos de Direito do Trabalho*

igual e que, especificamente em matéria de remuneração, fazem apelo ao conceito de categoria, como critério de aferição das situações de discriminação em razão do sexo; o art. 119.° do Tratado de Roma, que refere também os dois conceitos, embora não proceda à sua concretização de forma precisa; e a própria Convenção n.° 100 da OIT, que define o trabalho de valor igual para efeitos de igualdade remuneratória entre homens e mulheres. É pois da conjugação destas normas com os critérios de aferição constitucional que terá que decorrer a integração dos conceitos de trabalho igual e de trabalho de valor igual, para o efeito da verificação de uma situação discriminatória com base no sexo.

Para efeitos de igualdade de direitos entre os trabalhadores e as trabalhadoras, os dois diplomas acima referidos estabelecem os conceitos de trabalho igual e de trabalho de valor igual da seguinte forma: trabalho igual é o que é prestado a um mesmo empregador, quando as tarefas nele compreendidas tenham um conteúdo igual ou objectivamente semelhante (art. 2.° d) do DL n.° 392/79, e no mesmo sentido, em relação aos funcionários do Estado e afins, o art. 3.° d) do DL n.° 426/88, referindo a identidade de cargos ou funções desempenhadas); trabalho de valor igual é aquele que é prestado para um mesmo empregador, quando as tarefas nele compreendidas, tendo um conteúdo objectivamente diverso, sejam de considerar equivalentes em resultado da aplicação de critérios objectivos de avaliação de funções (art. 2.° e) do DL n.° 392/79 e, no mesmo sentido o art. 3.° e) do DL n.° 426/88, para os funcionários do Estado, também aqui referindo a equivalência de funções ou cargos). A objectividade da avaliação de funções é assegurada com a exigência legal de que os critérios de avaliação sejam comuns aos trabalhadores dos dois sexos, por forma a excluir discriminações baseadas no sexo, nos termos do art. 9.° n.° 3 do DL n.° 392/79 e do art. 6.° n.° 3 do DL n.° 426/88, respectivamente para a generalidade dos trabalhadores subordinados e para os funcionários públicos e em consonância com o § 2.° do art. 1.° da Directiva 75/117.

Da delimitação destes dois conceitos resulta, no nosso entender, uma clarificação do conceito de trabalho igual, quando aplicado a situações de discriminação remuneratória em razão do sexo, num sentido porventura mais amplo do que aquele que poderia resultar da aplicação directa e simples do brocardo constitucional "trabalho igual, salário igual, segundo a sua natureza, qualidade e quantidade". É que as dúvidas sobre o âmbito previsional desta expressão e nomeadamente sobre a questão de saber se ela inclui ou não os trabalhos materialmente diversos mas valorativamente idênticos, não se colocarão no caso de discriminação remuneratória com base no sexo, uma vez que do texto legal, em consonância com a legislação internacional e comunitária, resulta que tal discriminação pode ter lugar tanto no caso de uma identidade material de funções, como no caso de funções materialmente diversas mas valorativamente idênticas[13].

Por outro lado, a lei socorre-se ainda de um outro conceito, que nos parece da maior importância como índice de aferição concreta das situações de trabalho de valor igual, quando esteja em causa uma discriminação remuneratória com base no sexo – o conceito de categoria, referido no art. 12.° n.os 2 e 3. Na verdade, embora este conceito não seja mencionado de forma directa a propósito dos critérios de avaliação de funções mas sim das cláusulas remuneratórias estabelecidas nos instrumentos de regulamentação colectiva, a lei distingue entre "as mesmas categorias profissionais" e "categorias profissionais equivalentes" – aquelas cuja descrição de funções corresponda, efectivamente, a um trabalho igual ou de valor igual. Desta forma, a categoria do trabalhador, nomeadamente quando constante de convenção colectiva (o que sucede com frequência) será um critério de avaliação adicional para a verificação de situações de discriminação remuneratória em razão do sexo.

Mas, parece-nos relevante salientar, que do próprio texto legal resulta que a referência à categoria, porque ligada à ideia de descrição de funções, não será de tomar em sentido puramente formal ou hierárquico, mas em sentido horizontal e material – ou seja, como quadro delimitador de certo conjunto de funções ou de tarefas.

Mas será que a referência à categoria, assim entendida, basta para a configuração da situação de discriminação remuneratória em razão do sexo? Salvo melhor opinião, entendemos que não, sob pena de subvertermos, pela via oposta, o próprio princípio constitucional da igualdade salarial.

---

[13] Não se nos afiguraria pois admissível, salvo melhor opinião, uma posição tão restritiva como a sustentada pelo Ac. RLx de 25/03/1992, atrás referido (*supra*, nota 12), a exigir a identidade material de tarefas, se, em vez de um caso de alegada discriminação com base em motivos diversos do sexo, estivesse em causa uma discriminação remuneratória com base no sexo.

264 *Estudos de Direito do Trabalho*

Na verdade, sendo proibida a discriminação remuneratória com base no sexo, ela não fica demonstrada apenas com a indicação de que o trabalhador ou a trabalhadora que a invoquem detêm a mesma categoria que o trabalhador de referência que aufira melhor salário. Verificada a identidade da categoria, será necessário ainda aferir da identidade valorativa de funções e da quantidade e qualidade de trabalho prestado, sob pena de se frustrar o princípio do trabalho igual, salário igual, através da retribuição igual de trabalhos objectivamente diferentes, do ponto de vista da sua utilidade e do grau de rendimento do próprio trabalhador em causa.

Este entendimento parece-nos ter apoio em argumentos constitucionais e legais: do ponto de vista constitucional, entendemos que ele resulta não só do texto constitucional (que consagra o direito à retribuição do trabalho, segundo a sua natureza, qualidade e quantidade), como da própria *ratio* do princípio da igualdade que certamente não pretende determinar o tratamento igual daquilo que for objectivamente diverso; do ponto de vista legal, pensamos que aponta neste sentido a referência da lei à necessidade de avaliação de funções, de acordo com critérios objectivos e comuns aos dois sexos, que visa exactamente determinar em que medida se verifica a identidade material ou valorativa das tarefas desempenhadas, admitindo pois um juízo de valor não apenas sobre a natureza da prestação do trabalhador como sobre o seu rendimento no respectivo desempenho – esta conclusão decorre aliás directamente do art. 9.° n.° 2 do DL n.° 392/79, quando se estabelece a admissibilidade de variação de remuneração, com base em critérios objectivos, comuns a homens e mulheres.

Desta forma, entendemos que o trabalho remunerado de forma diferente apenas manifesta uma situação de discriminação com base no sexo quando a diferença salarial não corresponder a uma prestação qualitativa e quantitativamente diferente – ou seja, são de admitir variações na remuneração por motivos objectivos, em função da qualidade e da quantidade do trabalho prestado, mesmo que os trabalhadores em causa estejam na mesma categoria. Neste sentido se tem, aliás, pronunciado a jurisprudência comum[14], e neste sentido se pronunciou também o Tribunal Constitucional, considerando admissível a variação remuneratória por motivos

---

[14] Ac. STJ 01/03/1990, BMJ, 395-396; Ac. STJ de 22/09/93, CJ, 1993, 3, 269; e Ac. RLx de 25/3/92, CJ, 1992, 2, 199.

objectivos, como manifestação positiva do próprio princípio constitucional da igualdade[15].

Em conclusão, consideramos que a concretização do conceito de trabalho igual, para efeitos de verificação de situações de discriminação remuneratória com base no sexo deve ser feita em termos amplos, já que passa em primeiro lugar pela assimilação do conceito de trabalho de valor igual ao conceito de trabalho materialmente igual; exige depois uma referência à ideia de categoria em sentido horizontal, ou seja, como conjunto de tarefas integrativas da função do trabalhador; e finalmente, exige uma concretização através dos critérios constitucionais da quantidade e qualidade do trabalho prestado.

Por outro lado, a conjugação da necessidade de estabelecimento de critérios objectivos de avaliação de funções, comuns aos dois sexos, com a permissão de diferenças objectivas na remuneração quando, por aplicação daqueles critérios, se verifiquem diferenças objectivas no valor do trabalho, permite-nos também estabelecer duas regras fundamentais em matéria de igualdade remuneratória em função do género: por um lado, o princípio da igualdade remuneratória em razão do sexo proíbe o estabelecimento de regras de tratamento salarial diferenciadoras em razão do sexo dos trabalhadores, nomeadamente em convenção colectiva – ou seja, tem uma dimensão sobretudo negativa, de proibição de discriminações com base no sexo; mas, por outro lado, este princípio não estabelece qualquer igualização salarial formal, permitindo antes a individualização do salário, tanto para trabalhadores do sexo masculino como para trabalhadores do sexo feminino, de acordo com a natureza da prestação e o rendimento do trabalhador no seu desempenho, apurados através de critérios objectivos, comuns aos dois sexos.

---

[15] Ac. TC de 09/03/1989, BMJ, 385-188. Considerando que o princípio da igualdade vertido no art. 13.º da Constituição determina não só a necessidade de tratar de forma igual o que é idêntico mas igualmente a obrigação de tratar diferentemente o que é diverso, tendo pois como conteúdo negativo a proibição de discriminações e como conteúdo positivo a possibilidade de diferenciação e conjugando esta interpretação com o princípio do trabalho igual, salário igual, o tribunal entendeu, em consequência, admissível a variação salarial fundada em critérios objectivos, demonstrativos da diversidade das situações em causa.

3.3. Ónus da prova da situação de discriminação remuneratória com base no sexo e protecção da trabalhadora ou do trabalhador alegando discriminação

Como última nota regimental, gostaríamos de chamar a atenção para um importante elemento diferenciador das situações de discriminação remuneratória em razão do sexo relativamente às restantes situações de discriminação remuneratória, que terá que ser tido em conta na prática judicial – é a questão do ónus da prova.

É frequente encontrarmos nos acórdãos sobre a igualdade remuneratória por motivo diverso do sexo a exigência de que o trabalhador alegando a situação de discriminação produza a respectiva prova, demonstrando que a prestação que desenvolve é materialmente igual, em termos de quantidade, natureza e qualidade, à dos colegas – é, aliás, a solução que decorre das regras gerais do ónus da prova e que as decisões judiciais têm perfilhado[16].

Ora, como decorre das leis especiais sobre a igualdade (art. 9.° n.° 4 do DL n.° 392/79 e do art. 10.° do DL n.° 426/88), no caso de discriminação remuneratória com base no sexo, à trabalhadora ou ao trabalhador que se sinta objecto de discriminação salarial caberá alegar fundamentadamente a situação de discriminação relativamente a um colega de referência, mas cabe ao empregador provar que a diferença remuneratória se deve a factor diverso do sexo[17].

Resta dizer que o trabalhador ou a trabalhadora que aleguem a situação de discriminação remuneratória, por via extra-judicial ou judicial, estão protegidos nos termos gerais, pela proibição constante do art. 32.° da LCT, de aplicação de sanções disciplinares pelo empregador, como reacção ao exercício de um direito legítimo pelo trabalhador, e em termos específicos, pelas leis especiais sobre a igualdade em razão do sexo (art. 11.° do DL n.° 392/79 e art. 12.° do DL n.° 426/88, em conformidade com

---

[16] Acórdãos do STJ de 09/06/93, de 22/9/93, CJ, 1993, 3, 269; de 23/11/94, CJ, 1994, 3, 292; e de 08/02/95, CJ, 1995, 1, 267.

[17] No nosso entender, a alegação da situação de discriminação em concreto encontra-se mais facilitada actualmente no sistema jurídico português pela exigência feita ao empregador pela L. n.° 5/94, de 11 de Janeiro, no sentido de fornecer ao trabalhador, aquando da celebração do contrato, uma informação escrita sobre os principais aspectos da relação de trabalho, nomeadamente, o valor da sua remuneração, o conteúdo da sua prestação de trabalho e a sua categoria.

o art. 5.º da Directiva 117/75), desenvolvendo-se esta protecção especial em três medidas: através da proibição imposta ao empregador de prejudicar e de aplicar sanções disciplinares (nomeadamente o despedimento) aos trabalhadores, pelo facto de estes terem reclamado alegando discriminação (art. 11.º n.º 1); através da presunção do carácter abusivo de qualquer sanção aplicada aos trabalhadores no prazo de um ano sobre a reclamação por discriminação (n.º 2), com as consequências gerais daí decorrentes; e através do reconhecimento de um direito especial a indemnização pelos prejuízos causados que acresce às consequências gerais das sanções abusivas (n.º 3).

4. Conclusões

Do exposto, retiraríamos quatro notas de síntese sobre o sistema português de tutela do princípio da igualdade de tratamento entre trabalhadores e trabalhadoras em matéria remuneratória.

A primeira é que a base do sistema de protecção da igualdade remuneratória em Portugal é a Constituição, mas que a única concretização legal do princípio constitucional do trabalho igual, salário igual se verifica justamente a propósito da não discriminação remuneratória em razão do sexo – isto explica a razão pela qual os tribunais têm resolvido as questões da igualdade remuneratória, por diversos motivos, aplicando directamente a norma constitucional, mas obriga a autonomizar o sistema de protecção desta quando o motivo da discriminação seja o sexo.

A segunda é que a noção de remuneração para efeitos da verificação de uma situação discriminatória com base no sexo tem um sentido amplo, que não coincide com as interpretações algo restritivas da expressão constitucional "salário" que os tribunais têm ultimamente vindo a adoptar, em relação a casos de discriminação remuneratória independente do sexo.

A terceira é que o conceito de trabalho igual constante da CRP também só tem concretização ao nível legal nas leis sobre a igualdade de tratamento e não discriminação em razão do sexo, que estabelecem igualmente o conceito de trabalho de valor igual, para efeito da verificação de uma prática discriminatória em razão do sexo. Esta situação determina pois, no nosso entender, a inviabilidade de uma interpretação restritiva do conceito pelos tribunais, embora também não conduza à irrelevância da prestação executada para a determinação da retribuição devida.

A quarta e última nota de síntese é que nos casos de discriminação remuneratória com base no sexo se verifica uma inversão parcial do ónus da prova, cabendo apenas ao trabalhador(a) alegar a situação e ao empregador provar que ela se não deve ao sexo – inversão esta que não tem lugar nas outras situações de discriminação salarial, independentes do sexo.

CONCILIAÇÃO EQUILIBRADA ENTRE A VIDA PROFISSIONAL E FAMILIAR – UMA CONDIÇÃO PARA A IGUALDADE ENTRE MULHERES E HOMENS NA UNIÃO EUROPEIA*

SUMÁRIO: 1. Observações gerais; 2. A necessidade de intervenção normativa comunitária na matéria da maternidade e da paternidade e da conciliação da vida profissional e familiar; 3. O suporte jurídico primário da intervenção normativa; 4. As formas de intervenção normativa possíveis

1. Observações gerais

I. A nosso ver, uma reflexão sobre os cruzamentos entre a matéria da igualdade de género e a temática da paternidade e da maternidade e da conciliação da vida profissional e familiar, à luz do direito comunitário e na perspectiva de verificar até que ponto se justifica a adopção de instrumentos normativos comunitários nesta matéria e em que medida é que o actual quadro jurídico comunitário legitima a adopção desses instrumentos, é uma reflexão que reveste grande interesse e actualidade. É sabido, com efeito, que uma parte substancial dos problemas de discriminação entre trabalhadores dos dois sexos, tanto no acesso ao emprego como no desenvolvimento do vínculo laboral, está ligada, de forma directa ou indirecta, às necessidades de conciliação entre os deveres profissionais e as responsabilidades familiares porque, designadamente no caso português, essas necessidades são assumidas sobretudo – ou mesmo quase exclusivamente – pelas mulheres trabalhadoras.

---

* Texto que serviu de base à comunicação apresentada na Conferência Europeia sobre *Maternidade, Paternidade e Conciliação da Vida Profissional e Familiar*, que teve lugar em Évora, em 19 e 20 de Maio de 2000.

270   *Estudos de Direito do Trabalho*

II. Cremos que a avaliação das possibilidades de intervenção normativa ao nível comunitário na matéria da maternidade, da paternidade e da conciliação da vida profissional e familiar passa pela dilucidação de três questões: a questão da necessidade dessa intervenção normativa; a questão da possibilidade dessa intervenção, em face do actual quadro jurídico comunitário (i.e., a questão de encontrar o indispensável e adequado suporte jurídico para a aprovação de um instrumento normativo nos textos comunitários primários); e, se respondermos positivamente às duas questões anteriores, a questão da forma que poderá revestir essa intervenção normativa.

São estes três aspectos que vamos abordar sucessivamente.

2. A necessidade de intervenção normativa comunitária na matéria da maternidade e da paternidade e da conciliação da vida profissional e familiar

I. A nosso ver, a necessidade de intervenção normativa comunitária na matéria da maternidade e da paternidade e da conciliação da vida profissional e familiar existe de facto e decorre da conjugação de dois factores: a ligação da matéria da conciliação com o princípio da igualdade entre mulheres e homens; e a insuficiência dos instrumentos normativos já existentes para prosseguir os interesses subjacentes a esta matéria.

A ligação entre a temática da conciliação e o princípio da igualdade não é difícil de estabelecer. Todos sabemos que a repartição não equitativa das responsabilidades inerentes à conciliação da vida profissional e da vida familiar entre homens e mulheres trabalhadores é fonte, imediata ou mediata, de situações de tratamento discriminatório em razão do sexo. E estas discriminações podem, aliás, afectar tanto os homens como as mulheres trabalhadores. Assim, no acesso ao emprego, muitas vezes a mulher é preterida por razões ligadas à maternidade (ou porque o empregador teme que ela venha a faltar mais ao trabalho do que um trabalhador homem, para acompanhar os filhos doentes, ou simplesmente porque ela tem filhos ou pode vir a ter filhos); e estas mesmas razões determinam também, com frequência, um tratamento não igualitário no desenvolvimento do vínculo laboral, em casos de promoção, de deslocações, de prémios de assiduidade ou de produtividade, ou se a mulher optar pelo trabalho a tempo parcial, por exemplo. Mas, por seu turno, o trabalhador que queira ter uma maior participação na vida familiar e exercer os direitos inerentes à paternidade pode ser discriminado por esse motivo, no seu trabalho como no acesso ao emprego, tendo aqui a agravante de não poder socorrer--se das medidas de protecção já previstas para algumas situações ligadas à maternidade, porque essas medidas são, quase sempre, dirigidas apenas às trabalhadoras.

Perante este quadro, parece-nos possível sustentar que o direito a uma repartição equitativa das responsabilidades inerentes à maternidade e à paternidade constitui um pressuposto do princípio da igualdade de tratamento entre trabalhadores e trabalhadoras. E, se assim é, então a temática da conciliação não pode ser ignorada no tratamento jurídico comunitário dos problemas da igualdade, sob pena de o sistema de protecção do valor da igualdade ficar incompleto.

II. Poderia, todavia, surgir a dúvida sobre a necessidade de uma intervenção comunitária nesta matéria porque já existe, ao nível comunitário, um instrumento normativo que se debruça sobre problemas ligados à maternidade – referimo-nos à Dir. 92/85/CEE do Conselho, de 19 de Outubro de 1992, que estabeleceu diversas medidas de protecção das trabalhadoras grávidas, puérperas ou lactantes no emprego. Na verdade, se os interesses subjacentes à conciliação, que aqui nos ocupam, forem cobertos por esta Directiva, apesar de ela ter assentado formalmente noutros princípios comunitários que não o princípio da igualdade, não haverá necessidade de adoptar novos instrumentos.

Afigura-se-nos, todavia, que esta dúvida não tem razão de ser, dada a insuficiência da Dir. 92/85 na tutela do conjunto dos interesses subjacentes ao direito à igualdade entre pais e mães trabalhadores na conciliação da vida profissional e da vida familiar. Essa insuficiência decorre, por um lado, da falta de abrangência da Directiva e, por outro lado, da sua perspectiva regulativa, por ser dirigida apenas às mulheres.

A primeira limitação desta Directiva, na matéria que nos ocupa, decorre do facto de ela não se debruçar sobre todos mas apenas sobre alguns dos problemas que a temática da maternidade, da paternidade e da conciliação hoje coloca – naturalmente, a Directiva valoriza os problemas ligados ao seu próprio suporte jurídico, que não foi, como se sabe, o princípio da igualdade (ao tempo consagrado no art. 119.° do Tratado de Roma), mas sim os deveres dos Estados em matéria de condições de trabalho, de saúde e de segurança dos trabalhadores (consagrados no art. 118.° – A). Na perspectiva do direito à igualdade na conciliação, a tutela concedida por esta directiva mostra-se assim insuficiente.

A segunda limitação desta directiva, do ponto de vista dos interesses ligados à maternidade, à paternidade e à conciliação, decorre do facto de ela ser dirigida apenas às trabalhadoras que sejam jovens mães ou futuras mães. Este facto, que se compreende e justifica facilmente se tivermos em atenção a base de sustentação da directiva na ideia de saúde e de prevenção de riscos de saúde ligados a esta categoria particular de trabalhadoras, faz com que a directiva contemple o valor da maternidade (e, ainda assim, parcelarmente, porque nem sequer tem como destinatárias todas as trabalhadoras mães), mas não lhe permite contemplar o valor da maternidade e da paternidade em conjunto nem tampouco os interesses da conciliação. Também por este motivo, a directiva é pois insuficiente para assegurar globalmente a tutela destes valores.

Devemos deixar claro que esta apreciação da Dir. 92/85 não tem implícita qualquer desvalorização deste instrumento que, bem pelo contrário, foi e é ainda um instrumento valioso, não só pela importância das questões de que trata, mas também porque obrigou ao aperfeiçoamento dos sistemas jurídicos de muitos Estados membros nesta matéria – nomeadamente, o sistema português. O que pretendemos salientar é apenas que, do ponto de vista da promoção dos valores da maternidade e, sobretudo, da paternidade, bem como do direito à conciliação equilibrada da vida profissional e familiar entre pais e mães trabalhadores, visto como pressuposto do princípio da igualdade entre homens e mulheres, esta directiva é insuficiente.

III. Uma vez estabelecida a ligação entre a matéria da conciliação da vida profissional e da vida familiar e o princípio da igualdade de tratamento entre homens e mulheres e comprovada a insuficiência dos instrumentos jurídicos comunitários já existentes para tutelar o conjunto dos interesses e dos valores que lhe estão subjacentes, parece-nos que fica justificada a necessidade de intervenção comunitária nesta matéria.

3. O suporte jurídico primário da intervenção normativa

I. Chegados aqui, cabe responder à segunda questão que colocámos na apresentação do tema de reflexão: a questão da possibilidade de intervenção normativa comunitária nesta área, ou, dito de outra forma, a procura do indispensável e adequado suporte para essa intervenção no direito comunitário primário. Ora, se tivermos em atenção a ligação desta matéria com o princípio da igualdade de género, cremos que esse suporte não será difícil de encontrar.

Do nosso ponto de vista, a produção de instrumentos normativos comunitários na área da maternidade, da paternidade e da conciliação já encontrava suporte no sistema jurídico comunitário anterior aos Tratados de Maastricht e de Amesterdão, uma vez que esta matéria podia já então ser encarada como um dos aspectos do desenvolvimento do direito comunitário em sede de igualdade de oportunidades. Como sabemos, a Directiva de protecção das trabalhadoras grávidas, puérperas e lactantes não seguiu este caminho, mas podia tê-lo seguido, como aliás o fizeram outros instrumentos normativos em matéria de igualdade de tratamento e a jurisprudência comunitária, que foram muito para além do alcance imediato do princípio da igualdade remuneratória expressamente contemplado pelo art. 119.° do Tratado de Roma até desembocarem no extenso conjunto regulativo e jurisprudencial que hoje compõe o direito comunitário da igualdade.

No entanto, cremos que o suporte jurídico para a intervenção normativa comunitária na área da maternidade, da paternidade e da conciliação da vida profissional e familiar se pode hoje encontrar directamente no facto de o Tratado de Amesterdão assumir a promoção da igualdade entre mulheres e homens como uma das missões da Comunidade Europeia e reconhecer formalmente o princípio da igualdade entre mulheres e homens como um princípio geral de direito comunitário – é o que decorre dos arts. 2.°, 137.° n.° 1 e 141.° do Tratado. Estas normas poderão ser indicadas como suportes jurídicos directos do desenvolvimento do direito comunitário na matéria que aqui nos ocupa.

II. O primeiro suporte jurídico a ter em conta para uma intervenção normativa na área da conciliação é o art. 2.° do Tratado de Amesterdão, que considera como uma missão da Comunidade Europeia a promoção da igualdade entre mulheres e homens.

A importância desta norma está, em primeiro lugar, no facto de reconhecer formalmente a dignidade do princípio da igualdade de género num texto de direito comunitário primário. Mas o aspecto mais interessante da norma para a nossa temática decorre, a nosso ver, do facto de ela

274 *Estudos de Direito do Trabalho*

se referir à igualdade em termos positivos e não em termos negativos – i.e., do facto de falar em *promoção* da igualdade entre homens e mulheres, e não apenas, na condenação ou na proibição das situações de discriminação entre homens e mulheres. É que esta formulação positiva do preceito legitima um desenvolvimento mais amplo do direito comunitário da igualdade, uma vez que vincula a Comunidade Europeia a tomar as medidas necessárias para erradicar as situações de tratamento discriminatório entre homens e mulheres já existentes no espaço comunitário, mas também a tomar as medidas positivas necessárias para equilibrar o mais possível o papel social das mulheres e dos homens e, por esta via, prevenir futuras situações de desigualdade entre cidadãos dos dois sexos nos mais variados campos da vida social e profissional.

Ora, a intervenção comunitária na matéria da conciliação da vida profissional e familiar é, sobretudo, uma intervenção deste segundo tipo, porque pretende assegurar o direito a uma repartição equilibrada das responsabilidades inerentes à conciliação entre os pais e as mães trabalhadoras, e a tutela deste este direito é, por seu turno, uma forma de evitar o surgimento de situações de discriminação no acesso ao emprego e no trabalho, como noutras áreas de intervenção social e política dos homens e das mulheres.

Nesta perspectiva, o art. 2.° do Tratado de Amsterdão constitui um primeiro e importante suporte jurídico para uma intervenção normativa comunitária na área da conciliação.

III. Os outros suportes jurídicos para o desenvolvimento de instrumentos normativos comunitários na matéria da paternidade, da maternidade e da conciliação são, a nosso ver, os arts. 137.° e 141.° do Tratado de Amsterdão: o art. 137.° porque se refere à igualdade entre homens e mulheres quanto às oportunidades no mercado de trabalho e no tratamento no trabalho como um dos domínios de actuação dos Estados na prossecução dos objectivos comunitários de política social (n.° 1), e porque aponta directamente para a emissão de directivas e de outros instrumentos normativos comunitários nesta área (n.° 2); o art. 141.°, porque reconhece expressamente a existência de um princípio geral da igualdade de oportunidades e de tratamento entre homens e mulheres em matéria de emprego e de trabalho (n.° 3), porque prevê a intervenção do Conselho para garantir este princípio (ainda n.° 3) e porque admite medidas de acção positiva dos Estados para compensar situações de desvantagem de um dos sexos no acesso à actividade profissional ou na carreira profissional (n.° 4).

Ora, uma vez adquirido que o direito a uma participação equilibrada do trabalhador-pai e da trabalhadora-mãe na vida profissional e na vida familiar é uma das condições ou um dos pressupostos do princípio da igualdade de tratamento, estas normas podem ser consideradas como um suporte para o desenvolvimento de instrumentos normativos na área da conciliação. Acresce que estas normas apresentam ainda a vantagem de permitirem a aprovação dos instrumentos normativos comunitários nos termos do art. 251.º, ou seja, segundo a regra da maioria qualificada e não segundo a regra da unanimidade, excepto quanto a algumas matérias – é o que decorre do art. 137.º n.º 2 e do art. 141.º n.º 3 do Tratado.

IV. Em termos gerais, as disposições indicadas demonstram, só por si, a profunda evolução do princípio da igualdade de tratamento entre homens e mulheres no direito comunitário, desde o Tratado de Roma até ao Tratado de Amesterdão, e evidenciam o acolhimento, pelo segundo tratado, de alguns aspectos do desenvolvimento intermédio do direito comunitário nesta matéria, por via jurisprudencial e regulativa. Para o ponto que nos interessa, cremos que estas disposições reforçam a necessidade de um desenvolvimento normativo comunitário nesta área e fornecem a necessária e adequada sustentação jurídica primária para esse desenvolvimento.

4. As formas de intervenção normativa possíveis

I. Estabelecida a necessidade de desenvolvimento do direito comunitário na matéria da maternidade da paternidade e da conciliação entre a vida profissional e familiar e indicado o indispensável suporte jurídico desse desenvolvimento, resta fazer algumas observações sobre as formas possíveis dessa intervenção. E, neste ponto, cremos que, embora sem pretensões, a forma como o sistema jurídico português tem vindo a desenvolver a regulamentação desta matéria pode, porventura, constituir um exemplo de como o problema poderá ser abordado ao nível comunitário.

Na nossa opinião, abrem-se dois caminhos possíveis à intervenção normativa nesta matéria: o primeiro caminho passa pela modificação da Dir. 92/85, através da sua abertura aos valores da maternidade e paternidade, considerados conjuntamente, e às necessidades da conciliação, que, naturalmente, também incluem a protecção das trabalhadoras grávidas, puérperas e lactantes, de que a directiva trata actualmente; o segundo caminho passa pela criação de um novo instrumento normativo, ao lado da Dir. 92/85, que assente directamente no princípio da igualdade entre homens e mulheres e se debruce especificamente sobre a matéria da conciliação, da maternidade e da paternidade, na perspectiva da prossecução daquele princípio.

II. O sistema jurídico português constitui um exemplo do primeiro caminho apontado. Partindo de pressupostos semelhantes aos que agora se perfilam no Tratado de Amesterdão (ou seja, a afirmação na Constituição de um direito fundamental à igualdade entre homens e mulheres, recentemente completado pelo reconhecimento da promoção da igualdade entre homens e mulheres como uma tarefa fundamental do Estado e pelo reconhecimento de um direito fundamental dos trabalhadores à conciliação entre a vida profissional e a vida familiar – respectivamente nos arts. 13.°, 9.° h) e 59.° n.° 1 b) da Constituição), o direito português concebeu um amplo regime legal de protecção da maternidade e da paternidade, no qual se reconhece um papel idêntico ao pai e à mãe na participação na vida familiar (e, neste aspecto, pode dizer-se que foi um regime pioneiro ao tempo do seu surgimento, em 1984, pelo menos entre os países do Sul da Europa), e onde se incluem diversas medidas de protecção específica das trabalhadoras grávidas, puérperas e lactantes. Ora, o facto de este regime jurídico assentar nos valores da paternidade e da maternidade em conjunto permitiu que nele caiba um conjunto de direitos que asseguram que a conciliação da vida profissional e familiar possa efectivamente ser desenvolvida pelo pai e pela mãe da forma que ambos o entendam melhor – pensamos em medidas tão diversas como o trabalho a tempo parcial, as licenças de maternidade e parentais ou as faltas ao trabalho para acompanhamento dos filhos.

Seguindo uma via idêntica, seria possível e relativamente fácil de justificar perante o actual quadro jurídico comunitário, nomeadamente em razão do reconhecimento do princípio da igualdade entre homens e mulheres como um princípio geral do direito comunitário e da tarefa de promoção efectiva da igualdade como uma missão da Comunidade Europeia, conceber o alargamento da Dir. 92/85 nesta perspectiva.

III. O segundo caminho possível para desenvolver o direito comunitário nesta matéria é a elaboração de um instrumento normativo novo, assente no princípio da igualdade e que garanta o direito a uma participação equilibrada dos homens e das mulheres na vida profissional e na vida familiar como condição ou pressuposto do princípio da igualdade, através de consagração de direitos do pai e da mãe trabalhadores ligados à conciliação e da protecção específica de um e de outro quando se justifique – pensamos em medidas como a previsão de trabalho a tempo parcial para acompanhamento dos filhos, a licença de paternidade, a protecção não só da mãe como do pai contra o despedimento motivado pelo exercício de direitos ligados à paternidade, etc...

Porventura de aplicação prática mais difícil, porque implica a constante articulação de dois instrumentos normativos versando, em parte, sobre as mesmas matérias, esta segunda via apresenta, em contrapartida, a vantagem, não negligenciável, de deixar intocado o regime de protecção da Dir. 92/85, que já provou ser eficaz e que certamente foi o produto de concessões diversas e de negociações difíceis, que talvez não interesse reiniciar.

A escolha de um ou de outro caminho envolve, na verdade, opções estratégicas que transcendem, naturalmente, o plano jurídico em que se situa a reflexão que empreendemos.

PROTECTION DE LA MATERNITÉ ET ARTICULATION DE LA VIE FAMILIALE ET DE LA VIE PROFESSIONNELLE PAR LES HOMMES ET PAR LES FEMMES*

SOMMAIRE: 1. Introduction; 2. Le lien juridique entre le principe de l'égalité des chances et de traitement entre femmes et hommes et les droits liés à la maternité et à la paternité et à une articulation équilibrée entre la vie professionnelle et la vie familiale – un lien d'exception ou une relation de condition?; 3. Les conséquences de l'approche traditionnelle du droit communautaire aux problèmes de la maternité et de la paternité?; 4. Le futur: est-il possible et avantageux de changer de perspective dans le cadre de la prochaine révision de la Directive 92/85?

1. Introduction

I. C'est avec plaisir que nous participons à cette table ronde, en nous proposant de partager avec vous les quelques réflexions que le thème de la protection de la maternité et articulation de la vie professionnelle par les hommes et les femmes nous a suscités. L'importance du thème étant indéniable, l'occasion est aussi particulièrement aisée pour y réfléchir, une fois que la réforme de la Directive sur la Maternité (Dir. 82/95) est prévue pour 2003.

II. Les réflexions que nous nous proposons de de partager avec vous à ce sujet peuvent se résumer en trois questions fondamentales:

    1) Quel est le lien juridique entre les droits découlant du principe de l'égalité des chances et de traitement entre femmes et hom-

---

* Texto que serviu de base a uma comunicação apresentada no *Congrès européen de E.W.L.A.*, realizado em 20 de Setembro de 2002 em Paris. Em publicação na editora Dalloz.

mes et les droits liés à la maternité, à la paternité et à une articulation équilibrée entre la vie professionnelle et la vie familiale et comment est-ce que le droit communautaire a-t-il devellopé ce lien?

2) Quelles ont été les conséquences de l'approche traditionnelle du droit communautaire à ce sujet?

3) Est-il possible et avantageux de perfectionner le système dans le futur et comment?

2. Le lien juridique entre le principe de l'égalité des chances et de traitement entre femmes et hommes et les droits liés à la maternité et à la paternité et à une articulation équilibrée entre la vie professionnelle et la vie familiale – un lien d'exception ou une relation de condition?

I. Pour ceux qui s'occupent des questions de l'égalité et du droit du travail le lien entre le principe de l'égalité des chances et les problèmes posés par la maternité et par le *care*[1] est évident.

Il est reconnu que la répartition non équitable des responsabilités inhérentes à l'articulation de la vie professionnelle et familiale entre hommes et femmes est une source directe ou indirecte de discriminations en raison du sexe. Dans l'accès à un emploi, les femmes sont discriminées, car l'employeur craint que leurs absences au travail par des raisons liées à la maternité où au *care* et la probabilité d'interruption de la carrière soient supérieures à celles d'un homme, par les mêmes raisons; et les femmes continuent à être discriminées à plusieurs reprises pendant l'exécution du contrat de travail, dans les promotions, dans l'accès aux primes de présence ou de productivité, etc., par des raisons liées à la maternité et au *care*.

Mais, à son tour, si un homme veut participer plus activement à la vie familiale et exercer ses droits de paternité, il peut aussi subir des practices discriminatoires dans son travail ou dans l'accès à l'emploi, et, parfois – il faut le reconnaître – sans pouvoir se prévaloir des mesures protectrices existantes, car celles-ci sont souvent dirigées seulement aux femmes.

Dans ce cadre, le lien matériel entre le principe de l'égalité de genre et les valeurs de la maternité, de la paternité et de la conciliation entre la

---

[1] On utilise ici l'expression *care* au sense large du terme, pour comprendre les devoirs d'assistance à la famille, soit aux enfants, soit à d'autres dépendants, commes les personnes agées, handicapées ou seulement malades.

vie professionnelle et la vie familiale est évident. Nous osons dire que, même si toutes les autres sources de discrimination pouvaient être éliminées, celle-ci restant elle suffirait pour endômager globalement le système de protection de l'égalité de genre.

II. Une fois reconnu le lien matériel entre le droit à l'égalité de genre et les droits inhérents à la maternité, à la paternité et à la conciliation, reste toutefois le problème de savoir comment peut se construire juridiquement ce lien.

À notre avis, théoriquement deux voies sont possibles: soit de considérer les normes de protection de la maternité (et de la paternité) comme des exceptions au principe de l'égalité entre hommes et femmes, légitimées sur la valeur éminente de la maternité et de la famille elles-mêmes; soit de perspectiver la garantie du droit à une répartition équitable des responsabilités inhérentes à la maternité, à la paternité et au *care*, entre hommes et femmes, comme partie-même du principe de l'égalité de genre, condition d'efficacité de ce principe, dans laquelle la protection spéciale des femmes enceintes et jeunes-mères trouverait aussi sa place.

III. La perspective traditionnelle du droit communautaire à ce sujet a été celle de voir les normes de protection de la maternité comme des règles d'exception au principe de l'égalité entre hommes et femmes. C'est cette perspective qui, apparemment, découle de l'article 2.° n.° 3 de la Dir. 76/207, du 9 février 1976, par l'expression "...ne font pas obstacle..." et qui, dans quelque sorte, la jurisprudence a gardé.

Or, à notre avis, cette perspective a influencé tout le développement ultérieur du droit communautaire dans la matière qui nos occupe, et, malgré les progrès atteints, elle a entraîné quelques faiblesses structurelles au système de protection, que le temps a rendu plus évidentes et dont on parlera tout de suite, en revenant à la deuxième question qu'on a soulevé.

3. Les conséquences de l'approche traditionnelle du droit communautaire aux problèmes de la maternité et de la paternité

I. D'une façon systématique, on dirait que le raisonnement d'exception fait par le droit communautaire sur la relation entre la protection de la maternité et le principe de l'égalité de genre a eu des conséquences négatives pour le développement ultérieur du droit communautaire, en ce qui concerne à une vue d'ensemble sur les questions de la maternité, de la paternité et de l'articulation travail-famille, en relation avec le principe de l'égalité. Ces conséquences se situent en trois plans:

– d'abord dans ce qui concerne le contenu des règles de protection, qui est devenu plus limité;

– ensuite dans ce qui concerne l'application des règles par la Cour de Justice, rendue plus difficile par cette relation principe--exception;

– et, finalement, parce que cette perspective d'exception contribue à perpétuer le stigma féminin lié à la maternité par des raisons biologiques, mais lié aussi, par des raisons sociales et culturelles, au *care* et à l'articulation entre la vie familiale et la vie professionnelle.

II. En premier lieu, le raisonnement d'exception a été déterminant pour fixer la base primaire du principal instrument législatif qui a suit, sur ce sujet, à l'écart du principe de l'égalité – nous parlons, évidemment, de la Dir. 92/85, du 19 octobre 1992, sur la protection des femmes enceintes, accouchantes ou allaitantes, qui a été basée non sur l'art. 119.° du Traité de Rome, mais sur l'article 118.° – A., portant sur les conditions de travail et la santé des travailleurs.

Sans vouloir diminuer la contribution globale très positive de cette Directive pour l'amélioration du système de protection de travailleuses enceintes et jeunes mères dans les États Membres, il faut reconnaître que sa base juridique entraîne des limitations au contenu de ses normes. En effet, si elle a fondement médical ou biologique, la Directive ne couvre pas tous les problèmes posés par la maternité et, évidemment, ne peut pas se pencher sur ceux qui relèvent de la paternité et de la conciliation. De ce fait, par exemple, un homme qui remplace sa femme pendant une partie du congé de maternité n'est pas protegé contre le licenciement... Le système de protection est donc loin d'être complet.

III. Deuxièmement, le raisonnement d'exception au principe de l'égalité, qui a été la base de cette Directive, a rendu plus difficile l'application des règles de protection de la maternité par la Cour de Justice et, notamment, l'articulation entre ces règles et le régime commun de l'égalité[2].

Puisque ce point a été déjà developpé et les différentes perspectives de la Cour face à une situation de grossesse, de maternité, ou de conciliation, à la reconnaissance d'une situation comparable ou pas, etc., ont été soulignées nous ne nous y attacherons plus, et nous nous limitons à laisser une question: devant l'incertitude de la jurisprudence, dans ce qui concerne la relation entre la Directive sur la Maternité et les autres Directives découlant du principe de l'égalité de genre, ne serait-il pas important de se demander si l'adoption d'une perspective d'ensemble sur les problèmes de la maternité, de la paternité et de l'articulation entre la vie professionnelle et la vie familiale, et le principe de l'égalité, ne pourrait pas contribuer pour la clarté du système?

IV. Finalement, on croit que la perspective d'exception que le droit communautaire a développé en traitant les problèmes de la maternité contribue, sûrement, à perpétuer le stigma féminin qui est lié à la maternité par des raisons biologiques, mais qui existe aussi et, dans ce cas, par des raisons sociales et culturelles, dans ce qui concerne le *care* et l'articulation entre la vie familiale et la vie professionnelle par mères et pères travailleurs – et qui se trouve aussi, en pleine forme, dans la jurisprudence communautaire (voir, par exemple, le raisonnement de la Cour de Justice dans les affaires Boyle et Aboulaye). Si seule la femme est protégée pendant la période qui suit l'accouchement, soit contre le licenciement soit par le droit à un congé supplémentaire de maternité, parce que cette protection est quelque chose d'exceptionnel et qui lui incombe "naturellement", le stigma féminin lié à la conciliation travail-famille restera intouchable.

---

[2] À ce propos, je rappelle seulement quelques problèmes: dans le cas où une travailleuse n'est pas protégée par la Directive sur la maternité (par exemple parce que la loi éxige qu'elle informe l'employeur de son état de grossesse avec une formalité quelconque et elle ne l'a pas fait) peut-elle invoquer encore la Directive 76/207? Et, si l'état de grossesse est évident, peut l'employeur invoquer l'exceptionalité du régime pour refuser la protection due à une travailleuse qui ne l'a pas informé formellement? Et, encore relativement à la santé et à la grossesse, comment compatibiliser des régimes de protection différents pas regard aux deux situations lorsque qu'elles sont simultanées, où bien, si elles ne le sont pas, lorsque que la première est la maladie, mais cette maladie est causée par la grosssesse ou par la maternité? (questions posées dans les Affaires Larsson, Hertz, ou Brown).

4. Le futur: est-il possible et avantageux de changer de perspective dans le cadre de la prochaine révision de la Directive 92/85?

I. Énoncées les difficultés suscitées par la perspective traditionnelle du droit communautaire dans cette matière et en s'envisageant la révision de la Directive 92/85, dans un futur proche, notre dernière réflexion se penche sur la possibilité de suivre une autre voie dans le traitement du lien entre la protection de la maternité et de la paternité et la garantie du droit à une répartition équilibrée des responsabilités inhérentes à la vie familiale, d'un côté et, de l'autre côté, le principe de l'égalité entre hommes et femmes – la voie de l'intégration, dont on a parlé en haut et qui considére la protection de ces droits comme partie intégrante et condition d'efficacité du principe de l'égalité.

À ce propos, nous nous permettons d'apporter à la discussion les questions suivantes:

– sur la base de la Directive révisée: une base directe sur le principe de l'égalité est-elle possible et avantageuse?

– sur l'incidence de la nouvelle Directive: peut-elle se pencher, dans une vue d'ensemble, sur les problèmes découlant de la grossesse et de la maternité, mais aussi de la paternité et de l'articulation entre la vie professionnelle et familiale?

II. Dans ce qui concerne la base de la Directive, on croit qu'un fondement direct sur le principe de l'égalité est souhaitable, parce qu'il permet l'intégration de tout le système et contribue à effacer les zones grises entre les Directives actuellement en vigueur.

Du point de vue technique, cette base pourra être plus facile de consacrer aujourd'hui que lors de la première version de la Directive par les raisons suivantes:

– d'un côté, par la vision positive, pro-active e transversale du principe de l'égalité entre hommes et femmes qui résulte de la formule des articles 2 e 3.° n.° 2 du Traité d'Amsterdam, articulée avec l'article 141.°, qui est beaucoup plus exigeant que l'ancien article 119.°, dans ce qui concerne la promotion positive de l'égalité entre hommes et femmes;

– de l'autre côté, la nouvelle rédaction de l'article 2.° n.° 7 de la Directive 207/76 peut donner un argument dans le sens de l'intégration. Sans avoir touché à la formule antérieure selon laquelle "la directive ne fait pas obstacle aux dispositions de protection de la femme, dans ce qui concerne la grossesse et la maternité" (texte actuel du premier paragraphe du n. 7 de l'article 2) a ajouté un nouveau paragraphe (troisième paragraphe du número 7), considèrant que "tout traitement moins favorable d'une femme lié à la grossesse ou au congé de maternité au sens de la Directive 92/85/CEE constitue une discrimination au sens de la présente directive". Le lien entre les deux matières est donc devenu plus clair;

– finalement, un autre argument favorisant le traitement intégré pourra être l'article 33.° n.° 2 de la Charte Européenne des Droits Fondamentaux, qui considére, dans un ensemble la maternité, la paternité et le droit à l'articulation entre la vie professionnelle et la vie familiale.

III. Dans ce qui concerne le contenu de la Directive, la meilleure solution, dans cette perspective d'intégration, serait de réunir dans un seul instrument les prescriptions concernant la maternité, le congé parental et autres mesures assurant le droit à une répartition équilibrée des responsabilités familiales entre hommes et femmes, en tant que condition préalable d'efficacité du principe de l'égalité. Cette solution d'intégration contribuerait sûrement à la cohérence et la transparence de tout le système, et, par conséquent, à la promotion positive du principe de l'égalité de genre, exigée par l'article 2.° du Traité.

Comme appui additionnel à cette solution d'intégration, on soulignerait finalement l'importance de la Résolution du Conseil de Ministres sur la participation équilibrée des hommes et de femmes dans l'activité professionnelle et familiale, adoptée le 16/06/2000, pendant la Présidence Portugaise, et que nous avons accompagné de très près.

En établissant un paralel avec la Résolution du 27 mars 1995, concernant le droit à la participation équilibrée des femmes et des hommes à la prise de décision, la résolution du 16/06/2002 découle d'un raisonnement simple, basé directement à l'article 2.° do TCE, mais qui dénonce une perspective substantielle (et non formelle) du principe de l'égalité, dans le sens que ce principe exige non seulement que les discriminations existantes soient éliminées, mais aussi que des conditions soient établies pour qu'elles ne ressuscitent plus et que de nouvelles situations de discrimination ne surgissent pas... Or, cet objectif proactif exige une réflexion portant directement sur les sources sociales et culturelles des inégalités et la garantie de l'équilibre directement à ce stade. Une de ces sources est la participation déséquilibrée des hommes et des femmes à la prise des décisions; l'autre est leur participation désiquilibrée à la vie professionelle, par la suite d'une répartition non-paritaire des responsabilités familiales.

Ce raisonnement a emmené la Résolution du 16/06/2000 à considérer le droit à une participation équilibré des hommes et de femmes à la vie professionnelle et à la vie familiale comme une condition préalable de l'égalité de genre et à stimuler les États et l'Union à adopter les mesures nécessaires à garantir cet équilibre, en assurant, notamment, la protection du père-travailleur qui fait la conciliation.

Comme quelqu'un a dit un jour "l'égalité de genre sera plus proche le jour où un homme sera licencié parce qu'il a voulu exercer ses droits de paternité...". Mais on craint que ce jour soit encore un peu loin...

IV
GREVE

GREVES DE MAIOR PREJUÍZO
– NOTAS SOBRE O ENQUADRAMENTO JURÍDICO DE QUATRO MODALIDADES DE COMPORTAMENTO GREVISTA (GREVES INTERMITENTES, ROTATIVAS, TROMBOSE E RETROACTIVAS)*

SUMÁRIO: 1. Generalidades; 2. A greve intermitente: 2.1. Delimitação geral; 2.2. O direito comparado; 2.3. O panorama nacional; 2.4. Apreciação crítica; 2.5. Conclusões; 3. A greve rotativa: 3.1. Delimitação geral; 3.2. O direito comparado; 3.3. O panorama nacional; 3.4. Apreciação crítica; 3.5. Conclusões; 4. A greve trombose: 4.1. Delimitação geral; 4.2. O direito comparado; 4.3. O panorama nacional; 4.4. Apreciação crítica; 4.5. Conclusões; 5. A greve retrocativa: 5.1. Delimitação conceptual; 5.2. Enquadramento jurídico; 5.3. Conclusões.

1. Generalidades

I. Dada a indefinição conceptual do fenómeno da greve, os comportamentos apelidados normalmente de comportamentos grevistas assumem, na prática, diversas formas, especialmente nos países de sindicalismo fraco, como é o caso de Portugal. Estas diferentes formas de manifestação corrente da greve podem reconduzir-se a dois grandes grupos:

— comportamentos que correspondem a um conceito sociológico de greve, porque são correntemente identificáveis como comportamentos grevistas, mas não a um conceito jurídico de greve, porque não apresentam os respectivos elementos.

---

* Estudo elaborado para efeitos do *Concurso para Recrutamento de assistentes Estagiários da Faculdade de Direito da Universidade de Lisboa,* em Dezembro de 1984. Publicado originariamente na Rev. AAFDL, Nova série, 1986, 5, 67-115.

– comportamentos que, embora correspondendo ao conceito jurídico de greve, apresentam particularidades que suscitarão, eventualmente, a necessidade de um diferente enquadramento jurídico.

No seio do primeiro grupo, encontramos todo o tipo de actuações que consistem não numa abstenção da prestação de trabalho (elemento essencial do conceito jurídico de greve), mas numa execução defeituosa do contrato de trabalho – é o caso das chamadas greves de zelo, greves de rendimento, greves de amabilidade, etc... Tais actuações não cabem no âmbito do conceito jurídico de greve, não sendo, por consequência, merecedoras da respectiva tutela jurídica. Delas não nos ocuparemos neste estudo.

Dentro do segundo grupo, encontramos também dois tipos diferenciados de comportamentos:

– Comportamentos grevistas cujos objectivos transcendem a entidade patronal, que, embora continue a ter que suportar os prejuízos decorrentes da greve, não pode satisfazer, pelo menos directamente, as reivindicações dos trabalhadores que motivaram o comportamento grevista.

– Comportamentos grevistas que se consubstanciam na utilização de meios especialmente gravosos para a entidade patronal, sendo, concomitantemente, os mais suaves para os trabalhadores grevistas.

Dentro do primeiro tipo de comportamentos encontramos as greves de solidariedade e as greves políticas; dentro do segundo tipo incluímos as greves intermitentes, as greves rotativas, as greves trombose e ainda a modalidade de comportamento grevista que denominamos de "greve retroactiva".

II. É justamente a problemática das greves intermitentes, rotativas, trombose e retroactivas que nos propomos analisar neste estudo.

Estas modalidades de comportamento grevista caracterizam-se pelo facto de se subsumirem ao conceito jurídico de greve (abstenção colectiva e concertada da prestação de trabalho, com carácter temporário e para levar a entidade patronal a satisfazer reivindicações dos trabalhadores), mas terem particularidades que suscitam a necessidade de um tratamento autónomo relativamente ao das chamadas "greves clássicas".

Esta autonomia de tratamento justifica-se tanto no que diz respeito à qualificação jurídica destas greves (é o problema da sua licitude ou ilicitude), como no que respeita ao seu enquadramento regimental que, naturalmente, diferirá consoante a qualificação efectuada.

São estes os aspectos que pretendemos analisar neste estudo. Mas a nossa análise terá que ser casuística, pois que, embora estas modalidades de comportamento grevista estejam unificadas pelo facto de se consubstanciarem na utilização de meios especialmente gravosos para o empregador, o seu enquadramento não poderá ser feito por recurso a um único critério com carácter geral, dada a sua diferente natureza nuns casos e a sua diferente forma de manifestação nos outros.

O presente estudo tentará pois dilucidar os problemas relativos à qualificação e enquadramento jurídico de cada uma destas modalidades, com vista a encontrar critérios, simultaneamente justos e seguros, para resolver os problemas teóricos e práticos postos por estas formas de greve.

2. A greve intermitente

2.1. *Delimitação geral*

I. A greve intermitente é a modalidade de comportamento grevista que se caracteriza por envolver uma série de curtas interrupções do trabalho, que provocam uma baixa de rendimento tão elevada como a decorrente de uma única paragem do trabalho durante o mesmo tempo total[1].

O problema da licitude ou ilicitude deste tipo de paralisação pode colocar-se na medida em que, embora o comportamento grevista tenha os elementos do conceito jurídico de greve (suspensão colectiva e concertada da prestação de trabalho, com vista a pressionar a entidade patronal à realização de fins comuns dos trabalhadores), o modo como tal comportamento é exercido é simultaneamente mais gravoso para a entidade patronal e menos gravoso para os trabalhadores grevistas do que numa greve de tipo clássico.

II. As posições assumidas perante esta modalidade de comportamento grevista, tanto pela doutrina estrangeira como pela doutrina e jurisprudência nacionais, são bastante diversificadas.

---

[1] Bernardo da Gama Lobo XAVIER, *Direito da Greve*, Lisboa, 1984, 80.

2.2. O direito comparado

I. Ao nível do direito comparado, interessa-nos sobretudo analisar as contribuições das doutrinas italiana e francesa tanto por um motivo de ordem teórica como por um motivo de ordem prática:

– o motivo de ordem teórica é a aproximação entre os sistemas jurídicos italiano e francês e o sistema português nesta matéria: tal como se verifica entre nós, também em França e na Itália o direito de greve é reconhecido na própria Lei Fundamental, a sua regulamentação é relegada para a esfera da lei ordinária, mas esta não cuida de definir o conteúdo do direito garantido (e daí o papel integrador que terá que ser assumido pela doutrina);

– o motivo prático reconduz-se ao modo de desenvolvimento do fenómeno grevista que, nestes países como no nosso, tende a assumir formas diferenciadas, mercê da indefinição legislativa sobre o conceito e do carácter tendencialmente fraco do sindicalismo.

II. Na Itália, a maioria da doutrina tem considerado estas greves (*sciopero a singhiozzo*) ilícitas, baseando esta conclusão numa determinada construção do conceito de greve – a greve é um meio de coacção directa que actua causando danos ao empregador, mas esses danos não podem ser superiores aos resultantes directa e contemporaneamente da privação "única, total e contextual" da prestação de trabalho. Os prejuízos causados são, deste modo, um elemento essencial do conceito jurídico de greve com carácter quantitativo e, uma vez ultrapassado o limite por eles imposto, o comportamento grevista torna-se automaticamente ilícito.

É com base nesta doutrina da equivalência de prejuízos que MAZ-ZONI[2] considera ilícita a greve intermitente quando dela resultem para a entidade patronal danos exorbitantes ou desproporcionados (devendo a proporcionalidade ser aferida por princípios de boa fé em sentido objectivo) e desde que os grevistas tenham efectivamente tido a intenção de causar esse dano ou de desorganizar a produção.

III. A doutrina francesa parte do princípio de que as greves intermitentes são lícitas, visto que se cada uma das paralisações é lícita de per si

---

[2] Giuliano MAZZONI, *Manuale di Diritto del lavaro*, I, 5.ª ed., Milano, 1307.

(porque cada uma delas tem os elementos do conceito jurídico de greve), o conjunto das paralisações só pode ser considerado também como lícito.

No entanto, a licitude de princípio não obsta a que, excepcionalmente estas greves se tornem ilícitas, o que acontecerá quando forem rodeadas de circunstâncias externas suplementares, que revelem uma intenção concertada de desorganização da produção por parte dos trabalhadores. Verificada esta dupla condição há exercício abusivo do direito de greve.

Criticando esta posição tradicional da doutrina francesa, HÉLÈNE SINAY[3] começa por referir a imprecisão da noção de "desorganização da produção", imprecisão essa que pode conduzir naturalmente a abusos dos empresários, que invocarão a existência de uma tal desorganização sistematicamente. Ora esta invocação pode ter efeitos graves visto que em França as greves ilícitas têm como consequência imediata ao nível dos contratos individuais de trabalho a equivalência da abstenção da prestação de trabalho a falta grave do trabalhador, que pode, inclusivamente, conduzir ao despedimento. A aceitação de um conceito tão impreciso – conclui a autora – equivale a esvaziar o direito de greve do seu conteúdo: ele deixa de ser permitido como princípio, para passar a ser meramente tolerado, desde que se prove a não intenção de desorganização da produção, ou seja, é possível o seu exercício como excepção.

Finalmente, observa HÉLÈNE SINAY que a pretensão de graduar a nocividade da greve é esquecer que essa nocividade é a própria essência da greve – a greve visa prejudicar e bastante, sob pena de ser ineficaz.

Do exposto, a autora conclui afirmando que a greve intermitente só poderá ser qualificada de abusiva quando tiver um objectivo de sabotagem económica.

2.3. *O panorama nacional*

I. Também entre nós se suscitou a questão da legitimidade desta modalidade de comportamento grevista e surgiram várias opiniões sobre a matéria.

II. O Parecer da Procuradoria Geral da República de 3 de Março de 1977 debruçou-se sobre a problemática das greves intermitentes, apoian-

---

[3] H. SINAY, *La Grève*, in G. H. CAMERLYNCK (dir.), *Traité de Droit du Travail*, VI, Paris, 1966, 159 ss.

do-se no regime jurídico destas paralisações em vários sistemas jurídicos e, depois de afirmar a licitude deste comportamento como princípio geral, admitiu que ele consubstanciasse uma situação de abuso de direito nos casos em que a greve pudesse produzir "danos injustos e desproporcionados para o dador de trabalho, para terceiros ou para a própria colectividade, nomeadamente quando resultantes do propósito de desorganização da produção e de sabotagem económica".

A situação do abuso do direito justificar-se-ia na medida em que, como qualquer direito, o direito de greve é susceptível de exercício abusivo, ou seja, por aplicação da doutrina geral do abuso de direito.

III. Para BERNARDO XAVIER[4] as greves intermitentes são também abusivas, essencialmente por dois motivos: porque a sua sucessão ocasiona normalmente a perda total da produção, inutilizando os períodos intercorrentes de laboração; e porque, ao decretarem estas greves, os sindicatos interferem directamente na utilização patronal dos períodos de laboração.

Trata-se portanto, para este autor, do exercício de um direito em termos que excedem os limites impostos pela boa fé, pelos bons costumes ou pelo fim social ou económico desse direito – art. 334.º do Código Civil. Neste caso haverá abuso quando o comportamento grevista cause danos manifestamente desproporcionados ou prosseguidos através de condutas contrárias à boa fé ou aos bons costumes. É uma aplicação da doutrina geral do abuso do direito a esta modalidade de comportamento grevista.

E, sendo estas greves abusivas, qual será a consequência jurídica que aquelas importam no plano dos contratos individuais dos trabalhadores em situação de abuso do direito de greve? BERNARDO XAVIER considera que esta é uma situação equiparável à do atraso no início da laboração, em relação à qual, pelo art. 27.º da LFFF., se permite à entidade patronal recusar a prestação do trabalho e só permitir o ingresso do trabalhador no início do período seguinte. Também numa greve deste tipo a entidade patronal se poderá socorrer daquela disposição legal para recusar a prestação de trabalho nos períodos de disponibilidade meramente formal do trabalhador, com a consequência do não pagamento da retribuição.

---

[4] *Direito da Greve cit.*, 50 e s.

IV. Também Monteiro Fernandes[5] analisa o problema das greves intermitentes em profundidade e, em face da Lei da Greve e de algumas das suas particularidades, chega às seguintes conclusões:

– por um lado, a exigência generalizada de pré-aviso (ao contrário do que sucede em França, onde tal exigência só se aplica às greves nos serviços públicos ou nas empresas públicas, e na Itália onde não se exige de todo o pré-aviso), constante do art. 5.° da LG, significa alguma valoração dos efeitos da greve, visto que o pré-aviso visa prevenir a entidade patronal, que é livre de tomar as iniciativas que entender para diminuir os prejuízos decorrentes da paralisação; mas significa também que, a partir do momento em que se faz esta prevenção do empregador, não tem que haver mais tutela da "quantidade" de prejuízos causada pelo comportamento grevista, ou, pelo menos, que a tutela dos prejuízos não pode ser tão acentuada como se não existisse aquela obrigação.

– por outro lado, a obrigação de prestação, durante a greve, dos serviços necessários à manutenção das instalações e equipamentos, assim como a prestação dos serviços correspondentes a necessidades sociais impreteríveis (art. 8.° LG) e o consequente regime da requisição civil (DL n.° 637/74 de 20 de Novembro, aplicável por força do art. 8.°, n.° 4 da LG) significa também que para cá desta fronteira não há relevância da "quantidade" de danos produzida.

Com base nestes argumentos, Monteiro Fernandes recusa, portanto, a admissibilidade de uma qualquer doutrina da equivalência dos prejuízos, à maneira italiana, que permita a qualificação da greve intermitente como greve ilícita.

Por outro lado, analisando o art. 7.° da LG, este autor considera que esta disposição, ao associar a greve à suspensão do contrato de trabalho de cada trabalhador, tem presente uma ideia de sinalagma entre as obrigações das partes nesse contrato – a temporária indisponibilidade dos trabalhadores por um lado e, por outro lado, a frustração do interesse da entidade patronal enquanto credora daquela prestação, o que implica a perda do direito à retribuição durante o período de indisponibilidade.

---

[5] *Temas Laborais*, Coimbra, 1984, 137 e ss.

Assim sendo, porque preenche os elementos do conceito jurídico de greve adoptado por este autor ("abstenção colectiva e concertada da prestação de trabalho, através da qual um grupo de trabalhadores intenta exercer pressão no sentido de obter a realização de certo interesse ou objectivo comum")[6] a greve intermitente é lícita e o único problema por ela suscitado é o problema da determinação de um critério de medição do período de indisponibilidade dos trabalhadores em greve, para que seja possível descontar-lhes o correspondente salário.

Ora, se este cômputo é fácil de fazer nas greves clássicas, ele já apresenta algumas dificuldades nas greves intermitentes, visto que, nesta modalidade de comportamento grevista, há dois períodos a considerar: o período de recusa explícita da prestação de trabalho, ou seja, aquele período em que expressamente (designadamente através da menção no pré-aviso) os trabalhadores aderentes à greve declaram suspender as suas prestações de trabalho; e o período de recusa implícita da prestação de trabalho, ou seja, aquele período intercorrente em que os trabalhadores se colocam formalmente à disposição da entidade patronal, mas não estão materialmente e de facto disponíveis, porque já sabem de antemão que a entidade patronal não pode aproveitar dessa disponibilidade e perdeu, portanto, o interesse na sua prestação.

Com base neste argumento e aplicando o critério geral do interesse do credor na prestação (art. 808.º n.º 2 do CC), MONTEIRO FERNANDES conclui que, desde que se prove (nomeadamente por análise dos termos do pré-aviso) que a disponibilidade dos trabalhadores grevistas durante os períodos intercorrentes é, afinal, uma verdadeira recusa implícita da prestação de trabalho, a greve não passa a ser ilícita por esse motivo, mas o desconto salarial estende-se também aos períodos de aparente disponibilidade. Esta solução justifica-se na medida em que este desconto não é função do tempo em que cada um dos trabalhadores não trabalha efectivamente, mas é sim função das características do comportamento colectivo enquanto tal, ou seja, da sua intencionalidade.

De qualquer maneira, os efeitos salariais destas greves devem ter em conta os limites impostos pelo art. 7.º da LG: como limite mínimo, o desconto do salário correspondente aos períodos explícitos de greve; e, como

---

[6] De acordo com a noção de greve que o autor subscreve, por exemplo, nas *Noções Fundamentais de Direito do Trabalho,* II, Coimbra, 1980, 204.

limite máximo, o desconto salarial correspondente à soma dos períodos explícitos e implícitos de greve, independentemente do volume de produção perdido, porque é inaceitável qualquer doutrina que postule a equivalência de prejuízos.

V. Finalmente, o Parecer da Procuradoria Geral da República de 14 de Junho de 1984[7] reafirma a doutrina propugnada por MONTEIRO FERNANDES, considerando que, se houver uma única decisão de greve, querendo os trabalhadores colocar-se numa situação de total inoperacionalidade tanto no período formal de greve como no período informal, a greve intermitente será equivalente a uma greve contínua e, deste modo, o desconto salarial deverá ter em conta o período induzido de paralisação.

2.4. *Apreciação crítica*

I. Analisando a contribuição dada pela doutrina italiana para a qualificação desta modalidade de greve, somos levados a concordar com MONTEIRO FERNANDES quando este autor afirma não existir qualquer conceito de greve que exija uma proporcionalidade de prejuízos salariais e produtivos.

Não queremos com isto afirmar a irrelevância da ideia de prejuízo no conceito jurídico de greve, nem sequer a irrelevância da medida desses prejuízos, pelo menos para a fixação de limites mínimos e máximos; o que não colhe efectivamente, em face da nossa lei, é a afirmação de uma teoria da equivalência de prejuízos, nos termos enunciados pela doutrina italiana. Mas, mesmo que colhesse, não compreendemos como poderia tal doutrina determinar a ilicitude da greve intermitente. De facto, nesta modalidade de comportamento grevista os trabalhadores não pretendem (nem se descortina qualquer hipótese prática em que o consigam) causar um maior prejuízo à entidade patronal do que aquele que ela teria se a greve fosse contínua; o que os trabalhadores pretendem é tão somente diminuir as suas perdas salariais.

A questão fica deste modo invertida. O problema nunca poderá ser o da ilicitude da greve por força dos prejuízos dela decorrentes (porque

---

[7] D.R. II Série, n.º 180, de 04/08/1984, 7029 e ss.

298   *Estudos de Direito do Trabalho*

esses não aumentam), mas sim o da licitude da pretensão dos trabalhadores de diminuírem as suas perdas salariais através da utilização deste modo de greve.

II. Quanto à doutrina francesa, as críticas apontadas por HÉLÈNE SINAY à posição tradicional parecem-nos justificadas. De facto, a consagração de um critério tão impreciso como o da "desorganização intencional da produção", para delimitar a fronteira entre greves lícitas e greves abusivas, transforma a greve lícita em excepção, não a admitindo na prática como princípio geral, quando é certo que desde logo a sua menção no preâmbulo da Constituição francesa só se pode justificar na qualidade de princípio genérico.

Concordamos ainda com a objecção desta autora referente à graduação da nocividade da greve. Se a greve visa – e tem que visar – ser nociva, não há que graduar tal nocividade, sob pena de se perder a essência do seu conceito.

No entanto, é em face desta mesma argumentação que não podemos depois concordar com a conclusão de HÉLÈNE SINAY sobre o carácter abusivo das greves com o objectivo de sabotagem económica. É que o conceito de sabotagem económica é, também ele, de conteúdo impreciso, e a sua consagração como critério de delimitação da fronteira entre greves lícitas e greves abusivas vai, quanto a nós, representar mais uma forma de graduação da nocividade da greve, o que começou por ser recusado pela autora.

Pensamos, aliás, que o conceito de sabotagem económica é mais impreciso em França do que, em Portugal, pois que a não obrigatoriedade geral de pré-aviso naquele país (a permitir justamente ao empresário acautelar-se contra os prejuízos decorrentes da greve, diminuindo-os se possível mediante uma acção preventiva) conduzirá mais facilmente a situações em que o empregador se poderá prevalecer do tal intuito de sabotagem económica. Se, por exemplo, for esperado na empresa um determinado fornecimento de matérias primas facilmente deterioráveis e for desencadeada, exactamente para esse dia e depois já da chegada do dito fornecimento, uma greve, que acarreta eventualmente a deterioração das matérias primas e impede a produção durante mais tempo do que o da própria paralisação, estamos ou não perante uma situação de sabotagem económica? A imprecisão do conceito permitirá justamente aos trabalhadores dizerem que não, enquanto a entidade patronal dirá que sim, alegando que os grevistas tinham conhecimento da chegada daquele fornecimento e, consequentemente, que o seu objectivo foi exactamente o de sabotar a produção da fábrica.

É evidente que o leque de possibilidades de surgirem situações de qualificação duvidosa é menor, se o critério de delimitação da fronteira entre greves lícitas e abusivas for o da "sabotagem" e não o da mera "desorganização intencional da produção", mas, de qualquer modo, este conceito não resolve todos os problemas e não favorece a segurança jurídica, como seria desejável nesta matéria.

III. Já no que se refere ao direito português, pensamos que a posição assumida pelo Parecer da PGR de 3 de Março de 1977, quanto ao carácter abusivo das greves intermitentes, não é suficientemente explícita e suscita a necessidade de algumas precisões. É que, de acordo com o referido Parecer, a greve intermitente pode ser qualificada como abusiva por intervenção (conjunta ou disjunta) de dois critérios, cuja natureza diferente, senão oposta, dificulta desde logo a sua conciliação – enquanto o critério dos "danos injustos e desproporcionados" é um critério objectivo, ligado aos efeitos externos do comportamento grevista e não à estrutura do conceito de greve, já o critério do "propósito de desorganização da produção e de sabotagem económica" é um critério subjectivo que tem mais a ver com a estrutura interna do direito de greve. De facto, se na Itália a doutrina tem podido aplicar o critério objectivo para a delimitação do direito de greve é porque tal critério se subsume ao conceito doutrinal de greve que, bem ou mal, a doutrina propugna; e se, pelo contrário, em França, a perspectiva de análise deste problema é mais subjectiva, na medida em que se exige uma intencionalidade, um propósito de desorganização, é também justamente porque aí há um conceito doutrinal de greve que não se compadece com; limitações em função dos efeitos externos do comportamento grevista, mas, por outro lado, se reconhece a necessidade de autonomizar a análise de certos comportamentos de tipo grevista, para lhes conferir eventualmente um diferente enquadramento jurídico.

Mas, independentemente da dificuldade de compatibilização destes dois critérios, na medida em que se baseiam em diferentes concepções do direito de greve, a dúvida essencial suscitada por este Parecer está em que nenhum dos critérios por ele propugnados é aplicável à situação portuguesa, tendo em conta o conceito de greve adoptado pelo próprio Parecer ("movimento colectivo, embora não necessariamente maioritário, desen-

300 Estudos de Direito do Trabalho

cadeado por um sindicato ou por um conjunto de trabalhadores, à margem do sindicato, e implicando cessação do trabalho"). Assim, vejamos:

– não é aplicável o critério objectivo da quantidade de danos decorrentes da greve, porque naquele conceito o elemento prejuízo não é considerado (e este elemento é a base da teoria da equivalência de prejuízos na doutrina italiana);

– mas também não é aplicável o critério subjectivo da intenção ou objectivo a prosseguir pelos trabalhadores através da greve, porque, de acordo com o conceito de greve adoptado pelo Parecer, essa intenção ou objectivo dos trabalhadores não é valorada; assim, muito menos poderá ser critério de delimitação entre greves lícitas e abusivas.

IV. Quanto à posição de BERNARDO XAVIER, pensamos que os motivos que, no entender deste autor, justificam a qualificação destas modalidades de comportamento grevista como greves abusivas não são suficientes para determinar essa conclusão. Assim:

– o facto de estas greves ocasionarem a perda total da produção e inutilizarem os períodos intercorrentes de laboração não é, quanto a nós, relevante como critério de determinação da situação de abuso do direito, visto que o fim social e económico para que o direito é concedido é, justamente, o de causar um prejuízo à entidade patronal; ora, se o autor não considera o conceito de prejuízo implícito na noção de greve que adopta ("abstenção da prestação de trabalho por um conjunto de trabalhadores, como instrumento de pressão para realizar objectivos comuns")[8], também não poderá, consequentemente, concluir pelo exercício abusivo do direito em virtude de as greves ocasionarem esta quantidade específica de prejuízo;

– o argumento da interferência dos sindicatos na utilização patronal dos períodos de laboração também poderia funcionar como critério de delimitação se fosse admitida como elemento do conceito jurídico de greve a ideia de prejuízo, porque só se verifica a alegada interferência dos sindicatos nos casos em que a produção da empresa tiver aquilo a que o autor chama o "ciclo de duração mínimo"[9] e esse

---

[8] BERNARDO XAVIER, *Direito da Greve cit.*, 55.
[9] BERNARDO XAVIER, *Direito da Greve cit.*, 80.

ciclo resultar afectado pela greve, para além dos períodos de greve propriamente ditos. Ora, pensamos que tal afectação se verifica necessariamente em qualquer tipo de greve e não só nas greves intermitentes, pelo que, a funcionar tal critério, teria que funcionar para toda e qualquer modalidade de comportamento grevista. Ou seja, de acordo com o entendimento de BERNARDO XAVIER, desde que o ciclo mínimo de produção fosse quebrado (para além do período de duração explícita da greve, evidentemente) haveria abuso de direito e a entidade patronal poderia recusar a prestação e aplicar o regime do art. 27.°, n.° 4 da L.F.F.F., mesmo que se tratasse de uma modalidade de comportamento grevista subsumível ao conceito clássico de greve.

Parece, no entanto, não se inclinar neste sentido BERNARDO XAVIER, no que diz respeito às chamadas greves "típicas" ou "clássicas". Cremos, por isso, não ser também de aplicar às greves intermitentes um tal critério.

Poderá ainda dizer-se que haverá sempre abuso do direito nas greves intermitentes (quando ele não se verifica nas greves de tipo clássico), com base no argumento de que, nesta modalidade de comportamento grevista, existe má fé por parte dos sindicatos. Mas pensamos uma vez mais quanto a este aspecto que, a haver má fé, ela terá que ser provada por recurso a critérios objectivos, por razões que se prendem com a necessidade de segurança jurídica, tão premente neste campo. Ora, o recurso a este tipo de critério conduz-nos, de novo e necessariamente, à noção de prejuízos, não aplicável à doutrina de BERNARDO XAVIER, na medida em que não é considerada por este autor como um elemento essencial do conceito jurídico de greve.

Resta ainda dizer, a respeito da posição defendida por BERNARDO XAVIER, que, em termos de efeitos salariais, a qualificação das greves intermitentes como abusivas ocasiona uma situação algo complexa, em virtude da aplicação do art. 27.° da LFFF. Aplicando-se esta disposição aos períodos intercorrentes (portanto aos períodos de greve informal), com base no argumento de que a entidade patronal perdeu o interesse na prestação e, tal como propugna o autor, teremos que o regime destes períodos é o das faltas injustificadas, com as consequências inerentes, não só no plano da retribuição, como também no da antiguidade (*vd.* art. 27.°, n.° 1 da cit. lei); ao passo que, para os períodos de greve formal, se aplicará o regime constante da Lei da Greve, designadamente o seu art. 7.°, cujo n.° 3 exclui expressamente qualquer efeito da greve sobre a antiguidade.

Parece ser esta coexistência de diferentes regimes que decorre da solução propugnada pelo autor e que ora analisamos. Mas não é tal greve abusiva necessariamente no seu todo e não lícita para os períodos de greve formal e ilícita para os outros? Parece-nos que o carácter abusivo só pode decorrer da totalidade do comportamento grevista, de acordo com os critérios de delimitação fornecidos por BERNARDO XAVIER. Deste modo, a aplicar-se o regime das faltas injustificadas, ele seria sempre de aplicar à totalidade de comportamento, porque é todo esse comportamento que poderá, eventualmente, ser qualificado como abusivo e não somente uma parte dele.

V. Finalmente, no que diz respeito à posição de MONTEIRO FERNANDES, pensamos ter plena justificação a recusa por este autor de uma qualquer doutrina da equivalência ou da proporcionalidade dos prejuízos salariais dos trabalhadores e dos prejuízos produtivos da entidade patronal.

E, desde logo, uma tal doutrina não poderá ser aplicável entre nós, porque os salários não são a correspondência da produção. Aliás, se existisse essa equivalência entre a suspensão da prestação do trabalho e os prejuízos produtivos decorrentes da greve, teríamos que os trabalhadores grevistas continuavam a ter direito ao seu salário, só que a entidade patronal teria, por sua vez, direito a ser indemnizada no valor dos prejuízos produtivos efectivamente causados – mesmo que, na prática, essa indemnização fosse retirada dos salários, não perderia a natureza de indemnização, não podendo ser nunca considerada como uma mera perda salarial.

Por outro lado, não pode ser entre nós aplicada uma tal doutrina, porque, a aplicar-se, o desconto salarial (mas a título de indemnização) não deveria ser feito em função do tempo de suspensão, formal ou informal, de trabalho, mas sim em função da quantidade ou do valor dos prejuízos causados. Os prejuízos de uma greve com a duração de um dia na Siderurgia Nacional são naturalmente mais elevados do que os resultantes de uma greve de igual duração na Biblioteca Nacional; no entanto, porque (como bem observa MONTEIRO FERNANDES) o art. 7.º da LG liga o comportamento grevista ao contrato de trabalho de cada trabalhador, o efeito salarial destas duas greves terá que ser exactamente o mesmo, independentemente do valor dos prejuízos causados por cada uma delas.

Não pensamos, no entanto, como MONTEIRO FERNANDES, que os artigos 5.º e 8.º da LG impliquem necessariamente a irrelevância da quantidade de prejuízos causada para aquém dos limites legais neles consubstanciados. É que, se é certo que estas disposições estabelecem limites máximos aos prejuízos decorrentes de um comportamento grevista (por se considerar que, a partir destes limites estão em causa interesses mais importantes, como o do suporte do próprio emprego ou outros interesses de terceiros ou da colectividade, com os quais o exercício do direito de greve não pode colidir), também é verdade que existe um limite legal mínimo aos prejuízos decorrentes da greve.

Este limite mínimo é expresso no art. 6.º, com a proibição de substituição dos trabalhadores grevistas, proibição esta que visa evitar que, por esta via, a entidade patronal consiga frustrar o objectivo imediato da greve, que é o de causar um prejuízo.

Parece-nos, deste modo, que, embora não seja aplicável entre nós, pelas razões apontadas por MONTEIRO FERNANDES, que perfilhamos, a doutrina da equivalência de prejuízos de acordo com a formulação da doutrina italiana, há necessariamente no conceito jurídico de greve uma ideia de prejuízo, que se manifesta de duas formas:

– explicitamente, na própria Lei da Greve, visto que aí estão expressamente consagrados os limites mínimo e máximo de prejuízos que o comportamento grevista pode ocasionar;

– implicitamente, em qualquer conceito jurídico que se adopte de greve, porque o comportamento grevista visa sempre e necessariamente prejudicar, embora este objectivo seja imediato e instrumental relativamente ao objectivo final da paralisação, que é conseguir da entidade patronal a satisfação das reivindicações dos trabalhadores grevistas.

Não é indiferente a afirmação da existência do elemento prejuízo na conceptualização jurídica da greve, pois que verificamos ser necessário socorrermo-nos deste elemento, como quadro integrador, para qualificar e regular algumas das formas "atípicas" de greve que nos propusemos analisar neste estudo.

Especificamente no que se refere à greve intermitente, pensamos ser a posição assumida por MONTEIRO FERNANDES substancialmente correcta.

Esta modalidade de comportamento grevista é lícita, porque se reconduz ao conceito jurídico de greve adoptado pelo autor (e por nós subscrito, em tese geral, dado que pensamos ser o único possível, em face do texto constitucional). Assim sendo, o único problema posto pela greve intermitente é o problema da determinação do modo de fazer o cômputo do tempo de greve efectivo, para depois se proceder ao correspondente desconto salarial.

E, para realizar tal operação, o critério da indução propugnado pelo autor, afigura-se-nos correcto e de fácil aplicação. Se, de facto, resultar da análise do comportamento grevista que os trabalhadores tiveram a intenção de suspender as prestações durante a totalidade dos períodos e a sua disponibilidade durante os períodos intercorrentes tiver sido meramente formal (visto que sabiam, de antemão, que a entidade patronal não podia aproveitar a sua prestação), eles estiveram na verdade em greve (lícita) durante a totalidade do tempo e dever-lhes-á ser descontado o salário correspondente a todo esse período, como se de uma greve contínua se tratasse.

2.5. *Conclusões*

Do que até agora ficou dito poderão tirar-se as seguintes conclusões:

I. A greve intermitente é apenas aquela modalidade de comportamento grevista pela qual os trabalhadores, através de paralisações sucessivas e intercaladas, conseguem uma efectiva paralisação contínua do trabalho.

Distinguem-se deste modo as greves intermitentes das *greves sucessivas*. Estas são uma soma de paralisações parciais sem consequências anormais; aquelas são paralisações parciais e sucessivas, visando a paragem da unidade produtiva não só durante os períodos explícitos de greve, como nos períodos intercalares.

Só a esta última modalidade de greve se aplicam as dúvidas doutrinárias anteriormente expostas.

II. Dúvidas antes de mais quanto à licitude desta modalidade de comportamento grevista. Porém, tais dúvidas surgem por aplicação da doutrina da equivalência de prejuízos que, como acabámos de demonstrar, não é susceptível de aplicação em Portugal, pelo menos em termos rígidos e indubitáveis. Mas, mesmo que esta doutrina tivesse merecimento entre nós, a sua aplicação não teria consequências sobre a licitude da greve, mas tão somente sobre a licitude da pretensão de diminuição dos prejuízos salariais dos trabalhadores.

III. É também com base na desproporcionalidade dos prejuízos decorrentes do comportamento grevista que alguns autores vêm afirmar o carácter abusivo das greves intermitentes. Mas esta tese não colhe, na nossa opinião, por duas razões: em primeiro lugar, porque comete os erros de análise do conceito de prejuízos que já aqui anotámos; e, em segundo lugar, porque pretende criar uma classe geral de greves abusivas.

É este segundo motivo que reputamos mais importante, porque, de facto, o abuso do direito é uma figura de carácter excepcional que apenas se verifica quando, no caso concreto, se exerce um direito contra a boa fé, os bons costumes ou o seu fim económico ou social – art. 334.º do CC. Não é portanto possível falar numa classe geral de direitos exercidos abusivamente, tanto mais que a greve intermitente visa paralisar, de forma efectiva e consecutiva, uma determinada unidade produtiva, objectivo que é comum ao prosseguido por uma qualquer greve total pelo mesmo tempo – e, lembremo-lo, estes autores não põem em causa a licitude das greves totais! Por outro lado, pensamos que também não colhem os argumentos que se baseiam nos vagos conceitos, pretensamente gerais, de desorganização da produção ou de sabotagem económica.

Em, suma, pensamos que a greve intermitente poderá ser qualificada como greve abusiva, mas somente quando se puder aferir dessa situação no caso concreto. E tal qualificação será aplicável também à greve total pelo mesmo tempo.

IV. Fica deste modo demonstrada a improcedência das doutrinas que pretendem qualificar a greve intermitente como uma modalidade ilícita ou abusiva da greve. De facto, esta modalidade de comportamento grevista enquadra-se no conceito clássico de greve, diferenciando-se apenas substancialmente da greve clássica por implicar uma concertação prévia – o plano projectado para conseguir uma paralisação efectiva maior do que a paralisação formalizada.

Feita a qualificação desta modalidade de comportamento grevista, como greve lícita, resta qualificar a pretensão dos trabalhadores grevistas de diminuírem os custos salariais da sua abstenção de trabalho.

Alegam alguns que esta pretensão se justifica pela equivalência entre o conceito de prestação de trabalho (em sentido jurídico) e a ideia de disponibilidade: se os trabalhadores estão, ainda que formalmente, na disponibilidade da entidade patronal, estão a cumprir a sua parte do contrato de trabalho e, se a sua prestação não é possível, tal impossibilidade é uma contingência do ciclo produtivo, devendo o respectivo risco ser suportado pela entidade patronal.

Esta posição não nos parece correcta, porque, de facto, o trabalhador grevista não está disponível durante os períodos intercorrentes. Só formalmente ou fantasisticamente se verifica tal disponibilidade, materialmente ela não existe! E não existe não em virtude de uma qualquer contingência do ciclo produtivo, mas como efeito de um programa concertado e intencional nesse sentido.

Com efeito, nas greves intermitentes o trabalhador demonstra, com a sua adesão à paralisação, que pretende não trabalhar durante a totalidade do tempo de greve, declarado e não declarado. Por isso é ilícita a sua pretensão de receber o salário correspondente aos períodos de formal disponibilidade, dado que o plano de paralisação a que aderiu se estende também a este período. Havendo, para além de um período explícito de greve, um período implícito, a perda do direito do trabalhador terá também que ser extensível aos dois períodos.

Poder-se-á ainda questionar da intencionalidade do trabalhador: será ele sempre conhecedor dos objectivos do sindicato e do seu plano específico de paralisação? Parece-nos que sim, pois que o demonstra aderindo à greve, nos períodos formais. Tal adesão, de facto, é uma adesão ao projecto concertado de paralisação total. No máximo, o trabalhador poderá alegar erro sobre as circunstâncias, cuja aplicação nos parece duvidosa.

Parece-nos ainda que, em termos mais gerais, haverá que retirar a conclusão de MONTEIRO FERNANDES e aplicá-la a todas as modalidades de comportamento grevista: no cálculo do desconto da prestação deverá ter--se em conta não só o período "explícito" de greve, mas também o período "implícito" ou "induzido".

No entanto, como veremos, nem sempre a aplicação deste princípio será tão fácil de fazer, como o foi nesta modalidade de greve.

3. A greve rotativa

3.1. *Delimitação geral*

I. Verifica-se uma greve rotativa ou articulada quando a abstenção de trabalho é levada a efeito nos vários "sectores da empresa, de modo sucessivo ou alternativo, em termos de desorganizar completamente a produção"[10].

Esta modalidade de comportamento grevista levanta problemas delicados porque, por um lado, o empregador tem um prejuízo equivalente ao que decorreria de uma greve total pelo mesmo tempo, mas, por outro lado, os trabalhadores dos sectores que não estão em greve em cada momento podem exigir os salários, visto que se encontram formalmente disponíveis para trabalhar.

II. A doutrina e a jurisprudência estrangeiras, bem como a doutrina e a jurisprudência nacionais, têm-se manifestado sobre esta forma de greve, fornecendo critérios para a sua qualificação e para o seu enquadramento jurídico.

3.2. *O direito comparado*

I. No âmbito da jurisprudência e da doutrina estrangeiras cingiremos, mais uma vez, a nossa análise aos sistemas jurídicos italiano e francês, por serem os de conteúdo mais próximo do nosso.

II. Na Itália, a jurisprudência e a doutrina maioritárias afirmam o carácter abusivo destas greves (*sciopero e scachiera*) com base na desproporcionalidade dos danos delas decorrentes e na quebra, por parte dos trabalhadores grevistas, dos princípios de boa fé presentes no contrato de trabalho. Afirmam ainda autores como PERA[11] que é indiferente o facto de o trabalhador não se encontrar em greve naquele momento específico, porque a paralisação continua a ser a sua greve, dado ter um carácter unitário.

Autores como GIUGNI[12] criticam esta posição, considerando esta modalidade de comportamento grevista como uma greve lícita, com base nos seguintes argumentos: os princípios de boa fé não podem actuar enquanto o contrato de trabalho se encontra suspenso, como se verifica na greve; o direito à greve não pode ser limitado por considerações ligadas

---

[10] BERNARDO XAVIER, *Direito da Greve cit.*, 75.

[11] G. PERA, *Diritto del lavoro*, Padova, 1980, 299.

[12] G. GIUGNI, *Diritto sindacale*, Bari, 1979, 209 ss.

308   *Estudos de Direito do Trabalho*

à quantidade de prejuízos causada, porque o objectivo da greve é exactamente causar prejuízos e não se pode exigir dos grevistas que escolham certas formas de actuação, só porque elas causam menores prejuízos.

III. Em França, a jurisprudência distingue claramente o regime destas greves consoante ocorrem no sector público ou no sector privado.

No que se refere ao sector público, as chamadas *"grèves tournantes"* são proibidas expressamente pela Lei de 31 de Julho de 1963, correspondendo a falta grave do trabalhador e ocasionando a aplicação de sanções disciplinares, que podem ir até à demissão. Já com referência ao sector privado, a *Cour de Cassation* afirmou a licitude destas formas de greve como princípio geral, mas qualifica-as excepcionalmente como abusivas quando haja uma vontade concertada dos trabalhadores de desorganizarem a produção (elemento intencional, portanto) e se verifique uma paralisia total da actividade da empresa (e não uma mera perturbação dessa actividade) – estas duas condições são cumulativas.

A legitimidade de princípio é, portanto, negada em função de circunstâncias externas à própria greve, e daí que a jurisprudência assimile, nestes casos, estas paralisações às chamadas *"grèves perlées"* (entre nós, greves de rendimento), não as considerando, portanto, como verdadeiras suspensões do contrato de trabalho (lícitas ou ilícitas), mas como formas de cumprimento deficiente do contrato de trabalho de cada trabalhador[13].

HÉLÈNE SINAY[14] critica esta posição, considerando que a aplicação do critério da vontade concertada de desorganizar a produção é falível, equivalendo a proibir toda a qualquer greve num sector chave da empresa – como veremos adiante, esta observação aplica-se, sobretudo, às greves trombose.

3.3. *O panorama nacional*

I. O Parecer da Procuradoria Geral da República de 3 de Março de 1977, já referido, aplica a esta modalidade de comportamento grevista as considerações já feitas a propósito das greves intermitentes. Assim, consi-

---

[13] RIVERO et SAVATIER, *Droit du Travail*, 8.ª ed., Paris, Paris, 322 e 332.
[14] *La grève cit.*, 188.

dera as greves rotativas como verdadeiras greves mas, por outro lado, afirma que elas correspondem ao exercício abusivo do direito de greve quando produzam "danos injustos e desproporcionados para o dador de trabalho, para terceiros ou para a própria colectividade, nomeadamente quando resultantes do propósito de desorganização da produção e de sabotagem da economia".

II. Outro Parecer da Procuradoria Geral da República, este datado de 3 de Março de 1982, reafirma a licitude desta modalidade de greve como princípio geral (para o que invoca, aliás, o Parecer de 3 de Março de 1977), visto que se subsume aos elementos do conceito de greve – paralisação concertada do trabalho com fins reivindicativos.

De acordo com este Parecer, só haverá ilicitude em caso de exercício abusivo do direito e de produção de danos injustos e desproporcionados para o dador do trabalho, devendo tal ilicitude ser determinada caso acaso.

Quanto aos efeitos salariais desta forma de greve, o Parecer desenvolve as seguintes ideias:

– em princípio, os trabalhadores terão direito à retribuição pelo tempo em que se puseram à disposição da entidade patronal, porque tal direito se refere ao tempo de serviço efectivamente prestado ou correspondente a uma efectiva disponibilidade dos trabalhadores (de acordo também com o Parecer da PGR n.º 184/79);

– assim, os trabalhadores não terão direito à retribuição correspondente ao período formal de greve, visto que, durante esse período, as relações de trabalho se encontram suspensas;

– mas também não têm direito à retribuição correspondente ao período em que se colocam na disponibilidade da entidade patronal, sabendo que ela não pode aproveitar da sua prestação.

A justificação da perda salarial no período "formal" de greve é simples: decorre da aplicação directa do regime consubstanciado na Lei da Greve, designadamente no seu art. 7.º. A justificação da perda salarial durante o período "informal" de greve é feita por recurso à figura da fraude à lei que, de acordo com este Parecer, se verifica durante este período: se, ao decidirem a greve, os trabalhadores pretendem de facto colocar-se numa situação de total inoperatividade (ou seja, durante todo o período de greve e não somente durante cada um dos períodos em que cada

310   *Estudos de Direito do Trabalho*

trabalhador suspende formalmente a sua prestação de trabalho), constitui fraude ao art. 7.º da Lei da Greve a intenção de suspensão da prestação de trabalho por esse período total, concomitantemente com a intenção de suspensão do direito à retribuição correspondente a um período menor.

Deste modo, conclui o Parecer que a soma dos períodos parciais de suspensão do trabalho por cada sector ou serviço pode ser considerada pela empresa como greve total, com o efeito salarial correspondente. E tal consideração não é mais do que a consequência jurídica normal do processo fraudulento de divergência entre a vontade real e a vontade declarada pelos sindicatos, que conduz à prevalência da primeira.

III. Também o Parecer da Procuradoria Geral da República datado de 14 de Junho de 1984 se debruça sobre a questão da licitude desta modalidade de comportamento grevista.

O Parecer começa por definir a greve rotativa como um "conjunto de greves profissionais ou sectoriais limitadas e de execução sucessiva, isto é, paralisações de trabalho que afectam, por escalonamentos sucessivos ou por rotação concertada, os diversos sectores ou as diversas categorias profissionais de um mesmo estabelecimento ou serviço, ou dos diferentes estabelecimentos ou serviços de uma mesma empresa ou organismo" – é a definição constante da lei francesa de 31 de Julho de 1963, que proibiu esta forma de greve no sector público.

O Parecer considera esta greve lícita em princípio, porque nada há na Constituição nem na lei que permita o estabelecimento de qualquer limitação às formas de comportamento grevista de que os trabalhadores se podem socorrer. No entanto, esta greve tem limites (que o Parecer aplica, aliás, também à greve intermitente) decorrentes, por um lado, do próprio conceito de greve e, por outro lado, de o exercício do direito de greve poder em concreto colidir com interesses fundamentais protegidos pela Constituição. Assim:

    – decorrem do conceito de greve limitações inerentes à forma de paralisação adoptada (assim, as greves que não envolvam uma cessação concertada do trabalho, são ilícitas) – trata-se aqui das formas de paralisação que se enquadram num conceito de greve com carácter sociológico, mas que não possuem as características que permitem a sua subsunção ao conceito jurídico;

– colidem com interesses fundamentais objecto de protecção constitucional as greves que ocasionem danos injustos e desproporcionados para a entidade patronal, para terceiros ou para a colectividade, designadamente quando resultem de um plano de desorganização da produção e de sabotagem da economia (neste aspecto, portanto, o Parecer reafirma a opinião anteriormente emitida pelo Parecer de 1977).

Quanto à greve rotativa, o Parecer conclui que, desde que se verifique a existência de uma única decisão de greve, ou seja, que os trabalhadores quiseram colocar-se numa situação de total inoperacionalidade (tanto no período formal de greve como no período informal), a greve pode ser considerada como contínua, devendo o desconto salarial ser efectuado tendo em conta o período induzido de paralisação – é a reafirmação da doutrina de MONTEIRO FERNANDES.

IV. Na análise desta modalidade de comportamento grevista, BERNARDO XAVIER[15] distingue os casos em que a sucessão de paralisações provém de uma decisão concertada nesse sentido, e os casos em que é fruto de decisões autónomas – o autor aponta, a título de exemplo de um e do outro caso, respectivamente, uma situação em que se verificam várias greves em diferentes sectores de uma determinada empresa, decretadas sucessivamente mas só por um dos sindicatos representativos dos trabalhadores, ou várias greves do mesmo tipo mas decretadas por vários sindicatos diferenciados.

No primeiro caso, considera BERNARDO XAVIER que a greve é ilícita, na medida em que "envolve uma usurpação dos poderes empresariais de gestão", ou seja, a greve apresenta-se como um verdadeiro plano de contra-gestão, que se exerce através de paralisações parcelares, particularmente onerosas para a entidade patronal e especialmente suaves para os trabalhadores. Esta greve deverá, portanto, ser considerada como uma forma abusiva de comportamento grevista, devendo ser-lhe aplicada a doutrina do abuso do direito já propugnada pelo autor para a greve intermitente.

V. Para MONTEIRO FERNANDES[16], a greve rotativa é uma das modali-

---

[15] *Direito da Greve cit.*, 78
[16] *Noções Fundamentais...cit.*, 207 e s.

312   *Estudos de Direito do Trabalho*

dades atípicas de greve (isto é, uma das modalidades de comportamento grevista que não se enquadra no conceito de greve clássico), que se caracteriza pela circunstância de não abranger simultaneamente todos os trabalhadores envolvidos, embora resulte de uma concertação entre todos.

Mas, apesar de se tratar de uma modalidade atípica de comportamento grevista, a greve rotativa não pode deixar de ser qualificada como uma verdadeira greve, embora, pelas suas particulares características, deva ser sujeita a um diferente enquadramento jurídico. Este enquadramento será feito através do desconto salarial, que deve ter em conta o "período de paralisação induzida de cada trabalhador aderente à decisão de greve, e não apenas o tempo em que, declaradamente, recusou a prestação"[17].

O critério adoptado é, assim e mais uma vez, o da disponibilidade meramente formal e da concertação entre os trabalhadores. Se, pelo contrário, não houver uma decisão comum dos trabalhadores dos vários sectores da empresa (aquilo a que o autor chama a "interdependência funcional"), no sentido de fazerem greve pelo tempo total, a disponibilidade dos trabalhadores é efectiva, independentemente do facto de o empregador não poder aproveitar da respectiva prestação.

VI. Finalmente, tanto BERNARDO XAVIER[18] como MONTEIRO FERNANDES[19] encaram a possibilidade de encerramento técnico da empresa, por impossibilidade de manutenção da sua laboração com os trabalhadores não aderentes (o que não consideram uma forma de *lock-out* defensivo). Tal possibilidade verificar-se-á sempre que a paralisação colectiva fizer perigar a continuidade da própria empresa, e desde que se prove que o encerramento visou exactamente conseguir a sobrevivência da empresa.

3.4. *Apreciação crítica*

I. Analisemos agora, de um ponto de vista crítico, as várias posições doutrinais e jurisprudenciais estrangeiras e nacionais sobre a qualificação das greves rotativas e o consequente regime jurídico para elas proposto.

---

[17] *Direito de Greve – Notas e Comentários à Lei n.° 65/77, de 26 de Agosto,* Coimbra, 1982, 52 s., e 70 s.

[18] *Direito da Greve cit.,* 76 e 21 e s.

[19] *Direito de Greve, cit.,* 52 s., e 70 s.

No que se refere à contribuição italiana, a qualificação das *sciopero a scachiera* como greves abusivas justifica-se no quadro daquele sistema jurídico, como consequência necessária do conceito de greve adoptado e do elemento "equivalência de prejuízos" nele contido.

No entanto, tal conceito nem sequer é pacífico, como atestam, aliás, as observações de GIUGNI, e não é, como vimos já a propósito da greve intermitente, susceptível de aplicação ao caso português. Daí que uma tal qualificação desta modalidade de comportamento grevista, porque baseada na ideia exposta, não possa servir às greves rotativas em Portugal.

II. Quanto à posição assumida pela jurisprudência francesa, suscitam-se as seguintes observações, no que concerne à sua eventual aplicação ao caso português:

– não é possível, entre nós, distinguir o regime desta modalidade de comportamento grevista consoante a paralisação se verifique no sector público ou no sector privado, visto que uma tal diferença de regime só pode derivar de uma determinação legal expressa nesse sentido, que não existe entre nós. Daí que em Portugal o problema tenha que ser colocado em termos globais;

– a legitimidade de princípio destas greves no sector privado não existe na realidade, visto que, como bem observa HÉLÈNE SINAY, facilmente uma greve rotativa desorganiza sistematicamente a produção, em termos de chegar a paralisá-la totalmente – assim, a legitimidade desta greve é a excepção e a sua proibição é regra;

– não podemos ainda concordar com a assimilação desta modalidade de comportamento grevista às chamadas *"grèves perlées"*, nos termos apontados por RIVERO e SAVATIER, visto que, mesmo nos casos em que seja considerado ilícito, este tipo de paralisação continua a ser uma verdadeira greve e não um cumprimento defeituoso do contrato de trabalho, uma vez que se verifica a suspensão da própria prestação de trabalho e não a sua modificação. Pensamos que, verificando-se os respectivos elementos, a greve rotativa é uma forma de paralisação que se subsume ao conceito jurídico de greve e é por isso que se poderá eventualmente vir a qualificar como greve ilícita (não beneficiando, por consequência, da tutela jurídica normalmente concedida ao direito de greve), mas nunca será possível a qualificação deste tipo de comportamento como uma situação de não greve.

III. Quanto às posições assumidas entre nós pelos Pareceres da Procuradoria-Geral da República, datados de 3 de Março de 1977 e de 3 de Março de 1982, elas reafirmam a doutrina já exposta no que se refere à greve intermitente e, assim sendo, as críticas feitas relativamente ao enquadramento daquela modalidade de comportamento grevista estendem-se à figura ora em análise.

Pensamos que não se pode falar em abuso do direito de greve por recurso aos critérios da desproporcionalidade dos prejuízos causados pelo comportamento grevista e da intenção de desorganização da produção ou da sabotagem económica, por parte dos grevistas, visto que a noção de greve adoptada pelo primeiro Parecer e subscrita pelo segundo não comporta o elemento "prejuízo", por um lado; e, por outro lado, porque o objectivo da greve é exactamente causar prejuízos, mediante uma perturbação da produção, pelo que não é possível exigir dos trabalhadores que escolham os meios de perturbação da produção que, justamente, não impliquem a sua "desorganização" ou a "sabotagem económica". Neste aspecto concordamos plenamente com as observações de GIUGNI, dada a ausência do elemento quantitativo "prejuízos" do nosso conceito jurídico de greve (o que, como veremos, não significa, aliás, a irrelevância desse elemento).

Quanto ao recurso à figura da fraude à lei, utilizada pelo Parecer de 3 de Março de 1982, para qualificar este comportamento grevista e justificar o desconto salarial pela totalidade do tempo de suspensão das prestações de trabalho, pensamos que se trata de um meio algo artificioso de resolver este problema. De facto, a figura da fraude à lei, como forma de ilicitude (que consiste no aproveitamento das disposições legais para conseguir um objectivo ilícito), não é talvez adequada à situação ora em análise, porque não se descortina aqui qualquer ilicitude no comportamento grevista (dado o nosso conceito jurídico de greve e o próprio texto do artigo 7.º da LG invocado pelo Parecer). Há efectivamente uma divergência entre a vontade e a declaração, por parte dos grevistas, mas tal divergência não transforma automaticamente o comportamento grevista em comportamento ilícito. O que está em causa é meramente o carácter lícito ou ilícito das pretensões de diminuição dos custos salariais da paralisação pelos trabalhadores grevistas.

Deste modo, bastará o recurso à figura da disponibilidade meramente formal dos trabalhadores, que, aliás, o Parecer considera, para conseguir o objectivo do desconto salarial pelo tempo total pretendido.

IV. Quanto à posição de BERNARDO XAVIER, pensamos não ser critério de determinação da licitude ou ilicitude desta forma de greve a existência ou não de concertação entre as diversas decisões sindicais de greve. De facto, o art. 2.º da Lei da Greve limita-se a afirmar o carácter primacialmente orgânico que a greve assume no nosso ordenamento jurídico (n.º 1 do cit. art.), mas não exige que os sindicatos que decidem a greve sejam representativos da maioria dos trabalhadores ou das várias categorias atingidas pelas paralisações sectoriais, até porque pode haver várias categorias profissionais representadas por um único sindicato.

Por outro lado, também nos parece improcedente o argumento da contra-gestão, desde logo porque todo o comportamento grevista é, necessariamente, um comportamento de contra-gestão, mas também porque um tal argumento só poderia, quanto a nós, ser considerado perante um conceito de greve que incluísse o elemento "prejuízos", o que não acontece com o conceito adoptado por este autor.

Quanto à qualificação desta forma de comportamento grevista como greve abusiva, não podemos concordar pelos motivos já explicitados a propósito da greve intermitente.

V. Resta-nos apreciar a contribuição de MONTEIRO FERNANDES (cujo sentido foi ainda adoptado pelo Parecer da Procuradoria Geral da República de 14 de Junho de 1984), para a qualificação desta modalidade de comportamento grevista e para o respectivo enquadramento jurídico.

Concordamos com o autor em que se trata de uma verdadeira greve, visto que integra os elementos do respectivo conceito jurídico, embora as suas particularidades suscitem a necessidade de um diferente enquadramento regimental.

Concordamos ainda com o critério do desconto salarial tendo em conta o período induzido de paralisação, como regime para estas greves, à semelhança do que o autor já tinha proposto quanto às greves intermitentes.

No entanto, se no que respeitava à greve intermitente tal critério era de fácil aplicação, o mesmo já não sucede quanto à modalidade de comportamento grevista que agora analisamos. De facto, se se nos afigura indubitável a justificação teórica desta doutrina, bem como a consequência prática da sua aplicação no que se refere ao desconto salarial, já a sua aplicação prática pode levantar algumas dificuldades no que respeita à greve rotativa.

É que se levanta sempre o problema de saber quais os critérios adoptados para determinar o carácter formal ou efectivo da disponibilidade dos trabalhadores durante os períodos de greve não declarada.

O autor fala a este propósito na intenção dos trabalhadores, manifestada no comportamento grevista colectivo, referindo-se ao pré-aviso como meio de analisar aquele comportamento. No entanto, pensamos que a análise do pré-aviso não é suficiente, porque este elemento só pode ser indiciador da intenção dos sindicatos (e, eventualmente, da sua concertação) ao declararem a greve.

Mas, estando a greve ligada ao contrato de trabalho de cada trabalhador, como bem salienta Monteiro Fernandes, há também que cuidar de aferir da intenção de cada trabalhador de per si. Deste modo, não podemos ficar-nos pela análise do pré-aviso, mas teremos que buscar, em concreto, o *animus* de cada trabalhador, para aferir do carácter formal ou efectivo da sua disponibilidade, durante os períodos em que não se encontra formalmente em greve.

Ora, se esta análise do *animus* de cada trabalhador individual era fácil de fazer na greve intermitente, o mesmo já não se verifica tratando-se de uma greve rotativa.

De facto, numa greve intermitente, na qual se verificam períodos sucessivos de suspensão do trabalho e de disponibilidade para o seu recomeço, é fácil determinar quais são, de entre os trabalhadores disponíveis nos períodos intercorrentes, aqueles que o estão efectivamente e aqueles que se encontram numa situação de mera disponibilidade formal. Bastará para isso analisar o comportamento de uns e de outros no período formal de greve, ou seja, verificar quais foram, nesse período, os trabalhadores que aderiram à greve e quais os que não aderiram e continuaram a trabalhar.

Através desta simples análise poderemos, na greve intermitente, aferir da intenção manifestada por cada trabalhador nos períodos intercorrentes. Assim:

> – aquele trabalhador que aderiu à greve no período formal de paralisação, suspendendo a sua prestação, ao colocar-se à disposição da entidade patronal no período intercorrente, continua, obviamente, a ter um *animus* grevista, visto que sabia antecipadamente que a sua prestação não seria aproveitável – a sua disponibilidade é assim

meramente formal e ele continua realmente em greve, pelo que é de aplicar-lhe o desconto salarial respectivo.

– pelo contrário, aquele trabalhador que não aderiu à greve *ab initio,* mas que não pôde trabalhar no período intercorrente por a greve dos seus colegas ter quebrado o ciclo mínimo de produção e, deste modo, a sua prestação ser inaproveitável, está, durante este período, numa situação de disponibilidade efectiva para trabalhar, visto que não lhe assiste o *animus* grevista. Deste modo, não lhe deve ser descontado qualquer salário, uma vez que ele não pode ser responsabilizado por um comportamento a que é alheio, nem sofrer as respectivas consequências.

Mas esta análise, tão simples de efectivar na greve intermitente, é de difícil aplicação à greve rotativa, posto que esta modalidade de comportamento grevista se caracteriza (como bem salienta MONTEIRO FERNANDES, ao qualificar esta forma de greve como greve atípica) pelo facto de não abranger simultaneamente todos os trabalhadores envolvidos. Deste modo, estando um determinado sector da empresa em greve formal e resultando dessa greve a paralisia do outro sector, como determinar quais os trabalhadores deste último sector que não trabalham porque não podem e quais os que possuem *animus* grevista e estão concertados com os outros?

A determinação do carácter formal ou efectivo da disponibilidade de cada trabalhador nos períodos em que não há greve declarada no seu sector é, portanto, muito mais difícil de efectuar nesta modalidade de comportamento grevista.

Mas será tal análise imprescindível? Pensamos que a abstenção da análise individualizada da intencionalidade de cada trabalhador teria duas implicações:

– por um lado, significaria o olvidar da dimensão individual do direito de greve (considerada, aliás, por MONTEIRO FERNANDES como a dimensão fundamental), isto é, do direito que assiste a cada trabalhador de aderir ou não à greve. De facto, só analisando, em concreto, o comportamento de cada trabalhador (e não só o comportamento grevista enquanto comportamento colectivo), será possível verificar se o trabalhador, durante os períodos em que não se declara em greve, não trabalha porque, de facto, está em greve, ou não trabalha porque não pode.

318   *Estudos de Direito do Trabalho*

– por outro lado, significaria necessariamente uma discriminação entre os trabalhadores grevistas e não grevistas (visto que só seria analisado o comportamento colectivo no seu conjunto) o que é proibido pelo art. 10.º n.º 1 da Lei da Greve.

VI. Sendo, portanto, no nosso entender, imprescindível a determinação da intenção de cada trabalhador afectado em concreto por uma paralisação deste tipo, para determinar se, durante os períodos em que não declara estar em greve, a sua disponibilidade é efectiva ou formal, resta encontrar um critério simultaneamente seguro e de fácil aplicação para determinar o carácter grevista ou não grevista dessa intencionalidade.

O critério que propomos é um critério presuntivo, com base no significado normal da disponibilidade do trabalhador. Diz o art. 1.º da LCT que "o contrato de trabalho é aquele pelo qual uma pessoa se obriga, mediante retribuição, a prestar a sua actividade intelectual ou manual a outra pessoa, sob a autoridade e direcção desta". Ora, a expressão "obrigação" constante desta noção explicita exactamente, no nosso entender, a ideia de disponibilidade do trabalhador. E esta disponibilidade é reveladora da sua intenção de cumprir o contrato, em situação normal.

Pode, portanto, estabelecer-se a presunção de que, quando se coloca na disponibilidade da entidade patronal, o trabalhador tem a intenção de cumprir o contrato. Ora, sendo tal presunção (porque é presunção) de carácter geral, ela também se verifica nos períodos informais de uma greve rotativa (como em qualquer outra situação de impedimento de cumprimento contratual pelo trabalhador), a não ser que seja ilidida pela manifestação expressa de que, não obstante a aparência de disponibilidade, a intenção de trabalhar não é a que normalmente corresponde a essa disponibilidade, mas justamente a intenção contrária, i.e., a intenção de manter a situação de suspensão do contrato de trabalho.

Pensamos que só sendo ilidida a presunção de que a disponibilidade do trabalhador é reveladora da sua intenção de cumprir o contrato, é que poderemos considerar tal disponibilidade como aparente nos períodos informais de uma greve rotativa e, deste modo, aplicar a estes períodos a consequência salarial decorrente da intenção grevista real.

Não basta, portanto, afirmar, como MONTEIRO FERNANDES, que a disponibilidade é meramente formal, em caso de decisão comum dos trabalhadores dos vários sectores sobre a greve (isto é, a interdependência funcional); é preciso provar o carácter formal da disponibilidade, mediante a análise do *animus* de cada trabalhador. A não ser feita tal prova terá, quanto a nós, que funcionar a presunção da efectividade da disponibilidade de todos os trabalhadores afectados por uma greve de outro sector, sob pena de se considerarem todos os trabalhadores do sector afectado pela greve de outro sector como grevistas, o que é, claramente, uma coerção do direito individual de cada trabalhador de aderir ou não à greve.

Resta saber qual a prova necessária para ilidir a presunção de que a disponibilidade do trabalhador revela a sua intenção de cumprir o contrato, ou seja, de que se trata, em princípio, de uma disponibilidade efectiva.

Pensamos que é possível tirar uma ilação sobre a natureza da disponibilidade do trabalhador nos períodos informais da greve rotativa, mediante a análise do comportamento do trabalhador nos períodos de greve declarada: Se o trabalhador, no momento em que a paralisação começar no seu sector, a ela aderir, manifesta com este comportamento a sua intenção e ilide a presunção de efectividade da sua disponibilidade para os períodos subsequentes de greve não declarada, em que a sua prestação não é aproveitável; pelo contrário, se o trabalhador não aderir à greve no momento em que ela for desencadeada no seu sector, a inutilidade da sua prestação nos períodos subsequentes não pode significar uma disponibilidade formal e, consequentemente, não lhe pode ser aplicado o respectivo desconto salarial.

3.5. *Conclusões*

I. As conclusões a retirar da análise das greves rotativas não diferem substancialmente das que retirámos já a propósito das greves intermitentes, o que se compreende, desde logo, pela identidade do objectivo prosseguido por qualquer destas duas modalidades de comportamento grevista. Com efeito, tanto a greve intermitente como a greve rotativa são paralisações parciais da actividade produtiva, com o objectivo de conseguir a paralisação total dessa actividade. A única diferença entre elas está em que, na greve intermitente o objectivo é prosseguido sempre pelos mesmos trabalhadores, enquanto na greve rotativa actuam, sucessivamente, várias categorias de trabalhadores.

Assim, justificam-se as conclusões que seguem quanto a esta modalidade de comportamento grevista.

II. A greve rotativa é a modalidade de comportamento grevista pela qual os trabalhadores, através de paralisações parciais de diferentes sectores da empresa, conseguem uma paralisação mais vasta da actividade produtiva.

Também se devem distinguir as greves rotativas das *greves parciais sectoriais*. Estas só merecem aquele qualificativo quando estão inseridas num plano global pelo qual se pretende a obtenção de resultados mais vastos do que os decorrentes da soma das paralisações sectoriais efectivas. É só a estas greves que adiante nos referiremos.

Pensamos ainda que é neste momento que se deve atender ao facto de a declaração de greve provir de um ou mais sindicatos, separada ou conjuntamente, o que é relevante como elemento indiciador da existência de uma verdadeira greve rotativa ou, pelo contrário, da existência de uma mera soma de greves parciais sectoriais (e eventualmente sucessivas), mas sem objectivos concertados de extensão dos prejuízos.

III. Nem a doutrina nem a jurisprudência distinguem normalmente o regime jurídico das greves rotativas do das greves intermitentes. Seja pela existência de um mesmo objectivo implícito (causar um maior prejuízo à entidade patronal, concomitantemente com um menor prejuízo salarial para os trabalhadores grevistas), seja pelas várias características similares de uma e de outra (a concertação global e o carácter parcial e sucessivo das paralisações), a verdade é que é dado às duas realidades o mesmo enquadramento jurídico. Não admira pois que as conclusões que retirámos da análise da primeira sejam extensíveis à segunda.

IV. Antes de mais, quanto à qualificação da greve rotativa como modalidade lícita de comportamento grevista, designadamente pela recusa de uma qualquer doutrina da proporcionalidade de prejuízos, pelos motivos já explicitados quanto à greve intermitente: em primeiro lugar, porque não se exige legalmente uma proporcionalidade de prejuízos; e, em segundo lugar, porque, mesmo que tal proporcionalidade fosse exigida, as suas consequências seriam relevantes apenas quanto à pretensão dos trabalhadores de receberem durante os períodos de formal disponibilidade, e não quanto à licitude do comportamento grevista em si mesmo.

De facto, mais uma vez se faz notar que a greve de diversos sectores, concertada e sucessiva, não poderá ocasionar um prejuízo maior do que o decorrente de uma greve global pelo mesmo tempo total, greve esta que todos os autores consideram, pacificamente, "acima de qualquer suspeita".

Deste modo, a diferença não está nos prejuízos causados, que se mantêm nos limites da normalidade, mas na intenção de diminuir o auto-prejuízo dos trabalhadores, que se cifra na perda salarial.

V. Também no que se refere à tese da "abusividade geral da greve rotativa" é de aplicar o que anteriormente foi dito a propósito da greve intermitente.

Mais uma vez se insiste em que a greve abusiva é uma figura possível de aplicação no caso concreto e só nesse caso. Assim, a greve rotativa só poderá eventualmente ser considerada abusiva se e quando a greve total o for.

VI. Podemos pois concluir que, tal como a greve intermitente, também a greve rotativa é, em princípio, lícita. De facto, também ela se subsume claramente aos elementos do conceito jurídico de greve, tendo como única diferença relativamente à forma clássica de manifestação do comportamento grevista o facto de implicar um plano de paralisação real superior à paralisação aparente verificada.

Afirmada, em definitivo, a legalidade do comportamento grevista, teremos que nos ater à pretensão dos trabalhadores de diminuírem os custos salariais da sua abstenção real de trabalho, para aferir da respectiva qualificação e regime jurídico. E, mais uma vez, repetimos, a propósito desta forma de greve, o que afirmámos quanto à greve intermitente: o trabalhador não está de facto disponível!

VII. Mas a greve rotativa apresenta relativamente à greve intermitente, uma pequena mas importante diferença. É que a greve rotativa pressupõe a concertação de vários sectores de actividade, ao contrário do que se verifica na greve intermitente, o que significa que o trabalhador não disponível não o está não por sua causa (pelo menos imediata), mas em virtude do comportamento grevista de outro trabalhador.

Poder-se-á então dizer que não é possível falar de uma intenção de paralisação implícita, por parte do trabalhador, quando, nos períodos informais de greve, a sua paralisação não lhe é directamente imputável. Mas pensamos que este argumento não procede, porque o trabalhador se encontra intencionalmente fora do contrato. De facto, ele prova o desejo de se colocar fora do contrato aderindo à sua "parte" de greve, parte essa imprescindível no plano concertado de paralisação.

Aliás, seria incompreensível solução contrária, dado que a presença no local de trabalho não é, como é óbvio, só por si, prova da disponibilidade do trabalhador (para ilustrar esta ideia basta pensar numa greve com ocupação do posto de trabalho). O mais que julgamos existir é uma presunção de disponibilidade do trabalhador pela sua presença no local de trabalho, presunção essa que será ilidida por qualquer comportamento demonstrativo da intenção contrária. Ora, pensamos que é isso mesmo que se verifica quando o trabalhador adere a um plano previamente concertado para paralisação de toda a unidade produtiva.

Podemos pois concluir que a adesão à greve, no momento em que ela atinge o seu sector, é causa mediata da indisponibilidade do trabalhador durante o restante tempo de greve efectivo, pois que, com essa adesão, o trabalhador ilide a presunção de disponibilidade que resulta normalmente da sua presença no local de trabalho.

Mais uma vez o trabalhador apenas poderá vir a alegar, para evitar a consequência salarial global, erro sobre as circunstâncias, argumentando que desconhecia o plano concertado de paralisação. Mas esta é uma solução que nos parece pouco razoável.

4. A greve trombose

4.1. *Delimitação geral*

I. Verifica-se uma greve trombose quando a abstenção da prestação de trabalho tem lugar em "sectores estratégicos da empresa, cuja inoperatividade envolve a cessação da actividade ou da rendibilidade de toda a empresa".

Esta modalidade de comportamento grevista caracteriza-se, pois, tal como a greve rotativa, pelo facto de envolver todos os trabalhadores da empresa, mediante o comportamento abstensivo de apenas alguns deles; mas é especialmente onerosa para a entidade patronal, na medida em que os trabalhadores que aparentemente não estão em greve se apresentam com direito à percepção dos salários, apesar de não executarem a correspondente prestação de trabalho.

II. Esta modalidade de comportamento grevista tem sido objecto de grande polémica, não só entre nós mas também nos países cuja regulamentação legal nesta matéria mais se aproxima da portuguesa – a Itália e a França.

Analisemos mais uma vez, a contribuição doutrinal e jurisprudencial daqueles países, na tentativa da resolução dos problemas suscitados por esta forma de greve, para depois nos atermos à contribuição portuguesa.

4.2. *O direito comparado*

I. Na Itália, a doutrina e a jurisprudência analisam conjuntamente a greve rotativa e a greve trombose, que, na verdade, se aproximam, em virtude de apresentarem características comuns, tanto quanto ao modo de actuação, como quanto aos objectivos que prosseguem:

– quanto ao modo de actuação, tanto a greve rotativa como a greve trombose implicam uma concertação entre todos os trabalhadores quanto ao propósito grevista, mas a correspondente declaração de greve é feita só por alguns desses trabalhadores;

– quanto aos objectivos prosseguidos, tanto uma como a outra forma de greve visam um prejuízo correspondente a uma greve total, mediante a utilização de um comportamento correspondente a uma greve parcial.

Considerando, portanto, estas duas modalidades do comportamento grevista em conjunto, a jurisprudência e parte da doutrina italiana qualificam-nas também do mesmo modo e por aplicação de critérios idênticos.

Assim, também a greve trombose é considerada uma modalidade abusiva do comportamento grevista, com base na violação das obrigações de boa fé presentes no contrato de trabalho e na desproporcionalidade dos danos por ela causados.

Mas, tal como acontece com a greve rotativa, também quanto a esta modalidade de comportamento grevista a doutrina não é unânime, e daí críticas como as de GIUGNI a estenderem-se também a esta forma de greve e ao enquadramento jurídico que para ela propõe a jurisprudência e a maioria da doutrina.

324 *Estudos de Direito do Trabalho*

II. Também em França os problemas levantados pelas greves trombose (*grèves bouchon*) não são colocados autonomamente em relação aos suscitados pela greve rotativa, proibida expressamente no sector público e permitida, em princípio, no sector privado, onde se tornará abusiva em caso de existência de uma vontade concertada de desorganização total da produção.

A não autonomização teórica da matéria da greve trombose relativamente à greve rotativa não significa a inexistência de problemas específicos daquela, que carecem de um tratamento jurídico próprio. De facto, pensamos que, ao distinguir a greve rotativa em duas modalidades (*grèves de type horizontal, par catégorie profissionelle et grèves de type vertical, par secteurs d'activité*)[20], a doutrina francesa está, implicitamente, a admitir o caso de o sector ou a categoria profissional em greve serem o sector ou a categoria chave da empresa, chegando-se, neste caso, ao objectivo de impedir a produção dos trabalhadores não grevistas, sem necessidade de haver uma greve rotativa, pois que, para atingir aquele objectivo, basta que a paralisação se verifique no sector ou categoria chave da empresa.

Podemos então concluir que a doutrina francesa maioritária aplica a estas greves a regulamentação estabelecida para a greve rotativa no sector público e os princípios jurídicos que prevê para aquela modalidade de greve no sector privado. De facto, só assim alcança o seu total significado a crítica feita por HÉLÈNE SINAY à posição doutrinal maioritária[21]: se o critério da desorganização concertada da produção funcionar como critério de determinação do carácter abusivo da greve, basta que o sector ou a categoria profissional em greve seja o "coração" da empresa, para que nunca esse sector ou essa categoria possam fazer licitamente uma greve, para defenderem os seus próprios interesses, seja essa greve rotativa ou não. Ou seja, a licitude ou a ilicitude das greves categoriais dependerá do seu posicionamento na cadeia produtiva – sendo esse posicionamento o lugar-chave da empresa, a greve correspondente é sempre ilícita, o que a autora considera uma inadmissível mutilação do direito de greve.

---

[20] HÉLÈNE SINAY, *La grève cit.*, 164 ss.
[21] HÉLÈNE SINAY, *La grève cit.*, 165 e 168 s.

4.3. *O panorama nacional*

I. Tal como se verifica ao nível do direito comparado, a generalidade da nossa doutrina não autonomiza a problemática da greve trombose em relação à da greve rotativa, quanto ao enquadramento jurídico que para elas propugna, embora, evidentemente, se faça uma clara distinção conceptual entre as duas modalidades de comportamento grevista.

II. O Parecer da Procuradoria-Geral da República de 3 de Março de 1977 trata conjuntamente a greve rotativa e a greve trombose, considerando-as lícitas em princípio e abusivas quando produzam danos desproporcionados e visem desorganizar a produção ou sabotar a economia.

O Parecer da Procuradoria-Geral da República de 3 de Março de 1982 aplica também a esta modalidade de comportamento grevista a figura da fraude à lei, cominando a consequente perda salarial pela totalidade do tempo de paralisação efectiva.

Finalmente, o Parecer datado de 14 de Junho de 1984 define esta modalidade de comportamento grevista (que denomina de *"greve selectiva"*) como a que consiste na "suspensão da prestação do trabalho por parte dos trabalhadores de uma profissão ou sector da empresa, cujas funções são vitais para o prosseguimento de toda a actividade, pelo que a paragem de tais trabalhadores implica a paralisação por completo daquela".

Também quanto a esta greve, o Parecer considera, como posição de princípio, a sua licitude, o que justifica, desde logo, pela necessidade de não coarctar o direito à greve dos trabalhadores de um sector da empresa, só por ser o sector-chave. No entanto, havendo decisão concertada dos trabalhadores de todos os sectores (ou seja, conluio entre os trabalhadores grevistas e os não grevistas) ninguém deve receber, por aplicação da doutrina do desconto salarial pelo período induzido de paralisação, formulada por MONTEIRO FERNANDES para a greve intermitente e para a greve rotativa.

Além disso, o Parecer configura ainda a possibilidade de a greve selectiva ser também intermitente, ou seja, a possibilidade de haver declarações de sucessivas greves selectivas em dias alternados pelos trabalhadores. Neste caso, sendo o objectivo dos trabalhadores conseguir a paralisação contínua da empresa, considera o Parecer que esta greve deve ser considerada como abrangendo todo o tempo de efectiva paralisação, com

326 *Estudos de Direito do Trabalho*

a respectiva consequência salarial para os trabalhadores em greve selectiva e para os aparentemente disponíveis, mas, de facto, conluiados com os grevistas – mais uma vez se trata da aplicação da doutrina de MONTEIRO FERNANDES.

II. BERNARDO XAVIER[22] considera também conjuntamente a greve rotativa e a greve trombose. Deste modo, para este autor, a greve trombose deve ser considerada como uma forma abusiva de comportamento grevista, por aplicação da doutrina geral do abuso de direito, com base nos argumentos, já explicitados, da intenção de contra-gestão por parte dos grevistas e da desproporcionalidade dos danos decorrentes da greve.

MONTEIRO FERNANDES parece também aplicar a estas greves a doutrina do desconto salarial pelo período induzido de paralisação de cada trabalhador, mas, de qualquer modo, só fala expressamente nesta modalidade de comportamento grevista a título incidental.

Finalmente, tanto BERNARDO XAVIER[23] como MONTEIRO FERNANDES[24] consideram lícito o encerramento técnico da empresa pela entidade patronal em caso de greve trombose, distinguindo tal encerramento do *lock-out* se ele visar assegurar a sobrevivência da empresa.

4.4. *Apreciação crítica*

I. No que diz respeito à contribuição italiana para a análise desta modalidade de comportamento grevista, cremos que as críticas feitas a propósito da greve rotativa têm plena aplicação à situação da greve trombose. Pensamos mesmo que esta modalidade de comportamento grevista implicará necessariamente uma aparente quebra da boa fé das partes no contrato de trabalho e, sobretudo, implicará uma sistemática desproporcionalidade dos danos causados, visto que, por virtude de uma paralisação que, pelo menos formalmente, se verifica apenas no sector ou na categoria chave da empresa, se consegue provocar a paralisação de toda a actividade empresarial.

---

[22] *Direito da Greve cit.*, 76 ss.
[23] *Op. e loc. cits.*
[24] *Direito de Greve... cit.*, 79 e s.

Deste modo, por aplicação da doutrina italiana, o sector-chave da empresa não poderá nunca fazer greve licitamente, situação que, a nosso ver, não é admissível.

II. No que se refere à doutrina e à jurisprudência francesas, concordamos, mais uma vez, com a crítica de HÉLÈNE SINAY à posição doutrinal dominante no seu país. De facto, parece-nos que a aplicação do critério da intenção de desorganização da produção, como meio de delimitação da fronteira entre as greves lícitas e as greves ilícitas, equivale, no fundo, a proibir toda e qualquer greve num sector-chave da empresa, o que, quanto a nós, é uma mutilação inaceitável do direito à greve.

III. Quanto ao panorama nacional, remete-se, a propósito dos Pareceres da Procuradoria Geral da República datados de 3 de Março de 1977 e de 3 de Março de 1982, para as observações já explicitadas a propósito da greve rotativa.

Já no que diz respeito à posição assumida por BERNARDO XAVIER suscitam-se, no nosso entender, as seguintes observações:

– a qualificação desta forma de comportamento grevista como abusiva, por representar uma forma de contra-gestão e ocasionar danos desproporcionados à entidade patronal, só seria possível aceitando-se um conceito jurídico de greve que consubstanciasse uma quantidade máxima de prejuízos possíveis decorrentes da paralisação (à maneira do conceito italiano); mas, para este autor, a greve deve ser definida por recurso ao conceito clássico de "paralisação concertada e colectiva de um grupo de trabalhadores, para pressionar a entidade patronal à satisfação das suas reivindicações"[25]; ora, parece-nos que uma noção deste tipo não se compadece com uma graduação dos prejuízos possíveis, por aplicação de critérios deste tipo;

– mas, mesmo que fosse admissível a aplicação dos critérios propugnados pelo autor, ela redundaria na proibição sistemática de toda e qualquer greve num sector-chave da unidade produtiva (visto que dessa paralisação decorrem sempre prejuízos desproporcionados), seja ela concertada ou não – deste modo, os trabalhadores daquele sector nunca poderiam, na prática, defender os seus interesses através da greve.

---

[25] *Op. e loc. cits.*

Em conclusão, não pensamos que seja possível a aplicação a esta forma de comportamento grevista da doutrina geral do abuso do direito, nos moldes e pelos critérios explicitados, sob pena de ser coarctado o direito de greve de determinados trabalhadores, em virtude do seu posicionamento na empresa.

Não significa isto que tal modalidade de comportamento grevista não possa ser qualificada de abusiva, como veremos adiante. Só que essa qualificação terá que ser feita caso a caso, mediante a aplicação de critérios não susceptíveis de generalização.

IV. No que se refere à doutrina da indução, propugnada por MONTEIRO FERNANDES para as modalidades de comportamento grevista já analisadas, e adoptada pelo Parecer da Procuradoria Geral da República de 14 de Junho de 1984 à problemática da greve trombose, teremos na sua análise, que focar vários aspectos.

Concordamos com a afirmação de princípio do Parecer: a greve selectiva só pode ser considerada como lícita à partida, sob pena de se coarctar o direito de greve dos trabalhadores, apenas pelo facto de exercerem funções num sector-chave da empresa.

Podemos ainda concordar teoricamente com a aplicação do desconto salarial tendo em conta o período induzido de paralisação, com base na existência de concertação (ou conluio, na acepção preferida pelo Parecer) entre os grevistas do sector-chave e os trabalhadores dos outros sectores afectados pela greve daqueles.

No entanto, não vemos como é que tal critério poderá funcionar na prática. Como é que se afere da intenção grevista de cada trabalhador afectado pela paralisação do sector-chave, se esse trabalhador não tem ocasião de manifestar essa intenção?

De facto, enquanto nas outras modalidades de comportamento grevista até agora analisadas era sempre possível aferir da intenção grevista ou não grevista de cada trabalhador, durante os períodos de greve não declarada, através da análise do comportamento desse trabalhador durante os períodos de greve formal, no caso da greve trombose não é possível fazer uma análise deste tipo, na medida em que os trabalhadores dos vários sectores da empresa paralisada em consequência da greve selectiva são afectados de igual modo na sua prestação mas, não chegando nunca a greve ao seu sector, não têm a oportunidade de manifestar a sua intenção relativamente a ela.

Deste modo, cremos que não se pode falar em "concertação" ou em "conluio" entre os trabalhadores grevistas e os trabalhadores não grevistas (pelo menos aparentemente), sem haver critérios que permitam determinar se tal conluio ou tal concertação existem de facto. A falta destes critérios dará origem a uma situação de insegurança jurídica que qualquer das partes em confronto tentará aproveitar em seu favor: assim, a entidade patronal dirá sempre que houve concertação, para deixar de pagar a todos os trabalhadores; por seu turno, os trabalhadores afectados dirão que não tinham intenção grevista (quer a tivessem quer não) e, consequentemente, que não estavam concertados com os grevistas do sector-chave, para continuarem a ter direito aos salários.

A necessidade de segurança jurídica nesta matéria exige, deste modo, que a aplicação prática da doutrina propugnada pelo Parecer seja precedida de uma cuidadosa análise da greve e dos comportamentos dos trabalhadores por ela afectados, face à inexistência de critérios gerais de determinação da intenção de cada trabalhador.

Salienta-se ainda que nem sequer será possível optar por um qualquer critério orgânico, como, por exemplo, o da concertação entre os sindicatos. De facto, o sindicato declara a greve mas só os trabalhadores lhe dão conteúdo, através do seu comportamento abstensivo. Deste modo, a posição do sindicato não reflecte: a intenção dos trabalhadores que, por sinal, podem na sua maioria não ser sequer sindicalizados.

É pois necessário ter presente a diferença significativa entre este tipo de greve e as duas modalidades anteriormente analisadas. Só assim será possível a aplicação da teoria do desconto salarial induzido, sem colidir com a segurança jurídica indispensável nesta matéria.

4.5. Conclusões

I. As conclusões a retirar da análise precedente quanto à qualificação e regime jurídico da greve trombose não diferem substancialmente das conclusões a que chegámos relativamente às duas outras modalidades de comportamento grevista já analisadas. No entanto, subsistem algumas diferenças significativas, especialmente no campo da aplicação prática.

II. A primeira dificuldade reside na delimitação do conceito jurídico de greve trombose. Seguindo a estrutura dos pontos anteriores, diremos que só será greve trombose o comportamento grevista que, com a paralisação de um sector-chave da unidade produtiva, vise a paralisação mais vasta da empresa. Não será greve trombose, portanto, toda a greve que se verifique num sector-chave, mas somente aquela que pressuponha a existência de uma qualquer concertação visando a total paralisação da unidade produtiva.

Mas, se parece clara a distinção teórica entre greve trombose e *greve de sector-chave,* já será mais difícil estabelecer a distinção prática. É óbvio que só caso a caso será possível determinar a existência ou a inexistência de concertação, dado não haver comportamentos grevistas combinados – só um sector da empresa faz greve, ao contrário do que se verificava nas hipóteses anteriormente estudadas.

De qualquer modo, teremos que atender a outros comportamentos (por exemplo, a declaração de greve por parte de um ou de mais sindicatos) e a outros factores (por exemplo, a existência de reivindicações próprias ou exteriores ao sector em greve), pois que se trata de elementos indicadores determinantes na definição deste comportamento grevista.

Debrucemo-nos agora sobre as greves trombose.

III. Não nos parece existirem diferenças em relação às outras modalidades, no que diz respeito à licitude da greve trombose. Afastadas as teses restritivas da equivalência de prejuízos e da intenção de desorganização da produção, não subsistem razões que justifiquem a sua ilicitude. Aliás, é de aplicar à greve trombose o raciocínio já aqui explicitado quanto às outras modalidades: é que o objectivo dos grevistas não é aumentar desmesuradamente o prejuízo da empresa, mas sim reduzir as perdas salariais decorrentes da paralisação. Acresce, por último, que, dada a dificuldade prática de distinção entre greve trombose e greve de sector-chave, considerar aquelas ilícitas seria abrir a porta à proibição destas, situação que é de afastar completamente.

No entanto, há que referir que as greves trombose (tal como as de sector-chave) não podem pôr em perigo as instalações e o equipamento da empresa, sob pena de justificarem a requisição civil – art. 8.º, n.º 3 da LG.

Por outro lado, parece-nos de afastar também a tese de abuso de direito. Mais uma vez se refere a inexistência de qualquer motivo para considerar a greve "atípica" trombose abusiva e lícita a greve "típica" global, quando a única diferença da primeira relativamente à segunda é a organização da dinâmica grevista com o objectivo de minimizar os prejuízos salariais dos trabalhadores.

IV. Não há pois qualquer motivo a impedir a extensão a esta modalidade de comportamento grevista das conclusões a que chegámos aquando da análise da greve intermitente e da greve rotativa.

Assim, a greve trombose é, em princípio, lícita, dado que se subsume ao conceito clássico de greve, com a única diferença de haver uma mais vasta intenção de paralisação. Por isso, mais uma vez, julgamos que a questão se coloca no âmbito da perda salarial e não dos prejuízos causados. Se toda a actividade produtiva paralisa intencionalmente, se bem que, aparentemente, apenas um sector declara não querer trabalhar, de facto todos os trabalhadores estão em greve, apesar da sua aparência de disponibilidade. E, se estão materialmente em greve, não há lugar à percepção do salário.

Mas, se teoricamente não se levantam dúvidas quanto ao acerto desta posição, em tudo semelhante à defendida para as greves rotativas e intermitentes, já a sua aplicação prática levanta muitas dificuldades. Estas dificuldades decorrem da mais importante diferença entre as duas modalidades da greve já estudadas e a greve trombose: enquanto naquelas a concertação necessária para o sucesso da greve exigia vários comportamentos (dos mesmos trabalhadores ou de diferentes trabalhadores), organizados de forma a inutilizar um período mais vasto do que o aparentemente inutilizado, na greve trombose a concertação não exige qualquer comportamento externo ao sector-chave, pois que basta a paralisação deste sector para que se consiga paralisar toda a unidade produtiva.

Devemos pois concluir que a primeira questão reside em saber se há ou não concertação: se não houver concertação não estamos em face de uma greve trombose, mas sim de uma greve de sector-chave, perfeitamente lícita; se houver concertação então há uma greve trombose, também lícita, mas que implica para os trabalhadores não declaradamente grevistas mas conluiados com os grevistas a aplicação do regime correspondente à sua intenção real de greve.

E aqui surge um problema: se, de facto, nesta modalidade de greve a concertação não exige qualquer tipo de comportamento, para além do comportamento aparente, como avaliar da adesão à greve por parte dos trabalhadores não pertencentes ao sector-chave?

332   *Estudos de Direito do Trabalho*

Também aqui é de aplicar uma ideia já exposta no ponto anterior. A presença no local de trabalho traz consigo uma presunção de disponibilidade e, deste modo, uma presunção de cumprimento do contrato de trabalho. Mas, enquanto, na greve rotativa, esta presunção seria ilidida pelo comportamento de adesão do trabalhador à sua "parte" de greve, já o mesmo não pode suceder nesta modalidade de greve. E nem mesmo a decisão orgânica poderá ilidir a presunção de disponibilidade efectiva, sob pena de haver uma violação do princípio da liberdade de adesão de cada trabalhador à greve, assim como do princípio da não discriminação entre aderentes e não aderentes.

Em tese final, diremos, portanto, que numa greve trombose os trabalhadores que, mesmo estando presentes nos seus locais de trabalho, estejam concertados com os grevistas do sector-chave da empresa, devem ser tratados como grevistas (com o correspondente desconto salarial total). Mas, tal concertação terá que ser provada pela entidade patronal e relativamente a cada trabalhador em situação de disponibilidade, sob pena de ter que funcionar a presunção de efectividade dessa disponibilidade.

5. A greve retroactiva

5.1. *Delimitação conceptual*

I. Analisámos até agora as várias modalidades de comportamento grevista que, em virtude do modo como se processam, levantam dúvidas quanto à sua qualificação e enquadramento jurídico.

Qualquer destas modalidades de greve se caracteriza pelo facto de, beneficiando da imprecisão conceptual do fenómeno da greve no nosso sistema jurídico, utilizarem meios especialmente gravosos para a entidade patronal (porque correspondentes a uma greve total) e, concomitantemente, serem as paralisações mais suaves para os trabalhadores, em termos de perdas salariais.

Estas características motivaram o surgimento de diversas opiniões e de alguma polémica, suscitando-se sempre a necessidade de uma qualificação diferenciada e de um enquadramento específico para tais modalidades. A falta deste enquadramento equivaleria à identificação deste tipo de comportamento grevista, pelo menos do ponto de vista de regime (embora não já do ponto de vista conceptual, pois que, neste aspecto, a diferença é óbvia) com as chamadas greves clássicas, quando é certo que estas são dominadas por um certo espírito de lealdade e de correspectividade (embora não de equivalência de prejuízos), ao passo que aquelas são, justamente, norteadas por um objectivo menos leal – elas visam conseguir o objectivo de uma greve de tipo clássico, sem o correspondente sacrifício salarial, prevalecendo-se para isso do silêncio legal sobre a matéria.

A maioria da doutrina nacional e também estrangeira (sobretudo no contexto dos países do Sul da Europa, cujo sindicalismo fraco fomenta este tipo de paralisações) isolou, portanto, algumas modalidades de comportamento grevista que, pelos seus caracteres específicos, deviam ser tratadas autonomamente – a greve intermitente, a greve rotativa e a greve trombose.

II. Mas será que estas modalidades esgotam os comportamentos grevistas "irregulares" que suscitam a necessidade de um diferente enquadramento jurídico?

Pensamos que onde quer que se verifique uma paralisação não correspondente ao conceito clássico de greve (o que se deve aferir por um critério de efectividade e não mediante uma análise meramente formal do comportamento grevista) se terá que pôr a questão da necessidade de um diferente enquadramento regimental para essa modalidade da greve. É a necessidade de um diferente enquadramento jurídico que surge, no nosso entender, exactamente quanto a outra modalidade de greve, que denominamos de "*greve retroactiva*". É esta forma de comportamento grevista que vamos analisar de seguida.

III. Há uma *greve retroactiva* quando uma paralisação se verifica num momento tal que implica necessariamente a invalidação de todo o trabalho realizado efectivamente até esse momento e que causa um prejuízo desmesurado à entidade patronal.

Esta modalidade de comportamento grevista caracteriza-se, deste modo, por dois elementos:

    – é especialmente gravosa para a entidade patronal, visto que é levada a efeito justamente no momento em que o prejuízo causado é desmesurado;

    – determina a inutilização prática de todo o trabalho prestado até esse momento.

334 *Estudos de Direito do Trabalho*

Ora, se o primeiro elemento apontado em nada difere, aparentemente, das características das outras modalidades "atípicas" de greve já analisadas (dado que, como vimos, era sua particularidade o facto de causarem um prejuízo efectivamente maior do que o correspondente à perda salarial) já o segundo elemento é totalmente novo, visto que é posta em causa a própria prestação já realizada – daí a designação de "greve retroactiva".

Mas quando se verifica uma paralisação deste tipo? No nosso entender, há uma greve retroactiva quando a equipa de futebol, que treina há um mês, escolhe justamente o dia do jogo para entrar em greve; ou quando a companhia de teatro, depois de dois meses de ensaios, resolve suspender a prestação de trabalho justamente no dia da estreia; ou ainda quando os trabalhadores do jornal semanário fazem greve nos dias da composição do jornal, impedindo deste modo a sua saída.

O elemento unificador destes casos (e que os diferencia dos já analisados) é exactamente o facto de a prestação realizada até ao momento da greve, ser dirigida justamente a esse momento – a equipa de futebol treina para aquele jogo, a companhia de teatro ensaia com vista à estreia, os trabalhadores do jornal preparam o jornal para sair nesse dia. E com a greve desencadeada naquele momento a prestação já realizada torna-se de todo inútil.

Por outro lado, o prejuízo causado por esta modalidade de comportamento grevista é de valor desmesurado, pois que a paralisação tem lugar justamente no momento em que a entidade patronal se prepara para auferir os lucros, por conta dos quais já foi pagando os salários correspondentes às prestações anteriores.

5.2. *Enquadramento jurídico*

I. Como tratar este tipo de paralisações? Serão elas reconduzíveis ao enquadramento geral que estabelecemos para as outras modalidades de comportamento grevista já analisadas? Ou, pelo contrário, exigirão o repensar de alguns conceitos aqui debatidos e afastados?

II. Antes de mais, parece-nos inaplicável à greve retroactiva a teoria da indisponibilidade efectiva, que defendemos para as outras modalidades de greve analisadas.

De facto, enquanto nestas a disponibilidade do trabalhador era meramente aparente, dado o facto de a sua prestação ser inaproveitável para a entidade patronal, na greve retroactiva os trabalhadores demonstram não só a sua disponibilidade, como a entidade patronal já aproveitou efectivamente da sua prestação. Não será possível dizer que o trabalhador não estava disponível pelo facto de não se ter verificado o resultado final pretendido. Para chegar a uma tal conclusão seria preciso que a disponibilidade tivesse um carácter funcional, que não se descortina: a prestação de trabalho não se apresenta dependente de um qualquer resultado produtivo, sob pena de ter que se falar de prestação efectiva, ou de resultado, e não de prestação de meios, como objecto do contrato de trabalho.

Não havendo conteúdo funcional juridicamente relevante na disponibilidade do trabalhador, não se pode admitir qualquer efeito retroactivo sobre o salário, que teria que ter carácter indemnizatório, o que está em clara contradição com o regime da nossa lei.

Por estes motivos, não se vê possibilidade alguma de se aplicar a esta greve regime semelhante ao defendido para as modalidades anteriormente analisadas.

III. Por outro lado, também não justificará esta greve qualquer recuperação dos conceitos, já afastados, de desorganização da produção ou mesmo de sabotagem económica. A recusa da aplicabilidade destes conceitos, já aqui exposta, parte de um raciocínio válido para qualquer tipo de greve, que é impeditivo de qualquer restrição ao exercício desse direito.

IV. Raciocínio idêntico há que aplicar à tese da equivalência de prejuízos, que temos vindo a recusar com base em dois argumentos: o primeiro tem a ver com o facto de a greve visar, claramente, constituir um prejuízo para a entidade patronal; o segundo tem a ver com a inexistência de qualquer relação estabelecida na lei entre o prejuízo produtivo e o prejuízo salarial.

Não significa isto que o conceito de prejuízo seja indiferente ao nosso legislador, que até lhe estabeleceu não só limites máximos (art. 8.º, n.º 1 e n.º 3), como também limites mínimos (art. 6.º). Deste modo, quer impedindo prejuízos desmesurados (permitindo a requisição civil em certos casos e obrigando a manter a segurança das instalações), quer impedindo um prejuízo insignificante (através da impossibilidade de substituição dos trabalhadores grevistas), a nossa lei tem presente o objectivo de manter o prejuízo dentro daquilo a que poderemos chamar de "prejuízo normal". E se este conceito é suficientemente vago e impreciso para ser insusceptível de alicerçar qualquer doutrina da equivalência de prejuízos, ele não deixa de ser suficientemente explícito para lhe ser dada relevância jurídica!

Aliás, é também por recurso à ideia de prejuízo que melhor se poderá compreender a necessidade do pré-aviso e a sua antecedência, como modo de permitir à entidade patronal minimizar as consequências negativas da greve. Se o pré-aviso funcionasse apenas como elemento dissuasor, mal se compreendia a existência de diferentes prazos, conforme a relevância social da actividade a paralisar.

Ora este conceito de "prejuízo normal" pouco ou nada tem a ver com as modalidades de greve já estudadas. Nelas o prejuízo seria, no máximo, idêntico ao resultante de uma greve ininterrupta ou total e insistimos em dizer que o problema não estava no prejuízo mas no desejo dos trabalhadores de reduzirem as suas perdas salariais.

Já quanto à greve retroactiva, o objectivo dos trabalhadores não é a diminuição das suas perdas salariais mas sim, e agora definitivamente, conseguir um prejuízo "anormal" para a entidade patronal – de facto, no caso desta greve, o prejuízo nem sequer é equivalente ao decorrente de uma greve total mas é muito superior.

Deste modo, o elemento prejuízo terá que ser tido em conta na análise desta modalidade de comportamento grevista.

V. Finalmente, convém repetir o que já se disse a propósito da tese do abuso do direito generalizado. A recusa da generalização de uma figura de aplicação casuística levou-nos a afirmar, repetidas vezes, que uma greve intermitente só poderia ser considerada abusiva, se o fosse também a greve ininterrupta; e que a greve rotativa podia ser abusiva quando a greve total o fosse.

Tal conclusão foi baseada no facto de, naquelas modalidades de greve, o comportamento grevista não se diferenciar em nada do comportamento correspondente a uma greve clássica (devendo, portanto, subsumir-se ao respectivo conceito), mas visar sim objectivos que actuassem sobre a perda salarial.

Agora a questão é totalmente diferente: trata-se de saber se a intenção de causar prejuízos anormais pode ou não ser considerada abusiva.

5.3. Conclusões

I. A primeira conclusão a retirar do que até aqui foi dito é que esta modalidade do comportamento grevista é, em princípio, lícita. De facto, trata-se de uma modalidade de greve que, tal como as modalidades anteriormente analisadas, não levanta dúvidas quanto à sua qualificação como comportamento grevista lícito, correspondendo às características do conceito clássico de greve.

II. Porém, todo o direito tem que ser exercido nos limites impostos pela boa fé, pelos bons costumes e pelo fim social ou económico desse direito – art. 334.º do CC. Não escapa o direito de greve a estes limites, sob pena de se tratar de um direito desintegrado do sistema jurídico, de um "direito" anti-jurídico, cuja antijuridicidade seria defendida pelo próprio ordenamento, o que é uma contradição incompatível com a própria noção de sistema. Deste modo, o direito de greve, como todo e qualquer direito de um sistema jurídico, tem determinados limites, cuja inobservância conduz ao seu exercício em termos abusivos.

III. Se a greve retroactiva se subsume aos elementos do conceito clássico de greve, a verdade é que ela junta a esses elementos a intencionalidade de um maior prejuízo, mediante a inutilização do tempo de greve e a inutilização de todo um conjunto de prestações anteriores. Esta greve não visa ter efeitos sobre o tempo ou a prestação do trabalho dos grevistas, dado que eles já a efectuaram, mas visa sim um maior prejuízo para a entidade patronal, que verá inutilizado todo o trabalho realizado até aí.

A questão está pois em saber se este prejuízo intencional cabe dentro do exercício legítimo do direito de greve.

IV. Não há dúvida de que a nossa lei pressupõe um prejuízo normal decorrente do exercício do direito de greve – já explicámos o seu como e o seu porquê. Este prejuízo normal não se confunde com a ideia de prejuízo proporcional, mas é confirmado pela própria dinâmica de greve, desenvolvida dentro dos limites estabelecidos pelo legislador.

É com o propósito de permitir a conformação do prejuízo decorrente da greve dentro dos limites que fixou, que o legislador estabeleceu a obrigatoriedade do pré-aviso, que permitirá à entidade patronal tomar as providências julgadas convenientes para limitar os prejuízos que lhe advirão da greve.

V. O pré-aviso desperta-nos para um novo entendimento de todo o processo grevista.

Desde logo, cabe dizer que a greve visa, necessariamente, provocar um prejuízo. Prejuízo este que não deve ser demasiado nem insignificante, mas cuja medida o legislador se vê, por razões óbvias, impossibilitado de fixar previamente. Aliás, se o fizesse seria imediatamente alvo da crítica de que visava limitar os interesses dos trabalhadores.

Mas, apesar de estar impossibilitado de fixar o conjunto de prejuízos possíveis decorrentes da greve, o legislador não deixa de ter em consideração um conceito de prejuízo normal. Deixa é que esse prejuízo seja atingido, em concreto, pelo jogo das relações entre trabalhadores e entidade patronal, aqueles visando o maior prejuízo possível, esta procurando a sua diminuição; aqueles actuando através do exercício lícito do seu direito de greve, esta tomando certas providências lícitas, face ao aviso de greve.

É por este motivo, no nosso entender, que nos ordenamentos onde não há obrigatoriedade de pré-aviso existe uma forte discussão sobre o carácter lícito ou ilícito das greves surpresa. Em Portugal, o pré-aviso é condição de licitude da greve, exactamente porque é condição necessária para que a entidade patronal possa dispor do legítimo direito que lhe assiste de tomar providências para minimizar os prejuízos produtivos decorrentes da greve.

VI. Do que ficou dito é fácil de concluir que a greve retroactiva dificilmente terá lugar na prática. Face ao pré-aviso, a entidade patronal tomará as providências necessárias para minimizar os prejuízos, adiando a estreia, adiando a saída do jornal, etc... Se o não fizer, por sua culpa, é porque prescinde de exercer um direito que lhe assiste, devendo ser a única responsável pelas consequências que daí advierem.

O problema manter-se-á, no entanto, nos casos em que a entidade patronal já esteja impossibilitada de tomar quaisquer providências. Neste caso, o problema põe-se diferentemente. Se foram os trabalhadores que, intencionalmente, tornaram impossível à entidade patronal minimizar os prejuízos decorrentes da greve, então eles conseguiram retirar ao pré-aviso o seu conteúdo material. E se, deste modo, conseguiram provocar um prejuízo anormal, o seu comportamento é abusivo, porque visou exercer um direito (o direito de greve e a respectiva antecedência de pré-aviso) de má fé, dado se ter conseguido impedir a utilização do pré-aviso pela entidade patronal.

Assim, podemos concluir que a greve retroactiva, enquanto inutilize todo o trabalho realizado, de forma intencional e sem que haja possibilidade de a entidade patronal minimizar o prejuízo, constitui exercício abusivo do direito de greve, na medida em que revela um comportamento de má fé impeditivo da actuação dos mecanismos previstos na Lei da Greve.

SOBRE OS ACIDENTES DE TRABALHO EM SITUAÇÃO DE GREVE*

SUMÁRIO: Considerações preliminares.

I – Tipologia dos acidentes que podem ocorrer em situação de greve: 1. Considerações preliminares. Indicação de sequência; 2. A questão prévia da intenção grevista do trabalhador – a adesão à greve; 3. Acidentes de trabalhadores não grevistas no decurso da greve: 3.1 Preliminares; 3.2 O acidente ocorrido no cumprimento normal da prestação laboral; 3.3 O acidente ocorrido em caso de impossibilidade de cumprimento da prestação laboral; 4. Acidentes de trabalhadores grevistas no decurso da greve: 4.1 Acidentes ocorridos no exercício do direito de greve; 4.2 Acidentes de trabalhadores grevistas no cumprimento de deveres legais emergentes da greve – o art. 8.º da LG.

II – O efeito suspensivo da greve na situação laboral individual do trabalhador grevista: 5. O art. 7.º n.º 1 da LG: a suspensão das relações emergentes do contrato de trabalho do trabalhador grevista: 5.1 Os termos legais – referência enquadrativa; 5.2 A suspensão da subordinação jurídica – a tese da suspensão limitada; 6. O art. 7.º n.º 2: o âmbito previsional da referência à legislação social; 7. Aplicação da tese da suspensão limitada aos acidentes ocorridos durante a greve: 7.1 Acidentes de trabalhadores grevistas no exercício do direito de greve; 7.2 Acidentes de trabalhadores grevistas no cumprimento de deveres legais emergentes da greve – a conjugação entre o art. 7.º n.º 1 e o art. 8.º da LG.

III – Delimitação conceptual da figura do acidente de trabalho: 8. A interpretação da Base V da Lei n.º 2127, de 3 de Agosto de 1965: os elementos essenciais na figura do acidente de trabalho: 8.1 Considerações genéricas; 8.2 O facto; 8.3 O duplo resultado danoso; 8.4 O nexo de causalidade entre o facto e o dano; 8.5. O nexo geográfico-temporal: 8.5.1. A

---

* Estudo apresentado no *Seminário de Direito Civil* do Curso de Mestrado em Ciências Jurídicas na Faculdade de Direito de Lisboa, no ano lectivo de 1988/89. Publicado pela primeira vez na ROA, 1993, III, 521-574.

340   *Estudos de Direito do Trabalho*

noção de local de trabalho; 8.5.2. A noção de tempo de trabalho; 8.5.3. Os desvios ao nexo geográfico-temporal – referência remissiva; 9. Conclusões: 9.1. O conceito literal de acidente de trabalho e a insuficiência do nexo geográfico temporal para a individualização laboral do acidente; 9.2. A real conexão do acidente com a situação laboral do trabalhador: o nexo causal da subordinação jurídica; 10. A conjugação entre o conceito de acidente de trabalho e a situação de greve do trabalhador sinistrado: a relevância do nexo causal da subordinação jurídica; 11. A aplicação do critério delimitador da subordinação jurídica aos vários tipos de acidentes que podem ocorrer na situação de greve.

Considerações preliminares

I. O presente estudo propõe-se apreciar a problemática dos acidentes de trabalho ocorridos durante uma greve. Tema aparentemente de grande especificidade, ele implica, contudo, o relacionamento entre duas realidades muito amplas, mas cuja consideração técnico-jurídica tem revelado as maiores dificuldades e traduzido um grau de incerteza pouco desejável no domínio da ciência jurídica: a greve, tradicionalmente objecto de uma postura de "desconfiança" por parte dos juristas; e o acidente de trabalho, cuja inegável importância social não tem correspondido – pelo menos entre nós – a um recrudescimento significativo das investigações jurídicas a seu respeito.

E, justamente, desta dupla temática interessam para o nosso estudo alguns dos aspectos em que ela se tem revelado de maior dificuldade analítica. Assim, no plano dos acidentes de trabalho, teremos que abordar (embora sucintamente) a questão da sua delimitação conceptual, já que é imprescindível verificarmos quais os elementos definidores de um *acidente de trabalho* para podermos depois aferir da respectiva permanência na situação de greve – ora, tem sido esta uma das questões mais difíceis na temática acidentária laboral. Mas, também no plano da greve, têm maior interesse em sede deste estudo dois problemas que, de per si, se têm revelado mais difíceis de equacionar juridicamente: o problema dos efeitos da greve na situação laboral individual do trabalhador grevista; e o problema dos limites ou restrições ao exercício do direito de greve.

II. É da interligação destas duas últimas questões com a temática dos acidentes de trabalho que, no nosso entender, poderá surgir algum

Greve

341

contributo para a resolução da questão de fundo que colocamos neste trabalho: verificada uma situação de greve, com os inerentes efeitos e limites na esfera jurídica laboral do trabalhador grevista, pode ainda o acidente por este sofrido ser qualificado como acidente de trabalho, com a consequência regimental inerente? Ou, pelo contrário, as normas legais de protecção dos trabalhadores sinistrados por infortúnio laboral (ou de compensação dos respectivos familiares) não podem ter aplicação quando o acidente ocorra durante uma greve, porque a verificação desta basta para desqualificar o acidente como infortúnio laboral?

Como verificaremos, a esta questão de fundo não corresponde uma resposta única e global, já que os acidentes de trabalho ocorridos durante uma greve podem ser de vários tipos – não será pois possível concluir sistematicamente nem pela desqualificação do infortúnio como acidente de trabalho, nem pela indiferença da situação de greve para a operação qualificativa. Por este motivo, procederemos, em primeiro lugar, à delimitação tipológica dos acidentes que podem ocorrer em situação de greve – e nesta delimitação serão considerados não apenas os infortúnios que atinjam trabalhadores grevistas, como também aqueles que vitimem trabalhadores não aderentes à greve, já que, ainda assim, podem ser por ela afectados.

III. Como nota delimitativa negativa, cabe ainda assinalar que não será objecto deste estudo a matéria das doenças profissionais que se revelem durante a greve, uma vez que a autonomia do problema, no plano prático, é reduzida: sendo a doença profissional, por definição, o resultado de um lento processo de formação, é indiferente que se revele no decurso de uma greve – ela tem origem antes dela e manter-se-á depois, não influindo, por isso, a greve na sua caracterização.

IV. Resta referir a quase ausência de apoio doutrinal e jurisprudencial com que deparámos a propósito desta matéria, tanto no âmbito do direito nacional (a jurisprudência e a doutrina têm escassíssimas referências a este problema), como, de um modo geral, a nível do direito comparado – neste plano, só no direito francês encontrámos referências dignas de relevo, nesta matéria.

A evidente falta de tratamento da questão não retira, no entanto, no nosso entender, o interesse à pesquisa empreendida, uma vez que o pro-

342 *Estudos de Direito do Trabalho*

blema aqui debatido tem um interesse prático e uma actualidade muito relevantes: trata-se da viabilidade da aplicação de um regime de especial protecção social a uma das partes do contrato de trabalho em resultado do acidente, pelos especiais contornos que ele reveste em função da situação de greve em que ocorre. E, não respondendo a lei nem a prática jurisprudencial de uma forma clara a esta questão, maior contributo poderá resultar da análise sobre ela empreendida.

I – TIPOLOGIA DOS ACIDENTES QUE PODEM OCORRER EM SITUAÇÃO DE GREVE

1. Considerações preliminares. Indicação de sequência

I. A análise da temática dos acidentes de trabalho ocorridos no decurso de uma greve deve iniciar-se pela delimitação dos tipos de acidentes que se podem suscitar nessa situação. Só determinando as modalidades acidentárias possíveis ficaremos aptos a abordar a questão da respectiva qualificação como infortúnios laborais, com a inerente consequência da subsunção ao regime de responsabilidade próprio dessa infortunística.

II. No nosso entender, concorrem para esta delimitação tanto um *critério subjectivo,* que tem a ver com a situação do trabalhador vítima do acidente, como um *critério objectivo,* atinente à causa do acidente. Assim, por recurso ao critério subjectivo poderão ser distinguidos os acidentes ocorridos durante uma greve a trabalhadores grevistas e os acidentes que vitimam trabalhadores que não aderiram à greve, mas que são por ela afectados. Por outro lado, o critério objectivo permitir-nos-á distinguir, dentro da categoria dos acidentes dos trabalhadores grevistas, entre os acidentes com origem no exercício do direito de greve pelo trabalhador e os acidentes decorrentes do cumprimento de deveres legais emergentes da greve, por esse trabalhador.

A delimitação pela via subjectiva precede pois a delimitação objectiva e o posicionamento do trabalhador acidentado em face da paralisação configura-se como uma questão prévia à da própria delimitação tipológica do acidente pelo critério objectivo. Referiremos, assim, em primeiro lugar, esta questão prévia, para depois operarmos a delimitação dos acidentes

susceptíveis de ocorrer durante uma greve, tanto a trabalhadores não grevistas como a trabalhadores grevistas[1].

2. A questão prévia da intenção grevista do trabalhador – a adesão à greve[2]

I. O posicionamento do trabalhador em face de uma greve manifesta-se pela sua adesão ou não adesão ao conflito colectivo de trabalho.
Aderindo, voluntária e unilateralmente, à greve, o trabalhador manifesta
o seu acordo com as pretensões subjacentes ao conflito e aceita os efeitos
modificativos na sua situação laboral inerentes a essa adesão[3]. Ou seja, ele
demonstra a sua intenção grevista através do acto de adesão (normalmente
revelado pela simples conduta abstensiva da prestação a que está obrigado[4]), e essa manifestação de vontade produz no seu contrato individual
de trabalho um efeito suspensivo, nos termos do art. 7.º n.º 1 da LG[5].

---

[1] Da nossa análise tipológica estão naturalmente excluídos os *acidentes ocorridos
antes da greve* mas cujas prestações sociais estejam em curso no momento em que a greve
é desencadeada. Em relação a este tipo de acidentes (ou de doenças profissionais, que são
perfeitamente assimiláveis aos acidentes de trabalho para este efeito) a questão que se pode
colocar é a das eventuais repercussões da greve nas prestações sociais a que eles dão causa.
Questão que a lei portuguesa resolve de forma clara, no art. 7.º n.º 2 da Lei n.º 65/77, de
26 de Agosto, vulgarmente designada como Lei da Greve (e que, de ora em diante,
referiremos simplesmente como LG), estabelecendo que os direitos dos trabalhadores
previstos na legislação sobre acidentes de trabalho e previdência social não são afectados
pela superveniência de uma greve. Mas, como verificaremos, se a interpretação desta
norma não oferece dificuldades em relação aos infortúnios laborais anteriores à greve, já
para os que ocorrem durante a greve ela se revela mais difícil – *vd., infra,* ponto 6.

[2] É apenas atendendo à directa relevância no plano acidentário que nos parece
revestir a intenção grevista revelada no acto de adesão que referiremos a temática da
adesão à greve. As nossas observações revestirão, contudo, um carácter sumaríssimo, uma
vez que a questão extravasa do âmbito deste estudo.

[3] Neste sentido, *vd.,* por exemplo, a noção de adesão à greve de António de Lemos
Monteiro Fernandes, *Direito de Greve – Notas e Comentários à Lei n.º 65177, de 26 de
Agosto,* Coimbra, 1982, 49, especialmente reveladora da intencionalidade do comportamento do trabalhador ao aderir à greve; também relevando a unilateralidade e a voluntarie-
dade do acto de adesão, *vd* António de Menezes Cordeiro, *Direito do Trabalho,* vol. II,
2.ª ed., textos policopiados, Lisboa, 1987-88, 68 e s.

[4] A doutrina discute se a simples abstenção da prestação laborativa, no decurso de
uma greve, é sempre de presumir como manifestação da vontade de adesão a essa greve,
ou se, pelo contrário, se verifica uma obrigação positiva de aviso ao empregador, quanto

344   *Estudos de Direito do Trabalho*

II. Deste modo, a intenção grevista ou não grevista do trabalhador no decurso de um conflito colectivo altera, de uma forma voluntária e unilateral, a fisionomia do seu contrato de trabalho, o que tem reflexos directos em matéria acidentária: se o trabalhador aderiu à greve, o acidente ocorre numa situação de suspensão contratual, ao passo que, se não aderiu, ele terá subjacente um contrato em execução normal. Em face desta diversidade de situações, caberá verificar se a greve afecta a qualificação laboral do acidente – é a resposta a esta questão que tentaremos encontrar neste estudo.

3. Acidentes de trabalhadores não grevistas no decurso da greve

3.1. *Preliminares*

I. A delimitação subjectiva dos acidentes ocorridos numa greve pela situação grevista ou não grevista do trabalhador sinistrado poderia parecer dispicienda: se o trabalhador não adere à greve, não há que falar em acidente ocorrido em situação de greve, saindo pois a questão fora do âmbito deste estudo. Dir-se-á simplesmente que o acidente deste trabalhador é um

---

ao sentido a atribuir à abstenção. No primeiro sentido parece inclinar-se MONTEIRO FERNANDES, *Direito de Greve... cit.,* 57, considerando esta uma presunção ilidível, bem como Bernardo da Gama LOBO XAVIER, *Direito da Greve,* Lisboa, 1984, 196 e nota 1; contra, por exemplo, MENEZES CORDEIRO, *Direito do Trabalho cit.,* II, 70 e s., que, não admitindo esta presunção pelos efeitos suspensivos dela decorrentes, considera, no entanto, que o acto de adesão reveste natureza consensual, podendo, em consequência, ser tácito, desde que revele, de um modo inequívoco, a intenção grevista.

De salientar, por curiosa, a posição de alguma jurisprudência francesa em matéria de presunção de adesão à greve, com relação à ocorrência de acidentes de trabalho ou de doenças profissionais: sendo o acidente ou a doença anteriores à greve, presume-se a não adesão do trabalhador, ao passo que se ocorrer posteriormente se presume a adesão – num caso como no outro a presunção é ilidível – *vd., Arrêt Cour Cass. Soc.* 7-10-1977: *Bull. civ.* V 502 e *Arrêt Cour Cass. Soc.* 1-3-1972: *Bull. civ.* V n.° 572, *Jurisclasseur,* 6, 1988 – *Droit des entreprises,* n.° 572– 9/1984(7), Paris.

[5] Este sistema, que dogmaticamente encontra apoio na natureza dualista do direito de greve, cujo exercício se inicia por uma actuação colectiva (art. 2.° da LG) e é continuado por um conjunto de comportamentos individuais, torna fulcral o acto de adesão de cada trabalhador, condição da produção do efeito suspensivo na sua esfera laboral individual. *Vd., infra,* a nossa análise do âmbito desta suspensão do contrato individual de trabalho, ponto 5.2.

acidente de trabalho se estiverem presentes os elementos essenciais da Base V da Lei dos Acidentes de Trabalho (Lei n.° 2127, de 3 de Agosto de 1965)[6], completada pelos artigos 10.° e 11.° do Dec.-Lei n.° 360/71, de 21 de Agosto, e desde que não se subsuma a qualquer das situações de descaracterização da Base VI da mesma lei.

II. No entanto, esta conclusão é enganosa se feita aprioristicamente. É que, se por vezes a greve a que o trabalhador não aderiu não o afecta na sua prestação de trabalho, noutros casos a sua prestação laboral é afectada pelo movimento grevista a que é alheio. E, nestas situações, cabe verificar se a situação de real inactividade do trabalhador é compatível com a qualificação como laboral de um infortúnio de que seja vítima. Analisaremos sucessivamente estes dois casos.

3.2. *O acidente ocorrido no cumprimento normal da prestação laboral*

I. Se o trabalhador que não aderiu à greve não for afectado na possibilidade de cumprimento da sua prestação laboral, a fisionomia do acidente que venha a sofrer no decurso do conflito colectivo não é alterada pela ocorrência da greve: o acidente será qualificado como laboral se revestir os elementos essenciais da figura, constantes da Base V da L.A.T. e não sofrer descaracterização por aplicação da Base VI do mesmo diploma. Não se verifica pois qualquer desvio em relação ao quadro em que, normalmente, se desenvolve a temática acidentária laboral: o quadro da execução normal do contrato de trabalho[7].

II. Este quadro está apto a solucionar as questões qualificativas e regimentais suscitadas pela maior parte dos infortúnios de trabalhadores não grevistas ocorridos durante uma greve, uma vez que a grande maioria dos conflitos colectivos não afecta os trabalhadores não aderentes na execução das suas próprias prestações laborais. Há, no entanto, algumas modalidades de comportamento grevista que, porque verificadas num sector

---

[6] Que, de ora em diante, referiremos simplesmente como LAT.

[7] Ou de situações a ele equiparadas para efeitos regimentais, como decorre da Base II n.° 2 da LAT, em paralelo com o art. 2.° da LCT.

vital da empresa ou assume uma forma especialmente desorganizativa da produção, impedem aos trabalhadores não grevistas a execução normal das suas prestações laborais, situação que poderá, eventualmente, modificar a qualificação do acidente que, durante o tempo de real inactividade, estes trabalhadores venham a sofrer. É esta questão que examinaremos de seguida.

3.3. *O acidente ocorrido em caso de impossibilidade de cumprimento da prestação laboral*

I. Não obstante o facto de não ter aderido à greve, o trabalhador pode ser afectado na execução da sua própria prestação laboral por efeito dessa greve, por um de dois motivos: ou em razão da *natureza da greve;* ou devido à *actuação dos piquetes de greve.*

No primeiro caso, é o próprio movimento grevista que colide com a pretensão de cumprimento do trabalhador não aderente – é o que sucede na greve que ocorre no sector-chave da empresa, que impede a laboração em todos os outros sectores; ou na greve intermitente, que obsta ao aproveitamento da disponibilidade dos trabalhadores mesmo nos períodos intercalares; ou ainda na greve rotativa que, paralisando sucessivamente os diversos sectores, quebra o encadeamento produtivo e impede toda a produção[8-9].

Em qualquer destes casos, a situação material do trabalhador não aderente é idêntica à situação do grevista, já que também não executa a sua prestação de trabalho. O que levanta a questão de saber se esta inactividade forçada é susceptível de impedir a qualificação do acidente que o vitime no decurso da greve como acidente de trabalho.

---

[8] *Vd.,* a este propósito, MENEZES CORDEIRO, *Direito do Trabalho cit.,* II, 41 e s.

[9] Em estudo nosso anterior (*Greves de Maior Prejuízo – Notas sobre o Enquadramento Jurídico de quatro Modalidades de Comportamento Grevista. Greves Intermitentes, Rotativas, Trombose e Retroactivas,* Rev. AAFDL, Nova Série, 1986, 5, 67-115), analisámos estas modalidades de greve essencialmente na perspectiva do relacionamento entre o trabalhador aderente e o empregador, mas o certo é que também a própria situação fáctica do trabalhador não aderente se modifica neste tipo de greves, uma vez que o empregador não pode aproveitar a sua prestação laboral ou a disponibilidade para a executar.

II. No nosso sistema jurídico positivo encontramos alguns argumentos que permitem dar resposta a esta questão. Em primeiro lugar, o argumento legal retirado do art. 7.º n.º 1 da LG, condicionando a produção dos efeitos da greve na esfera jurídica laboral do trabalhador ao acto de adesão (e não à simples inactividade material)[10]. Deste modo, não se verificando a adesão, a situação jurídica contratual do trabalhador não aderente mantém-se inalterada, apesar de ele se encontrar materialmente impossibilitado de executar a sua prestação, em termos de normalidade[11].

---

[10] *Vd., supra.* a nossa referência a esta matéria no ponto 1.2.

[11] Esta a solução encontrada noutros sistemas jurídicos que fazem igualmente depender os efeitos da greve do acto individual de adesão de cada trabalhador. Neste sentido, por exemplo, o direito francês, que postula a manutenção de todas as obrigações do empregador em relação aos trabalhadores não grevistas, tanto no caso de estes poderem cumprir as respectivas prestações contratuais como no caso de serem afectados nessa possibilidade pela greve dos colegas – *vd* HÉLÈNE SINAY, *La Grève, in* G. H. CAMERLYNCK (dir.), *Traité de Droit du travail,* VI, Paris, 1966, 287 e ss. e JEAN RIVERO e JEAN SAVATIER, *Droit du Travail,* 8.ª ed., Paris, 1981, 342 e s. De salientar, no entanto, que no plano jurisprudencial se tem postulado a atenuação dessas obrigações do empregador, por recurso ao conceito de *force majeure,* sendo possível a exoneração das obrigações (*verbi gratia* do débito salarial) do empregador face aos não grevistas, mediante a prova de que a greve produziu uma situação de força maior – neste sentido, por exemplo, os *Arrêts da Cour Cass. Soc. de 18/mai/1953 e de 6/octobre/1971,* DS, 1953, p. 545 e 1972, p. 124, respectivamente. Solução que, aliás, a doutrina acaba por subscrever – *vd.* ainda HÉLÈNE SINAY e JEAN-CLAUDE JAVILLIER, *La grève – Mise à jour au* 1er *janvier* 1979, *in* C. H. CAMERLYINCK (dir.), *Traité de droit du travail,* VI, Paris, 1979, 112 e ss.; PIERRE-DOMINIQUE OLLIER, *Le droit du travail,* Paris, 1972, p. 405; JEAN-JAVILLIER, *Droit du Travail,* 2.ª ed., Paris, 1981, p. 556; e C. H. CAMERLYNCK, GÉRARD LYON-CAEN e JEAN PÉLISSIER, *Droit du travail,* 13.ª ed., Paris, 1986, 958. Recorrendo antes à noção de *nécessitées contraignantes* para a resolução desta questão, por exemplo, ROGER LATOURNERIE, *Le droit français de la grève,* Paris, 1972, 517 e s.

Já no domínio do direito germânico, a obrigação de pagamento dos salários aos não grevistas, cuja prestação se tenha tomado impossível, tem sido explicada por recurso à teoria das esferas de risco, que mantém a responsabilidade do empregador pelo débito salarial ainda no caso de ausência da contraprestação pelos não grevistas.

Pelo contrário, no direito italiano a tendência da jurisprudência tem sido no sentido inverso: o trabalhador não cumpre os seus deveres contratuais apenas pelo facto de colocar à disposição da entidade empregadora a sua energia laborativa; é antes necessário que o empregador possa utilizar essa energia efectivamente. Quando, por efeito de uma greve ou de outro caso de força maior não imputável ao empregador, tal utilização não seja possível, verifica-se uma situação de impossibilidade temporária de receber a prestação, por parte do empregador, que o exime do cumprimento da contraprestação – *vd., Trib. Cassazione, Sez. Lav. 27 luglio 1983, n.º 5167* e, no mesmo sentido, referenciadas nesta decisão, as *Sez.*

348   *Estudos de Direito do Trabalho*

Por outro lado, a impossibilidade de prestar o trabalho por motivo de greve dos colegas (ou seja, por facto não imputável ao trabalhador) não determina, de per si, a suspensão do contrato de trabalho do não aderente. Para que tal suspensão tenha lugar, é necessário o decurso de um período de tempo mínimo, nos termos do art. 3.º de Dec.-Lei n.º 398/83, de 2 de Novembro – o que, na matéria que nos ocupa, vem reforçar o entendimento dado ao art. 7.º n.º 1 da LG[12].

Finalmente, um argumento de carácter dogmático poderá reforçar este entendimento: é o argumento da natureza da prestação laboral, do objecto do contrato de trabalho por parte do trabalhador. Considerando como objecto contratual do trabalhador não apenas a actividade manual ou intelectual por ele prestada mas a simples disponibilidade para a prestação de tal actividade, que cabe ao empregador direccionar para a realização de actos concretos[13], o trabalhador não grevista que não pode trabalhar continua, ainda assim, a cumprir, também do ponto de vista material, a sua prestação laboral, já que se mantém na disponibilidade da entidade patronal.

De qualquer modo, mesmo que não se aceite este posicionamento de fundo quanto ao objecto do contrato[14], cremos que os argumentos legais

---

Cass. 7 settembre 1974, n.º 2433; *Sez. Cass. 28 novembre 1979, n. 6245*; *Sez. Cass. 1 settembre 1982, n.º 4757*, RIDL, 1984 (*Parte seconda*), 394 e ss.; e ainda, exigindo para a licitude da recusa da prestação pelo empregador aos não grevistas a *total* impossibilidade de aproveitamento dessa prestação, a *Trib. Cass., Sez. Lav. 28 juglio 1983, n.º 5186*, RIDL, 1984 (*Parte seconda*), 401 e ss.

[12] Parece-nos, de facto, possível aplicar a esta situação o argumento do regime jurídico da suspensão do contrato individual de trabalho, uma vez que a enunciação das situações em que ele pode ter lugar, por motivo não imputável ao trabalhador (art. 3.º n.º 1 do Dec.-Lei n.º 398/83 citado) tem natureza exemplificativa. Poderá pois verificar-se, num caso de greve muito prolongada, a suspensão dos contratos dos trabalhadores não grevistas cuja prestação laborativa se tenha tornado impossível, com a consequência da exoneração do dever de cumprimento das prestações a cargo do empregador – art. 2.º n.º 1 do Dec.-Lei n.º 398/83 citado.

Vd., a este propósito, BERNARDO XAVIER, *Direito da Greve cit.,* 216.

[13] Esta a posição sustentada entre nós, por exemplo, por MONTEIRO FERNANDES, *Direito do Trabalho,* vol. I, 6.ª ed., Coimbra, 1987, 50 e s., que considera manter-se o trabalhador em situação de cumprimento pela mera disponibilidade, mesmo que não aproveitada em nenhum serviço concreto. Ela constitui também o mais forte argumento da jurisprudência francesa para fundamentar o princípio geral da manutenção da obrigação de pagamento dos salários aos trabalhadores não grevistas – *vd.,* por todos, HÉLÈNE SINAY e JEAN-CLAUDE JAVILLIER, *Traité cit. – Mise à jour,* 112.

[14] Naturalmente que não podemos debater esta questão em sede do presente estudo.

respondem, de per si, à questão colocada: o trabalhador não grevista não pode, em qualquer caso, ser afectado pela greve dos seus colegas. Pelo que o acidente que sofra durante o período de greve será qualificado como acidente de trabalho se revestir os elementos essenciais delimitadores desta categoria jurídica, nos termos da Base V da LAT[15] – a verificação da greve é indiferente para a qualificação operada.

III. Os argumentos que acabámos de expor para a situação de inactividade do trabalhador não grevista em razão da modalidade de greve empreendida pelos seus colegas são extensíveis a outras causas de inactividade, e, nomeadamente, à *inactividade decorrente da actuação dos piquetes de greve:* se o trabalhador não aderente vir impedida a sua prestação laboral em virtude da actuação de um piquete de greve, que lhe impede o acesso às instalações da empresa ou do sector, ainda assim o seu contrato se não suspende e é de aplicar a Base V da L.A.T., sem quaisquer desvios, para qualificar o acidente de que ele venha a ser vítima[16].

Podemos, pois, afirmar em conclusão que, na matéria dos acidentes ocorridos durante a greve a trabalhadores não grevistas, não se verificam quaisquer especialidades: a existência de uma greve é indiferente tanto no plano da sua qualificação, como no aspecto regimental. Já no que se refere

---

[15] É de salientar que a não exigência (pelo menos, de uma forma directa) de uma conexão entre o acidente e a situação laborativa da vítima, constante desta Base V, aponta também no sentido que acabámos de descrever. No entanto, como veremos, esta conexão poderá ter que ser reformulada quanto aos acidentes ocorridos a trabalhadores grevistas – vd., infra, ponto 9.2.

[16] Estes são, aliás, os casos mais frequentes de acidentes de trabalho que, no decurso de uma greve, afectam trabalhadores não grevistas. Eles ocorrem normalmente fora das instalações empresariais e decorrem da actuação (ilegal) de bloqueio dos acessos pelos piquetes, que, deste modo, prejudicam a liberdade de trabalho dos não aderentes, em contravenção ao art. 4.º da LG. O trabalhador que é violentamente impedido de entrar na empresa, sofrendo em consequência uma lesão redutora da sua capacidade de trabalho, está, sem dúvida, a ser vítima de um infortúnio laboral nos ternos da Base V da LAT., tendo, como tal, direito às prestações sociais inerentes, sem prejuízo da responsabilidade civil e até criminal dos elementos integrativos do piquete, pelo acto ilícito.

No plano do direito comparado, *vd.*, a este propósito, JEAN SAVATIER, *La répression d'actes de violence commis au cours d'une grève: l'affaire Citroen,* DS, 1986, 3, 228 e ss., comentando um caso de violência de grevistas actuando em piquete de greve sobre não grevistas, causadora de diversas situações de incapacidade temporária para o trabalho, qualificáveis como acidentes de trabalho.

350 *Estudos de Direito do Trabalho*

aos acidentes que vitimem trabalhadores grevistas a situação é diferente, como veremos na análise subsequente.

4. Acidentes de trabalhadores grevistas no decurso da greve

4.1. *Acidentes ocorridos no exercício do direito de greve*

I. De acordo com um critério objectivo, atinente à *causa* do acidente, os acidentes sofridos por trabalhadores grevistas no decurso de uma greve podem ser classificados em dois grandes grupos: os acidentes ocorridos no exercício efectivo do direito de greve pelo trabalhador sinistrado; e os acidentes ocorridos no cumprimento dos deveres legais emergentes da greve.

II. Na primeira situação devem ser enquadrados os infortúnios com origem na prática dos actos em que se consubstancia o exercício do direito de greve: tratando-se de uma greve com ocupação dos locais de trabalho[17], o acidente pode sobrevir nas próprias instalações da empresa; assim como poderá o trabalhador grevista ser vítima de um acidente em actividades do piquete de greve, dentro ou fora das instalações da empresa; e, finalmente, poderá ocorrer um acidente fora das instalações da empresa mas em decorrência da situação de greve, que poderá colocar o problema de uma eventual qualificação como acidente de trabalho *in itinere* – é o caso do acidente que vitima o trabalhador no regresso a casa, após ter aderido à greve, ou o caso do acidente que tem lugar quando o trabalhador se encaminha, no decurso da greve, para o piquete de greve ou até para uma reunião do sindicato, relacionada com a greve.

O elemento comum a estes acidentes é que eles têm lugar num enquadramento de suspensão das relações contratuais, mesmo quando se verificam no local de trabalho ou a caminho dele[18].

---

[17] Cfr. MENEZES CORDEIRO, *Direito do Trabalho cit*, II, p. 41.

[18] Como teremos ocasião de verificar, é justamente a cumulação destes dois factos que toma especialmente difícil a qualificação do acidente.

4.2. Acidentes de trabalhadores grevistas no cumprimento de deveres legais emergentes da greve – o art. 8.º da LG

I. Neste segundo grupo de situações acidentárias dos trabalhadores grevistas, a causa do acidente não decorre já do exercício do direito de greve, mas das restrições que a lei impõe a esse exercício, constantes do art. 8.º da LG[19]. Elas são justificadas pela necessidade de assegurar a integridade das instalações e do equipamento, por forma a manter o suporte de emprego dos trabalhadores, permitindo o retomar do trabalho com a cessação do conflito – art. 8.º n.º 3; e na prevalência das denominadas "necessidades sociais impreteríveis" sobre os interesses particulares dos trabalhadores em greve – art. 8.º n.º 1 e n.º 2[20].

II. A matéria das restrições legais ao exercício do direito de greve interessa-nos, na perspectiva da infortunística laboral, na medida em que elas impõem o cumprimento de deveres que, não obstante a situação grevista do trabalhador, consistem no desempenho de funções de tipo laboral, idênticas às que ele desempenha em sede de execução normal do contrato – é a solução que decorre do n.º 1 e do n.º 3 do art. 8.º, cujo texto refere, de uma forma expressa, que cabe aos sindicatos e aos trabalhadores assegurar o cumprimento daquelas obrigações legais. Num caso como no outro o trabalhador presta uma actividade laboral (que, por vezes, nem sequer difere da sua prestação usual no *quantum* dos serviços prestados) e pode,

---

[19] Consideramos estarem, de facto, em causa neste preceito restrições ao exercício do direito e não ao próprio direito de greve, uma vez que a possibilidade de fazer greve não é nunca posta em causa pelo legislador, aliás de acordo com o imperativo constitucional; ela terá apenas, na sua actuação concreta, que observar certas limitações – vd., neste sentido, entre nós, por exemplo MONTEIRO FERNANDES, *Direito de Greve cit.,* 59 e s. e, do mesmo Autor, *Noções Fundamentais de Direito do Trabalho,* II, *reprint* da 2.ª ed., Coimbra, 1989, 302; e ainda BERNARDO XAVIER, *Direito da Greve cit.,* 185 e s.

[20] Num caso como no outro sustentamos verificar-se uma situação de colisão de direitos, nos termos do art. 335.º do CC: reconhecida a licitude da greve, qualificada como um direito fundamental, no seu exercício ela terá que ceder perante direitos que o legislador reputa serem de valor superior – o direito à manutenção do suporte de emprego, que não só tem a ver com o direito à iniciativa privada do empregador e com o próprio direito ao trabalho de grevistas e de não grevistas mas ainda, reflexamente, com o interesse geral de funcionamento da economia; e o direito da comunidade social à satisfação de determinadas necessidades básicas e inadiáveis, correspondente a um interesse geral directo.

352   *Estudos de Direito do Trabalho*

no decurso dessa actividade, sofrer um acidente. O que levanta a questão de saber se esse infortúnio poderá ser qualificado como acidente de trabalho ou se a situação de suspensão do contrato destes trabalhadores, decorrente da adesão à greve, obsta a essa qualificação.

A resposta a esta interrogação só poderá, contudo, ser alcançada após a análise de dois problemas prévios: o problema do alcance do efeito suspensivo da situação laboral individual do trabalhador grevista, operado pelo art. 7.º da LG; e o problema dos critérios de delimitação conceptual dos acidentes de trabalho, definidos pela Base V da LAT. É a esta análise que procederemos de seguida, remetendo a apreciação da questão colocada para a parte final deste estudo[21].

II – O EFEITO SUSPENSIVO DA GREVE NA SITUAÇÃO LABORAL INDIVIDUAL DO TRABALHADOR GREVISTA

5. O art. 7.º n.º 1 da LG: a suspensão das relações emergentes do contrato de trabalho do trabalhador grevista

5.1. *Os termos legais – referência enquadrativa*

De acordo com o texto do art. 7.º n.º 1 da LG, a adesão dos trabalhadores à greve tem como efeito a suspensão das "relações emergentes do contrato de trabalho, nomeadamente o direito à retribuição e, em consequência, desvincula-os dos deveres de subordinação e assiduidade"[22].

---

[21] A análise dos dois problemas citados será, no entanto, sumária, dada a natureza sucinta deste estudo.

[22] Veja-se como a redacção do preceito cria, só por si, as maiores dificuldades na determinação precisa dos efeitos suspensivos da greve: por um lado, a lei parece indicar que *todos* os efeitos do contrato se suspendem, mas logo se apressa a enumerar, a título exemplificativo, alguns dos aspectos concretos em que opera a suspensão. Por outro lado, o texto legal é ainda impreciso ao considerar em paralelo os deveres de subordinação e de assiduidade (parece-nos que, afinal, o legislador se quis aqui referir especificamente ao dever de obediência) e, o que é mais gravoso, em tratar tais deveres como "consequência" do dever retributivo do empregador, quando o correspectivo deste é a actividade do trabalhador, nos termos do art. 1.º da L.C.T. – *vd.*, de acordo com esta nossa última crítica, Bernardo Xavier, *Direito da Greve cit.,* 199, nota 1.

A greve produz pois um efeito suspensivo na situação laboral individual dos trabalhadores que a ela aderem[23-24]. No que se refere à suspensão do dever retributivo do empregador, ela nada mais é do que o correspectivo da ausência de prestação por parte do trabalhador grevista[25]; no que respeita à suspensão dos deveres de subordinação e de assiduidade, é a questão da subordinação que mais problemas coloca, tendo que ser objecto de uma cuidada interpretação[26]. É a essa tarefa que procederemos de seguida, embora de uma forma sumária.

5.2. *A suspensão da subordinação jurídica – a tese da suspensão limitada*

I. Não cabe no âmbito deste estudo qualquer análise da problemática da subordinação jurídica do prestador de trabalho em face do empregador,

---

[23] Ultrapassou pois o nosso legislador, em definitivo, as concepções clássicas do efeito de ruptura contratual, lícita e unilateral, que dominaram esta temática – *vd.*, nesta matéria, por exemplo, RIVERO e SAVATIER, *Droit du travail cit.*, 340 e s., HÉLÈNE SINAY, *La grève cit.*, 244 ss., CAMERLYNCK, LYON-CAEN e PÉLISSIER, *Droit du travail cit.*, 934 s., e ALFRED HUECK e H. C. NIPPERDEY, *Compendio de Derecho del Trabajo,* tradução espanhola de Miguel Rodriguez Piñero e Luis Enrique de la Villa, Madrid, 1963, 412.

[24] O efeito suspensivo da greve no contrato de trabalho encontra-se também noutros sistemas jurídicos. É o caso do direito francês, excepto verificando-se uma *faute lourde* do grevista (art. 4.° da Loi de 11/février/1950); e o caso do direito italiano em que a doutrina releva especialmente o facto de o efeito suspensivo implicar a não qualificação da abstenção do grevista como incumprimento dos deveres contratuais e a natureza potestativa deste poder suspensivo do trabalhador – *vd.*, neste sentido, por exemplo, MARIO GHIDINI, *Diritto del lavoro,* 6.ª ed., Pádua, 1976, 122 e GIUSEPPE SUPPIEJ, *Il rapporto di lavoro, in,* GIULIANO MAZZONI (dir.), *Enciclopedia Giuridica del Lavoro,* IV, Pádua, 1982, 351; bem como GIORGIO ARDAU, *Manuale di diritto del lavoro,* vol. I, Milão, 1972, 615 e ss., GIUSEPPE PERA, *Il diritto di sciopero,* RIDL, Ano V – 1986 *(Parte prima),* 472 e s., e ainda LUISA RIVA SANSEVERINO, *Diritto sindacale,* 3.ª ed., Turim, 1976, 357.

[25] Trata-se do funcionamento das regras de cumprimento dos contratos sinalagmáticos – *vd.* HÉLÈNE SINAY, *La Grève cit.*, 263 e ss., para a análise da questão da qualificação desta suspensão do débito salarial que, naturalmente, não nos pode ocupar nesta sede.

[26] De facto, como bem observa MONTEIRO FERNANDES, *Direito de Greve...cit.*, 53, a referência legal à suspensão do dever de assiduidade é redundante, já que a greve (pelo menos enquanto desenvolvida em moldes abstencionistas clássicos) se caracteriza pela ausência dos grevistas do local de trabalho. Poderíamos até acrescentar que a redundância é dupla, uma vez que o dever de assiduidade se integra no âmbito da própria subordinação jurídica, cuja suspensão o legislador também refere expressamente.

354   *Estudos de Direito do Trabalho*

nem na sua vertente directiva, nem no seu núcleo disciplinar. Impõe-
-se, contudo, delimitar a exacta dimensão da sua suspensão no decurso
da greve, já que esta delimitação não é indiferente para a qualificação do
acidente que vitime o trabalhador grevista nesse período. A questão que se
coloca é muito concreta: o efeito suspensivo do art. 7.º n.º 1 da LG
abrange todos os poderes do empregador a que ela corresponde, nas vertentes directiva e disciplinar, ou, pelo contrário, será uma suspensão meramente parcelar? A resposta a esta questão afigura-se-nos da maior relevância em matéria de infortúnios ocorridos durante uma greve: eles podem
ter-se dado na vigência (actuante) dos poderes do empregador ou não.
O que, no nosso entender, não é indiferente para a respectiva qualificação.

II. Sem podermos aprofundar esta matéria, referiremos apenas brevemente a dicotomia de opiniões que tem encontrado eco na doutrina, para
depois respondermos à questão colocada. Enquanto um sector da doutrina sustenta que a greve suspende *todos* os poderes do empregador e,
designadamente, o poder disciplinar, colocando-se o trabalhador, global
e provisoriamente, "fora do contrato"[27-28], outros autores defendem a redução do efeito suspensivo do art. 7.º n.º 1 da LG às obrigações inerentes
à efectiva prestação de trabalho –suspensa esta, suspendem-se com ela os
deveres do prestador de trabalho que não têm relativamente a ela autonomia, mas mantêm-se os restantes[29], porque conexos directa e independen-

---

[27] Esta a posição sustentada entre nós por MONTEIRO FERNANDES, *Direito de Greve
cit.*, 53 e ss., e *Noções Fundamentais de Direito do Trabalho cit.*, vol. II, 301 e ss., que
considera não apenas suspensos os poderes directivo e disciplinar, como "em crise" o dever
de lealdade do trabalhador, excepto em situações-limite, susceptíveis de configurar justa
causa de despedimento.

[28] Esta posição foi amplamente desenvolvida por exemplo no direito francês, defendendo um sector da doutrina que a adesão do trabalhador à greve o coloca *hors contrat*
e *hors discipline* – vd., por exemplo, HÉLÈNE SINAY, *La grève cit.*, 253 s., e 261 e JEAN-
-CLAUDE JAVILLIER, *Le Droit du Travail cit.*, 551. Já sustentando uma posição intermédia, por
exemplo ANDRÉ BRUN e HENRI GALLAND, *Droit du travail,* II, 2.ª ed., Paris, 1978, 470 e s.

[29] Há pois que fazer apelo à distinção entre deveres acessórios do trabalhador
inerentes à sua prestação principal e deveres autónomos em relação a essa prestação,
consoante dependam intrinsecamente da realização da actividade laboral concreta pelo
trabalhador ou não – no primeiro grupo, incluem-se. com enquadramento juslaboral específico, por exemplo, os deveres de assiduidade e zelo, de custódia e de produtividade (art.
20.º n.º 1 als. *b)*, *d)*, *e)* e *f)* da LCT); no segundo grupo, posicionam-se, por exemplo, os
deveres de lealdade e de sigilo (al. *d)* do n.º 1 do art. 20.º da LCT).

temente com o vínculo contratual, que permanece durante o período de suspensão e não com o desenvolvimento efectivo e quotidiano da situação jurídica laboral[30].

Entendemos como correcta a segunda posição apresentada: o efeito suspensivo operado com a adesão à greve estende-se apenas aos aspectos da situação laboral individual directamente ligados à prestação efectiva de trabalho[31] – é a tese que pode ser designada de *suspensão limitada*. Assim, por parte do trabalhador suspender-se-ão os deveres de assiduidade e de obediência, bem como outros deveres acessórios inerentes à prestação efectiva da sua actividade laboral[32]; do lado do empregador ficam suspensos os poderes directivo e disciplinar apenas na medida em que se refiram à prestação efectiva de trabalho ou que interfiram no exercício do direito de greve pelo trabalhador.

III. A nossa conclusão tem a maior relevância para a solução da questão do enquadramento jurídico das restrições legais ao exercício do direito de greve, que abordaremos adiante[33], influenciando também directamente a temática da infortunística laboral no decurso de uma greve, que constitui objecto deste estudo.

---

[30] Neste sentido se pronunciaram entre nós MENEZES CORDEIRO, *Direito do Trabalho cit.*, II. 87 ss., e BERNARDO XAVIER, *Direito da Greve cit.*, 199 e ss.; idêntica opinião foi sustentada, na doutrina francesa, por exemplo por ROGER LATOURNERIE, *Le droit français de la grève cit.*, 464 e s.

[31] A nossa opção baseia-se em argumentos de ordem legal e prática: por um lado, o argumento comparativo retirado do regime jurídico das outras situações de suspensão do contrato de trabalho, em que apenas ficam suspensos os direitos e deveres contratuais inerentes à prestação efectiva de trabalho – art. 2.° n.° 1 do Dec.-Lei n.° 398/83, de 2 de Novembro, quanto à suspensão do contrato por motivo respeitante ao trabalhador ou à entidade empregadora; e art. 16.° n.° 3 do Dec.-Lei n.° 874/76, de 23 de Dezembro, quanto à licença sem retribuição; por outro lado, a expressa referência da LG à manutenção da antiguidade – art. 7.° n.° 3; e, finalmente, o argumento da necessidade de conjugação da situação suspensiva com o cumprimento de alguns deveres legais emergentes da greve, constantes do art. 8.° da LG, que, como veremos, não é compatível com uma suspensão total. Não é, contudo, esta a sede própria para aprofundarmos esta temática.

[32] *Vd., supra,* nota 29.

[33] *Vd., infra,* ponto 7.2.

6. O art. 7.° n.° 2 da LG: o âmbito previsional da referência à legislação social

I. Analisado o efeito suspensivo individual da greve, verificamos que o n.° 2 do art. 7.° da LG subtrai ao regime de suspensão a matéria da segurança social.

A redacção não muito clara do preceito poderia levar a uma interpretação simplista no sentido de que a greve não produz quaisquer alterações no domínio da segurança social dos trabalhadores[34]. E, em consequência, as prestações sociais devidas aos trabalhadores em razão de situações de risco social, bem como as prestações especiais por acidente de trabalho ou doença profissional, continuariam a ser devidas independentemente do momento em que ocorresse o evento originador. No entanto, em matéria acidentária, pensamos que esta interpretação só é admissível em relação aos infortúnios ocorridos antes da greve: sendo o acidente de trabalho anterior à greve e estando em curso as respectivas prestações sociais, a greve a que o trabalhador adere não pode afectar o cumprimento daquelas prestações, em relação às quais os pressupostos de responsabilidade se verificaram já anteriormente[35-36].

---

[34] A expressão "previdência social", tradicional entre nós para designar a segurança social prestativa dos trabalhadores por conta de outrem, e que o art. 7.° utiliza, deixará de fazer sentido, quando estiver completa a uniformização dos regimes de segurança social iniciada pela Lei de Bases da Segurança Social (Lei n.° 28/84, de 14 de Agosto).

[35] *Vd.,* neste sentido, entre nós, BERNARDO XAVIER, *Direito da Greve cit.,* 213 e MONTEIRO FERNANDES, *Direito de Greve cit.,* 56.

[36] A própria matéria das prestações devidas pela ocorrência de situações de risco social não laboral durante a greve tem suscitado opiniões diversas na doutrina e permitido diversas orientações legislativas. Assim, entre nós, por exemplo MONTEIRO FERNANDES, *Direito de Greve cit.,* 55, considera que a doença (não profissional) do trabalhador que se revele durante uma greve não exime a instituição de segurança social das prestações inerentes (nem a entidade empregadora, quando obrigada ao pagamento de prestações complementares), porque a doença interrompe o exercício do direito de paralisação do trabalhador grevista. No âmbito do direito francês, *vd.,* por exemplo, a análise de HÉLÈNE SINAY, *La Grève cit.,* 296, considerando que se mantém o direito dos trabalhadores às prestações sociais familiares apesar de suscitadas durante uma greve, com base no argumento da sua independência relativamente às vicissitudes do contrato de trabalho – e ainda neste sentido CAMERLYNCK, LYON-CAEN e PÉLISSIER, *Droit du Travail cit.,* 939; JEAN-CLAUDE JAVILLIER, *Le Droit du Travail cit.,* 554; PIERRE-DOMINIQUE OLLIER, *Droit du Travail cit.,* 409 e s. e ANDRÉ BRUN e HENRI GALLAND, *Droit du travail cit.,* vol. II, 472. Neste mesmo sentido, parece inclinar-se o direito belga, a partir da Lei de 2 de Maio de 1958 e, de uma forma

II. Já no que se refere aos acidentes ocorridos durante a greve, na pessoa de um trabalhador grevista, o disposto no n.° 2 do art. 7.° da LG exige uma interpretação mais cuidada, decorrente da necessidade da sua articulação com o n.° 1. Colocando-se a questão da eventual desqualificação laboral do acidente, por efeito da conjugação entre o art. 7.° n.° 1 da LG e a Base V da LAT, a regra do n.° 2 do art. 7.° não pode colidir com essa conjugação. O que, no nosso entender, significa que, de per si, o preceituado neste n.° 2 não obsta a uma eventual desqualificação do infortúnio como acidente de trabalho que eventualmente decorra da conjugação citada.

Parece-nos, pois, em conclusão, constituírem o âmbito previsional directo do art. 7.° n.° 2 da LG as situações de risco social anteriores à greve (cujos efeitos não serão, em consequência, por ela afectados), bem como as situações de risco coevas da greve mas independentes da prestação efectiva de trabalho (situações familiares de risco) e ainda a situação de doença profissional, revelada antes ou durante a greve, uma vez que, por definição, ela depende de um lento processo formativo, cujos elementos constitutivos são anteriores ao conflito[37]. Já relativamente aos acidentes ocorridos durante a greve a trabalhadores grevistas, esta norma não é de aplicar[38].

7. Aplicação da tese da suspensão limitada aos acidentes ocorridos durante a greve

7.1. *Acidentes de trabalhadores grevistas no exercício do direito de greve*

I. Determinada a correcta extensão do efeito suspensivo do contrato do trabalhador grevista, preconizada pelo art. 7.° n.° 1 da LG, e recon-

---

mais atenuada, o sistema alemão, a partir de um diploma de 7 de Janeiro de 1955. Já no sentido da perda das prestações familiares por efeito da greve parece inclinar-se o sistema italiano – *vd.*, sobre esta matéria, por exemplo, GIORGIO ARDAU, *Manuale di diritto del lavoro cit.*, I, 625. Esta é, no entanto, uma matéria cujo desenvolvimento extravasa os limites do presente estudo.

[37] Cfr., a referência a esta matéria, nas nossas considerações preliminares.

[38] *Vd.*, também no sentido da aplicação do art. 7.° n.° 2 aos efeitos de acidentes de trabalho anteriores à greve, mas não já aos infortúnios verificados no decurso dela, o Ac. R.Lx. de 27/05/1987, CJ, 1987, III, 156.

duzido o n.º 2 do mesmo artigo ao seu âmbito previsional próprio, cabe agora aplicar o conceito de suspensão limitada às várias espécies de acidentes que podem vitimar trabalhadores grevistas, já que, como veremos, o quadro contratual em que se produzem, não é, necessariamente, um quadro suspensivo.

No exercício do seu direito de greve, vimos já que o trabalhador grevista pode sofrer três tipos de acidentes[39]: acidentes nas instalações da empresa, na greve com ocupação; acidentes em actividade do piquete de greve; e acidentes "de trajecto", por motivo atinente à greve. Em todos estes casos, o trabalhador sinistrado aderiu à greve, o que determina a aplicação do art. 7.º n.º 1 da LG: ou seja, o acidente ocorre numa situação de suspensão contratual. Resta saber se, em qualquer destas situações, a suspensão deverá ou não sofrer alguma limitação.

II. No que se refere aos *acidentes ocorridos nas instalações da empresa,* pensamos que o efeito suspensivo do art. 7.º não tem que ser alvo de qualquer restrição. Se o trabalhador grevista se mantém nas instalações, ou porque individualmente entende dever fazê-lo e o empregador o não impede, ou porque se trata de uma greve com ocupação do local de trabalho, o certo é que a sua conduta não corresponde, em caso algum, ao cumprimento de um dever contratual, mas é antes produto da sua vontade unilateral, no exercício do seu direito de greve. A nossa lei é, neste aspecto, bastante clara, ao estipular expressamente a suspensão do dever de assiduidade, como dever acessório integrante do dever prestativo principal suspenso[40]. Em consequência, a presença do trabalhador nas instalações não é de molde a excluir a aplicação da regra suspensiva do n.º 1 do art. 7.º[41].

III. Esta conclusão é, no nosso entender, de estender quer aos *acidentes ocorridos no âmbito da actividade do piquete de greve,* prevista

---

[39] Cfr., *supra,* ponto 4.1.

[40] *Vd., supra,* pontos 5.1. e 5.2.

[41] Pelo contrário, pode até questionar-se da licitude deste comportamento do trabalhador, uma vez que o dever de assiduidade não tem autonomia em relação à prestação principal: suspensa esta, tanto bastaria para que o grevista ficasse (temporariamente embora) sem título válido de acesso às instalações da empresa. O que, em última análise, nos poderia levar à rejeição liminar das greves com ocupação. Esta não é, no entanto, a sede própria para discutirmos esta questão.

e delimitada no art. 4.° da LG, quer aos *acidentes ocorridos em deslocação do trabalhador de ou para a empresa, por motivo ligado à greve*. Em qualquer destes casos, estamos perante uma actividade que se integra no âmbito do exercício do direito de greve do trabalhador acidentado, pelo que, quer o acidente ocorra no interior das instalações empresariais, quer se verifique no exterior, ele não determina qualquer restrição no efeito contratual suspensivo do art. 7.°.

7.2. *Acidentes de trabalhadores grevistas no cumprimento de deveres legais emergentes da greve – a conjugação entre o art. 7.° n.° 1 e o art. 8.° da LG*

I. A adstrição do trabalhador grevista ao cumprimento dos deveres legais destinados a assegurar o suporte de emprego e a satisfação de necessidades sociais básicas, nos termos do art. 8.° da LG, coloca a questão de saber em que tipo de situação contratual se verifica o cumprimento desses deveres, dada a regra suspensiva do art. 7.° da lei.

Esta questão tem suscitado, na nossa doutrina, duas respostas diametralmente opostas, que referimos brevemente pela sua directa incidência no plano da infortunística laboral durante a greve[42]: enquanto um sector da doutrina defende ainda a plena aplicação da regra suspensiva do art. 7.° da LG a estas situações, outros autores recusam aos trabalhadores grevistas abrangidos pelo art. 8.° o efeito suspensivo decorrente da sua adesão à greve. E, consequentemente, enquanto para aqueles o cumprimento das obrigações legais do art. 8.° se processa "fora do contrato" (o que significa, necessariamente, fora do âmbito do poder directivo e disciplinar do empregador); para estes, o quadro de cumprimento destes deveres é ainda contratual, logo, sob o poder da entidade patronal[43].

---

[42] As nossas referências a esta temática revestem, pois, um carácter sumaríssimo, devendo ser entendidas como observações prévias em relação à temática acidentária que nos ocupa este trabalho. Justifica-se ainda deste modo a sua quase circunscrição ao direito nacional.

[43] A primeira posição apresentada foi subscrita entre nós por Monteiro Fernandes. *Direito de Greve cit.,* 60 e s., e *Noções Fundamentais de Direito do Trabalho cit.,* vol. II, pp. 301 e ss. Para este autor, os deveres do art. 8.° da LG não colidem com a situação laboral suspensiva do grevista, dada a sua origem legal. Por isso, a prestação que ele desenvolve no respectivo cumprimento, mesmo que materialmente idêntica à prestação laboral que

360   *Estudos de Direito do Trabalho*

II. No nosso entender, a segunda perspectiva é não apenas a mais praticável como também a mais correcta. É certo que o texto do art. 8.° da LG responsabiliza as estruturas sindicais e os próprios trabalhadores grevistas pelo cumprimento das obrigações legais que impõe, mas isso não significa que as funções de tipo laboral a que essas obrigações concretamente correspondem devam ser exercidas sob a orientação técnica sindical: tal não seria nem praticável, por falta de competência técnica daquelas estruturas, nem correcto, do ponto de vista da eficaz defesa dos direitos da comunidade que o legislador entendeu dever sobrepor ao direito de greve e que, afinal, a norma pretende assegurar. Deste modo, o interesse geral do correcto desempenho das funções destinadas a assegurar, quer o suporte de emprego, quer as necessidades sociais básicas impõe a manutenção do poder de direcção (do qual emanarão as directivas técnicas necessárias ao cumprimento daquelas obrigações) e do poder disciplinar (essencial para uma garantia efectiva do cumprimento) – situação que exige um enquadramento contratual do art. 8.° em relação aos trabalhadores grevistas adstritos a estas funções[44].

---

usualmente desempenha, não corresponde a nenhuma obrigação contratual e deverá ser orientada directamente pelo sindicato que decretou a greve, uma vez que se encontram suspensos os poderes directivo e disciplinar do empregador. Esta concepção parece ter correspondência, no direito italiano, ao recente conceito de *autodisciplina da greve*, que tenta operar a conciliação entre o direito de greve dos trabalhadores de serviços públicos essenciais e os interesses vitais da comunidade, mediante várias medidas de autoregulamentação (sindical) da greve, sob controlo governamental – art. 11.° da *legge quadro sul pubblico impiego (L. 29 marzo 1983).* A este propósito, *vd.,* por exemplo, a análise de uma greve do sector médico por VINCENZO SPAGNUOLO VIGORITA, *Sciopero dei medici ospedalieri e autodisciplina nei servizi pubblici essenziali,* RIDL, 1984 *(Parte prima),* 287 e ss.; bem como, de GIUSEPPE PERA, *Il diritto di sciopero cit., maxime* 475 e ss.

Defendendo a posição oposta, BERNARDO XAVIER, *Direito da Greve cit.,* 185 e ss., e MENEZES CORDEIRO, *Direito do Trabalho cit.,* II, 75 e s., consideram em execução o contrato dos trabalhadores adstritos ao cumprimento dos deveres do art. 8.°, com a inerente sujeição aos poderes directivo e disciplinar do empregador – é a *redução teleológica* do efeito suspensivo do art. 7.° n.° 1, na expressão de MENEZES CORDEIRO. Também nesta perspectiva contratualista de limitação do efeito suspensivo da greve, *vd.,* por exemplo, ROGER LATOURNERIE, *Le droit français de la grève cit.,* 210 e s., a propósito do cumprimento das *mesures de securité* pelos trabalhadores grevistas.

[44] Limitamo-nos a expor o argumento fundamental para a nossa opção, sem mais desenvolvimentos, uma vez que a questão reveste, nesta sede, natureza preliminar. Ele não tem pois pretensões de esgotar uma matéria, de per si, justificativa de uma análise muito mais profunda.

III. Aplicando a nossa conclusão à matéria acidentária que nos ocupa, podemos concluir que o acidente que o trabalhador grevista sofre em cumprimento das obrigações emergentes do art. 8.° da LG ocorre numa situação de execução efectiva do contrato de trabalho e não numa situação contratual suspensiva. O que, no nosso entender, não é indiferente para a respectiva qualificação.

III – DELIMITAÇÃO CONCEPTUAL DA FIGURA DO ACIDENTE DE TRABALHO

8. A interpretação da Base V da Lei n.° 2127, de 3 de Agosto de 1965: os elementos essenciais da figura do acidente de trabalho

8.1. *Considerações genéricas*

I. O conceito juspositivo de acidente de trabalho decorre da Base V da LAT, que, no seu n.° 1, destaca os elementos essenciais da figura e, no n.° 2, procede à sua extensão qualificativa a determinadas situações acidentárias não directamente subsumíveis ao conceito delimitado. Paralelamente, o conceito é complementado em alguns aspectos pelo Dec.-Lei n.° 360/71, de 21 de Agosto – o art. 10.° deste diploma completa a al. *a)* do n.° 2 da Base V e o conceito de *percurso normal* da al. *b)* do n.° 2 da mesma Base V é precisado pelo art. 11.° do Decreto-Lei citado. Finalmente, o âmbito do dever reparatório dimanado da ocorrência do acidente de trabalho é delimitado negativamente pela Base VI da LAT.[45].

O actual conceito legal de acidente de trabalho é o resultado de uma significativa evolução legislativa da matéria entre nós, que, desde a Lei n.° 83, de 24 de Julho de 1913, primeiro diploma regulador da temática da responsabilidade originada em acidente laboral, se tem orientado num sen-

---

[45] A redacção menos clara desta Base VI levanta, desde logo, a questão de saber se as situações acidentárias aí subsumíveis se reconduzem a casos de verdadeira descaracterização do infortúnio como acidente de trabalho (tal como é indicado na epígrafe) ou antes a causas de exclusão do dever de reparação emergente do acidente, de per si correctamente qualificado como acidente laboral, o que é indiciado pelo proémio do artigo. Não cabe, contudo, em sede deste estudo, o aprofundamento de tal matéria.

362   *Estudos de Direito do Trabalho*

tido de progressiva ampliação, parecendo ter encontrado o seu expoente máximo na actual LAT[46].

Assim, cabem no conceito de infortúnio laboral não apenas os acidentes ocorridos durante o tempo e no local de trabalho, como também os acidentes de trajecto (em deslocação de ou para o local de trabalho), verificados os requisitos do n.º 2 da Base V. Paralelamente, verifica-se uma presunção qualificativa do acidente como infortúnio laboral, nos termos do n.º 4 da mesma Base V[47-48].

---

[46] Em breve nota histórica, verificamos, de facto, que o conceito de acidente de trabalho que nos é fornecido pelos arts. 1.º e 2.º da Lei n.º 83, de 24/04/1913 é muito mais restrito, uma vez que a qualificação laboral do acidente exige que ele tenha ocorrido não apenas *"por ocasião* do serviço profissional", mas também *"em virtude* desse serviço", devendo ser motivado por um acto de violência externo e súbito, produtor de uma lesão ou perturbação – é a consagração da chamada teoria do risco profissional.

Posteriormente, o Dec. n.º 5637, de 10/04/1919, estabelece o conceito de *"desastre de trabalho"* (art. 3.º), que engloba as categorias do acidente de trabalho e da doença profissional e que apenas apresenta como elementos essenciais qualificativos a violência externa produtora de lesão, durante o exercício profissional – desaparece pois o elemento de estrita causalidade com a prestação laboral exigido pelo diploma anterior. Mas a questão da causalidade volta a ser discutida a propósito da Lei n.º 1942, de 27/7/1936 (*vd.*, a este propósito, VITOR RIBEIRO, *Acidentes de Trabalho – Reflexões e Notas Práticas,* Lisboa, 1984, 194 e s.), que delimita o conceito de acidente de trabalho nos arts. 1.º e 2.º, de uma forma negativa e positiva: exige-se a produção de lesão ou de doença e que o infortúnio tenha lugar no local e no tempo de trabalho ou, fora deste critério geográfico-temporal, se em cumprimento de ordens, sob a autoridade da entidade patronal ou em execução espontânea de serviços de que a entidade patronal possa retirar proveito económico – estes dois últimos casos revelam pois um alargamento dos critérios de delimitação da figura, que a actual LAT estenderá ainda aos acidentes *in itinere;* o art. 2.º apresenta alguns casos de descaracterização do acidente correspondentes genericamente às situações da actual Base VI da LAT, mas sem a imprecisão terminológica desta. A doutrina entendeu consagrar este diploma (aliás como a actual LAT) a teoria do risco de autoridade – *vd.*, por todos, JOÃO AUGUSTO PACHECO e MELO FRANCO, *Acidentes e Doenças Profissionais* – Suplemento ao BMJ, 1979, 58.

[47] Este era já o sentido do § 1.º do art. 1.º da Lei n.º 1942, embora a formulação fosse aí feita por via negativa.

[48] No plano do direito comparado, deparamos com critérios de qualificação dos acidentes de trabalho muito diversos. Assim, por exemplo, o direito francês distingue entre acidentes de trabalho propriamente ditos e *accidents de trajet,* sendo os primeiros os que ocorrem *par le fait ou à l' occasion du travail,* por efeito de uma actuação externa e violenta, produtora de lesão, doença ou morte, e estando os segundos a estes equiparados de uma forma genérica – Lei de 30 de Outubro de 1946. O direito espanhol regula a matéria de forma semelhante num Dec. de 22/06/1956, cujo art. 1.º exige a verificação de uma

II. Em face do conceito legal de acidente de trabalho, cabe delimitar os elementos essenciais da figura, para podermos aferir da respectiva permanência quando o acidente tenha lugar durante um período de greve[49]. A lei exige, para a qualificação do acidente como infortúnio laboral, a verificação dos seguintes elementos essenciais: a ocorrência de um *facto*; a verificação de um *duplo dano*: uma lesão física (corporal ou funcional, doença ou ainda a morte) de que decorra a perda ou a diminuição da capacidade de trabalho ou de ganho da vítima; um *duplo nexo de causalidade* (entre o facto e o dano, por um lado, e entre o dano físico e o dano laborativo, por outro); e um *nexo geográfico-temporal,* entre o acidente e a situação laboral da vítima, determinado por recurso aos conceitos de local e de tempo de trabalho[50].

---

lesão corporal *en ocasion o por consequencia del trabajo* – vd. também MANUEL ALONSO OLEA, *Introdução ao Direito do Trabalho,* tradução portuguesa de Guilherme de Vasconcelos, Coimbra, 1968, 159.

O direito belga, pelo contrário, é mais exigente no requisito de causalidade laboral, uma vez que só qualifica como acidente de trabalho o infortúnio produtor de lesão que se verifique *dans le cours et par le fait de l' exécution du contrat de louage de travail,* embora depois estabeleça uma presunção (ilidível) que atenua um pouco a conexão exigida – §§ 1.º e 2.º do art. 7.º da Lei de 10/04/1971; o art. 8.º da mesma lei equipara a estes infortúnios os acidentes *in itinere* e estende a noção de local de trabalho a várias ocorrências externas às instalações empresariais. No sistema italiano, a definição de acidente de trabalho do art. 2.º do *t.u.* 30 *giugno* 1965, *n.º* 1124, identifica-o como o acidente em que, por causa violenta e por ocasião do trabalho, o trabalhador sofra uma lesão que determine a morte ou a supressão ou diminuição da sua capacidade laborativa, permanente ou temporária – cfr. GIUSEPPE PERA, *Diritto del lavoro,* Pádua, 1980, 721. A doutrina italiana discute a qualificação laboral dos acidentes de trajecto e, nomeadamente, os conceitos de risco específico e genérico a eles ligado – *vd.,* a este propósito, por exemplo, PERA, *Diritto del lavoro cit.,* 726 e s. e GIORGIO ARDAU, *Manuale di diritto del lavoro cit.,* I, 356 e ss., bem como, em sentido oposto, GIULIANO MAZZONI e ALDO GRECHI, *Diritto del lavoro,* 2.ª ed. (*reprint*), Bolonha, 1951, 305 e ss., e ainda de ALDO GRECHI, *Le assicurazioni sociali (Corso di diritto del lavoro),* Florença, 1942, 125 e ss.; bem como LUDOVICO BARASSI, *Previdenza sociale e lavoro subordinato,* vol. I, Milão, 1954, 326 e ss.

[49] Como já referimos, a nossa análise justifica a sua sumariedade no facto de se tratar de uma questão a perspectivar como preliminar relativamente à temática dos acidentes de trabalho em situação de greve. Por este motivo, não procederemos também a qualquer análise dos elementos essenciais constitutivos da responsabilidade civil pelo risco, que, logicamente, deveria preceder a análise da Base V da LAT.; referiremos apenas a específica configuração que tais elementos assumem no caso do infortúnio laboral.

[50] De salientar que, no plano jurisprudencial, se tem verificado, quase sempre, uma aplicação literal do conceito legal de acidente de trabalho. Neste sentido, *vd.,* por exemplo,

Estudos de Direito do Trabalho

Os três primeiros elementos correspondem aos elementos constitutivos típicos das situações de responsabilidade civil pelo risco (arts. 499.º e ss. do C.C.)[51], sendo o dano o que aqui se apresenta de uma forma mais exigente, pelas suas componentes física e económica, numa dupla relação consequencial[52]. Mas é o quarto elemento apontado que, conjuntamente com a segunda vertente do elemento danoso, permite, de facto, a individualização do infortúnio como acidente de trabalho: verificado um evento produtor de uma lesão, perturbação ou doença, estamos perante um acidente; se esse evento e o correspondente dano tiverem lugar no local e no tempo de trabalho e implicarem redução ou perda da capacidade laborativa do sinistrado, o acidente é um acidente de trabalho.

Analisemos, pois, mais brevemente, os três primeiros elementos constitutivos, para nos determos na abordagem do último indicado. É que, no nosso entender, é justamente este o mais difícil de conciliar com a situação de greve em que o acidente pode ocorrer.

---

o Ac. STJ de 10/10/84, AD, Ano XXIII (1984), n.º 276, 1496 e ss. e o Ac. do STJ de 14/10/87, AD, Ano XXVII (1988), n.º 315, pp. 417 e ss., que repetem textualmente a noção legal. Diferentemente, por exemplo, o Ac. STJ de 26/02/88, AD, Ano XXVII (1988), n.º 318, 835 e ss., apresenta um conceito de infortúnio laboral que prescinde do efeito danoso laborativo e dá uma noção de subitaneidade do evento mais ampla do que a noção legal.

[51] *Vd.*, neste sentido, por exemplo, JOÃO DE MATOS ANTUNES VARELA, *Das Obrigações em Geral,* I, 5.ª ed., Coimbra, 1986, 475 e ss. e, especificamente quanto à fundamentação deste sistema de responsabilidade no domínio dos acidentes de trabalho, 590 e ss.; bem como MÁRIO JÚLIO DE ALMEIDA COSTA, *Direito das Obrigações,* 4.ª ed., Coimbra, 1984, 402 e s.

Ainda quanto à aplicação dos diversos sistemas de responsabilidade civil no domínio acidentário laboral, *vd.,* a título meramente exemplificativo, no plano comparado, ALONSO OLEA, *Introdução...cit.,* 159 e ss., ALDO GRECHI, *Le assicurazioni sociali...cit.,* 117 s., e MIQUEL HERNAINZ MARQUEZ, *Tratado Elemental de Derecho del Trabajo,* Madrid, 1944, 384 e ss.

[52] O que, aliás, não é mais do que o reflexo da maior valoração dada pelo Direito ao dano, como pressuposto básico da responsabilidade civil em geral e de responsabilidade pelo risco em particular, uma vez que dispensa a culpa – neste sentido, *vd.* ANTÓNIO MENEZES CORDEIRO, *Direito das Obrigações,* vol. II, reimpressão da 1.ª ed., Lisboa, 1988, e ALMEIDA COSTA, *Direito das Obrigações cit.,* 349 e 402 e s.

Revelando a especial importância do dano em matéria de responsabilidade por acidentes de trabalho, *vd.* ainda MARIA MANUELA AGUIAR, *Acidentes "in itinere",* ESC, Ano VII (1968), vol. I, n.º 25, 36 e ss., e 44; bem como ALONSO OLEA, *Introdução...cit., loc. cit.*

8.2. O facto

I. Para que se verifique um infortúnio laboral, no sentido deli-mitado pela Base V da LAT, é necessária, antes de mais, a ocorrência de um facto danoso[53].

Como é característico das situações de responsabilidade civil pelo risco, este facto não é um facto ilícito, podendo consubstanciar-se num *evento em sentido naturalístico* (desde que não constitua um caso de força maior estranho aos riscos contratuais, nos termos da Base VI, n.° 1 al. *d*) e n.° 2), ou num *facto de terceiro* (do empregador ou de seu representante, de um companheiro de trabalho ou de terceiro estranho – Base XXVII e Base XXXVII), ou até num *facto praticado pelo próprio lesado* (desde que não correspondente a uma falta grave e indesculpável – Base VI, n.° 1 al. *b*)[54].

II. O legislador não fornece critérios para a delimitação das caracte-rísticas que o facto danoso deve revestir, mas a jurisprudência tem exigido que ele apresente as *características de subitaneidade, violência e exterio-ridade*[55]. O carácter súbito e violento permite distinguir o acidente de tra-balho da doença profissional[56-57-58]; a exterioridade é indispensável para

---

[53] O legislador designa este facto pelo termo "acidente", afastando-se da termi-nologia da Proposta de Lei, que utilizava a expressão "evento", cujo sentido porventura mais restritivo, evitava, de qualquer modo, utilizar o definido na definição – cfr. VITOR RIBEIRO, *Acidentes de Trabalho... cit.,* 202 e FELICIANO TOMÁS DE RESENDE, *Acidentes de Trabalho e Doenças Profissionais – Legislação Anotada,* Coimbra, 1971, 16 e ss. e nota 2.

[54] Salientando a amplitude que o evento danoso pode apresentar, *vd.,* por exemplo, GIOVANNI MIRALDI, *Gli infortuni sul lavoro e le malattie professionali,* 4.ª ed., Pádua, 1960, 82 e s. Para o Autor, evento laboral danoso é qualquer modificação na pessoa do traba-lhador, desde que com origem externa e violenta e necessariamente incidente na sua ca-pacidade laborativa.

[55] Também neste sentido, entre nós, por exemplo, FELICIANO DE RESENDE, *Acidentes de Trabalho...cit.,* 18, nota 2; MELO FRANCO, *Acidentes e Doenças Profissionais cit.,* 61; e JOSÉ AUGUSTO CRUZ DE CARVALHO, *Acidentes de Trabalho e Doenças Profissionais – Le-gislação Anotada,* Lisboa, 1980, 22.

[56] *Vd.,* no entanto, o Ac. RC de 22/01/81, CJ, 1981, I, 83, considerando como súbito o evento de "duração curta e limitada". No mesmo sentido se pronuncia, por exemplo, F. NETTER, *La securité sociale et ses principes,* Paris, 1959, 138 e ss.

[57] A propósito do carácter violento do facto danoso, *vd.,* contudo, o Parecer da PGR. n.° 206/78, de 02/11/78, BMJ 286-79 (121), nos termos do qual revestem esta característica situações de exagerado esforço físico e preocupação.

366   *Estudos de Direito do Trabalho*

afirmar a estranheza do acidente em relação à vítima, delimitando-o relativamente às situações em que o dano tem origem no próprio trabalhador sinistrado – Base VI, n.º 1 als. *a)*, *b)* e *c)*[59].

8.3. *O duplo resultado danoso*

I. Verificado o facto, é ainda necessário, para que se integre o conceito de acidente de trabalho, que ele produza na esfera do trabalhador dois resultados danosos consequenciais e sucessivos: um dano físico e um dano laborativo ou económico[60].

---

[58] Sobre o conceito de causa violenta, *vd.*, por exemplo, MAZZONI/GRECHI, *Diritto del lavoro cit.*, 309 e ss.; LUDOVICO BARASSI, *Previdenza sociale cit.*, I, 339 e ss.; GIUSEPPE ALIBRANDI, *Infortuni sul lavoro e malattie professionali*, 2.ª ed., Milão, 1969, 424 e ss.; RICCARDO RICHARD, *L'assicurazione contro gli infortuni sul lavoro e le malattie professionali, in Trattato di diritto del lavoro*, vol. IV *(Parte Prima) – Le assicurazioni sociale*, 3.ª ed., Pádua, 1959, 283 e ss.; GIORGIO CANNELLA, *Corzo di diritto della previdenza sociale*, nova edição, Milão, 1967, 331 e ss.; F. NETTER, *La securité sociale...cit.*, 134.

Salientando ainda a distinção entre acidentes de trabalho e doenças profissionais pelo carácter violento dos primeiros, GIUSEPPE PERA, *Diritto del lavoro cit.*, 724; ALDO GRECHI, *Le assicurazioni sociali... cit.*, 135 e ss.; LIONELLO R. LEVI, *Istituzioni di legislazione sociale*, Milão, 1942, p. 168; FERRUCCIO PERGOLESI, *Diritto del lavoro*, 3.ª ed., Bolonha, 1949, 205; MATTIA PERSIANI, *Lezione di diritto della previdenza sociale*, 4.ª ed., Pádua, 1971, 116; LUISA RIVA SANSEVERINO, *Corso di diritto del lavoro*, 3.ª ed., Pádua, 1941, 387 e ss.; e ainda LUDOVICO BARASSI, *Previdenza sociale cit.*, I, 314 e ss., que distingue os acidentes de trabalho das doenças profissionais não apenas pelo critério violento do facto, como pela própria origem *(genesi)* de cada um dos eventos infortunísticos.

[59] O carácter externo e súbito do evento danoso constitutivo do acidente laboral é exigido pela doutrina francesa – *vd.*, nesta matéria, a análise de GÉRARD LYON-CAEN e JEANNE THILLET-PRETNER, *Manuel de droit social – capacité*, 3.ª ed., Paris, 1980, 97 e s.; já criticando a exigência de exterioridade e violência e reforçando, pelo contrário, a característica da subitaneidade do evento, também JEAN-JACQUES DUPEYROUX, *Droit de Ia securité sociale*, 8.ª ed., Paris, 1980, 507 e ss. A doutrina belga refere como características do facto, não apenas a exterioridade e a subitaneidade, mas também a "anormalidade" – *vd.*, por todos, PIERRE DENIS, *Droit de Ia securité sociale*, Bruxelas, 1970, 61 e s.

[60] Na apreciação deste elemento em sede de acidentes de trabalho, a que procedemos na doutrina nacional, encontramos referências ao dano apenas quanto à segunda consequência do evento acidental indicada pela lei, isto é, a morte ou a redução da capacidade de trabalho ou de ganho – neste sentido, *vd.* VITOR RIBEIRO, *Acidentes de Trabalho... cit.*, 212 e s. De acordo com este entendimento, a lesão física ou psíquica do trabalhador será integrada no elemento factual já analisado, que se desdobrará numa cadeia

A abordagem deste elemento constitutivo do acidente de trabalho exige, contudo, uma correcção analítica prévia, já que o legislador parece confundir os planos do dano físico e laborativo decorrentes do evento acidental: por um lado, a lei refere como consequências do evento a "lesão corporal, perturbação funcional ou doença"; por outro lado, exige, como consequência destas, a ocorrência de "morte ou redução na capacidade de trabalho ou de ganho" do trabalhador. Ora, se o primeiro dano se refere a modificações na integridade física do trabalhador, não faz sentido a inclusão do efeito "morte" na segunda consequência danosa, que, no nosso entender, se reporta às modificações na integridade produtiva do trabalhador sinistrado[61].

Estabelecida a correcção analítica, podemos pois dizer que este segundo elemento integra o conceito de acidente de trabalho quando se verifica um *dano na integridade física do trabalhador*, manifestado numa lesão corporal[62], numa perturbação funcional, numa doença[63] ou na própria morte e, neste último caso, quer esta decorra do desenvolvimento patológico das situações anteriores de lesão, perturbação ou doença, quer resulte directa e imediatamente do carácter mortal do facto danoso; e um *dano na integridade produtiva ou económica do trabalhador*, que se manifesta na redução ou na anulação da sua capacidade de trabalho ou de ganho[64].

– é aquilo que VITOR RIBEIRO designa como "factos intermédios produtores da morte ou redução da capacidade do trabalhador vítima" (*idem*, 215), construção da qual nos permitimos discordar.

[61] A nossa correcção tem, de qualquer modo, um valor prevalentemente linguístico, pois que a morte acarreta inevitavelmente a perda da capacidade laborativa. Apesar disso, ela afigura-se-nos útil dada a tendência de recondução do dano ao prejuízo económico decorrente do acidente, incompatível com a assimilação do efeito morte à diminuição da capacidade laborativa do trabalhador, por uma questão de rigor.

[62] E não meramente moral, em decorrência directa dos termos legais – *vd.*, neste sentido, VITOR RIBEIRO, *Acidentes de Trabalho... cit.*, 212 e s.

[63] Desde que provocada por um evento súbito, já que não se trata de uma doença profissional. Neste sentido, também MELO FRANCO, *Acidentes e Doenças Profissionais cit.*, 65.

[64] A distinção entre a capacidade de trabalho e a capacidade de ganho, que a anterior lei não consagrava, reporta-se à extensão e ao tipo de incapacidade decorrente do acidente, que, por sua vez, introduz modificações nos critérios indemnizatórios – Base XVI da LAT. Se a incapacidade é absoluta (temporária ou permanente), trata-se de uma *incapacidade de trabalho;* pelo contrário, se é meramente parcial (temporária ou permanente), porque o trabalhador fica impedido de executar as suas anteriores funções mas tem ainda aptidão

II. É pois necessária a verificação cumulativa e consequencial dos dois tipos de dano, para que se configure um infortúnio laboral. O que significa que sustentamos a natureza complexa mas unitária do dano tutelado em sede de responsabilidade acidentária laboral e não a sua polarização no elemento laborativo[65]. Se a lei exige a verificação dos dois tipos de prejuízo, chegando até a confundir os planos físico e económico, é porque eles são, de facto, incindíveis na fundamentação do sistema de responsabilidade. Tendo presente que esta é uma responsabilidade sem culpa, o que reforça ainda mais o valor axial do elemento danoso, e que tanto a integridade física como a integridade económico-laborativa do trabalhador são situações de vantagem susceptíveis de violação e, consequentemente, de configurarem danos[66], parece-nos, com efeito, que é a sua conjugação que constitui o dano real valorado pelo legislador nesta sede da responsabilidade acidentária, independentemente do facto de ser o prejuízo económico (salarial) a base a ter em conta para o cálculo da reparação: tutela-se a integridade física do trabalhador, na medida do seu direccionamento para a respectiva produção laborativa[67].

---

para desempenhar outras, fala-se em *incapacidade (geral) de ganho*. Naturalmente que, ao empregarmos a expressão *incapacidade laborativa,* queremos englobar os dois tipos de incapacidade.

Esta delimitação encontra-se também presente, por exemplo, no direito italiano – *vd.* LIONELLO LEVI, *Istituzioni di legislazione social cit.,* 170, GIUSEPPE ALIBRANDI, *Infortuni sul lavoro... cit.,* 443 e ss., RIVA SANSEVERINO, *Corso di diritto del lavoro cit.,* 400 e ss., RICCARDO RICHARD, *L'assicurazione contro gli infortuni sul lavoro cit.,* 529 e s.; bem como no *direito espanhol* – *vd.,* por todos, HERNAINZ MARQUEZ, *Tratado Elemental... cit.,* 421 e ss.

[65] Como parecem sustentar, entre nós, VITOR RIBEIRO, *Acidentes de Trabalho... cit.,* 215, e, embora de uma forma menos clara, FELICIANO DE RESENDE, *Acidentes de Trabalho... cit.,* 16, nota 1.

[66] Cfr. a noção de dano em sentido jurídico por exemplo em MENEZES CORDEIRO, *Direito das Obrigações cit.,* vol. II, 283 e ss., em ALMEIDA COSTA, *Direito das Obrigações cit.,* 389 ou ainda em ANTUNES VARELA, *Das Obrigações em Geral cit.,* I, *Das Obrigações em Geral,* 558.

[67] Expressamente qualificando como dano a perturbação psíquica ou física do trabalhador e acentuando a sua incindibilidade com o prejuízo laborativo, *vd.,* na doutrina italiana, por exemplo, ALDO GRECHI, *Le assicurazioni sociali cit.,* 138, e LIONELLO LEVI, *Istituzioni di legislazione social cit.,* 167. Polarizando, pelo contrário, o efeito danoso na perturbação da capacidade laborativa, por exemplo, FERRUCCIO PERGOLESI, *Diritto del lavoro cit.,* 205.

8.4. *O nexo de causalidade entre o facto e o dano*

I. Para que se consubstancie uma situação de acidente laboral e se fundamente o consequente dever reparatório, é ainda exigida a verificação do elemento de causalidade: é necessário que o facto "produza" o dano, na terminologia da Base V n.° 1 da LAT.

Não cabe no âmbito restrito deste estudo alargarmo-nos sobre a temática das doutrinas sobre a causalidade, até porque no domínio dos infortúnios de trabalho não se revelam especialidades de relevo. Limitamo-nos pois a fazer algumas observações a propósito do nexo de causalidade especificamente enquanto elemento constitutivo essencial do conceito de acidente de trabalho e fundamento da responsabilidade emergente da sua verificação.

II. É de salientar, desde logo, a natureza complexa do nexo causal no domínio dos acidentes de trabalho: o facto é causa do dano físico, que, por sua vez, tem que ser causa do prejuízo económico-laborativo do trabalhador – a lei exige pois uma cadeia causal sucessiva[68]. No entanto, paralelamente à exigência deste estrito encadeamento, o sistema da Base V aponta no sentido inverso quanto à amplitude da relação causal, ao permitir que o dano físico decorra do facto tanto directamente como por via indirecta[69], o que pode ampliar significativamente o fundamento da obrigação de indemnizar.

III. Finalmente, é de referir que o nexo da causalidade é presumido em certas situações: assim acontece quando o dano físico é reconhecido logo após a ocorrência do facto acidental, tanto no caso de acidente *stricto sensu,* como no caso de acidente *in itinere.* É o sistema que resulta da Base V n.° 4 da LAT e do art. 12.° n.° 1 do Dec.-Lei n.° 360/71, de 21 de Agosto, com as consequências da inversão do ónus da prova, aqui indicadas *a contrario sensu* no n.° 2 do art. 12.° do Dec.-Lei n.° 360/71[70].

---

[68] Neste sentido se inclinou também o sistema belga – *vd.,* Pierre Denis, *Droit de la securité sociale cit.,* 67 e s.

[69] Neste sentido, em comentário à noção legal de acidente de trabalho, *vd.* Feliciano de Resende, *Acidentes de Trabalho cit.,* 16, nota 1 e Cruz de Carvalho, *Acidentes de Trabalho... cit.,* 24.

[70] Neste como noutros domínios, estas presunções encontram a sua justificação nas dificuldades probatórias do nexo de causalidade e no claro intuito de protecção social que

370   *Estudos de Direito do Trabalho*

8.5. *O nexo geográfico-temporal*

Referimos já que os elementos delimitadores da natureza laboral do acidente são a incapacidade laborativa do trabalhador e o facto de o evento acidental ter ocorrido no tempo e no local de trabalho[71]. É pois necessária a verificação de um nexo entre o acidente e a situação laboral do trabalhador sinistrado, que o legislador estabeleceu por um critério geográfico-temporal[72].

Na abordagem deste elemento essencial cabe, em primeiro lugar, proceder à delimitação dos conceitos de local e de tempo de trabalho, para efeitos da Lei n.° 2127 e do Dec.-Lei n.° 360/71, de 21 de Agosto, referindo as extensões e os desvios que o legislador admite em relação às categorias definidas. Só depois poderemos concluir algo sobre o real sentido do nexo exigido pela lei entre local e tempo de trabalho e acidente.

8.5.1. *A noção de local de trabalho*

I. Em face da exigência do nexo geográfico entre o acidente e a situação laboral do trabalhador sinistrado, constante do n.° 1 da Base V da LAT., o n.° 3 da mesma base fornece-nos a noção de local de trabalho para efeitos acidentários – ele corresponde a "toda a zona de laboração ou exploração da empresa".

É pois uma noção ampla, que tem mais a ver com as instalações da empresa ou do estabelecimento em que o trabalhador presta serviço do que propriamente com o local concreto em que habitualmente se encontra a

---

norteou o legislador. Elas revestem, naturalmente, carácter ilidível, como decorre, aliás, do art. 12.° n.° 1 do Dec.-Lei 260/71. Neste sentido, *vd.* ainda FELICIANO DE RESENDE, *Acidentes de Trabalho cit.*, p. 20, nota 5, CRUZ DE CARVALHO, *Acidentes de Trabalho... cit.*, 27, e MELO FRANCO, *Acidentes e Doenças Profissionais cit.*, 64.

[71] Cfr., *supra,* ponto 8.1.

[72] De forma algo diferente, mas igualmente ampla. o sistema italiano exige para a qualificação laboral do acidente que ele se tenha verificado *in occasiane di lavoro,* expressão que tem suscitado diversos entendimentos na doutrina, mas que tem sido unanimemente considerada como elemento que caracteriza, de uma forma típica, a natureza profissional do evento acidentário. Neste sentido, por exemplo, GIUSEPPE ALIBRANDI, *Infortuni sul lavoro... cit.*, 401 e s., MATTIA PERSIANI, *Lezione... cit.*, 111 e s., e SALVATORE CERMINARA, *Studi di diritto della previdenza sociale,* Roma, 1971, 111.

Greve 371

desempenhar a sua prestação laboral – deste modo, quer o acidente ocorra no gabinete do trabalhador, quer se verifique na cantina ou no elevador da empresa, encontra-se preenchido o conceito de local de trabalho para efeitos acidentários[73-74].

II. No entanto, este conceito, aparentemente tão amplo, contém, nos seus próprios termos definidores, o instrumento para a sua não extensão a situações que a própria lei pretende subsumir ao regime jurídico dos acidentes de trabalho. De facto, nos termos da Base II, n.º 2 da LAT, os trabalhadores vinculados por contrato legalmente equiparado ao contrato individual de trabalho integram o âmbito de aplicação pessoal da legislação acidentária. Ora, um dos casos previstos pelo art. 2.º da LCT, com o qual tem que ser conjugada a Base II, é o do trabalhador no domicílio, que, por definição, não se encontra na zona de laboração da empresa. Significará isto que o acidente sofrido pelo trabalhador domiciliário equiparado, em sua casa, não poderá nunca ser qualificado como acidente de trabalho, por não se encontrar preenchido o conceito de local de trabalho? Pensamos que não, sob pena de inaplicabilidade prática da equiparação operada pela Base II da LAT. Por isso, sustentamos que, pelo menos nestes casos, o conceito de local de trabalho da Base V n.º 3 seja reconduzido à noção doutrinal de centro estável da actividade do trabalhador (dentro ou fora das instalações da empresa)[75].

---

[73] Neste sentido, por exemplo, MELO FRANCO, *Acidentes e Doenças Profissionais cit.,* 63.

[74] Saliente-se que não há na LCT, nem noutros diplomas regulamentadores das relações individuais de trabalho, uma noção de local de trabalho, embora a doutrina o defina como o centro estável de actividade do trabalhador – neste sentido, *vd.,* por todos, MONTEIRO FERNANDES, *Direito do Trabalho cit.,* I, 319.

[75] De salientar que, embora a maior parte da nossa jurisprudência se limite a repetir o conceito legal da Base V n.º 3 da LAT. – *vd.,* por exemplo, os Acs. STJ de 06/04/1984 e de 10/10/1984, AD, Ano XXIII (1984), respectivamente n.º 271, 928 e ss. e n.º 276, 1496 e ss.; e o Ac. REv. de 15/05/1986, CJ, 1986, III, 283 – algumas decisões judiciais em matéria acidentária ligam o conceito de local de trabalho ao lugar de desempenho da prestação de cada trabalhador – *vd.* por exemplo, os Acs. REv. de 26/06/1984 e de 02/10/1984 e de 02/10/1986, CJ, 1984, IV, 313, e 1986, IV, 316, respectivamente.

8.5.2. A noção de tempo de trabalho

I. No que se refere ao conceito de tempo de trabalho, ele é também definido pelo n.° 3 da Base V da LAT., de uma forma que não podemos deixar de considerar pouco clara. O legislador define o tempo de trabalho, para este efeito, como o "período normal de laboração", o que, aparentemente, o afasta do conceito de período normal de trabalho do art. 45.° da LCT[76] e o aproxima da noção de período ou de funcionamento da empresa, nos termos dos arts. 23.° n.° 2 e 26.° n.° 1 do Dec.-Lei n.° 409/71, de 27 de Setembro. No entanto, as referências legais subsequentes às interrupções forçosas de trabalho e aos intervalos de descanso do trabalhador, levam-nos a concluir que, não obstante a terminologia utilizada, o legislador tem aqui presente o tempo de trabalho de *cada* trabalhador e a respectiva distribuição ao longo do dia (ou seja, o período normal de trabalho e o próprio horário de trabalho) e não o período de funcionamento da empresa – é que para este último conceito não fazem sentido aquelas referências[77].

II. Resta assinalar que o conceito acidentário de tempo de trabalho terá que ser aplicado aos trabalhadores isentos de horário de trabalho, caso em que está realmente em causa o período de funcionamento da empresa. Já no que se refere aos trabalhadores equiparados, que prestem serviço no seu domicílio, não vemos como aplicar o conceito, uma vez que não se configura quanto a eles um período normal de trabalho ou um horário de trabalho. O requisito de conexão temporal terá assim que ser dispensado neste caso, que poderá, para esse efeito, ser configurado como uma excepção a acrescentar ao n.° 2 da Base V, sob pena de a equiparação a que procede a Base II ficar sem efeito útil.

---

[76] Deve salientar-se, contudo, que este diploma é de 1969, ao passo que a LAT é de 1965, embora só tenha sido aplicada a partir de 1971, com a publicação do Dec.-Lei n.° 360/71, de 21 de Agosto.

[77] Parece-nos, de facto, o conceito empresarial de período de laboração inadequado para a delimitação temporal do acidente de trabalho. Se pensarmos, por exemplo, numa empresa de laboração contínua, ele não estabelece qualquer delimitação e teremos que concluir que se verifica o nexo temporal no acidente sofrido pelo trabalhador nas instalações da empresa quando aí se encontra a prestar serviço, como quando aí se desloca num dia de folga para visitar os seus colegas de trabalho, o que não nos parece corresponder de todo à intenção do legislador.

8.5.3. *Os desvios ao nexo geográfico-temporal – referência remissiva*

Resta referir, a propósito do nexo geográfico-temporal na delimitação conceptual do acidente de trabalho, que a própria lei estabelece algumas situações de desvio relativamente àquele conceito, mediante o afastamento daquele nexo. Neste sentido, a al. *a*) do n.° 2 da Base V fundamenta a natureza laboral do acidente apenas no conceito de subordinação do trabalhador à entidade patronal, não exigindo o requisito do tempo e do local de trabalho; e a admissibilidade limitada dos acidentes *in itinere* da al. *b*) do n.° 2 prescinde também do conceito de local de trabalho.

Não cabendo no âmbito restrito deste estudo o aprofundamento da temática do conceito e âmbito dos acidentes de trabalho, limitamo-nos a referir estes desvios, sem cuidar da respectiva justificação. No entanto, porque eles revelam utilidade na tarefa de aplicação do conceito de infortúnio laboral à matéria da greve que empreenderemos de seguida, voltaremos a referenciá-los pontualmente.

9. **Conclusões**

9.1. *O conceito literal de acidente de trabalho e a insuficiência do nexo geográfico-temporal para a individualização laboral do acidente*

I. Em face dos elementos analisados, e em termos de direito positivo português, o acidente de trabalho pode ser definido como o facto natural ou humano, exterior e súbito, ocorrido no local e no tempo de trabalho, que cause ao trabalhador uma lesão, perturbação funcional, doença ou a morte, de que decorram a diminuição ou a perda da sua capacidade laborativa.

Delimitando os elementos conceptuais da figura do acidente de trabalho, esta noção permite simultaneamente isolar os pressupostos constitutivos da modalidade especial de responsabilidade objectiva pelo risco a que a verificação do acidente assim qualificado dá lugar. Mas a especificidade da figura e, consequentemente, da responsabilidade emanada da sua verificação, decorre sobretudo dos elementos de conexão entre o acidente e a situação laboral do trabalhador sinistrado: é porque existe um nexo especial a ligar a vítima a um enquadramento de tipo laboral[78] que se justifica a também especial configuração da responsabilidade civil decorrente do acidente.

II. No conceito encontrado, dois elementos estabelecem o nexo laboral: por um lado, a alteração da integridade produtiva do trabalhador, exigida pelo legislador como dano final; por outro lado, o elemento de conexão geográfico-temporal, dado pelas noções de tempo e de local de trabalho. Reportando-se o primeiro às consequências do infortúnio e relevando, no nosso entender, essencialmente como base de cálculo da indemnização devida[79], é, de facto, o segundo que estabelece o enquadramento laboral inicial do infortúnio.

Contudo, esta função enquadrativa do nexo geográfico-temporal é, no nosso entender, estabelecida de uma forma demasiado simplista: desde que ocorra nas instalações da empresa, durante o tempo de trabalho do trabalhador, todo e qualquer acidente pode vir a ser qualificado como acidente de trabalho; e nos casos de desvio do n.º 2 da Base V da LAT até deste nexo prescinde o legislador. Os termos da Base V permitem pois subsumir ao conceito legal de acidente de trabalho um sem número de situações acidentárias, justificativas da inerente responsabilidade civil[80]. E, paradoxalmente, a aplicação do conceito legal faz excluir do âmbito da tutela deste regime acidentário situações que o legislador aí quis integrar – é o caso dos trabalhadores equiparados no domicílio, em relação aos quais não são aplicáveis os conceitos de local e de tempo de trabalho.

Cremos pois que, embora possa responder à maioria das situações práticas de surgimento de acidentes, o conceito legal de acidente de trabalho não é, nos moldes descritos, apto a resolver a globalidade das situações acidentárias e, designadamente, os problemas suscitados pelos acidentes de trabalho ocorridos em situação de greve. Pelo menos para este efeito, parece-nos pois necessária uma reformulação do conceito.

---

[78] Dizemos um enquadramento *de tipo* laboral e não *tecnicamente* laboral, em virtude das situações de equiparação da Base II, que assimilam ao regime da LAT sujeitos que não têm a qualidade de trabalhadores subordinados.

[79] *Vd., supra*, a posição que adoptámos, aquando da análise do elemento danoso no conceito de acidente de trabalho, ponto 8.3.

[80] Repare-se que esta situação se mantém mesmo com a interpretação de certo modo restritiva a que procedemos dos termos legais referentes aos elementos essenciais do conceito de acidente de trabalho, como as noções de tempo e de local de trabalho – *vd., supra*, ponto 8.5.

9.2. *A real conexão do acidente com a situação laboral do trabalhador: o nexo causal da subordinação jurídica*

I. No nosso entender, o conceito de acidente de trabalho exige a determinação do real significado do nexo geográfico-temporal, na sua função de elemento de conexão laboral do evento infortunístico. E, para isso, pensamos que, nesta sede acidentária, como nas outras sedes laborais em que intervêm, os conceitos de local e de tempo de trabalho têm que ser reconduzidos à sua verdadeira dimensão: uma dimensão de instrumentalidade. Estes conceitos não têm, de per si, qualquer valor, decorrendo o seu interesse prático-jurídico do facto de eles serem reveladores de uma outra realidade, esta sim essencial: a realidade da subordinação jurídica, elemento verdadeiramente delimitador da situação do trabalhador[81].

Propomos pois a aplicação à temática dos acidentes de trabalho, na matéria da sua delimitação conceptual, da ideia genérica da recondução dos conceitos de local e de tempo de trabalho ao conceito abrangente de subordinação jurídica: o trabalhador tem que se encontrar numa situação de subordinação jurídica em relação à entidade empregadora para que o acidente de que seja vítima, no local e no tempo de trabalho, possa ser qualificado como acidente de trabalho. Ou seja, tem que se verificar um *nexo causal entre o acidente e a situação de subordinação jurídica* que caracteriza a posição laboral do trabalhador.

A nossa conclusão não implica a dispensa do elemento de conexão geográfico-temporal, mas o seu reposicionamento. Se os conceitos de local e de tempo de trabalho têm natureza instrumental, também em matéria de delimitação conceptual do acidente eles terão interesse enquanto revelarem o exercício da subordinação jurídica e não independentemente dela – verificando-se um acidente no local e no tempo de trabalho mas sem a existência de subordinação jurídica, não estamos perante um infortúnio laboral. Ou seja, o nexo geográfico-temporal é relevante porque demonstra

---

[81] Em termos gerais, diremos que os conceitos de local e de tempo de trabalho são instrumentais na medida em que se configuram como necessários para o exercício dos poderes do empregador correspondentes à situação subordinada do trabalhador. Só interessa a fixação de um local e de um tempo de trabalho para delimitar a disponibilidade do trabalhador em relação à entidade empregadora: o trabalhador encontra-se disponível naquele local e durante aquele período a fim de que o empregador possa exercer efectivamente os poderes de direcção e disciplina, que concretizam a subordinação jurídica.

376 Estudos de Direito do Trabalho

a subordinação jurídica do trabalhador e é esta subordinação que justifica, afinal, a caracterização laboral do acidente.

II. Mas a construção agora apresentada não estará completa sem a determinação do âmbito do nexo causal decorrente da necessidade de subordinação jurídica. Naturalmente que o referido nexo não exige que o acidente ocorra sob o cumprimento de ordens concretas da entidade empregadora ou do superior hierárquico do trabalhador, como também não exige que na origem do acidente esteja necessariamente e sempre a execução da sua prestação de trabalho[82]. Tão apertada restrição não só chocaria com os conceitos amplos de local e de tempo de trabalho da LAT, a que já tivemos ocasião de fazer referência[83], bem como com as situações do n.º 2 da Base V, como nem sequer corresponde à essência do conceito de subordinação jurídica, embora o exercício dos poderes que a consubstanciam resulte, normalmente, na emissão de ordens directas ao trabalhador[84]. A existência do nexo causal de subordinação jurídica significa antes que o infortúnio que vitima o trabalhador só é acidente de trabalho porque ocorre quando o trabalhador se encontrava sujeito ao poder de direcção e ao poder disciplinar do empregador, nos termos do art. 1.º da LCT, mesmo que esses poderes não estivessem concretamente a ser exercidos; e esta sujeição do trabalhador é dada pela sua disponibilidade face à entidade patronal, que é normalmente revelada pelos conceitos instrumentais de local e de tempo de trabalho, mas que se pode manter mesmo quando estes conceitos não sejam operativos. Pelo contrário, não se encontrando o trabalhador numa situação de subordinação jurídica em relação ao empregador, que, consequentemente, não pode actuar os seus poderes

---

[82] Neste sentido tem sido interpretado o sistema legal belga, por um sector da doutrina, que só qualifica como laboral o acidente que tem lugar *dans le cours et par le fait de l'exécution du contrat de louage de travail,* apesar de atenuar essa exigência ao estabelecer a presunção de que, ocorrendo o acidente durante a execução do contrato é por causa dessa execução que ele tem lugar – vd. PIERRE DENIS, *Droit de la sécurité sociale cit.,* 64 e s., embora recorrendo ao argumento da autoridade e não da subordinação jurídica em sentido próprio; e ainda, *supra,* nota 48 deste estudo. No entanto, a execução do contrato não se reduz, no nosso entender, à execução da prestação contratual principal, dada a complexa natureza do vínculo contratual laboral, pelo que não será justificada uma interpretação tão restritiva dos termos legais.

[83] Cfr., *supra,* ponto 8.5.

[84] Naturalmente que extravasa do âmbito restrito deste estudo qualquer abordagem da problemática da conceptualização da subordinação jurídica.

directivo e disciplinar, não se verifica a conexão causal e a ligação de espaço e tempo é insuficiente para operar a qualificação laboral do acidente.

Trata-se assim de uma subordinação bem delimitada, tanto de um ponto de vista negativo, como de um ponto de vista positivo: do ponto de vista negativo, ela não exige uma conexão imediata e directa entre o acidente e o cumprimento efectivo da prestação laboral; de um ponto de vista positivo, ela terá que ser efectiva e não meramente formal, já que não se reconduz à preexistente e abstracta situação de subordinação do trabalhador, que decorre da celebração do seu contrato de trabalho, mas à execução efectiva do contrato no momento em que ocorre o acidente. Não é pois exigido que o infortúnio ocorra no cumprimento de ordens do empregador, mas é necessário que se verifique quando o trabalhador se encontre em situação de poder receber essas ordens – isto é quando se encontre disponível para a execução da prestação. Se os elementos de conexão geográfico--temporal revelarem essa disponibilidade, verifica-se também o nexo causal; se não a revelarem, não será possível operar a qualificação laboral do acidente[85].

---

[85] A exigência da conexão causal não significa, pois, nos moldes em que a apresentamos, a subscrição das teorias do risco profissional e do risco de autoridade, que tradicionalmente justificaram a responsabilidade acidentária laboral. Nem se exige uma conexão directa entre o acidente e os perigos inerentes à actividade empresarial e à prestação concreta do trabalhador, baseando o sistema de responsabilidade na ideia central de que o empregador, porque beneficiário da actividade do trabalhador, deveria responder pelos riscos a ela inerentes, de acordo com o princípio romano *ubi commodum, ibi incommudum* – teoria do risco profissional; nem se exige, independentemente da existência de perigo, uma conexão entre o sinistro e a prestação efectiva do trabalhador, justificada pelo facto de o trabalhador estar sob a autoridade do empregador, i.e., adstrito ao dever de obediência em relação a ele – concepção do risco de autoridade. Se a primeira orientação parece estar hoje definitivamente ultrapassada, que mais não seja porque parcialmente apoiada em concepções comunitário-pessoais sobre a relação de trabalho, envolvendo deveres assistenciais da entidade empregadora que hoje são perspectivados de forma diferente, é certo que também em relação à segunda é fácil delimitar a exigência do nexo causal subordinativo. Não se trata, na nossa construção, de filiar o acidente no dever de obediência do trabalhador (concepção francamente redutora do âmbito das situações a subsumir ao sistema de responsabilidade), já que esse dever é apenas uma das manifestações da subordinação jurídica; trata-se antes de fazer relevar a situação global de subordinação, de sujeição à determinação (potestativa) por outrém da prestação a desenvolver. Simplesmente, essa situação de sujeição terá que ser concreta e efectiva aquando do acidente e não abstracta (ou seja, por mera decorrência da celebração do contrato).

378   *Estudos de Direito do Trabalho*

Resta salientar que esta delimitação do âmbito do nexo causal obsta à qualificação da subordinação jurídica como simples pressuposto de aplicação da tutela acidentária e do próprio conceito de acidente de trabalho. A sua dimensão dinâmica, a exigência de efectividade no momento em que ocorre o acidente, conferem-lhe, no nosso entender, o carácter de verdadeiro elemento essencial na delimitação conceptual do infortúnio laboral. Não tem que se presumir a sua existência (decorrente simplesmente da celebração do contrato individual de trabalho, nos termos do art. 1.º da LCT), tem que se aferir da sua efectividade no momento do acidente. Por isso a consideramos um elemento integrante do conceito e não um seu pressuposto[86].

III. A posição que agora sustentamos pode suscitar várias críticas. Por um lado, pode argumentar-se que ela não tem correspondência na letra da lei, já que o n.º 1 da Base V parece não exigir qualquer conexão causal para a qualificação laboral do acidente; por outro lado, pode defender-se a sua inutilidade, essencialmente por recurso ao n.º 2 da Base V, na sua alínea *c*), que qualifica como laboral o acidente ocorrido na execução de serviços espontaneamente prestados pelo trabalhador sinistrado; e, finalmente, pode invocar-se a própria Base II da LAT, com a sua extensão do regime de protecção social a situações em que, por não haver contrato de trabalho, não há, necessariamente, subordinação jurídica.

Não nos parecem, todavia, estes argumentos procedentes.

No que se refere ao primeiro argumento legal, é certo que a Base V n.º 1 não se refere ao nexo causal, quando delimita o conceito de acidente de trabalho; mas é também certo que o conceito final de infortúnio laboral não é apenas produto do n.º 1 da Base V, mas antes da conjugação desta

---

[86] No sentido da qualificação do elemento de subordinação como simples pressuposto da aplicação da tutela acidentária e do próprio conceito de acidente de trabalho poderia ser apontada a Base II n.º 1 da LAT, ao delimitar o âmbito subjectivo de aplicação do regime tutelar pela qualidade do trabalhador – ele terá que ser um trabalhador "por conta de outrem" (procedendo a este tipo de abordagem, embora concluindo depois noutro sentido, *vd.*, por exemplo, Vitor Ribeiro, *Acidentes de Trabalho... cit.*, 205 e 207 e s.). No entanto, o n.º 2 integra, para efeitos acidentários, na categoria dos trabalhadores por conta de outrem, não apenas os trabalhadores subordinados como ainda diversas categorias de trabalhadores autónomos. Tanto bastaria para que a subordinação jurídica não pudesse ser considerada como um pressuposto do conceito de acidente de trabalho, embora, como já vimos, não seja este o argumento principal.

norma com outros preceitos legais delimitadores e, designadamente, com os restantes números da Base V e com a Base VI da lei. Ora, da análise destes preceitos retiramos argumentos em favor da existência de um nexo causal nos acidentes de trabalho.

Assim é que a al. *a*) do n.° 2 de Base V exige claramente que o trabalhador seja vítima do acidente quando na execução de ordens determinadas pela entidade patronal, ou seja, em cumprimento do dever de obediência, a que corresponde o poder directivo do empregador, integrativo do conceito de subordinação jurídica[87]. E também indiciadoras da relevância do dever de obediência do trabalhador (e, assim, da necessidade de verificação da subordinação jurídica) são as regras das alíneas *a*) e *h*) do n.° 1 da Base VI da LAT: o acidente é descaracterizado como acidente de trabalho porque a vítima violou deveres contratuais atinentes às condições de segurança no trabalho, determinadas pelo empregador no exercício das suas prerrogativas directivas (al. *a*), *in fine),* ou porque praticou uma falta grave e indesculpável que, pelo menos em alguns casos, pode ser uma falta disciplinar (al. *h*)) – mais uma vez, é da subordinação jurídica que se trata.

Por outro lado, a ideia de subordinação jurídica é também revelada nos preceitos legais por recurso a outros critérios: o critério do risco das condições de trabalho (atente-se na definição de caso de força maior do n.° 2 de Base VI, directamente ligada à prestação laboral) e do risco agravado do percurso normal (Base V, n.° 2 *in fine*)[88]; bem como o critério do

---

[87] A própria ideia de "consentimento", da parte final desta alínea, revela, *a contrario,* que, se o empregador não consentir na prestação daqueles serviços, não estamos perante um acidente de trabalho – o que, mais uma vez, demonstra a necessidade de verificação da subordinação jurídica do trabalhador.

E nem se diga que a exigência legal expressa de subordinação jurídica neste caso é pontual e substitutiva da conexão espácio-temporal (posição sustentada, por exemplo, por FELICIANO DE RESENDE, *Acidentes de trabalho cit.,* 18, nota 4), porque, como já vimos, os elementos de espaço e de tempo são instrumentais em relação à própria subordinação jurídica.

[88] Neste último caso, pode ainda acrescentar-se que o risco de percurso tem relevância laboral em termos de qualificação do infortúnio como acidente de trabalho, porque o trabalhador se encontra no cumprimento do dever de assiduidade, outro aspecto específico da sua posição de subordinação jurídica – é, aliás, este o argumento adiantado por um sector da doutrina a propósito do risco coberto nos acidentes *in itinere* – nesta matéria, *vd.,* por exemplo, MARIA MANUELA AGUIAR, *Acidentes "in itinere" cit.,* especialmente 68 e ss.

380   *Estudos de Direito do Trabalho*

fornecimento do transporte pela entidade patronal (Base V n.º 2 al. *h*), 2.ª parte) – todos eles têm implícita a ideia de subordinação jurídica, nomeadamente na sua expressão no dever de assiduidade.

O nexo causal encontra-se pois presente na lei. Quanto ao argumento da inutilidade do nexo causal, dada a qualificação laboral do acidente sofrido na prestação de serviços espontâneos pelo sinistrado de que decorra proveito económico para o empregador, nos termos da al. *c*) do n.º 2 da Base V, parece-nos que ele aponta, de facto, no sentido (inverso) da genérica exigibilidade de subordinação jurídica para a qualificação do acidente como laboral: é porque há subordinação a ordens do empregador que apenas quando o serviço prestado espontaneamente redunde numa vantagem económica deste pode ser qualificado como acidente de trabalho. Se tal proveito económico se não verificar, o acidente é descaracterizado como sinistro laboral, apesar de ter ocorrido no tempo e no local de trabalho – o que não só salienta a exigibilidade do nexo causal da subordinação jurídica, como demonstra a insuficiência do nexo geográfico-temporal, de per si.

Finalmente, no que respeita ao argumento de que outros sujeitos para além dos trabalhadores subordinados beneficiam da protecção especial da LAT., nos termos da Base II, n.º 2, desde que se encontrem na "dependência económica da pessoa servida", não nos parece também argumento bastante para contrariar a tese exposta. Não obstante a discutível redacção do n.º 2 da Base II[89], do que se trata aqui é de uma equiparação no plano regimental, aliás, em concretização do princípio geral do art. 2.º da LCT. É por considerar materialmente idêntica a situação destes trabalhadores e dos trabalhadores subordinados, que a lei estende aos primeiros o regime dos segundos, apesar de não haver subordinação jurídica, o que acarreta, designadamente, a necessidade de adaptação dos critérios da Base V e, nomeadamente, dos conceitos de local e de tempo de trabalho. Não nos parece pois que esta norma proscreva, de per si, a tese que defendemos,

---

[89] Embora saia largamente do âmbito deste estudo, não podemos deixar de referir a confusa redacção deste preceito, que, ao mesmo tempo que fornece uma noção ampla de trabalhadores por conta de outrem, nela incluindo trabalhadores não subordinados mas autónomos, paradoxalmente parece não aplicar o requisito da dependência económica aos trabalhadores autónomos equiparados, quando tal requisito é essencial à equiparação. Este é motivo bastante para exigir um especial cuidado na interpretação do preceito, integrando--o designadamente com o art. 2.º da LCT., sob pena de não fazer hoje grande sentido.

visto ela não proceder a qualquer qualificação, mas unicamente a uma operação de extensão regimental[90].

IV. Sustentamos pois, em conclusão, a necessidade de verificação de um nexo causal de subordinação na delimitação conceptual do acidente de trabalho: o trabalhador terá que se encontrar numa situação de subordinação jurídica efectiva em relação ao empregador para que seja qualificado como laboral o acidente de que venha a ser vítima e, consequentemente, se preencham os pressupostos constitutivos da responsabilidade pelo risco que decorre da sua verificação. Esta subordinação jurídica está subjacente aos conceitos de local e de tempo de trabalho, mas não pode ser com eles confundida nem reduzida à dimensão instrumental que eles revestem – o que permite a extensão da qualificação laboral a casos em que a lei prescinde da conexão de tempo e de lugar ao mesmo tempo que possibilita o surgimento de situações de descaracterização por falta de subordinação, apesar de preenchido o elemento de conexão geográfico-temporal[91-92].

---

[90] Não subscrevemos, deste modo, a opinião de VITOR RIBEIRO, *Acidentes de Trabalho... cit.,* 205 (sustentada justamente com base no n.° 2 da Base II da LAT e correspondente, aliás, à perspectiva proteccionista tradicional da segurança social sobre a matéria), no sentido de que o pressuposto essencial da protecção acidentária do trabalhador (autónomo ou subordinado) é a sua situação de dependência económica relativamente ao empregador – opinião subscrita, aliás, também por CRUZ DE CARVALHO, *Acidentes de Trabalho... cit,* 11. No nosso entender, o que está em causa é, de facto. a situação de subordinação jurídica do trabalhador, à qual, para efeitos regimentais, a Base II n.° 2 equipara outras situações.

A propósito dos conceitos de dependência económica e de subordinação jurídica, como base do regime de protecção social e dos acidentes de trabalho, não podemos deixar de referir a análise demorada de PAUL PIGASSOU, *L' évolution du lien de subordination en droit du travail et de la sécurité sociale,* DS, 1982, 7-8, 578 e ss. Em apreciação do art. 241.° do *Code de la securité sociale* e da evolução jurisprudencial a respeito do fundamento do regime de protecção social nele previsto, o Autor conclui que esse fundamento está ainda no elo da subordinação jurídica.

[91] É de salientar que, no plano jurisprudencial, alguns acórdãos exigem um nexo de causalidade efectiva entre o acidente e o serviço ou trabalho prestado. Neste sentido. o Ac. STJ de 13/03/1985, AD n.° 284/285, Ano XXIV (1985), 1012, e o Ac. STJ de 22/11/1984, BMJ 341-331, consideram que este nexo acresce ao nexo de tempo e lugar; o Ac. RP de 01/10/84, CJ, 1984, IV, 265, que não qualifica como acidente de trabalho o evento acidentário decorrente da explosão de um "objecto estranho" em que o trabalhador se diverte a bater durante o almoço, por falta de causalidade entre o acidente e a situação laboral do trabalhador.

No entanto, ainda nestes casos o posicionamento jurisprudencial parece inclinar-se sobretudo no sentido da conexão causal pelo risco de autoridade e não no sentido mais amplo que agora subscrevemos.

[92] No plano da doutrina comparada, *vd.,* com uma opinião não muito diferente da que sustentamos, ROGER LATOURNERIE, *Le droit français de la grève cit.,* 493, que faz decorrer o direito às prestações sociais por acidente de trabalho do vínculo de subordinação e de dependência que, durante a execução do contrato de trabalho, liga trabalhador e empregador. Em sentido não muito diferente, é ainda de apontar a construção de HERNAINZ MARQUEZ, *Tratado Elemental...cit.,* 404 e nota 3, que nos parece concluir pela necessidade de subordinação jurídica: a relação entre o acidente e o trabalho do sinistrado tem um elemento subjectivo (o desenvolvimento de uma actividade profissional por conta alheia) e um elemento objectivo (a necessidade de realização dessa actividade na "órbita" predeterminada pelo empregador. Ou seja, no nosso entender, na "órbita" (de poder) do empregador – a esfera do exercício dos poderes correspondentes à subordinação jurídica.

O sistema italiano parece também exigir a conexão causal a partir do conceito de subordinação jurídica, a propósito do âmbito pessoal de aplicação do regime tutelar – o art. 4.º do *t.u.* 30 *giugnio 1965* estabelece que são abrangidos pela tutela acidentária os trabalhadores permanentes ou eventuais *alle dipendenze e sotto la direzione altrui* – *vd.,* nessa matéria, por exemplo, GIORGIO ARDAU, *Corso...cit.,* 344 e s. No entanto, a natureza e o âmbito da conexão causal têm sido objecto de entendimentos muito diversificados mercê das diferentes interpretações do elemento *occasione di lavoro,* que integra o conceito legal de infortúnio laboral. A doutrina aplica aqui os conceitos de risco genérico e de risco específico ligados à execução do contrato de trabalho *(vd.,* por exemplo, ALDO GRECHI, *Le assicurazioni sociali cit.,* 124 e ss., FERRUCCIO PERGOLESI, *Diritto del lavoro cit.,* 205 e nota 2, GIORGIO CANNELLA, *Corzo... cit.,* 338, e SALVATORE CERMINARA, *Studi di diritto della previdenza sociale cit.,* 112). Estabelecendo, também a partir do conceito de *occasione di lavoro,* uma relação causal entre o acidente e o trabalho, *vd.* ainda RICCARDO RICHARDI, *L'assicurazione contro gli infortuni sul lavoro...cit.,* 517 e ss., exigindo que o trabalho seja intrínseca ou presuntivamente danoso (no sentido de arriscado) ou um elemento possibilitante da ocorrência do acidente; e GIOVANNI MIRALDI, *Gli infortuni sul lavoro...cit.,* 91 e ss., para quem a *occasione di lavoro* determina a exigência de um nexo causal entre o acidente e o trabalho: ou um nexo genético, porque o primeiro decorre do segundo; ou um nexo indirecto de ocasionalidade. Veja-se como a ideia de ocasionalidade, em MIRALDI, e de possibilidade, em RICHARD, estendem o âmbito das situações de responsabilidade, sem saírem da causalidade (subordinativa). Já filiando-se de uma forma mais clara na doutrina do risco de autoridade, por exemplo, LUDOVICO BARASSI, *Previdenza sociale cit.,* 331, a propósito da temática dos conceitos de risco genérico e específico, aplicada aos acidentes *in itinere:* para o Autor, não é necessário que a actividade *aziendale* do trabalhador seja uma causa próxima do acidente, mas terá de ser o seu escopo *(scopo)* – verifica-se pois uma conexão directa entre o acidente e a prestação efectiva do trabalhador.

V – CONCLUSÕES

10. A conjugação entre o conceito de acidente de trabalho e a situação de greve do trabalhador sinistrado: a relevância do nexo causal da subordinação jurídica

I. Analisado o efeito contratual suspensivo da greve preceituado pelo art. 7.º n.º 1 da LG e operada a sua conjugação com o art. 8.º da mesma lei; e delimitado, por outro lado, o conceito correcto de acidente de trabalho, estamos agora melhor apetrechados para resolver a questão da qualificação do acidente sofrido pelo trabalhador grevista durante a greve. Ele será um acidente de trabalho se os efeitos da greve na situação laboral individual do trabalhador aderente não colidirem com os elementos integrativos daquele conceito.

No que se refere aos três primeiros elementos delimitativos da figura do acidente de trabalho, podemos afirmar que eles não sofrem qualquer alteração pelo facto de esse acidente ocorrer durante a greve, quer o acidente se verifique no exercício do direito de greve pelo trabalhador, quer ocorra no cumprimento de deveres legais emergentes da greve. Assim, o *elemento fáctico* tem que revestir as características de exterioridade e subitaneidade; o *elemento danoso* terá que atingir não apenas a integridade física do trabalhador, como também a sua integridade económica; e o *nexo de causalidade* manterá a sua configuração.

II. Mas já no que respeita ao *nexo geográfico-temporal* e ao *nexo causal de subordinação jurídica,* elementos que verdadeiramente conferem o carácter laboral ao acidente, a situação grevista do sinistrado não é indiferente à qualificação do infortúnio, pelos efeitos que produz na esfera laboral individual do trabalhador grevista.

Esquematicamente, a questão pode colocar-se do seguinte modo: se, não obstante a greve, se mantiver a subordinação jurídica do trabalhador, o acidente de que ele seja vítima pode ser qualificado como acidente de trabalho (desde que verificados os restantes elementos essenciais naturalmente); se, pelo contrário, cessar a subordinação jurídica, o acidente nunca poderá ser qualificado como acidente de trabalho, mesmo que ocorra no local de trabalho e, hipoteticamente, no tempo de trabalho. O cerne da questão terá pois que ser sempre a subordinação jurídica, uma vez que os

384 *Estudos de Direito do Trabalho*

conceitos de local e de tempo de trabalho presentes no nexo geográfico-
-temporal são, como já verificámos, instrumentais em relação a ela[93].

Ora, de acordo com o art. 7.º da LG, a subordinação jurídica cessa
com a suspensão do contrato individual de trabalho, a partir do momento
em que o trabalhador manifesta a sua intenção grevista no acto de adesão[94]. Deste modo, podemos concluir que, ocorrendo o acidente em situação de suspensão contratual, não poderá ser qualificado como infortúnio
laboral, por falta do nexo causal[95].

11. A aplicação do critério delimitador da subordinação jurídica aos vários tipos de acidente que podem ocorrer na situação de greve

I. Operada a conjugação entre o efeito suspensivo do art. 7.º, n.º 1
da LG e o requisito da subordinação jurídica implícito no conceito de
acidente de trabalho, resta proceder à aplicação prática deste critério às
diversas modalidades acidentárias que podem vitimar o trabalhador grevista: os acidentes ocorridos no exercício do seu direito de greve e os
acidentes ocorridos no cumprimento de deveres legais a que esteja adstrito
durante a greve. No primeiro grupo, incluímos os acidentes nas instalações
da empresa, os acidentes em actividade do piquete de greve e ainda os acidentes "de trajecto" por motivo da greve; no segundo grupo, integram-se
as situações infortunísticas decorrentes da aplicação do art. 8.º da LG.

II. No que se refere aos *acidentes verificados nas instalações empresariais, quando o trabalhador aí se mantém, no exercício do seu direito
de greve*, em virtude da natureza que esta reveste[96], eles ocorrem, como já

---

[93] Cfr., *supra,* ponto 9.2.

[94] Cfr., *supra,* ponto 2.

[95] Neste sentido, na doutrina francesa, por exemplo, ROGER LATOURNERIE, *Le droit
français de la grève cit.,* 493, e CAMERLYNCK, LYON-CAEN e PÉLISSIER, *Droit du travail cit.,*
937; na doutrina italiana, no mesmo sentido, com base no argumento de que o risco tutelado no acidente de trabalho depende da prestação efectiva de trabalho, GIORGIO ARDAU,
Corso... cit., I, 626.

Neste sentido parecem inclinar-se também HUECK-HIPPERDEY, *Compendio... cit.,*
413, advogando a suspensão global do dever de ressarcimento de danos pelo empregador
durante a greve, entre os quais enquadram o dever de reparação decorrente de acidente de
trabalho – *idem,* 160 e s.

[96] *Vd., supra,* ponto 4.1.

vimos, na situação de suspensão contratual do art. 7.º n.º 1 da LG[97]. O que significa que a presença do trabalhador nas instalações empresariais não corresponde ao cumprimento de nenhum dever contratual, mas antes à sua vontade, unilateral e autónoma em relação ao empregador.

Deste modo, o infortúnio que atinja o trabalhador grevista não poderá ser qualificado como acidente de trabalho, por falta do nexo causal da subordinação jurídica. Pouco importa que o trabalhador se encontre no seu local de trabalho e até no período hipoteticamente correspondente ao seu tempo de trabalho, já que o nexo geográfico-temporal releva, no nosso entender, apenas quando demonstrativo do nexo causal, que se não verifica[98-99].

III. No que se refere aos *acidentes ocorridos no exercício da actividade do piquete de greve pelo trabalhador grevista,* dentro ou fora das instalações empresariais, a conclusão subscrita para a situação anterior é ainda aplicável: o contrato individual de trabalho encontra-se suspenso, nos termos do art. 7.º n.º 1 da LG, e a inerente ausência de subordinação jurídica desqualifica o acidente como infortúnio laboral.

IV. Finalmente, é ainda de aplicar a doutrina suspensiva em conjugação com o conceito proposto de acidente de trabalho para o *acidente "de trajecto" por motivo de greve:* se o trabalhador, após ter aderido à greve, sofre um acidente no regresso a casa, ou quando se desloca para uma reunião a propósito da greve, ou em qualquer outra actividade relacionada com o exercício do direito de greve, não é esse acidente qualificável como acidente de trabalho *in itinere,* nem ao abrigo da al. *a*), nem

---

[97] *Vd., supra,* ponto 7.1.

[98] Pronunciou-se neste sentido, entre nós, o Ac. RLx. de 27/05/1987, CJ, 1987, III, 156, justamente em relação a um acidente ocorrido nas instalações da empresa. No mesmo sentido, mas no plano doutrinal, *vd.* MONTEIRO FERNANDES, *Direito de Greve cit.,* 56; BERNARDO XAVIER, *Direito da Greve cit.,* 214, conclui no sentido da desqualificação do acidente nesta e nas outras situações de exercício do direito de greve pelo sinistrado, com base no argumento do risco de autoridade empresarial, que fundamentaria genericamente a responsabilidade patronal pelos acidentes ocorridos no tempo e no local de trabalho e que seria afastado por efeito da greve. Ainda neste sentido, com base no argumento da irrelevância da presença do trabalhador no local de trabalho e da própria ilicitude da ocupação, *vd.* ROGER LATOURNERIE, *Le droit français de la grève cit.,* 495. Também no sentido da desqualificação do acidente ocorrido em ocupação do local de trabalho, por falta de subordinação do trabalhador sinistrado, se pronunciaram BRUN e GALLAND, *Droit du travail cit.,* II, 473.

386   *Estudos de Direito do Trabalho*

por aplicação da al. *h*) do n.° 2 da base V da LAT: no primeiro caso, porque a adesão do trabalhador à greve impede naturalmente que ele execute "serviços determinados pela entidade patronal ou por esta consentidos" – a entidade patronal carece, neste momento, de poder negocial para determinar ou consentir em quaisquer serviços; no segundo caso, porque os conceitos de percurso normal e de risco de percurso exigidos para a caracterização laboral do acidente não fazem sentido na situação de suspensão contratual que decorre da adesão à greve, já que se encontram ligados directamente ao dever de assiduidade, que, como dever acessório integrante do dever de cumprimento da prestação laborativa principal[100], se suspende com a suspensão desta (de acordo, aliás, com a previsão expressa do art. 7.° n.° 1 da LG). E o mesmo se diga da situação acidentária ocorrida no regresso do trabalhador a casa, após a adesão à greve, mas no meio de transporte fornecido pela entidade patronal (al. *h*) primeira parte do n.° 2 da Base V) – aplicando, sem mais, o critério do fornecimento do transporte, um acidente nestas circunstâncias teria que ser qualificado como infortúnio laboral, uma vez que a lei dispensa até a conexão espácio-temporal para estas situações de excepção. No entanto, a exigência do nexo causal da subordinação jurídica no conceito de acidente de trabalho, conjugada com o efeito suspensivo do art. 7.° n.° 1 da LG, permite operar a desqualificação, que, numa situação deste tipo, se impõe[101-102].

---

[99] Também a jurisprudência francesa se inclina no sentido da desqualificação do acidente ocorrido nas instalações da empresa na greve com ocupação, com base no argumento do efeito suspensivo da greve (art. 521.° do *Code du travail*), que implica a perda do direito às prestações ligadas à existência de um vínculo de subordinação – *vd.*, neste sentido, o Arrêt da *Cour de Cass. Soc. 20/janvier/1960: Bull. civ. IV, n.° 107 e de 13/mars/1969: Bull. civ. V, n.° 180, Jurisclasseur, Travail-Traité, Fasc. 70-20, 1/1984 (1)*, Paris.

[100] *Vd.*, a nossa referência a esta classificação, *supra*, nota 29.

[101] Mais uma vez, no plano jurisprudencial, fazemos referência ao Ac. RLx. de 27//05/1987, CJ, 1987, III, 156, que, justamente com base no efeito suspensivo do art. 7.° n.° 1 da LG, exclui a qualificação laboral do acidente do trabalhador grevista ocorrido no trajecto entre a empresa e a sua residência, No mesmo sentido, *vd.* MONTEIRO FERNANDES, *Direito de greve cit.*, 56.

[102] Como nota de direito comparado, voltamos a referir a jurisprudência e a doutrina francesas, onde encontrámos mais significativas referências a este tipo de acidentes, justificadas pela sua equiparação legal genérica aos acidentes de trabalho propriamente ditos. A *Cour de Cassation Sociale* pronuncia-se no sentido da desqualificação do acidente como infortúnio laboral. mais uma vez com base no argumento do efeito suspensivo: assim, não é acidente laboral o acidente sofrido pelo trabalhador no caminho habitual mas a uma hora inabitual, porque respondendo a um apelo de greve (*Arrêt Cour Cass. Soc. 12/mai/1964:*

V. No que respeita aos *acidentes dos trabalhadores grevistas ocorridos no cumprimento de deveres legais emergentes da greve,* a respectiva qualificação terá que decorrer da conjugação entre o conceito de acidente de trabalho da Base V da LAT e os arts. 7.° n.° 1 e 8.° da LG.

Naturalmente que, para os autores que defendem a aplicação plena do efeito suspensivo do art. 7.° n.° 1 aos trabalhadores adstritos ao cumprimento das obrigações do art. 8.°, não obstante a sua situação de greve[103], o acidente que sobrevenha àqueles trabalhadores no cumprimento das obrigações citadas não pode ser qualificado como acidente de trabalho, porque, mesmo que se pudesse admitir a existência dos elementos de conexão geográfico-temporal, estando o trabalhador "fora do contrato" não se verifica o vínculo de subordinação jurídica, necessário à qualificação laboral do acidente[104-105].

Bull. civ. IV, n.° 415), nem o acidente ocorrido quando o trabalhador se dirige para uma reunião do comité de greve (*Arrêt Cour de Cass. Soc. 28/janvier/1960: Bull. civ., IV, n.° 107*), ambos referenciados in *Jurisclasseur*, 6, 1988 – *Droit des Entreprises, n.° 572 – 9/1984 (7), Paris.*

Ainda no sentido da desqualificação num caso de acidente do trabalhador que se dirige a uma reunião do comité de greve, *vd. Arrêt Cour Cass. Soc. 20/mars/1953, D., 1954, 53, Jurisclasseur-Travail (Traité), Fasc. 70-20, 1/1984 (1).* Salientamos, por curiosa, a posição de LEVASSEUR, em oposição a este acórdão, no sentido de que o acidente poderá ser qualificado como infortúnio laboral, se a reunião do comité de greve tiver sido convocada pelo empregador – posição que parece, aliás, ser defendida também por BRUN e GALLAND, *Droit du travail, cit.,* II, p. 473. Naturalmente que não podemos subscrever este entendimento, uma vez que não é o facto de a convocação da reunião ter origem na entidade patronal que altera a situação suspensiva da subordinação jurídica do trabalhador operada pela greve – ao responder ao apelo do empregador, o grevista não está a executar um comando contratual ou a cumprir um dever de obediência!

Ainda no sentido da desqualificação desta modalidade de acidentes durante a greve, *vd.* ROGER LATOURNERIE, *Le droit français de la grève cit.,* 494 e s.; bem como PIERRE--DOMINIQUE OLLIER, *Le droit du travail cit.,* 408 e s. e HÉLÈNE SINAY, *La Grève cit.,* 292 e s., embora estes últimos autores recorrendo ao argumento da quebra do risco de autoridade do empregador com a adesão à greve. OLLIER estende, aliás, a sua conclusão a todas as outras situações acidentárias do trabalhador grevista durante a paralisação – *op. e loc. cits.*

[103] Cfr., a nossa referência a esta posição doutrinal, *supra,* ponto 7.2.

[104] Em rigor, nem nos parece possível, neste caso, afirmar a existência da conexão espácio-temporal, uma vez que, como já tivemos ocasião de afirmar, os conceitos de local e de tempo de trabalho são instrumentais em relação ao elemento essencial da subordinação jurídica, que os defensores desta doutrina consideram totalmente suspensa.

[105] De salientar, a este respeito, na nossa doutrina, a posição de MONTEIRO FERNANDES, *Direito de greve cit.,* 55, que, defendendo a suspensão global da subordinação jurídica

388   *Estudos de Direito do Trabalho*

Já para quem defenda a limitação do art. 7.º n.º 1 da LG nas situações do art. 8.º[106], o quadro em que ocorre o acidente que vitime o trabalhador adstrito ao cumprimento das obrigações legais de manutenção do suporte de emprego ou de satisfação de necessidades sociais impreteríveis não é um quadro suspensivo, mas um quadro contratual em execução efectiva – não obstante a greve, o trabalhador continua, para efeito destes serviços mínimos, sob a direcção e autoridade do empregador, isto é, em situação de subordinação jurídica. Por isso, o acidente será qualificado como acidente de trabalho, se se verificarem os elementos essenciais da figura, nos termos da Base V da LAT, apesar da situação de greve do sinistrado[107-108].

Já fora do âmbito dos serviços mínimos a que o trabalhador se encontra adstrito, temos dúvidas quanto à qualificação laboral do acidente que o vitime, uma vez que não nos parece que o art. 8.º exija a total erradicação do efeito suspensivo postulado pelo art. 7.º n.º 1: se, por exemplo,

---

ainda no caso do art. 8.º da LG, mitiga os respectivos efeitos advogando a necessidade de observância das directivas técnicas pelos grevistas adstritos às obrigações legais prescritas por essa norma. Contudo, não vemos como esta exigência pode funcionar fora dos quadros contratuais, sobretudo quando o destinatário do cumprimento dessas obrigações não é o empregador, como refere o Autor. Especificamente quanto aos acidentes ocorridos no cumprimento dos deveres legais do art. 8.º, o Autor não os exclui do princípio geral desqualificador que enuncia para *todos* os acidentes ocorridos em situação de greve – *idem*, 56.

[106] *Vd., supra*, ponto 7.2.

[107] Esta posição foi, entre nós, defendida por Bernardo Xavier, *Direito da Greve cit.*, 214, com base no argumento de que, quanto a estes trabalhadores, se mantém o risco de autoridade empresarial, que permite a qualificação do acidente como infortúnio laboral em situação de normal execução do contrato.

[108] No sentido descrito se pronuncia também a jurisprudência francesa. O cumprimento das *mesures de securité* pelos trabalhadores grevistas obsta ao efeito suspensivo da greve e a não observância de tais medidas é uma *faute lourde*, que constitui justa causa de rescisão do contrato individual de trabalho – *Arrêts Cour Cass. Soc. 14/juin/1958: Bull. civ. IV, n.º 741; de 26/juin/1968: Bull. civ. V, n.º 329; de 25/mai/195: Bull. civ. III n.º 405; de 14/janvier/1960: Bull. civ. IV, n.º 43, Jurisclasseur-Travail (Traité), Fasc. 70-10, 1/1984 (1), Paris*. Mas o acidente ocorrido na execução de medidas de segurança durante a greve é um acidente de trabalho – *Arrêt Cour Cass. Soc. 20/mars/1953, D.* 1954, 53, *Jurisclasseur-Travail (Traité), Fasc. 70-20, 1/1984 (1), Paris*.

No plano doutrinal, *vd.*, ainda neste sentido, Roger Latournerie, *Le droit français de la grève cit.*, 495, com base no argumento da natureza contratual destas obrigações, mas exigindo concretamente que o acidente se tenha verificado quando o cumprimento das medidas de segurança esteja sob o controlo e a autoridade da entidade empregadora; e também, de forma expressa, Brun e Galland, *Droit du travail cit.*, II, 473.

o trabalhador estiver obrigado a trabalhar durante duas horas no serviço de urgência, em cumprimento do art. 8.º da LG e aí permanecer, sem motivo laboral, por mais tempo, o acidente que então se verifique ocorre numa situação suspensiva, porque ele se encontra em greve – não é, pois, um acidente de trabalho, apesar de se ter verificado no local de trabalho e, eventualmente, dentro do tempo correspondente ao período normal de trabalho do sinistrado. É que, neste último caso, o trabalhador já se encontra no exercício do seu direito de greve e não no cumprimento de nenhuma obrigação contratual, pelo que o efeito suspensivo não tem que sofrer qualquer limitação[109].

---

[109] É claro que se a prestação de serviços mínimos tiver um âmbito equivalente à prestação laboral do trabalhador na execução regular do seu contrato de trabalho (pense-se no médico escalado para os serviços de urgência do hospital no dia da greve – a prestação que aí desenvolve, a título de serviços mínimos, não é diferente da que teria que realizar, em execução normal do contrato), não se justifica a diferença na qualificação do acidente que vitime o trabalhador – dando alguns exemplos deste tipo de situações MONTEIRO FERNANDES, *Noções Fundamentais de Direito do Trabalho cit.*, II, 305.

ÍNDICE GERAL

Nota prévia	7
Principais abreviaturas utilizadas	9

I
TEMAS GERAIS

O Novo Código do Trabalho – reflexões sobre a Proposta de Lei relativa ao novo Código do Trabalho	15
Intersecção entre o Regime da Função Pública e o Regime Laboral – breves notas	69
Insegurança ou diminuição do emprego? O caso português	95
Ainda a crise do direito laboral: a erosão da relação de trabalho "típica" e o futuro do direito do trabalho	107

II
CONTRATO DE TRABALHO

Relação de trabalho e relação de emprego – contributos para a construção dogmática do contrato de trabalho	125
Contrato de trabalho e direitos fundamentais da pessoa	157
Os limites do poder disciplinar laboral	179
Novas formas da realidade laboral: o teletrabalho	195

III
IGUALDADE
CONCILIAÇÃO DA VIDA PROFISSIONAL E FAMILIAR

O Direito do Trabalho numa sociedade em mutação acelerada e o problema da igualdade de tratamento entre trabalhadores e trabalhadoras	215

392 *Estudos de Direito do Trabalho*

Igualdade e não discriminação em razão do género no domínio laboral – situação portuguesa e relação com o direito comunitário. Algumas notas 227

Igualdade de tratamento entre trabalhadores e trabalhadoras em matéria remuneratória: a aplicação da Directiva 75/117/CE em Portugal 247

Conciliação equilibrada entre a vida profissional e familiar – uma condição para a igualdade entre mulheres e homens na União Europeia 269

Protection de la maternité et articulation de la vie familiale et de la vie professionnelle par les hommes et par les femmes 279

IV
GREVE

Greves de maior prejuízo – notas sobre o enquadramento jurídico de quatro modalidades de comportamento grevista (greves intermitentes, rotativas, trombose e retroactivas) 289

Sobre os acidentes de trabalho em situação de greve 339

Índice Geral 391